도덕성

논제 10가지

For my grandsons Soori, Sooyeon, Ein!

도덕성: 논제 10가지

ⓒ 김태훈, 2023

1판 1쇄 인쇄__2023년 5월 20일
1판 1쇄 발행__2023년 5월 30일

지은이__김태훈
펴낸이__홍정표
펴낸곳__글로벌콘텐츠
　　　　등록__제25100-2008-000024호

공급처__(주)글로벌콘텐츠출판그룹
　　　　대표_홍정표 이사_김미미 편집_임세원 강민욱 백승민 권군오 기획·마케팅_이종훈 홍민지
　　　　주소__서울특별시 강동구 풍성로 87-6
　　　　전화__02) 488-3280 팩스__02) 488-3281
　　　　홈페이지__http://www.gcbook.co.kr
　　　　이메일__edit@gcbook.co.kr

값 22,000원
ISBN 979-11-5852-387-9 93190

도덕성

논제 10가지

김태훈 지음

글로벌콘텐츠

프롤로그

지난 30여 년 동안 필자의 학문적 탐구와 교육의 방향은 줄곧 인간의 도덕성 발달에 관한 것이었다. 필자가 학회지에 기고했던 논문들의 주제는 물론, 역서와 저서 또한 대부분 인간의 도덕성이 언제, 어떻게 형성되고 발달하는가에 초점이 맞춰져 있었고, 그것은 지금도 변함이 없다. 하지만 그동안 필자가 지나온 학문적 여정의 내막을 들여다보면, 초기의 10여 년과 이후의 20여 년간에 그 초점의 결은 사뭇 다르다. 애초에 필자는 학교 교육의 궁극적 목적은 어린 아이들의 도덕성을 증진하는 데 있다는 신념에서 그들의 도덕성 발달을 돕는 교육학적 접근에 관심을 집중하였다. 선한 인간의 정초를 쌓자는 심산에서였다.

그런데 10여 년의 시간이 흐르면서 점차 학교 교육이라는 사유의 울타리에 갇혀 인간의 도덕성에 내재한 역동성을 미처 헤아리지 못하고 있는 자신을 발견하게 되었다. 인간의 도덕성을 마치 움직이지 않는 고정된 실체인 양 착각하고, 지극히 정적인 차원에서 연구해왔던 학문적 접근 방식에 뭔가 풀리지 않는 답답함을 느끼기 시작한 것이다. 그러한 답답증은 '인간의 도덕성의 실체란 과연 무엇인가'라는 의문과 함께 필자가 당시에 관심을 집중해오던 학문적 주제들이 과연 그 본질에서 적절한가에 대한 회의감으로 이어졌다.

이에, 필자는 그동안 유지해왔던 학교 교육 중심의 접근에서 과감히 탈피하여 더욱 근원적이고 실제적인 차원에서 도덕성 문제를 탐구하는 방향으로 나아갔다. 인간은 본래 선한 존재인가? 도대체 내가 도덕적으로 살아야 하는 이유는 무엇인가? 왜 우리는 때때로 부도덕한 행동을 할까? 사람들의 도덕적인 행동을 이끄는 동기는 무엇일까? 우리는 왜 알고도 행동하지 않을까? 언어가 도덕성을 지배하는가? 나의 도덕성은 교육과 같은 외부의 영향으로 형성된 결과인가 아니면 스스로 경험을 통해 구성한 창조물인가? 이런 의문들은 이후 20여 년 동안 의식적으로나 무의식적으로 필자의 삶을 이끌어왔던 동력이었다.

돌아보건대, 필자가 학문적 관심의 주제와 관련하여 이러한 변화를 꾀하게 된 데에는 세 가지 요인으로부터 은연중 영향을 받았던 것으로 보인다. 각각 10여 년의 시차 간격을 두고 일어났던 미국 무역센터의 9.11

테러, 가설적 도덕 딜레마의 유행, 고산 등반가의 조난 사건은 인간의 도덕성에 관한 문제를 원점에서부터 다시 생각해보게 하는 계기가 되었다.

2001년 9월 11일 미국 뉴욕의 110층짜리 세계무역센터 쌍둥이 빌딩이 이슬람 무장 조직이 납치한 항공기의 충돌로 무너져 내렸다. 그 광경은 지금도 필자의 잠재의식에 남아 있을 만큼 충격적이었다. 그날 학교에서 강의를 마치고 저녁에 집으로 퇴근하여 텔레비전을 켜는 순간 도저히 상상하기 어려운 광경을 보고 전율에 싸였던 기억이 아직도 생생하다. 이 사건은 '어떻게 사람들이 그럴 수 있을까?', '도대체 인간은 어떤 존재인가?', '종교적 신념이란 무엇인가?'라는 것으로부터 시작하여 머릿속에 수많은 의문이 들게 하였고, 지금도 어디서 테러가 발생했다고 하면 당시의 기억이 소환되곤 한다. 이 사건은 그동안 필자가 유지해오던 아동들의 도덕성 발달과 관련한 연구의 방향과 교육적 신념을 결정적으로 뒤흔든 도화선이 되었다.

아우구스티누스A. Augustinus는 하나님이 모든 것을 선하게 창조하였고, 하나님이 창조하지 않은 실체라는 것은 존재하지 않는 것이 분명한데 악은 어디에 존재하고, 어디서 왔으며, 그 뿌리는 무엇인가에 대해 고심한 끝에 '악은 선의 결핍'이라고 결론지었다. 만일 악이 하나의 실체로 존재한다면, 그것은 악이 선한 것이라는 결론에 이르기 때문이라 하였다. 9.11 테러를 모의하고 실행하도록 명령하는 사람은 어떤 자들일까? 신이 이 세상을 선하게 만들었다면, 더군다나 신의 부름으로 한다는 사람들의 행동이 어떻게 그럴 수 있을까? 정말 악이 존재하지 않는 것인가, 그것을 선의 결핍으로 설명할 수 있을까. 밝음은 어둠이 존재하지 않은 것이고, 어둠은 밝음의 결핍이라면, 실체가 아닌 어둠은 어디서 오는가? 악이 그 자체로 실체이든 혹은 선의 결핍이든, 아우구스티누스도 인정했듯이, 악이 존재한다는 것은 분명한 일이 아닌가!

이 사건과 관련하여 정치적·종교적 시시비비를 가리고자 하는 생각은 추호도 없다. 필자의 관심은 그토록 엄청난 행동을 유발하는 인간의 신념이란 것이 도대체 무엇이고, 수많은 사람의 목숨을 여름날의 모기처럼 여기도록 추동하는 에너지는 어디에서 나오는 것일까에 있었다. 인간의 도덕성은 종교적 이념이라는 거대한 노도 앞에 힘없이 휩쓸리는 한낱 의식의 부표에 불과한 것이 아닌가 하는 자괴감이 밀려옴과 동시에, 그동안 관심을 기울였던 선한 인간을 기르기 위한 주제들이 과연 도덕성 탐구의 대상으로 적절한지에 대한 회의감이 강하게 들었다. 청춘의 열정으로 어린 아이들의 도덕성 발달을 위한 교육학적 연구에 몰두하던 필자는 그때 처음으로 주춤하게 되었다. 필자의 모습이 흡사 도도한 대양에 이는 파도의 포말을 붙잡고 바다의 실체를 탐구하고자 고뇌하는 형국과 다르지 않아 보였다. 이에 인간의 본래 모습이 어떤가에 시선을 돌리기 시작하였다.

필자의 이러한 의식 변화에 활력을 돋우어 주었던 것은 9.11 테러 이후 10여 년이 지난 뒤 도덕철학 분야에서 일었던 당시의 학문적 동향이었다. 여러 윤리학자는 극한적 상황을 가정한 도덕적 딜레마를 자신의 강의나 연구에 활용하는 경우가 많았다. 2010년에 우리나라에 와서 강의했던 미국 하버드 대학의 센델M. Sandel 교수도 그런 유행에 한 몫을 한 사람이었다. 예컨대 브레이크가 고장 나 질주하고 있는 트롤리 기차 앞 선로에 5명의 인부가 작업하고 있고 그 옆 비상 철로에는 1명의 인부가 일하고 있다. 5명의 사람을 살리기 위해 트롤리의 노선을 바꿔 1명을 죽여야 하는가의 '트롤리 딜레마'가 그 대표적인 사례이다.

이런 딜레마의 상황에 대한 답변은 크게 도덕적 의무론자와 결과론자의 것으로 갈린다. 의도적인 살해는 어떤 경우든 나쁘다는 의무론자의 생각과 더 많은 생명을 살리기 위해서는 살인도 정당화될 수 있다는 결과론자의 생각이 대립한다. 그 당시에 이런 딜레마들을 접할 때면, 필자의 뇌리에 다음과 같은 의문들이 스쳤다. 9.11 테러를 이러한 도덕적 딜레마 상황으로 가정하여 논의를 할 수 있을까? 여객기에 탑승한 소수의 승객이 자발적으로 희생함으로써 수많은 사람의 목숨을 살렸어야 했는가? 그런 행동이 도덕적으로 옳은 것이라면, 여객기에서 테러리스트들을 저지하지 않았던 사람들을 가리켜 부도덕하다고 비난할 수 있을까?

칸트I. Kant는 자신의 머리 위에서 수많은 별이 빛나는 밤하늘을 쳐다보면 스스로 한없이 작은 존재라는 것을 느끼지만, 자신의 마음속을 들여다보면 이 세상에서 자율적인 입법자가 될 수 있는 유일한 존재라는 것을 느끼게 되어 무한한 자긍심을 갖게 된다고 하였다. 지옥의 가장 암울한 자리는 도덕적 위기의 순간에 중립을 지킨 자들을 위해 준비되어 있다는 말이 있다. 당시 여객기에 타고 있던 승객들은 위기의 순간에 자신의 자율적인 도덕적 입법에 따라 행동할 수 있었을까? 웬만한 사람들은 그런 순간에 지옥이 매우 가까이 있을 법하다. 학자들은 어떻게 그런 상황을 놓고 윤리적 논의를 할 수 있을까? 필자의 가슴 한복판에서는 인간의 생명을 두고 논의하는 상황이 아무리 가설적이라 하더라도 윤리적 관심의 주제가 될 수 있는지 그리고 그런 상황에 관한 논의가 실질적으로 윤리학 등의 학문적 주제에 속할까 하는 불만과 함께 거부감이 일었다.

인간의 도덕성에 관한 연구 주제에 대해 가졌던 그러한 의문이 거의 확신으로 굳어지게 된 계기는 2021년 7월 19일에 일어난 고산 등반 사건이었다. 필자는 시시각각으로 뉴스를 전하는 TV 채널을 통해 '열 손가락이 없는' 우리나라 장애인 산악인의 조난 소식을 접했다. 그는 중국과 파키스탄 국경 지역에 있는 브로드피크Mount Broad Peak 등정에 성공한 직후 하산하는 과정에서 조난을 당했는데, 러시아 산악 구조대원이 그를 구조하러 나섰으나 등강기에 문제가 생겨 끝내 구조에 성공하지 못했다는 것이다. 필자는 좀 더 자세히 사건의 경위를 알고 싶어 인터넷으로 검색해 보았다. 이때 필자의 시선은 "SNS에서는 당신들이 8,000m 고봉을 등정한 용감한 사람으로 보일 테지만, 나는 그저 사람의 목숨을 경시한 미천한 인간이라 말하고 싶다"라는 그 구조대원의 말에 고정되었다. 현장을 목격하고도 돕지 않은 다른 산악인들을 질타하는 고언이었다. 필자는 그 장면을 떠올리며 '나'라면 어떤 선택을 하였을까 자문하곤 하였다.

고산 등반가들의 행동을 통해 그동안 필자는 인간이라는 존재의 명과 암에서 오는 강한 울림을 경험할 수 있었다. 생명의 위험을 무릅쓰고 도전하는 고산 등반에서 일어나는 일은 아마도 겪어본 이들만이 공유할 수 있는 극도로 개인적인 경험일 것이다. 등반 과정에서 발생하는 극한 상황은 안락한 소파에 앉아 생각하는 필자와 같은 사람에게는 그저 상상의 유희라고밖에 할 수 없을 것이다. 그런 일을 어떻게 온몸으로 이해할 수 있겠는가. 험난한 지역에서 일어나는 극한적인 일에 그리고 러시아 구조대원이 외친 고언에 대해 필자로서는 섣불리 어떤 도덕적 평가를 할 수 없었다. 그동안 인간의 도덕성 탐구에 관심을 집중해왔던 필자는 이를 계기로 학문적 탐구의 주제와 더불어 도덕 교육학의 영역을 어느 정도 한정해야 할 필요성을 거듭 확인할 수 있었다.

필자가 '여는 글'에서 다소 장황하게 이런 사례들을 언급한 것은 인간의 도덕성이란 것을 우리가 어떻게 이해해야 할 것인가라는 문제의식을 토로하고 싶어서이다. 결론적으로, 그러한 극한의 경우들은 보편자로서의 도덕성 영역을 벗어난 것으로 여겨야 한다고 생각한다. 여객기를 납치하여 고층의 건물로 돌진하도록 명령하는 그리고 실제로 그렇게 행동하는 사람들이나 자신의 생명이 위태로워질 수 있는 극한의 자연환경 상황에서 전개되는 산악인의 특정 행동들은 보편적 잣대로 평가할 수 있는 도덕성의 영역과는 거리가 있다. 그것은 학문적 관심의 주제가 아니라 한 개인의 선택이자 누구도 침범할 수 없는 고도의 개인적 신념의 문제에 속한다고 본다.

필자가 그렇게 생각하는 이유는 누구든 막상 그런 상황에 닥치면 평소의 언표와는 전혀 다른 행동을 보일 개연성이 매우 크다고 믿기 때문이다. 그래서 그런 상황에 놓인 사람을 향해 제삼자가 이렇게 혹은 저렇게 행동 '해야 한다'라고 말할 수 없다. 우리가 감동하거나 비난할 수는 있겠지만, 타인의 생명과 직결되는 문제를 어느 누가 도덕적 잣대를 들이대어 이래라저래라 말할 수 있겠는가? 혹여 누군가가 그러한 말을 한다면, 그것은 어디까지나 '나'의 생명은 안전하다는 전제에서 나오는 것이기 때문에 실체적 의미가 없다. 콜버그L. Kohlberg의 이론에 대한 비판 가운데 그의 이론 정립에 결정적인 역할을 했던 그 유명한 '하인즈 딜레마'를 비롯한 가설적 딜레마들에 대한 응답자의 반응이 인간의 실체적 모습과는 거리가 있다는 비판도 같은 연유에서 나온다.

우리는 도덕적 인간의 모습을 선한 사람과 악한 사람의 양극단으로 하는 하나의 스펙트럼으로 상정할 수 있다고 본다. 그리고 적어도 도덕 교육학의 탐구 주제로서 도덕성은 그 영역을 일정 부분 한정하는 것이 타당하고 또 합리적이라고 생각한다. 양극단에 속하는 사람들이 학문적 탐구의 영역에 속하지 않는다고 보기는 어렵겠지만, 적어도 도덕 교육학에서 관심을 기울여야 할 탐구의 주제나 영역으로는 적절해 보이지 않는다.

필자는 도덕 교육을 통해 그러한 선의 극단에 속하는 사람을 길러낼 수 있다거나 다른 악의 극단에 속하는 사람을 선한 쪽으로 이끌 수 있다는 전제 자체를 유연하게 생각해야 한다고 믿는다. 많은 사람이 도덕교육에 대한 비판의 시선을 거두지 않는 것도 위와 같은 전제를 무의식중에 당연시 여기는 경직된 사고에 갇혀 있기 때문일 수 있다. 극단에 있는 그런 사람들은 어쩌면 교육학적 탐구의 영역을 넘어서 있는지도 모른다. 어떻게 살 것인가의 문제와 관련하여 자기 행위의 최고 규범적 원리를 선택하는 것은 자신 이외의 누구도 할 수 없는 결정의 몫으로 이해하는 것이 더 자연스러워 보인다.

이는 중국의 후한 시대27~104 사상가였던 왕충王充의 견해와 다르지 않다. 왕충은 말하길, 맹자의 성선설은 보통 사람 이상에만 적용할 수 있고, 순자의 성악설은 보통 사람 이하에만 해당하며, 양웅楊雄의 성악혼합설은 보통 사람에게 해당한다고 했다. 그 스펙트럼의 중간지대는 때로 선한 행동을 하고 또 때로는 못된 행동도 하는 사람들의 영역이다. 그들은 인류 복리에 위대한 행적을 남겨 뭇사람들에게 회자하는 사람들이 아니고, 차마 입에 담기 어려운 악한 행동으로 세상 사람의 손가락질을 한 몸에 받는 사람들도 아니다. 그들은 보통의 평범한 사람들이다.

필자는 평소에 '내 마음 나도 모르는데, 내가 어찌 남의 마음을 알겠는가'라는 넋두리 같은 혼잣말을 자주 내뱉곤 한다. 나 자신의 안녕이나 이익과 관련된 일이라면 더 말할 나위가 없다. 이 책에서 다루는 도덕성의 논제는 양 극단에 속하는 사람이 아닌 보통 사람을 대상으로 한 것이다.

다시 말해, 보통 때는 선한 행동을 하면서도 때로는 못된 행동을 하기도 하는, 혹은 못된 행동을 하면서도 때로는 착한 행동을 하기도 하는 그런 사람들을 상정하여 탐구하고 기획한 책이다. 보통 사람이 이 논제들에 관한 논의를 읽고 도덕적 상황에서 자신이 하는 행동의 경향성을 되돌아보며 도덕적 삶을 성찰하는 기회를 가질 수 있다면, 이 책은 그때 비로소 세상에 나온 존재 가치를 얻게 될 것이다.

필자는 자신의 의지로 선택한 이후 지금까지 줄곧 30여 년간 도덕 교육학자로서 한길을 걸어왔다. 같은 길을 먼저 걸었던 여느 사람들처럼, 필자도 이제 공식적으로 주어진 그 길의 끝에 이르렀다. 길에 들어서는 데는 나의 의지가 필요했지만, 거기에서 내려오는 일은 그와 무관하다. 어떤 동료들은 필자와 같은 전공을 하는 사람이 부럽다고 말한다. 쏜살같이 흘러가는 시간보다 앞서 쏟아져 나오는 새로운 정보를 다루어야 하는 것과 달리, 도덕이나 윤리의 문제들은 촌음을 다퉈 바뀌는 것이 아니어서 오히려 세월이 흐를수록 묵은 장맛처럼 농익은 지혜를 얻을 수 있지 않겠느냐는 이유에서이다. 그 말이 전혀 틀린 말은 아닐 것이다.

하지만 실제로 그와 꼭 일치하지만은 않는 것 같다. 어떤 사람들은 퇴임 이후 한참의 시간이 흐를 때까지도 자신의 학문 분야와 관련한 연구나 사색의 결과를 책자로 내놓는다. 부러운 일이다. 그러나 세상 사람들의 평가는 기대만큼 그에 어울리지 않는 경우가 많은 것 같다. 윤리나 도덕의 문제를 읽는 지혜라는 것도 단순히 연륜이 쌓인다고 해서 자연 발효되는 것이 아님을 절실히 느낀다. 자연계의 모든 변화는 반드시 엔트로피가 증대하는 방향으로 일어난다고 하지 않는가. 자연계의 일원인 필자 또한 그 법칙에서 예외일 리 없다. 이 책의 내용에 관한 필자의 생각이 시대의 흐름을 좇아가지 못하고 있다는 뭇사람들의 비난 대상이 되지나 않을까 두렵다.

이 책은 그동안 필자가 관련 학회에 발표했던 논문들을 중심으로 수정과 보완 작업을 하고 새로운 글을 더하여 모두 10장으로 구성되었다. 각 장에서 다루는 내용을 간략히 소개하면 다음과 같다.

제1장은 '도덕성이란 무엇인가?'라는 주제를 논의한다. '도덕', '윤리', '도덕성'의 용어 간에 어떤 차이가 있는지 검토한다. 이를 바탕으로 도덕성의 개념을 기존의 도덕철학 및 도덕심리학적 관점에서 벗어나 인문·사회과학과 자연과학의 통합적 관점에서 정의하고 그의 특성을 논의한다.

제2장은 '인간은 선한가?'라는 주제를 논의한다. 여기에서는 우리에게 익숙한 동양의 유가 철학자 맹자와 순자의 인성론을 실마리로 논제를 풀어간다. 맹자와 순자가 자신들이 주장하는 성선과 성악의 근거를 어디에서 찾고 있는지 고찰하고, 이 시대를 살아가는 우리는 이들의 담론을 어떻게 이해하고 평가해야 할 것인지 밝힌다.

제3장은 '나는 왜 도덕적이어야 하는가?'라는 주제를 논의한다. 이 물음에 내포된 '도덕적'이라는 말이 어떤 의미를 지니며, '우리'가 아닌 '나'는 왜 그러한 삶을 중시하며 살아야 하는가의 문제를 논의한다. 그동안

도덕철학 분야에서 이 물음과 관련하여 제시되었던 답변들을 외재적 동기에서 나오는 것과 내재적 동기에서 나오는 것으로 구분하여 비판적으로 검토한 후, 실제적이고 경험적인 차원에서 이 물음에 대한 답변을 모색한다.

제4장은 '앎과 행동이 늘 일치하지만은 않는 까닭은 무엇인가?'라는 주제를 다룬다. 동서양을 막론하고 지행일치의 문제는 철학적 담론의 화두에 해당한다. 여기에서는 동양철학자 주자朱子와 양명陽明이 제기했던 지행병진知行並進과 지행합일知行合一 학설의 핵심적인 논지를 비판적으로 검토한다. 이어, 앎知과 실천行 사이의 심리적 공간에 존재하는 요소들과 그의 작동 기제를 제시하고, 도덕적 행동을 위한 동기가 다원적으로 유발되는 사정을 다양한 사례를 통해 논의한다.

제5장은 '우리의 도덕적 행동을 이끄는 동기는 무엇인가?'라는 주제를 다룬다. 블라시A. Blasi가 이와 관련하여 제시한 자아 모델self model과 그의 확장적 성격의 도덕적 인격 모델moral character model을 차례로 논의한다. 그리고 도덕적 자아 정체성을 중심으로 우리의 도덕적 행동을 이끄는 동기에 관하여 종합적으로 논의한다.

제6장은 '우리는 왜 부도덕한 행동을 하는가?'라는 주제를 논의한다. 사람들이 부도덕한 행동을 하게 되는 근원이 어디에 있는지를 도덕규범의 진화 역사적 관점에서 추론하고, 사람이 부도덕한 행동을 한 이후에 자신의 행동을 어떻게 정당화하는지 그 기저에 놓여 있는 심리적 기제를

통해 논의한다.

　제7장과 8장은 도덕적 정서 가운데 '공감', '죄책감과 수치심'이 도덕성에 미치는 영향을 논의한다. 공감의 자의字意를 중심으로 이의 개념을 동정과 비교하여 정의한 후, 공감의 구성 요소, 생물학적 기반, 그의 발달 기제를 고찰한다. 이를 바탕으로 우리의 도덕성 발달에서 공감의 정서가 발휘하는 역할을 논의한다. 이와 함께 죄책감과 수치심이 개념상 어떤 차이가 있는지 검토하고, 선행연구들을 중심으로 그의 발달 과정을 추적한다. 죄책감과 수치심의 도덕적 정서가 우리의 도덕성 발달에 어떤 긍정적 및 부정적 영향을 미치는지 논의하고, 우리가 어떤 측면에 유의해야 할 것인지를 밝힌다.

　제9장은 '도덕성은 언어의 감옥에 갇혀 있는가?'라는 주제를 논의한다. 인간의 도덕성과 언어가 그 기원과 발달에 있어서 어떤 연관성이 있는지 발달 심리학, 진화심리학, 신경과학의 관점에서 검토한다. 특히 도덕성의 형성과 발달이 언어의 등장을 전제로 하였는지 혹은 언어의 등장과 무관하게 이전부터 발달하기 시작하였는지 인류의 진화 역사를 중심으로 살펴본다. 그리고 도덕성(도덕적 사고)과 언어의 지배적 상관성과 관련한 논란을 구명한다.

　제10장은 이 책의 결론에 해당하는 것으로, '나의 도덕성은 어떻게 발달하는가?'라는 주제를 논의한다. 여기에서는 도덕성의 구성적 발달을 위한 예비적 논의로 도덕성의 발달을 바라보는 관점들과 도덕 판단의 정

당화 문제를 고찰한다. 그리고 나의 도덕성을 어떻게 정립해 나가야 할 것인가의 구성적 방법론의 방안을 논의한다. 여기에서 논의하는 '나의 도덕성의 구성적 방안'은 도덕적 존재자로서 삶을 주체적으로 살아가고자 하는 사람에게 나름의 시사를 제공할 수 있을 것으로 기대한다.

이 책이 나오기까지 여러 사람의 도움이 있었다. 영국에 사는 자부 롤리Loli Kim는 필자가 도덕성과 언어의 상관성에 관심을 두도록 독려해주었다. 수리, 수연이 두 아들을 건사하면서도 학문에 대한 열정으로 옥스퍼드 대학에서 박사 학위를 받게 된 자부에게 축하한다는 말을 전한다. 또한, 이제 갓 한 돌이 지나며 필자에게 생생한 삶의 기쁨을 안겨주고 있는 외손자 아인이와 딸 내외에게도 고맙다는 말을 전한다. 이런저런 사소한 일까지 항상 곁에서 챙겨주는 아내에게는 형언할 수 없어 몇 번이고 고개 숙여 절을 한다. 그리고 출판업에 대한 자긍심과 신념으로 항상 활력이 넘치는 글로벌콘텐츠 홍정표 대표님과 김미미 이사님께 존경의 마음을 모아 드린다. 끝으로, 멋지게 책 표지를 디자인하고 꼼꼼히 글을 읽으며 다듬어준 편집부 임세원 에디터에게도 고마움을 전한다.

2023년 목련이 질 무렵
개포동 양재천변 집에서

목차

—

도덕성이란 무엇인가?

- - - - -

M
O
R
A
L
I
T
Y

머리글

　우리는 어릴 때부터 가정과 학교에서 도덕이나 윤리와 관련된 지식을 배운다. 다른 사람을 응대하는 언어나 행동 방식은 물론, 동서양의 다양한 윤리 이론을 학습하고 수많은 철학자의 주장이나 도덕 원리를 외우며 도덕적 지식을 확장해간다. 근래에는 대중매체의 발달로 누구나 이와 관련된 지식을 충분히 갖출 수 있는 환경적 여건도 마련되어 있다. 그런 덕분에 우리는 '도덕적'이라고 동의할 수 있는 구체적인 가치나 이상의 많은 부분을 공유할 수 있게 되었다. 예컨대 성실, 정직, 친절, 용기, 정의, 협동과 같은 가치나 덕목은 우리 모두 대체로 동의할 뿐만 아니라, 사람마다 다소간의 차이가 있겠지만 자신의 품성을 구성하는 특성으로 지니고 싶어 하기도 한다.

　그런데도 우리는 일상의 삶에서 다양한 문제와 관련하여 일어나는 도덕적 논쟁을 피하기 어렵다. 그것은 곧 우리가 어떻게 행동해야 도덕적 혹은 윤리적으로 옳은지에 대한 합의에 이르는 일이 그만큼 쉽지 않다는 것을 방증한다. 제삼자의 특정한 행동을 보고 어떤 사람은 선하다고 하는가 하면 어떤 사람은 그렇지 않다고 말한다. 거기에는 여러 가지 이유가 있을 것이다. 도덕이나 윤리의 문제는 분명히 가치와 관련되어 있고 개인마다 지향하는 삶의 방향이 서로 달라 논쟁이 불가피한 면이 없지 않아 있기 때문이다. 그런가 하면, 사람에 따라 특정한 상황 자체를 도덕적 문제로 인식하는 정도에서 큰 차이가 있을 수 있다. 어떤 사람은 도덕적 측면에 매우 민감하게 반응하는가 하면, 어떤 사람은 아예 도덕적 문제로 간주하지 않고 관심조차 두지 않는다.

도덕적 문제와 관련하여 사람들이 보이는 이러한 다양한 반응의 근원은 개인이 지닌 도덕성과 깊은 연관이 있다. 인간이 지닌 도덕성은 다른 사람과 아무리 많은 도덕적 지식을 공유하고 있다 하더라도 개인마다 타고난 기질적 차이와 더불어 각자가 성장해 온 물리적·사회적·문화적 환경의 영향 때문에 서로 다를 수밖에 없다. 도덕성이 무엇인가에 대하여 학자들이 합의에 이르기 어려운 것도 그와 같은 개인적 특성의 다양성에서 기인하는 바가 크다.

더 나아가 우리는 여러 경로를 통해 다양한 도덕 원리나 윤리 이론을 학습할 기회를 얻지만 자신이 어떤 도덕 원리에 근거하여 행동해야 할 것인가의 자기 원리를 정립하는 일에 대해서는 깊은 고민을 하지 않는 경향이 있다. 자기 삶의 원칙을 세우고 다지는 데 자양분으로서 도덕 혹은 윤리 지식을 활용하는 데에는 소홀한 면이 있다. 예컨대 우리는 선을 사랑하고 열망하며 그것을 좇아 생활하라는 '가르침'은 많이 접하지만, '선'이 무엇인지에 관한 실체적인 생각을 하는 경우는 드물다. 도덕성에 관해 여러모로 생각해보지 않을 경우, 우리는 자칫 다른 사람을 위해 자신을 희생하는 것만을 선으로 생각하거나, 아니면 그것은 아예 자신과는 무관한 남의 이야기로 치부해 버리기 쉽다.

도덕적 삶에 가치를 부여한다면, 무엇보다 주변에서 일어나는 크고 작은 도덕적 문제가 곧 '나'의 문제일 수 있다는 인식의 전환이 우리에게 요구된다. 그러기 위해서는 평소에 도덕이나 윤리적 문제에 대한 자신의 관점을 정립하고 다져나가는 습관을 가질 필요가 있다. 그럼으로써 우리는 나름의 주관적 기준에 따라 도덕적 문제를 판단하고 일관된 삶의 방향성을 유지해 나갈 수 있을 것이다. 어떤 사람들은 이에 대해 '도덕을 지키면 손해만 보는데 그럴 필요가 있는가'라고 조소 섞인 반문을 할지도 모른다. 하지만 도덕적 삶에 의미를 부여하며 삶을 살고자 하는 사람이라면, 혹은 어떻게 사는 것이 먼 훗날 후회가 덜할까 하며 잠시나마 사색에 사로잡히는 사람이라면, 도덕적 상황에서 나타나는 자신의 행동 경향성을 되새겨 보는 것은 도덕적 삶을 향한 등불을 밝히는 것이라 할 수 있다.

도덕, 윤리, 도덕성의 의미를 검토하는 일은 우리가 도덕적 삶에 다가서는 출발점이 될 수 있다. 우리는 '도덕'과 '윤리'의 두 용어를 특별히 구분하지 않고 사용하는 경향이 있다. 그러면서도 때로는 두 용어 간에 어떤 차이가 있는지 그리고 도덕성은 또한 그와 어떻게 다른지에 대해 의문을 갖는다. 특히 '도덕'과 '도덕성'은 자주 혼동할 수 있어 이의 개념적 차이를 분명히 할 필요가 있다. 이에 논자는 우선 용어에 따른 혼란을 줄이고자 '도덕'과 '윤리' 용어의 역사성을 검토하고 두 용어의 공통성과 차별성을 살펴본다. 이를 바탕으로 '도덕성'의 개념을 기존의 도덕 철학 및 도덕심리학적 관점에서 벗어나 인문·사회과학과 자연과학의 통합적 관점에서 정의하고 그의 특성을 논의한다. 우리는 도덕, 윤리, 도덕성의 개념을 확인함으로써 다양한 도덕적 문제를 그의 본질에 맞게 적절히 파악할 수 있고 자신의 도덕적 삶을 반추하며 그에 다가설 수 있는 유용한 근거를 마련할 수 있을 것이다.

도덕과 윤리의 공통성과 차별성

■ 도덕과 윤리의 공통성

'도덕'과 '윤리'는 분명히 우리말인데, 흥미롭게도 이 두 용어의 개념을 다루는 많은 글에서는 이를 영어의 ethics와 morality/moral의 비교를 통해 의미를 끌어내거나 구분하고자 한다. 이런 현상은 서구 문물을 먼저 받아들인 일본인이 영어의 그 두 단어를 자신들의 언어로 번역하였고, 이후 일제 강점기 무렵에 우리말 한자어로 재번역된 역사성에서 비롯한 것으로 짐작된다.

우리말 '윤리'로 번역되는 'ethics'는 그리스어 'ethos'에서 유래한 것으로 관습, 습속, 성격, 성품을 주로 가리켰다.[1] 에토스라는 말은 익숙해진 장소, 거주, 고향, 혹은 집단의 관습이나 관행을 의미하며, 그런 관습이나 관행에 의해서 육성된 개인의 도덕의식, 도덕적인 심정이나 태도 혹은 성격, 나아가서 도덕성 그 자체를 의미하기도 하였다. 근대어에서는 주로 후자에 언급된 의미로 차용되고 있다.[2] 『니코마코스 윤리학Ethika Nikomacheia』의 책명에서 보듯 윤리학ethika은 '성품ethos에 관한 것'을 의미하는 것으로, 개인의 습관이나 품성 등 개인 도덕의 수준에 초점을 두었다.[3] '도덕'으로 번역되는 'moral', 'morality'는 라틴어 'moralis', 'moralitas'에서 유래하였다. 라틴어 moralis는 집단의 관습이나 행동방식 등을 가리켰다. 모랄리스가 '무리'와 관련된 내용을 강조하였던 것에 반해 에토스는 '개인'과 관련된 내용을 강조하였다.

그러나 근래에는 '윤리'가 '사회 윤리', '환경윤리', '생명윤리'처럼 사회적 수준에서 사용되고 있고 오히려 '도덕'은 개인적 수준에서 언급되는 경우가 많다. 즉, 오늘날에는 이 두 용어의 의미가 애초의 반대로 사용되고 있다.[4] 그래서 우리가 현시점에서 두 용어를 구별할 만한 특별한 기준을 찾기가 모호하다. 그리스 신화에 등장하는 미의 여신 아프로디테Aphrodite가 로마 신화에서는 비너스Venus로 불렸던 것처럼, 우리는 그 연원을 로마인이 그리스 문화에 등장하는 똑같은 대상이나 개념(상징)을 자신들의 언어인 라틴어로 명명했던 것[5]에서 짐작해 볼 수 있다. 이에, 여기에서는 두 용어가 공통으로 당시의 도시국가공동체 구성원의 생활과 밀접하게 연관된 관습, 성격, 행동거지, 사회정신, 습관 등을 가리키는 것으로 이해한다.

그러면 우리는 '도덕'과 '윤리'의 용어를 어떤 개념으로 사용해왔는가? 도덕과 윤리라는 용어는 애초에 우리나라에서 일상으로 사용하던 말이 아니었다. 그러나 유가 철학에서 이미 오래전부터 '도', '덕', '인륜'을 주요 철학적 논제로 다루어왔다는 점에서, 적어도 유가 철학이 유입된 이후에 살았던 우리나라 사람은 그 영향권 안에 있었을 것이고, 따라서 당시의 사람들도 그에 해당하는 유사한 관념 자체는 갖고 있었을 것으로 추론된다.

그런데 동양 철학에서도 '도덕'이나 '윤리'라는 용어가 문자 시대 처음부터 사용되지는 않았던 것으로 보인다. 예컨대 노자의 책이 『도덕경』으로 불리기 시작한 것은 한 대漢代, BC 206~220부터라고 하지만6 삼국시대 위魏 나라AD 220~265의 왕필王弼이 주석을 달았던 책명이 『노자주老子注』인 것을 보면, 주로 『노자』로 불려오다가 한참 후대 사람들이 그 책이 '도'와 '덕'을 말하고 있다 하여 그 두 단어를 모아 『도덕경』으로 불렀을 것이다. 왜냐하면 당시에는 오늘날처럼 '도덕'을 하나의 용어로 쓰지 않았던 것으로 추정되기 때문이다. 『논어』에서도 마찬가지로 '도'와 '덕'을 말하고 있으나 '도덕'을 하나의 단어로 언급한 경우는 보이지 않는다.

'道도' 자는 『논어』에 80여 차례 등장하는데, '길', '인도하다', '진리나 원리' 등의 용례로 사용되었다. 여기서 주목하는 세 번째의 용례는 공자가 아침에 도를 깨치면 저녁에 죽어도 좋다7라고 했던 경우이다. 유가 철학에서 '도'는 대체로 진리, 원리 등으로 설명되고 있다. 도는 자연법칙으로서 천도天道와 도덕법칙으로서 인도人道로 나뉘며, 여기서 인도는 넓은 의미에서 인간이 따라야 할 규범들의 총체라 할 수 있다.8 『중용』에서는 선천적으로 주어진 본성을 따르는 것을 도라 하며9, 성誠 그 자체는 하늘의 도이고, 성실하려고 노력하는 것은 인간의 도라 했다.10 인도人道의 근거를 천도天道에서 끌어온 것이다.

그 이치나 원리란 무엇을 의미하는가? 이를 언어로써 한정할 수 없다는 노자老子와 달리, 공자는 이에 대한 논의의 근거를 제시해주었다. 공자가 제자들에게 자신의 도가 하나로 꿰뚫었다고 말하자, 제자인 증자曾子는 그 도를 충서忠恕로 이해했다. 충서란 자신의 참된 마음을 통해 다른 사람의 마음을 자신의 마음같이 헤아리는 것으로, 인仁의 구체적인 실천 방법이었다고 할 수 있다.[11] 『중용』에서는 충서가 도에서 멀지 않다고 하였다.[12] 훗날 맹자는 도는 둘 뿐인데, 그것은 인仁과 불인不仁이라 하여[13] 도를 '인仁'으로 여겼다. 형식적 성격인 도의 내용적 근간을 인으로 본 것이다.

한편 '德덕' 자는 『논어』에서 36여 차례 등장한다. '道도' 자에 비하면 그 빈도가 매우 낮다. '덕은 득得'[14]이라며 실천으로서의 '덕'을 강조한 유가 철학의 기조에서 보면 다소 의외다. 『논어』에서 '덕'자가 들어간 대표적인 문장으로는 "도에 뜻을 두고, 덕을 굳게 지키며, 인을 항상 떠나지 아니하며, 예에서 노닌다."는 것과[15] "덕으로써 원한을 갚는다."[16]를 들 수 있을 것이다. 이로 미루어 우리는 유가 철학자들이 도와 덕에 부여하는 의미의 경중을 대체로 짐작할 수 있다.

유가 철학에서는 마음이 몸을 주재하는 것으로 이해한다. 사적인 욕망은 몸과 연관하여 생겨나기 때문에 몸을 다스리는 일은 이상적인 인간이 되는 데 있어서 절대적인 과제이다. 자신의 몸을 닦음修己으로써 욕망을 억제하여 덕을 형성할 수 있고, 덕이 이루어짐으로써 비로소 도에 가까워질 수 있다고 말한다. 그래서 『중용』에서는 진실로 지극한 덕이 아니면 지극한 도가 모이지 않는다[17]고 하였다. 다시 말해 우리가 하늘의 이치도를 알고 그에 따라 실천할 때 덕이 형성되지만, 그런 덕들이 지극한 수준에 이르지 못하면 도道 또한 올바로 체득되지 못한다고 함으로써 도와 덕의 일체적 성격을 강조하였다.

이를 요약하면, 도는 천지자연이 만물을 낳고 질서를 세우며 조화를 이루는 원리로서 덕의 기초가 되며, 덕은 그러한 도의 원리에 따라 행동함으로써 얻게 되는 품성의 상태를 말한다. 즉, 도는 시공을 초월한 자연의 기본 원리인 보편 원리에 해당하며, 덕은 시공에 대처한 인간 행위에 나타난 도의 구현, 또는 구체적으로 드러나는 실제 행동을 가리킨다. 이에 우리는 '도덕'을 삶의 원리를 실천하는 행동의 내면적 규범으로 정의할 수 있을 것이다. 우리말 '도덕'은 단순히 '관습'의 범위에 국한되지 않고 절대적이자 보편적인 원리에 따른 행동의 내면적 규범을 구체화한 것이다.

한편, '윤리'라는 말은 춘추 말기에서 전국 전기 사이에 편찬된 것으로 추정되는 유가 철학의 경전인 『예기』 편에 처음 등장한다. 이것으로 보아[18] 시기적으로는 매우 오래전부터 사용된 단어로 추측되나, 우리나라 사람들이 그 말을 일상용어로 사용한 때는 앞에서 언급했듯이 일제 강점기 무렵부터인 것으로 추정한다. 그 이전까지 우리나라 사람들에게 더욱 익숙했던 말은 '윤리'보다는 '인륜人倫'이었다. '인륜'이라는 말은 『맹자』에서 처음 나타난다. 등滕나라 문공文公이 정치에 관해 물었을 때, 맹자는 나라를 다스리는 일은 먼저 백성의 생업을 안정시킨 후에 '인륜'을 가르쳐 인간다운 가치를 추구하도록 해야 한다고 하였다. 그리고 학교를 설립하는 것은 모두 '인륜'을 밝히기 위한 것이라고 하며 오륜五倫을 언급하였다.[19]

앞에서 말한 바를 정리하면, 유가 철학의 영향을 깊게 받아왔던 우리나라 사람들은 '도덕'이나 '윤리'라는 용어가 아닌 '도', '덕', '인륜'이란 말을 오랫동안 사용해왔다. 적어도 조선 시대까지는 우리나라에서 도덕이나 윤리라는 용어가 사용되지 않았던 것으로 보인다. 그 두 용어가 언제부터 사용되기 시작하였는지는 정확히 알 수 없으나, 1940년대에 발간된 우리말 사전에 두 용어가 등장하는 것으로 보아 대체로 구한말이나 일제 강점기 무렵부터 사용되었다고 보는 것이 유력하다. 따라서 오늘날 우리가 사용하는 두 용어에 대한 개념 또한 기본적으로 그에 따라 인식했던 것으로 여겨진다.

이는 아래에서 볼 수 있듯, 우리말 사전에 풀이된 두 용어의 뜻풀이에 그대로 나타나고 있다.

표 1-1_ 도덕, 윤리 낱말의 국어사전 풀이

저자	도덕	윤리
朝鮮圖書刊行會編 (1946)[20] 조선어학회편 (1949)[21]	① 인생의 사유·행위의 표준, 인류의 대도, 길 ② 정선(正善)한 의사에 의지해 정선한 행위를 하는 것	① 오륜의 원리. 도덕. ② 윤리학
문세영(1959)[22]	사람으로서 행할 바른길	오륜의 원리
국립국어연구원 (1999)[23]	① 사회의 구성원들이 양심, 사회적 여론, 관습 따위에 비추어 스스로 마땅히 지켜야 할 행동 준칙이나 규범의 총체 ② 도와 덕을 설파하는 데서, 노자 가르침을 이르는 말	사람으로서 마땅히 행하거나 지켜야 할 도리
이희승(2010)[24]	① 人倫의 大道. ② 인간으로서 마땅히 지켜야 할 도리 및 그에 준한 행위. ③ 관습·풍습에 연관하며 정사(正邪)·선악(善惡)의 표준	① 사람이 지켜야 할 도리. 도덕규범이 되는 원리 ② 인륜

위의 우리말 사전에 풀이된 내용을 검토해 보면, 도덕이나 윤리라는 말이 우리말 한자어로 새롭게 제시되었으나 그에 대한 관념 자체는 여전히 유가의 경전에 해당하는 사서四書에 언급된 도, 덕, 인륜의 의미에 바탕을 두고 있음을 알 수 있다. 그런데 흥미로운 것은 '도덕'과 '윤리'에 대한 풀이 말이 사전에 따라 서로 바뀌어 진술된 것을 볼 수 있다. 예컨대 '인륜의 대도', '사람이 지켜야 할 도리' 등의 풀이말이 도덕과 윤리의 풀이말로 교차하여 사용되고 있다. 두 단어를 같은 의미의 다른 말로 이해해도 큰 무리가 없을 정도이다. 우리말 '도덕'과 '윤리' 역시 영어의 'ethics'와 'morality' 처럼 적어도 사전적 의미에서는 별다른 차이를 발견하기가 어렵다.

■ 도덕과 윤리의 차별성　━━━

사전적 의미에서는 도덕과 윤리의 용어 간에 별다른 차별적 특징을 발견하기 어려우나, 그 둘 사이에는 분명 차별성이 존재한다. 논자는 도덕과 윤리의 차별적 특성을 사회의 이상이나 이념의 포괄 여부에서 찾는다. 사회의 이상이나 이념을 내포하고 있다면 그것은 윤리의 범주에 속한다고 볼 수 있고, 개인의 실존적 문제로부터 접근한다면 도덕의 범주에 속한다 할 수 있다. 다시 말해, 도덕이 한 구체적 개인이 실존적으로 선택한 개인적 행동의 원칙이자 규범이라면, 윤리는 한 추상적 인간집단이 무의식적으로 규정한 무기명적 행동의 원칙과 규범이라 할 수 있다.[25]

윤리를 공동체의 관습과 관련짓는 이러한 견해는 니체F. W. Nietzsche에게서도 찾아볼 수 있다. 니체는 윤리란 어떠한 종류의 풍습관습적인 행위

방식이든 풍습에 대한 복종과 다름없는 것으로, 그것 이상의 것이 절대로 아니라 하였다. 그는 이 논리에 따라 관습이 규제하지 않는 것들에는 윤리도 존재하지 않으며, 삶이 관습을 통해 규정되는 일이 적으면 윤리의 범위도 작아진다고 하였다.[26] 이에 따라 우리는 도덕의 중심에는 개인이 있고, 윤리의 중심에는 사회가 존재한다고 말할 수 있다.

그러나 도덕이 실존적인 문제에서 비롯된 것으로 개인적 행동의 규범이라고 하지만, 그것이 순전히 개인의 자의적인 선택에 따른 문제로 그치지는 않는다. 도덕은 개인으로부터 출발하지만 모든 합리적인 사람에게 적용되는 비공식적인 공공체계라는 점에서 그렇다.[27] 윤리 역시 마찬가지로 집단이나 사회의 관습에 따라 그 구체적인 내용은 다를 수 있으나 공공성의 성격적 조건을 충족시켜야 하는 것은 마찬가지다. 예컨대 예수는 어떤 사람이 강도를 만나서 거의 죽게 되었을 때 한 제사장이 그를 보고 피하여 지나가고, 또 한 레위인도 그를 보고 피하여 지나갔지만 어떤 사마리아 사람이 그를 보고 불쌍히 여겨 주막으로 데려가 돌보아 주었다는 이야기를 한다.[28] 이 사례에서 사마리아인의 행동은 실존적인 것으로 도덕의 문제이며, 예수가 죽어가는 사람을 외면하는 사람들의 행동을 언급한 것은 사회가 지향해야 할 이상으로서 '네 이웃을 너 자신같이 사랑하라'[29]는 기독교 윤리에 대한 가르침을 설파한 것이라 할 수 있다.

윤리에 사회의 이상을 지향하는 이념적 성격이 들어 있다는 것은 동양의 고전에도 잘 나타나 있다. 맹자孟子는 인륜을 언급하면서 이를 오륜으로 구체화하였다. 맹자가 말한 오륜 중심의 규범 체계는 『소학』을 통해 구체적으로 제시되고 있으며, 동시에 그 규범을 생활의 전반에서 실천할 것이 요구되었다. 인륜으로서의 오륜은 오랫동안 당시 사회를 지탱하는 주요 강령이었다. 오늘날에 교직단체, 의학협회, 변호사협회 등과 같은 여러 전문 조직에서 해당 분야에 대한 특정 '윤리 강령'을 들어 제시하고 있는 것도 윤리의 사회적 성격을 말해준다.

하지만 이러한 사회적 이상과 관련한 윤리의 이념성은 자칫 왜곡될 수 있다. 예를 들어 애초에 수평적 상호주의 관계를 중심으로 제시되었던 오륜이 삼강오륜三綱五倫에서 수직적 종속 관계로 비틀어져 나타난 '삼강'은 그러한 대표적인 사례 중의 하나다. 또한 『중용中庸』에서는 오륜을 오달도五達道라 이르고, 군신君臣 관계를 중시 여겨 자연의 이치에서 볼 때 그보다 먼저여야 할 부자父子 관계에 앞서 이를 첫째로 든 것도 같은 범주에 속한다. 이와 함께, 조선의 여성에게서 인간적인 삶의 많은 부분을 앗아갔던 남녀칠세부동석, 불사이부不事二夫, 삼종지예三從之禮 등의 윤리도 자연의 이치를 따르는 도의 개념이 심각하게 왜곡된 사례라 할 수 있다.

이와 더불어 우리가 주의해야 할 점은 도덕이나 윤리의 영역을 관습의 영역과 구별해야 한다는 것이다.[30] 이때 보편화 가능성은 이 두 영역을 구분하는 주요 기준이 된다. 도덕이 개인의 실존적 특성을 보이고 윤리는 사회의 이념적 특성을 보이는 차이가 있다고 하더라도, 도덕과 윤리는 공통으로 보편화 가능성이라는 조건을 충족해야 한다. 여기서 말하는 보편화 가능성이란 그 내용이 모든 사람에게 보편적으로 적용 가능해야 한다는 것보다는, 특정한 사람의 복지를 해친다거나 그럴 가능성이 있어서는 안 된다는 데 방점이 있다. 하지만 관습의 영역은 도덕의 영역과 달리 그 나름의 역사성과 존재 가치를 존중하는 차원에서 상대적일 수 있다.

혹자는 폭력집단에서 엄격하게 통용되는 규칙을 구성원 사이에서 발전된 침묵과 복종의 윤리라 말하지만, 그것은 우리가 보통 말하는 의미에서의 윤리라기보다 집단이기주의적인 그들 소수만의 편협한 행동 규약에 가깝다. 왜냐하면 그때의 윤리는 인간의 보편적 삶의 질을 향상하는 데 이바지하는 것이 아니라 특정인의 삶 자체를 왜곡하는 심각한 규범으로 작용하기 때문이다. 20세기 말에 롤스J. Rawls는 공리주의적 정의론의 약점을 지적하고 그 대안으로 의무론적 성격과 계약론적 성격을 띠는 '공정으로서의 정의'를 제시한 바 있다. 그의 정의론이 많은 사람으로부터 주목 받는 이유는 사회적 이상이나 이념을 차등의 원칙으로 경제적인 불평등을 허용하면서 최소 수혜자에게 최대 이익이 되도록 해야 한다는 보편화 가능성이라는 토대 위에 정착시켰기 때문이라고 이해할 수 있다.

도덕성의 의미와 그의 특성

도덕은 인간의 공통적인 심리적 특성에 근원을 둔 도덕성으로부터 발원하여 사회 구성원의 명시적·묵시적 동의를 거쳐 행동 규범으로 자리매김한 것이다. 도덕은 규범으로 구체화하여 한 개인의 내면에서 특정한 행동을 권장하거나 억지 혹은 금지하는 기능을 한다. 반면에 도덕성은 그러한 도덕규범을 인식하고 존중하거나 평가하며 실천하고자 하는 개인의 심리적 성향으로서 행위 주체의 실존적 삶의 조건에 뿌리를 두고 있다.[31] 결국 도덕성은 다른 사람들과의 관계에서 요구되는 가치, 판단, 정념, 그 행동까지 포괄하는 개념으로서 한 개인의 본성에서부터 유발되는 심리적 특성이라 할 수 있다. 그런 점에서 도덕성은 사회의 이상을 지향하는 이념적 특성을 내포한 윤리보다는 원초적으로 도덕에 더욱 밀착된다. 행동에 대한 지침 역할을 하는 도덕이 우리의 머릿속에 분명히 들어있다는 것을 고려한다면, 우리는 이제 도덕이 그곳에 있게 된 근거를 물어야 한다. 도덕성의 의미 규정과 관련한 접근은 그에 대한 응답이라 할 수 있다.

인간에 관한 정신사에서 인간의 관념은 의식의 자각(플라톤 등)으로부터 신의 피조물로서 구속적 위상(성 토마스 등), 근대적 자아의 발견(데카르트 등)을 거쳐 근래에는 우리 몸에 새겨진 흔적(다윈)으로 확장되는 과정을 밟아왔다.[32] 이의 연장선으로 근래의 진화생물학자들은 동물의 행태에 관한 연구를 통해 인간의 도덕성을 진화의 힘이 만들어낸 산물이라는 가설을 제시한다. 이런 가설은 도덕적 가치들이 초월적 존재가 아닌 오직 인간에게서 나온 것일 뿐이라고 믿는 경험론자의 입장을 따르는 것이다.[33]

여기에서는 이러한 시대적 흐름을 참고하여 도덕성의 의미를 개념화하고 이를 논의한다. 우선 과학기술에 의한 뇌과학의 연구 결과를 토대로 기존 설명 방식과는 전혀 다른 차원에서 인간의 도덕성을 설명하는 현대 신경과학적 관점을 검토하고, 이를 비판적 관점에서 논의한다. 이어서 인문사회적 접근과 자연과학적 접근을 아우르는 통합적 관점에서 도덕성이란 무엇인가의 물음에 대한 답을 논의한다.

■ 신경과학적 관점

최근의 신경과학자들은 마음의 작동 방식에 주목하여 도덕성의 발달을 설명하고자 한다. 신경과학은 도덕적 행위의 핵심 요소인 자유의지, 자신의 마음을 아는 능력, 도덕성의 실체 등을 기존의 철학, 심리학적 관점과는 다른 과학적 설명으로 새롭게 평가하고자 한다. 그들은 단순히 뇌 안을 영상으로 촬영하여 인간의 행동을 유발하는 신경 통로를 눈으로 확인하는 차원에 머무르지 않는다. 그들은 인지 신경과학적 접근 방법을 통해 뇌의 신경적 구조와 과정을 밝힘으로써 전통적인 철학의 영역으로 여겨져 왔던 도덕성의 문제를 거론한다. 이들은 오로지 인간의 행동에 대한 생물학적 환원주의 설명만을 '과학적'인 것으로 본다. 물리학자에서 신경생리학자에 이르기까지 현대의 많은 과학자는 물질적 기질을 확인함으로써 우리 인간의 자유의지에 따른 선택과 책임을 설명할 수 있다고 주장한다.

신경과학자들이 도덕성을 어떻게 인식하고 주장하는지 알아보기 위해서는 그들이 '마음(의식)'을 어떻게 이해하고 있는지를 검토할 필요가 있다. 마음의 개념에 대해서는 만족스러운 설명이 아직 존재하지 않으나,[34] 우리말 사전의 풀이에 따르면 '마음'은 다른 사람이나 사물에 대하여 감정이나 의지, 생각 따위를 느끼거나 일으키는 '작용', '능력(힘)', '공간이나 위치'를 뜻한다. 이 풀이말에 들어있는 '작용'이나 '능력(힘)' 그리고 '공간이나 위치'라는 두 가지 개념은 도덕성에 관한 신경 윤리학의 관점을 이해하는 데 중요한 시사점이 되고 있다. 신경과학자들의 이에 관한 담론은 대체로 마음의 '작용'과 '위치'의 차원에서 설명하고 있기 때문이다.

고대로부터 이어져 내려온 마음에 대한 시각은 인간 존재가 마음(또는 영혼)과 물질의 혼합으로 이루어졌다는 데카르트식의 이원론이었다. 프랑스 철학자 데카르트R. Descartes는 당시 알려진 뇌 부위 중 유일하게 좌우 한 쌍이 아니라 하나밖에 없었던 송과샘pineal gland을 의식(영혼)과 육체가 교신하는 곳이라 여겼다. 그는 명백하게 이성적이고 의식이 있으므로 우리가 물질로만 만들어질 수 없다고 하였다. 하지만 진화생물학과 동물행동학은 인간과 동물이 공통 조상으로부터 진화했다는 수많은 증거를 통해 인류와 동물 사이에 범주적 차이가 있다는 데카르트식의 이원론적 관점을 부정한다. 현대 인지과학자들은 두뇌의 손상에서 오는 마음의 오작동과 관련한 자료와 더불어 논점에 따라 다르게 활성화되는 뇌 부분 등에 주목하여 두뇌의 기능적 신경구조두뇌에 있는 신경구조의 기능를 추론하고,35 그에 따라 뇌엽 전체에 걸친 기능 분포 지도를 그려냈다.36

　뇌의 작용을 연구 중심에 놓는 인지과학계는 마음이 상대적으로 독립적인 수많은 체계를 포함하고 있거나 심지어 그것들로 구성되어 있다는 점에 폭넓게 동의한다.37 '확장된 마음extended mind' 이론이 가정하듯이, 마음은 수많은 기제의 집합으로 이루어져 있으며 그것들은 생각의 원천으로 작용한다. 그리고 이 집합은 뉴런과 신경전달물질로 이루어진 내부 자원으로 한정되지 않는다. 마음의식에 영향을 미치는 요소에는 인지를 도와주는 환경 자체, 예컨대 사회의 제도나 구조, 공동체 등도 포함된다.38

　미국의 인지과학자인 데닛D. C. Dennett에 따르면, 인간의 의식은 밈meme에 의해 뇌에서 창조된 '가상 기계virtual machine'로 운용된다.39 인간을 포함한 모든 유기체에는 눈으로 무엇이 날아오면 눈을 감고, 추우면 몸을 떠는 것처럼 신경계의 기본 설계에 따라 회로가 배선되어 있다. 우리는 먼저 무언가를 감지하고 그다음에 행동한다고 생각한다. 그러나 뇌과학은 우리가 이를 인식하기 '전에' 행동하도록 배선되어 있다고 본다. 의식은 전역global 작업공간 그 자체이거나 혹은 이 공간을 촉발하거나 혹은 이 공간의 소산이다. 과거 데카르트의 극장Cartesian theater 비유가 전역 작업공간global workspace으로 바뀐 것이다. 다양한 정보를 모아서 결정을 내리는 곳은 두뇌에 없으므로 중앙처리장치CPU와 같은 것도 없다. 모든 분산된 정보가 모여 있을 수 있는 곳은 오직 전체 행위자 자신밖에는 없다. 행위자는 이런 정보의 처리 과정과 기제들의 집합일 뿐, 그 이상도 이하도 아니다.[40]

뇌과학자들에 따르면, 인간의 두뇌는 문제를 차례로 처리하는 컴퓨터와 달리 수많은 두뇌 회로와 기제에 의해서 여러 가지 작업을 한꺼번에 처리한다. 그 회로들은 뇌 전체에 넓게 퍼져 있다.[41] 다윈C. Darwin도 일찍이 이를 간파했던 것으로 보인다. 우리가 마음 상태의 표현으로 파악하는 결과인 행동이나 표정 등은 애초부터 의지에서 독립한 그리고 일정 정도 습관에서 독립한 신경계 구성에 기인한 행동 원리에 따라 만들어진다고 했던 그의 말에서 이를 알 수 있다.[42] 따라서 이들의 관점에서 보면, '자아'라는 것은 실체적 존재가 아니다. 그것은 뇌에 있는 여러 배선의 조합(가상 기계)에서 나오는 허구다. 그들은 자아란 지속해서 만들어지는 일시적이고 불안정한 연합의 성과이며, 그 연합은 어린 시기에는 통합성이 불안정하나 성숙하면서 차츰 통합되어 통일성과 일관성이 한층 높아진다고 설명한다.

여기서 우리가 주목해야 할 부분이 있다. 현대 뇌과학자들이 이처럼 마음을 뇌와 동일시한다는 것은 생각하고, 자신과 대화하며, 책임을 지는 인간의 고유한 의식적인 정신 활동에 대한 부정을 의미한다. 하지만 이에 대해 뇌과학자들은 '자아'라는 조절자를 포기하는 것이 행위자, 이성, 윤리를 포기하는 것은 아니라고 말한다. 뇌에 의해 창조된 가상 기계의 회로를 바꾸는 것은 현재 내가 어떤 행동을 하는가에 달려있기 때문이라는 것이다. 다시 말해, 지금 내가 하는 행동은 뇌의 예측 방식을 바꾸기 때문에 오늘의 경험과 앎이 내일의 나를 만든다는 것이다. 이처럼 의식적인 숙고는 결정과 관련 있는 여러 고려 사항을 마음으로 인도함으로써 의사 결정 기제들이 서로 접촉하게 되고, 이에 따라 더 많은 정보가 교류된다. 따라서 우리가 숙고할수록 우리의 가장 깊은 곳에 있는 가치들도 그만큼 더 많이 뇌에 반영된다.[43] 그러므로 내가 잘못한 일은 내 책임에 속한다고 말하는 것이다. 이들은 여기서 한 걸음 더 나아가 인간의 뇌는 사회적으로 의존하는 신경계를 갖고 있기 때문에 나뿐만 아니라 타인에 대해서도 책임이 있음을 분명히 한다.

하지만 논자는 이와 같은 최근의 과학자들이 첨단 과학기술의 응용으로 획득한 연구 자료에 '과학적'이라는 표징을 앞세워 기존의 전통적인 관점들을 비과학적인 것으로 치부하는 경향에 대해서는 냉정히 성찰해 보아야 할 점이 있다고 생각한다. 진화론적 윤리학은 우리가 가진 도덕관념의 기원과 발생사적 과정에 대해 다시금 성찰할 수 있게 하는 계기를 제공할 수는 있지만,[44] 실질적으로 도덕성이 무엇인지에 관한 새로운 정보를 제공하지는 못하고 있다. 종교철학으로 유명한 영국의 철학자 트리그R. Trigg가 현대 생물학이 우리 자신에 대해 많은 것을 배울 수 있게 하지만 도덕성에 대해서는 우리가 배울 것이 아무것도 없다고 통렬하게 지적한 것도 같은 맥락에서 나왔다고 볼 수 있다.[45] 미국의 정신과 의사이자 정신분석학자였던 사즈T. S. Szasz는 현대 정신과학의 과학적 및 도덕적 근거에 대하여 부정적인 견해를 밝힌 바 있다. 그는 지난 수십 년 동안 전문 분야는 서로 다르지만 여러 학문 분야의 많은 전문가가 마음을 뇌의 측면에서 설명하고자 하나, 누구도 인간을 책임 있는 도덕적 행위자로서 다루지 않는다고 하면서 그들은 과학 소설을 쓰고 있다고 비판하였다.[46]

사실 신경과학자들은 뇌 촬영 영상자료를 근거로 눈에 보이는 현상을 기술하는 데 그치고 있다. 그들은 의식적인 숙고가 가상 기계의 회로를 바꾼다고 말하지만, 그러한 '의식적인 숙고'는 어디에서 나오는지, 그 '의식'의 기원은 어디인지, 왜 도덕의식 현상이 일어나는지 등에 대해서는 답하지 못한다. 논자의 관점에서 볼 때, 그들이 그동안 비판해 왔던 철학자들의 '비과학적' 논의를 대체할 수 있는 그들만의 '과학적' 견해는 기술 description의 수준을 넘어서지 못하고 있다. 단지 물질에 불과한 것이 정말로 어떻게 생각을 할 수 있는지는 여전히 어려운 문제로 남아 있다. 마찬가지로 어떻게 물질이 의식을 가질 수 있는지도 어려운 문제이다.

결론적으로 우리는 여전히 신경과학자들의 견해에 대해 비판적 물음을 제기할 수 있다. 그들은 마음의 작용을 뇌에서 창조된 '가상 기계' 혹은 '전역 작업공간'의 운용으로 설명하고 있다. 그런데 여러 뇌 기능을 통합적으로 조직하는 문제와 관련하여 그들이 비판하는 데카르트의 극장과 근본에 있어 무엇이 다른가? 우리는 왜 도덕적 상황에서 이러저러한 방식으로 행동하는가? 개인의 경험에 따라 회로가 서로 다르게 배선되는가? 비슷한 환경에서 성장한 사람들은 모두 비슷한 회로가 형성되었는가? 개인의 의지는 어떻게 설명될 수 있는가? 무엇보다 중요한 것으로, 그 의지의 원천 능력은 어디에서 나오는가? 실존주의 철학자 사르트르J. P. Sartre가 자신이 "자신의 존재를 만들지 않았기 때문에 바로 그 책임을 제외하고는 사실 모든 것에 책임이 있다"[47]고 했던 것과 같은 견해에 대해 그들은 보이는 현상에 대한 기술description의 차원을 넘어 '도덕적' 의식이 생겨나는 근원을 '과학적으로' 설명해야 할 것이다.

■ 통합적 관점 ▬

그동안 도덕이나 도덕성의 문제는 주로 철학과 신학을 중심으로 한 인문학과 인류학, 심리학 등의 사회과학적 관점에서 다루어왔으나, 1970년대 이후 진화론적 관점이 많은 사람의 주목을 받기 시작하면서 도덕성에 관한 정의의 스펙트럼이 더 확장되었다. 여기에서는 인문·사회과학과 자연과학의 통합적 관점에서 그 의미를 규정한다. 학제 간의 장벽을 뛰어넘는 '통합적 관점'은 도덕성의 실체적인 의미에 근접할 수 있는 가장 효과적인 수단이 될 수 있다고 보기 때문이다. 여기에서는 몇 가지의 기본적인 문제, 즉 인간의 본성적 요소, 보편화 가능성, 직관과 이성의 관계에 관한 가설적 전제를 토대로 도덕성이란 무엇인가의 물음에 답하고자 한다.

영국의 윤리학자이자 동물행동학자였던 하인드R. A. Hinde는 인간의 본성에 이기적 자기주장의 성향과 친사회적 성향이 모두 존재한다는 경험적 결과를 기초로 인간의 도덕성에 관한 기본 가설을 설정한 바 있다. 하인드는 자신의 이익을 추구하고자 하는 인간의 성향이 광범위하게 인정되고 있다는 사실을 받아들인다. 하지만 그는 그와 마찬가지로 또 다른 유력한 성향인 협력하여 행동하는 친사회적 성향 또한 존재함으로써 이기적 성향이 제한되는 방식으로 자연선택이 작동한다는 여러 증거를 보여주었다.[48] 여기에서 논자는 도덕성의 의미를 밝히는 데 그의 견해를 활용한다.

그동안 이기심은 인간의 본성을 구성하는 주된 내용으로 인정되었으나 이타심은 얼마 전까지만 해도 다소 논란의 여지가 있었다. 예컨대 영국의 생물학자이자 사상가였던 헉슬리T. Huxley는 인간 본성이 더럽고 비정한 자연 세계의 산물이기에 본래 악하다고 하였다. 이에 따라 도덕성은 진화 과정에서 발생한 이기적이고 경쟁적인 경향들을 조절하고 극복하기 위하여 명시적으로 고안된 인간의 발명품이라고 주장하였다.[49] 최근에 진화생물학자 도킨스R. Dawkins도 우리 인간은 이기적으로 태어났기 때문에 생물학적 본성으로부터 거의 도움을 기대할 수 없다는 사실을 알아야 한다고 거들었다.[50] 도덕성과 자연을 대립시키는 이러한 이원적인 견해가 대세였다.

하지만 진화생물학의 발전은 인간이 본래 도덕적 피조물이라는 인식을 확고히 하는 데 결정적 기여를 하였다. 특히 해밀턴W. D. Hamilton이 포괄적응도의 개념을 제시하게 되면서 이타심은 이기심과 더불어 인간 본성의 한 축으로 인정되고 있으며,[51] 아울러 그런 주장을 뒷받침하는 여러 연구 결과가 제시되었다. 예를 들어 거울 신경세포에 관한 많은 연구는 그것이 감정이입공감을 느끼는 데 중요한 역할을 한다는 증거를 제시하고 있다.[52] 사회 신경과학자인 데서티J. Decety는 자신의 연구 결과를 토대로 공감적 관심이 이타주의적 동기를 생성한다고 하였다.[53] 또한, 관련 연구자들은 다른 생물이 경험하는 것을 대신해서 경험할 수 있는 능력이 사회적 행동의 진화 그리고 궁극적으로 도덕성에서 좀 더 진전된 상태로 나아

가는 발걸음을 내디딜 수 있는 비결이라고 밝혔다.[54]

　앞에서 언급한 진화생물학자들의 가설과 함께 도덕이 인간의 실존적 성격을 기반으로 한다는 것을 인정한다면, 도덕성의 개념에 관한 접근도 인간의 본성에서 출발하는 것이 자연스럽다. 인간 본성에 관한 담론에서 '인간은 무엇인가, 또는 어떤 존재인가?'라는 물음과 '인간을 인간이게 만드는 성질이나 속성은 무엇인가?'라는 물음은 명확하게 구별되어야 한다. 왜냐하면 '본성'이 전자를 의미하는 것인지, 아니면 후자를 의미하는지에 따라 담론의 성격과 구성이 달라질 수밖에 없기 때문이다.[55] 여기에서 논자는 후자의 측면에 초점을 맞춘다.

　인간을 인간이게 하는 본성적 특성에는 사실상 모든 인간 혹은 모든 성인이 가지고 있는 범문화적인 심리적 잠재력으로서 이기성과 이타성이 그 가운데에 있다.[56] 인간은 기본적으로 자기주장이 강하며 이기적이고, 경쟁은 인간 사회에서 일반적이다. 이와 함께 위에서 언급했듯, 인간의 본성에는 친사회적 행동을 보여주는 성향 역시 존재한다는 점이 그와 똑같이 강조된다. 사람들이 타인과 맺는 관계는 거의 모든 경우에 그들의 삶에서 중요한 부분을 차지하고, 대부분의 사람은 타인이 고통받는 것을 보거나 그런 고통을 주는 것을 싫어한다. 또 이기적인 것과는 무관한 이유로 그의 고통을 완화하려고 노력한다.[57]

　도덕성이 이와 같은 특성의 인간 본성에서 비롯된다는 것을 인정한다면, 자기 이익이 도덕적 행동의 이유가 된다는 것은 분명하다. 즉, 자기희생만이 온전히 도덕성을 의미하는 것은 아니라는 것이다.[58] 이와 함께 인간의 본성에 이타심이 존재한다는 것을 인정한다면, 다른 사람의 복리를 위해 행동하는 것 또한 도덕적 행동의 이유가 된다. 여기에서 말하는 이 타심이란 타인에게 선한 일을 했을 때 시간이 지나서 결국에는 자신한테 이익으로 돌아오게 된다는 계몽된 자기 이익enlightened self-interest이 아 니라 모든 사람의 삶에서 우정, 사랑, 행복, 자유, 평화 등을 가능한 한 많 이 성취하도록 하는 데 이바지하고자 하는 인간의 본성적 기대감과 관련 이 있다.[59]

전통 사회에서 근대 사회로 넘어오는 과정에서 종교와 형이상학적 세 계관은 개인 간의 상호작용을 규제하는 합의된 규범 체제로서 기능을 많 이 상실하게 되었고, 그 대신에 자율성을 지닌 개인이 도덕적 세계의 중 심으로 등장하게 되었다. 따라서 개인은 이제 '어떻게 살아야 하는가'의 문제에서 발전하여 '어떻게 하면 타인과 함께 잘 살 수 있는가'의 고민을 피해갈 수 없게 되었다.[60] 이에 도덕성은 어떻게 살아야 하고 그 목적이 무엇이어야 하는가의 문제이자,[61] 이기심을 지닌 개인이 협력의 이점을 거둘 수 있도록 하는 일련의 심리적 적응의 문제가 되었다.[62] 따라서 도 덕성은 함께 살아가야 한다는 기본 전제를 바탕으로 이타심과 이기심을 잘 조절하는 차원에서 정의될 필요가 있다.

이와 함께 보편화 가능성은 도덕성의 또 다른 본질적 특성의 하나로 고려되어야 한다. 자신의 이상적 인간상을 실현하고자 자유를 행사한다 는 것은 타인이 그 개인에게 그렇게 하도록 자유를 허락한다는 것을 가정 한다. 따라서 개인적 자유에 대한 요구는 당연히 공유된 도덕적 책무를 발생시킨다. 이러한 관계성은 '도덕적 호혜성, 상호 존중 그리고 협력'이 라고 표현될 수 있다.[63] 도덕적 행위의 기준이 되는 실천적 합리성은 타인의 이해 관심을 자기의 것과 같이 고려하는 태도에서 나온다.[64] 우리가 인식하는 대부분의 비도덕적 행동은 이러한 기본적인 태도를 무시하거나 왜곡하는 데에서 발생한다. 대체로 이기심이 그의 적절한 범위나 강도를 넘어서서 이타심의 영역을 침해하여 작동할 때 일어난다.

그런 점에서 도덕성의 정의는 합리적으로 판단할 수 있는 모든 사람이 그것이 무엇인지 알고, 그것을 자신의 행위를 위한 지침으로 사용하는 것이 불합리하지 않다는 두 가지의 요소를 포함해야 한다.[65] 이들 요소를 충족하는 도덕성은 최소한 자기의 행위를 이성에 의하여 인도하려는 노력이다. 다시 말해 도덕성은 그렇게 해야만 하는 최선의 이유가 있는 행위를 하는 능력인 동시에 자기의 행동으로 영향을 입게 될 다른 사람의 이익에 대하여 동등한 가치를 부여하는 성향이다. 그러므로 도덕적인 사람은 자신의 행동으로 영향을 입게 될 모든 사람의 이익에 공정하게 관심을 기울인다.

마지막으로 검토할 가설적 전제는 합리적 도덕 판단에 관한 직관과 이성의 문제이다. 싱어P. Singer와 같은 일부 공리주의자들은 직관에 의존하는 도덕 이론은 신뢰할 수 없다고 주장한다.[66] 직관적 반응은 비도덕적인 선택압 아래서 진화한 역사적 산물이기 때문에 도덕적 진리에 대한 믿을 만한 안내자로 볼 수 없다는 것이다. 다시 말하면, 행동이 감정의 이끌림에 의한 직관으로 이루어질 경우 진화가 도덕적 진리보다는 최악의 경우에는 철저한 이기성에 따라 이루어진다고 볼 수 있어, 우리는 그 행동의 도덕적 정당성을 확보하기 어렵다는 것이다. 따라서 진화된 직관은 우리가 도덕적 진리에 대한 훌륭한 안내자라 기대할 수 없다고 주장한다.

또한, 영국의 동물학자이자 윤리학자였던 하인드는 직관적인 '감각'과 관련하여 '본능 오류instinct fallacy'를 주의해야 한다고 말한다. 일례로 먹는 행동을 설명하기 위해 '식욕'을 가정하는 것은 그 자체로는 어떤 것도 설명해 주지 않는다. 이와 마찬가지로 직관적인 도덕적 감각은 우리가 하는 도덕적 판단에 대해 아무것도 설명해 주지 못한다는 것이다.[67]

하지만 오늘날 대부분 철학자는 도덕적 판단에서 감정의 역할을 옹호한다. 예컨대 다마지오A. R. Damasio 등은 우리가 감정적 반응 때문에 판단을 잘못 내리는 것이 아니라 오히려 감정적 반응 덕분에 타산적인 의사결정 능력이 향상된다고 말한다.[68] 또한 하이트J. Haidt는 도덕 판단이 이성적 추론의 산물이 아니라 직관의 산물이라고 말한다. 특정 상황은 우리에게 정서적 반응을 불러일으키고, 이 정서적 반응은(도덕적 직관 자체이거나) 도덕적 직관을 발생시키는데, 우리는 그 도덕적 직관을 도덕 판단으로 표현한다고 하였다. 도덕적 판단이 직관과 추론이라는 이중의 인지체계에 의해 도출된다는 것이다. 애초에 도덕 판단은 감정의 산물이기 때문에 합리적인 과정의 산물도 아니고 합리적인 영향을 받을 수 있는 것도 아니라고 본다.[69] 우리는 자신에게 도덕 판단의 근거가 있다고 생각하지만, 사실 그 근거는 많은 경우 감정적 반응에 대한 사후 합리화라는 것이다.

최근 신경과학자 레비N. Levy는 감정이 합리성의 걸림돌이 된다고 여기는 것은 전통적인 견해일 뿐이라고 말했다. 그에 따르면, 직관은 뇌의 구조를 반영한다. 그런데 그 뇌의 구조가 비도덕적인 선택압 아래서 형성되었기 때문에 우리가 직관을 무시하고, 대신 정서에 영향을 덜 받는 다른 기준을 선택해야 한다는 주장에 대해 반론을 제기했다. 그는 심리학에서 자주 인용되는 그 유명한 피니어스 게이지P. Gage, 1823~1860의 사례처럼 배내측 전전두엽이 손상된 환자들은 지능이 정상이나, 타산적인 추론이든 윤리적인 추론이든 실천적 추론에는 무능한 특징을 보인다는 점을 그 증거로 제시한다. 그런 환자들은 정서 처리 과정이 망가져서 잘못된 의사결정을 낳는다는 것이다. 결국 그는 이러한 신경과학적 증거로 볼 때 정서가 도덕 판단을 방해하는 것이 아니라 오히려 도덕적 결정 능력을 강화하는 데 도움이 된다고 주장한다.[70]

　　도덕성을 개념화하는 일에 관심이 있는 학자들은 그 개념 정의와 관련해서는 수많은 이견이 있으나 그것이 인지, 정서, 행동으로 구성된다는 점에 대해서는 의견의 일치를 보인다. 그런데 인지와 정서 가운데 어떤 것이 도덕 판단을 주도적으로 이끄는가에 대해서는 앞에서 언급한 바와 같이 첨예하게 대립한다. 하지만 우리가 일상의 삶에서 도덕 판단을 할 때 그것이 어떻게 이루어지는가를 경험적으로 되돌아보면, 어느 하나만을 주도적 요인으로 내세우기 어려운 것이 사실이다. 우리가 어떤 도덕적 사안에 부딪혔을 때 직관적으로 그의 해결책을 떠올릴 수도 있고, 많은 고민과 번민을 거듭하는 사색을 통해서 그에 이를 수도 있다. 어떤 경우에는 그것들이 혼합된 상태로 진행되기도 한다. 이 경우 도덕 판단이 직관과 정서의 추동으로 이루어지고 이성은 그것을 합리화하는 것에 지나지 않는다는 견해에 동의하기 어렵다. 현대 신경과학자들이 말하듯, 직관이라는 것도 오랜 시간에 걸쳐 나름의 추론에 따른 판단이 누적되면서 뇌의 신경 회로 배선에 영향을 미친 결과로 짐작할 수 있기 때문이다. 따라서 직관과 이성은 도덕적 상황에 따라 상호의존적으로 작용한다고 볼 수 있다. 그런 점에서 논자는 이성과 정서, 직관과 이성을 도덕 판단에 필요한 요소로 인식한다.

이제 이 장의 논제인 도덕성이란 무엇인가의 물음에 답할 차례가 되었다. 도덕성의 의미에 관한 정의와 개념화는 인간에게 무엇이 근본적인 것인가의 문제와 연결된다. 철학자이자 정치이론가인 너스바움M. C. Nusbaum이 말한 바와 같이, 인간은 무엇보다 추론하는 존재이다.[71] 추론적 존재로서의 인간은 도덕적 선택의 권능을 소유하며, 자율적으로 자신의 삶을 계획한다. 또한, 인간의 도덕적 선택권은 인간이 평등한 존엄과 가치를 지닌 존재이며, 상호적으로 자유와 공정한 대우가 부여되어야 한다는 인식을 내포한다.

논자는 이에 따라 도덕성을 '주어진 상황에서 두 본성적 특성의 적절한 균형을 추구하고, 열망하며, 그에 따라 행동하고자 하는 개인의 심리적 성향 혹은 능력'으로 정의한다. 다시 말하면, 도덕성은 주어진 상황에서 이타적 특성과 이기적 특성이 최적의 조화를 이루는 지점을 찾아 행동하고자 열망하는 심리적 성향이나 능력을 의미한다. 도덕성에 관한 이러한 개념적 의미는 인간의 보편적 심리적 성향인 이타심과 이기심에 기초한다는 점에서 합리적으로 사고하는 사람이라면 누구나 인식할 수 있을 것이며, 상호주의를 바탕으로 하는 보편화 가능성을 그 전제로 하고 있어 누구나 기꺼이 자신의 도덕적 행위를 위한 지침으로 활용할 수 있을 것이다. 그리고 이러한 개념 규정은 이성과 정서를 포함하고 있어 인간의 본래 특성을 반영하고 있다.

그러나 아직 우리가 도덕성의 의미를 마무리하기에는 부족한 면이 있다. 그것은 이타심과 이기심이 최적의 조화를 이루는 지점을 판단하는 기준이 무엇이어야 하는가에 관한 것이다. 이와 관련하여 일상언어철학자 툴민S. E. Toulmin은, 과학에서 추론의 목적이나 기능이 우리에게 현상을 예언하는 데 도움을 주는 것과 같이, 윤리적 행위에 관한 추론의 참된 기능은 공동사회 내에서 욕망을 조화시키는 데 있는 것이라고 하였다.[72] 그리고 고전적 자유주의 입장의 대변자인 밀J. S. Mill은 문명사회의 어느 구성원에 대해 그의 의사에 반하여 권력이 정당하게 행사될 수 있는 유일한 목적은 타인에게 끼치는 해악을 방지하기 위함이라 하였다.[73] 즉, 간섭이 시인되기 위해서는 타인에 대한 해악이 예측되어야 한다고 본다. 이는 '타인에 대한 유해성의 원리', 또는 '해악의 원리the harm principle'로 불리고 있다.

논자는 이들의 견해를 참고하여 도덕성의 의미를 구체화하였다. 논자가 여기에서 제시하는 도덕성의 개념은 최소 도덕성을 지향한다. 즉, 이타심과 이기심의 조화가 관련된 사람(들)의 복리를 최대로 증진하는 데 있는 것이 아니라 관련된 사람(들)에게 피해를 주지 않는 지점을 그 경계로 한다. 그 경계의 기준은 다른 사람에게 정당한 이유 없이 피해를 주는가에 있다. 물론 그 경계를 넘어 타인의 복리를 증진하는 것은 개인의 자유로운 선택의 몫이다. 최대 도덕성은 다른 사람을 위해 자신의 목숨마저 희생하는 경우일 것이다. 그러한 최대 도덕성은 도덕 철학자 거트B. Gert가 말하듯 '도덕적 이상'[74]에 해당한다. 논자가 상정하는 최소 도덕성에서는 개인에게 그 수준을 요구하지 않는다. 도덕적 이상의 도덕성은 초과 의무적이다.[75] 이는 우리가 그런 행위를 하는 사람을 보면 감동할 수는 있지만, 다른 사람에게 그런 행동을 요구할 수 있는 성질의 것은 아니다. 그래서 우리가 초과 의무적 도덕성에 따른 행동을 하지 못했을 경우 우리의 행동은 나쁘다기보다는 도덕적으로 아쉽다고 해야 할 것이다.

이제 마지막으로 논의가 좀 더 필요한 것은 '조화'의 의미이다. 아리스토텔레스는 도덕적인 사람이 된다는 것을 인간의 기능과 관련지어 설명하였다. 그는 좋거나 나쁜 모든 것은 그것이 잘 혹은 허투루 기능하기 때문에 그렇다고 하면서 인간의 적절한 기능은 추론하는 데 있다고 하였다. 실천적 지혜로서 '잘 추론한다'라는 것은, 이 장에서 정의한 도덕성에 따른다면, 이타심과 이기심의 적절한 조화 지점을 탁월하게 찾아낸다는 것을 의미한다. 물론 여기서 이타심과 이기심이 어떤 비율의 상태를 적절한 조화라 할 수 있는지는 구체적으로 명확히 언급하기는 어렵다. 상황마다 사람마다 그 비율은 다를 것이다. 다만, 여기에서 상정하고 있는 가장 조화로운 상태란 아리스토텔레스나 동양의 유가 철학에서 말하는 '중용'이라고 할 수 있다.

이타심과 이기심의 적절한 조화를 표현하는 대표적인 행동 기준은 '다른 사람에게 정당한 이유 없이 피해를 주지 말라'는 것이다. 이는 인간의 가장 원초적이자 기본적인 규칙으로, 밀의 해악의 원리에 근거하고 있다. 남에게 피해를 주지 말라는 것은 나 자신의 자유를 제한하라는 의미다. 개인들이 모인 사회에서 각자 마음 가는 대로 행동하게 된다면, 그 사회의 모습은 순자荀子나 홉스T. Hobbes가 예언한 대로 갈등과 혼란으로 이어질 것이 분명하다. '내'가 도덕적이어야 하는 까닭도 여기에서 출발해야 한다. 나 자신의 권리를 보장받기 위해서는 역설적으로 나 자신의 자유에 제한을 두어야 한다.

도덕성의 기원에 주목한 진화생물학자들은 평등주의적인 무리를 이루고 살았던 초기 인간에게서 도덕적으로 사악한 행위로 분류된 최초의 행위는 근친상간의 터부가 아니라 남을 괴롭히는 불량배 같은 행위였을 것으로 추측한다.[76] 이는 오늘날에도 평등주의적 인간들이 보편적으로 금지하고 억제하는 행위이기도 하다. 『논어論語』에서 자공子貢이 우리가 평생 실천할 수 있는 한마디의 말이 있다면 무엇인지 묻자 공자가 답하기를, 자신이 원하지 않으면 다른 사람에게도 하지 말아야 한다고 하였다.[77] '내가 하고자 하지 않는 바를 남에게 베풀지 말라'는 서양의 황금률이나 '남에게 대접을 받고자 하는 대로 너희도 남을 대접하라'[78]는 예수의 가르침도 그와 같은 것이다.

도덕성은 우리 삶을 이끌어 가는 도덕 법칙들에 대한 탐구가 아니라 우리의 문제에 대처하기 위한, 공동체의 관계 질을 향상시키기 위한, 또 의미 있게 성장하는 개인적 애착을 형성하기 위한 가능성의 지속적인 상상적 탐색이다.[79] 그런 과정에서 도덕성은 어떤 행동이 용납될 수 있는지에 대한 공통의 동의를 추구한다.[80] 우리는 도덕적 문제에 직면할 때 자신의 이성을 통해 주체적으로 적절한 조화의 지점을 추론하고자 노력할 필요가 있다. 이타심과 이기심의 최적한 조화를 추구하는 도덕성은 자신과 다른 사람 사이에 내재하는 여러 가지 갈등을 타개하고 본래 이기성을 지닌 개인이 사회집단에서 함께 살 수 있게 하는 기능을 발휘할 수 있다.[81] 이러한 도덕성은 추상적 관념 체계로서의 인식보다 실제 삶에서 직면하는 문제를 통한 정감적 체험에서 출발하는 인격적 체득을 강조한다.

논자는 이기심과 이타심이 최적으로 조화를 이루는 지점은 일정한 틀로 고착되는 것이 아니라 다양한 경험의 누적과 세상을 바라보는 관점의 변화로 그의 확장 탄력성이 점차 발달하는 것으로 상정한다. 우리가 본성의 한 부분인 이기적이고 자기중심적인 관점에서 벗어나 또 다른 본성의 한 부분인 이타적 성향을 함께 고려하는 관점의 교환 가능성을 채택할 수 있다면 더 나은 삶을 살 수 있을 것이다. 이타심과 이기심의 적절한 조화는 그러한 관점의 교환과 더불어 인간의 공감 능력에 의존한다.[82] 그런 능력은 사람들이 오랜 세월을 거치며 삶을 살아가는 과정에서 맞닥뜨리는 다양한 형태의 실제적 문제들을 해결하고 그 과정에서 발생하는 여러 가지 욕구와 이해 관심을 충족시키는 과정을 통해 발달해 왔다. 그런 점에서 논자는 도덕성을 계속 진화하는 구성적 산물로 이해한다.

맺음글

이 장에서는 도덕성의 근원을 인간의 보편적인 본성적 특성인 이타심과 이기심의 최적의 조화에서 찾았다. 부도덕한 행동은 대개 이기심이 이타심의 영역을 침해하거나 지배함으로써 나타난다. 그런 맥락에서 논자는 도덕성이란 무엇인가라는 논제와 관련하여 도덕성의 의미를 이타심과 이기심의 최적의 조화를 추구하고 열망하며, 그에 따라 행동하고자 하는 개인의 심리적 성향이나 능력으로 정의하였다. 최적의 조화를 판단하는 기준은 '다른 사람에게 정당한 이유 없이 피해를 주지 말라'는 원칙이다. 논자는 이 정의가 인간의 실존적 본성에 기초하고 있다는 점에서 합리적인 모든 사람이 인식할 수 있다고 본다. 또한 보편화 가능성을 전제하고 있어서 누구나 기꺼이 자신의 행위에 대한 지침으로 채택할 수 있으며, 이성과 직관을 모두 포함하기 때문에 인간의 본래 모습을 반영하고 있다고 본다.

논자는 이 장에서 제시하고 논의한 도덕성의 개념이 우리가 도덕적 삶을 살아가는 데 실질적인 시사점을 제공할 수 있을 것으로 판단한다. 지금까지 도덕학자들은 도덕성에 대해 그 구성 요소나 선험적 능력을 중심으로 개념을 규정하고 그에 기초하여 도덕성 발달을 설명해 왔다. 하지만 '선을 알고 사랑하며 실천한다'라는 도덕성의 기본 얼개가 매우 추상적이어서, 우리는 어디에서 도덕성이 기원하고, 선이 무엇이며, 어떻게 그에 이를 수 있는지를 추론하기가 쉽지 않다. 그리고 그런 어려움은 우리가 도덕과 윤리를 학습하지만 그것을 지식적 수준으로 인식하는 데 그치고 자신의 도덕적 삶의 원리를 정립하는 일과 연관시키지 못하는 주요 원인으로 작용할 수 있다.

우리는 도덕성이 무엇인가라는 의미 규정에만 단순히 초점을 둘 것이 아니라 그것이 어디서 발원하고 왜 우리가 그것을 따라야 하는지를 자아 전체를 통해 이해하는 것이 중요하다. 그렇게 할 때 도덕성은 우리에게 삶의 진정한 지침으로 기능할 수 있을 것이다. 도덕성이 무엇이냐고 물어보면 그에 대답하는 사람 수만큼 다양한 답변이 나온다는 말이 있다. 도덕성의 정의에 관한 한, 아마도 가장 좋은 관점은 단순히 정의하지 않는다는 데 동의하는 것일지도 모른다. 하지만 도덕성을 정의하고 논의하는 일의 가치는 그에 따른 본질적인 진리보다는 오히려 그 유용성에 있을 것이다.

참고문헌

『論語』

『孟子』

『中庸』

『小學』

『禮記』

국립국어연구원(1999), 『표준국어대사전』, 서울: 두산 동아.

김태훈(2018), 『인성과 교육』, 파주: 양서원.

문세영(1959), 『국어사전』, 서울: 대문사.

박이문(2004), 윤리의 사회성과 도덕의 실존성, 『철학과 현실』, 통권 제62호, 철학
　　　문화연구소.

브리태니커세계대백과사전 5권(1996), 서울: 한국브리태니커회사.

브리태니커세계대백과사전 17권(1996), 서울: 한국브리태니커회사.

유교사전편찬위원회편(1990), 『유교대사전』, 서울: 박영사.

윤일권·김원익(2015), 『그리스로마 신화와 서양문화』, 서울: 알렙.

이창일 외 5인(2015), 『심경 철학사전』, 성남: 한국학중앙연구원출판부.

이희승 편저(2010), 『국어대사전』, 파주: 민중서림.

朝鮮圖書刊行會 編(1946), 『國語辭典』, 서울: 正文館.

조선어학회편(1949), 『조선말 큰사전』, 제1권, 서울: 을유문화사.

陈嘉映 저, 이지은 옮김(2017), 『사람은 왜 도덕적이어야 하는가』, 서울: 사람in.

한기철(2003), Jürgen Habermas의 보편주의적 도덕성 개념, 『아시아교육연구』,
　　　Vol. 4, No. 3, 서울대학교 교육연구소.

홍일립(2017), 『인간 본성의 역사』, 서울: 한언.

Baars, B. J.(1997), *In the Theater of Consciousness*, New York, NY: Oxford
　　　University Press.

Boehm, C.(2000), Conflict and the evolution of social control, *Journal of
　　　Consciousness Studies*, Vol. 7, No. 1-2.

Cáceda, R., James, G. A., Ely, T. D., Snarey, J., Kilts, C. D.(2011), Mode of Effective Connectivity within a Putative Neural Network Differentiates Moral Cognitions Related to Care and Justice Ethics, *PLoS ONE*, 6(2): e14730.

Cronin, C.(1993), Translator's Introduction, J. Habermas, *Justification and Application*, Cambridge, Mass: The MIT Press.

Damasio, A. R.(1994), *Descartes' Error: Emotion, Reason and the Human Brain*, London: Picador.

Darwin, C. 저, 김성한 옮김(2020), 『인간과 동물의 감정 표현』, 서울: (주)사이언스북스.

Dawkins, R.(1976), *The Selfish Gene*, Oxford: Oxford University Pres.

de Wied, M., Goudena, P. P., Matthys, W.(2005), Empathy in boys with disruptive behavior disorders, *Journal of child psychology and psychiatry*, Vol. 46, Issue 8.

Decety, J. 저, 현지원·김양태 역(2018), 『공감: 기초에서 임상까지』, 서울: 학지사.

Dennett, D. C. 저, 유지화 옮김(2019), 『의식의 수수께끼를 풀다』, 고양: (주)옥당북스.

Edwards, P.(ed.), *The Encyclopedia of Philosophy*, vols. 5-6,.

Gert, B.(1998), *Morality: Its Nature and Justification*, New York: Oxford University Press.

Greene, J.(2013), *Moral tribes: Emotion, reason, and the gap between us and them*, London: Penguin Press.

Haidt, J.(2001), The emotional dog its rational tail: A social intuitinist appraoch to moral judgment, *Psychological Review*, 108.

Heyd, D.(1982), *Supererogation*, Cambridge: Cambridge University Press.

Hinde, R. A. 저, 김태훈 옮김(2022), 『선이 좋은 이유: 도덕성의 근원』, 서울: 글로벌콘텐츠.

Johnson, M. 저, 노양진 옮김(2008), 『도덕적 상상력: 체험주의 윤리학의 새로운 도전』, 파주: 서광사.

Katz, L. D. 엮음, 김성동 옮김(2007), 『윤리의 진화론적 기원』, 서울: 철학과 현실사.

Levy, N. 저, 신경인문학 연구회 옮김(2011), 『신경윤리학이란 무엇인가: 뇌과학, 인간 윤리의 무게를 재다』, 서울: 바다출판사.

Mahoney, T.(1992), Do Plato's philosopher-rulers sacrifice self-interest to justice?, *Phronesis*, Vol. 37(3).

Mill, J. S. 저, 서병훈 옮김(2018), 『자유론』, 서울: 책세상.

Nietzsche, F. W. 저, 박찬국 옮김(2011), 『아침놀』, 서울: 책세상.

Noddings, N., Response to Ennis, J. R. Coombs(ed.)(1980), *Philosophy of Education 1979: Proceedings of the Thirty-Fifth Annual Meetings of the Philosophy of Education Society*, Bloomington, Illinois: The Philosophy of Education Society.

Nucci, L. P.(2001), *Education in the Moral Domain*, Cambridge: Cambridge University Press.

Nussbaum, M. C.(1999), *Sex and social justice*, New York: Oxford University Press.

Peterson, D.(2011), *The Moral Lives of Animals*, London: Bloomsbury Press.

Prinz, J.(2012), *Beyoud Human Nature*, NewYork, W.W.W. Norton & Company Ldt.

Rizzolatti, G.(et al.)(1996), Premotor cortex and the recognition of motor actions, *Cognitive Brain Research*, Vol. 3.

Sartre, J. P. 저, 정소성 옮김(2009), 『존재와 무 I 』, 서울: 동서문화사.

Singer, P.(1974), Sidgwick and reflective equilibrium, *The Monist*, Vol. 58, No. 3.

Singer, P.(1994), *Ethics*, Oxford, New York: Oxford University Press.

Smetana, J. G., Killen, M.(eds.), 김태훈 옮김(2010), 『도덕성 발달 핸드북 2』, 고양: 인간사랑.

Sober, E. & Wilson, D. S.(2000), Morality and Unto others, *Journal of Consciousness Studies*, Vol. 7.

Szasz, T. S.(2002), *The Meaning of Mind: Language, Morality, and Neuroscience*, Syracuse, New York State: Syracuse University Press.

Thiroux, J. P.(1980), *Ethics: Theory & Practice*, Encino, California: Clencoe Publishing Co.

Toulmin, S. E.(1970), *An Examination of the Place of Reason in Ethics*, Cambridge: Cambridge University Press.

Trigg, R. 저, 김성한 옮김(2007), 『인간본성과 사회생물학』, 파주: 궁리출판.

Wallace, J.(1996), *Ethical Norms, Practical Cases*, Ithaca, NY: Cornell University Press.

Wilson, E. O. 저, 최재천·장대익 옮김(2005), 『통섭』, 서울: 사이언스북스.

https://www.bbc.co.uk/ethics/introduction/intro_1.shtml(검색: 2022. 02. 18)

Endnote

1   https://www.bbc.co.uk/ethics/introduction/intro_1.shtml(검색: 2022. 02. 18)

2   브리태니커세계대백과사전 17권(1996), 서울: 한국브리태니커회사, p. 39.

3   위의 책, 5권, p. 387.

4   陈嘉映 저, 이지은 옮김(2017), 『사람은 왜 도덕적이어야 하는가』, 서울: 사람in, p. 14.

5   윤일권·김원익(2015), 『그리스 로마 신화와 서양문화』, 서울: 알렙, p. 26.

6   브리태니커세계대백과사전 5권(1996), 서울: 한국브리태니커회사, p. 40.

7   『論語』「里仁」, 朝聞道夕死可矣.

8   이창일 외 5인(2015), 『심경 철학사전』, 성남: 한국학중앙연구원출판부, p. 57.

9   『中庸』, 率性之謂道.

10   『中庸』, 誠者天之道 誠之者人之道.

11   유교사전편찬위원회 편(1990), 『유교대사전』, 서울: 박영사, p. 344.

12   『中庸』, 忠恕違道不遠.

13   『孟子』「離婁上」, 道二, 仁與不仁而已矣.

14   『禮記』「樂記」, 德者 得也.

15   『論語』「述而」, 志於道 據於德 依於仁 遊於藝.

16   『論語』「憲問」, 以德報怨.

17   『中庸』, 苟不至德 至道不凝焉.

18   『禮記』「樂記」, 凡音者 生於人心者也. 樂者 通倫理者也.

19   『孟子』滕文公: 皆所以明人倫也; 父子有親 君臣有義 夫婦有別 長幼有序 朋友有信.

20   朝鮮圖書刊行會 編(1946), 『國語辭典』, 서울: 正文館, pp. 281, 844.

21   조선어학회편(1949), 『조선말 큰사전』, 제1권, 서울: 을유문화사, p. 822.

22   문세영(1959), 『국어사전』, 서울: 대문사, pp. 79, 286.

23   국립국어연구원(1999), 『표준국어대사전』, 서울: 두산 동아, pp. 1555, 4827.

24   이희승(편저)(2010), 『국어대사전』, 파주: 민중서림, pp. 920, 2952.

25   박이문(2004), 윤리의 사회성과 도덕의 실존성, 『철학과 현실』, 통권 제62호, 철학문화연구소, pp. 194-202.

26   F. W. Nietzsche 저, 박찬국 옮김(2011), 『아침놀』, 서울: 책세상, p. 24.

27   B. Gert(1998), *Morality: Its Nature and Justification*, New York: Oxford University Press, p. 13.

28   누가복음 10: 30-37.

29 마태복음 22: 38.

30 김태훈(2018), 『인성과 교육』, 파주: 양서원, pp. 323-325.

31 N. Noddings(1980), Response to Ennis, J. R. Coombs(ed.), *Philosophy of Education 1979: Proceedings of the Thirty-Fifth Annual Meetings of the Philosophy of Education Society*, Bloomington, Illinois: The Philosophy of Education Society, pp. 31-34.

32 홍일립(2017), 『인간 본성의 역사』, 서울: 한언, p. 54.

33 E. O. Wilson 저, 최재천·장대익 옮김(2005), 『통섭』, 서울: 사이언스북스, p. 412.

34 P. Edwards(ed.), *The Encyclopedia of Philosophy*, vols. 5-6, pp. 336-346, p. 347.

35 R. Cáceda, G. A. James, T. D. Ely, J. Snarey, C. D. Kilts (2011), Mode of Effective Connectivity within a Putative Neural Network Differentiates Moral Cognitions Related to Care and Justice Ethics, *PLoS ONE* 6(2): e14730.

36 N. Levy 저, 신경인문학 연구회 옮김(2011), 『신경윤리학이란 무엇인가 : 뇌과학, 인간 윤리의 무게를 재다』, 서울: 바다출판사, p. 28.

37 위의 책, p. 50.

38 위의 책, p. 51.

39 D. C. Dennett 저, 유지화 옮김(2019), 『의식의 수수께끼를 풀다』, 고양: (주)옥당북스, p. 273.

40 N. Levy 저, 신경인문학 연구회 옮김(2011), 앞의 책, p. 48.

41 B. J. Baars(1997), *In the Theater of Consciousness*, New York, NY: Oxford University Press, p. ix.

42 C. Darwin 저, 김성한 옮김(2020), 『인간과 동물의 감정 표현』, 서울: (주)사이언스북스, p. 79.

43 N. Levy 저, 신경인문학 연구회 옮김(2011), 앞의 책, p. 362.

44 홍일립(2017), 『인간 본성의 역사』, 서울: (주)한언, p. 934.

45 R. Trigg 저, 김성한 옮김(2007), 『인간본성과 사회생물학』, 파주: 궁리출판, p. 261.

46 T. S. Szasz(2002), *The Meaning of Mind: Language, Morality, and Neuroscience*, Syracuse, New York State: Syracuse University Press, p. 76.

47 J. P. Sartre 저, 정소성 옮김(2009), 『존재와 무 I』, 서울: 동서문화사, p. 133.

48 R. A. Hinde 저, 김태훈 옮김(2022), 『선이 좋은 이유: 도덕성의 근원』, 서울: 글로벌콘텐츠, p. 42, pp. 49-50.

49 L. D. Katz 저, 김성동 옮김(2007), 『윤리의 진화론적 기원』, 서울: 철학과 현실사, p. 12.

50 R. Dawkins(1976), *The Selfish Gene*, Oxford: Oxford University Press, p. 3.

51 J. G. Smetana, M. Killen(eds.), 김태훈 옮김(2010), 『도덕성 발달 핸드북 2』, 파주: 인간 사랑, 18장.

52 G. Rizzolatti(et al.)(1996), Premotor cortex and the recognition of motor

actions, *Cognitive Brain Research*, Vol. 3, pp. 131–141.

53   J. Decety 저, 현지원·김양태 옮김(2018), 『공감: 기초에서 임상까지』, 서울: 학지사, p. 84.

54   M. de Wied, P. P. Goudena, W. Matthys(2005), Empathy in boys with disruptive behavior disorders, *Journal of child psychology and psychiatry*, Vol. 46, Issue 8, pp. 867–880.

55   J. Prinz(2012), *Beyoud Human Nature*, NewYork, W.W.W. Norton & Company Ldt., pp. 365–368.

56   R. A. Hinde 저, 김태훈 옮김(2022), 앞의 책, p. 42, pp. 92–114.

57   E. Sober & D. S. Wilson(2000), Morality and Unto others, *Journal of Consciousness Studies*, Vol. 7, pp. 257–268.

58   T. Mahoney(1992), Do Plato's philosopher-rulers sacrifice self-interest to justice?, *Phronesis*, Vol. 37(3), p. 265.

59   J. P. Thiroux(1980), *Ethics: Theory & Practice*, Encino, California: Clencoe Publishing Co., Inc., p. 29.

60   C. Cronin(1993), Translator's Introduction, In J. Habermas, *Justification and Application*, Cambridge, Mass: The MIT Press, pp. xii–xiii.

61   P. Singer(1994), *Ethics*, Oxford, New York: Oxford University Press, p. 3.

62   J. Greene(2013), *Moral tribes: Emotion, reason, and the gap between us and them*, London: Penguin Press, p. 23.

63   L. P. Nucci(2001), *Education in the Moral Domain*, Cambridge: Cambridge University Press, p. 73.

64   한기철(2003), Jürgen Habermas의 보편주의적 도덕성 개념, 『아시아교육연구』, Vol. 4, No. 3, 서울대학교 교육연구소, p. 1.

65   B. Gert(1998), 앞의 책, p. 9.

66   P. Singer(1974), Sidgwick and reflective equilibrium, *The Monist*, Vol. 58, No. 3, pp. 490–517.

67   R. A. Hinde, 김태훈 역(2022), 앞의 책, p. 323.

68   A. R. Damasio(1994), *Descartes' Error: Emotion, Reason and the Human Brain*, London: Picador, p. xii.

69   J. Haidt(2001), The emotional dog its rational tail: A social intuitionist approach to moral judgment, *Psychological Review*, 108, p. 814.

70   N. Levy 저, 신경인문학 연구회 옮김(2011), 앞의 책, p. 441.

71   M.C, Nussbaum(1999), *Sex and social justice*, New York: Oxford University Press, p. 54.

72   S. E. Toulmin(1970), *An Examination of the Place of Reason in Ethics*, Cambridge: Cambridge University Press, p. 136.

73   J. S. Mill 저, 서병훈 옮김(2018), 『자유론』, 서울: 책세상, p. 36.

74   B. Gert(1998), 앞의 책, p. 247.

75   D. Heyd(1982), *Supererogation*, Cambridge: Cambridge University Press, p. 115.

76   L. D. Katz 엮음, 김성동 옮김(2007), 앞의 책, p. 95.

77   『論語』衛靈公: 己所不欲勿施於人.

78   마태복음 7: 12.

79   M. Johnson 저, 노양진 옮김(2008), 『도덕적 상상력: 체험주의 윤리학의 새로운 도전』, 파주: 서광사, p. 414.

80   C. Boehm(2000), Conflict and the evolution of social control, *Journal of Consciousness Studies*, Vol. 7, No. 1-2, p. 80.

81   D. Peterson(2011), *The Moral Lives of Animals*, London: Bloomsbury Press, p. 51.

82   J. Wallace(1996), *Ethical Norms, Practical Cases*, Ithaca, NY: Cornell University Press, p. 9.

—

인간은 선한가?

M
O
R
A
L
I
T
Y

머리글

　'인간은 선한가?'라는 물음은 우리를 두 가지 차원에서 답하도록 이끈다. 하나는 인간은 그 본성이 선한 존재인가 아니면 악한 존재인가를 확인하고자 하는 것이다. 또 하나는 이런 물음에 답하고자 머릿속에 담긴 생각을 뒤지다 보면, 자연스럽게 현실의 삶에서 '선'이란 무엇이며 또 '악'은 무엇인가의 경험론적 차원의 문제에 부딪히게 됨에 따라 그에 대한 해명을 요청하게 되는 것이다. 물론 어느 쪽이든 대답하기가 참으로 쉽지 않다. 그런데도 이런 물음을 제기하고 논의하는 것은 인간의 도덕성에 관한 우리의 담론을 더욱 폭넓게 진전시키기 위한 것이다.

　본성에 관한 논의는 동서양을 막론하고 지금까지 줄곧 주요 철학적 관심사 중의 하나였다. 대체로 이런 논의는 인간을 포함한 자연 안의 만물에 성性이 본래 내재한다는 신념을 바탕으로 하고 있다. 서양 철학에서 소크라테스와 플라톤의 이데아론이나 아리스토텔레스의 행복론도 본성이라는 것으로부터 출발하고 있다. 17세기 영국의 홉스T. Hobbes는 자연

상태에서 이기적 본성을 지닌 개인은 자신의 이익을 한없이 추구하며 '만인에 의한 만인의 투쟁'을 전개한다고 함으로써 성악설을 제기하였다. 이후 홉스가 활동하던 시기부터 약 반세기가 지나 등장한 루소J. Rousseau는 인간은 본래 선하며 그가 사악해지는 것은 오로지 사회제도 탓이라고 하였다.

동양의 경우, 인간의 본성에 관한 논란은 고대 중국의 춘추전국시대에 일어난 제자백가諸子百家 가운데 맹자의 성선설과 순자의 성악설이 대표적이다. 인본주의 정신을 기본으로 하는 유가 사상은 천인합일天人合一이라는 일원적 사유를 기본으로 정립되었다. 맹자는 이러한 유가 철학의 전통 위에서 인간의 본성에 주목하고 이를 우주론적 사유 구도에서 설명하고자 했다. 마음은 인간 본성의 핵심이요, 이는 곧 하늘을 의미하였다. 그리고 거기에는 항상 '심心'과 '성性'의 문제가 자리하고 있었다. 맹자는 하늘의 작용이 천지자연의 조화를 연출하고 있으므로 그 하늘의 작용을 성으로 이어받은 인간도 성의 움직임을 따르면 인간 사회는 저절로 조화를 이루게 된다는 취지에서 성선설을 주장하였다.

순자의 출생과 사망에 관해서는 이설이 분분하나 일반적으로 맹자보다 50~60년 뒤에 태어났다고 보는 점에서 성악설은 성선설 이후 약 반세기 후에 등장한 것으로 여겨진다. 순자가 성악을 주장한 데에는 당시의 시대적 상황이 복합적으로 반영되어 있었다. 춘추전국 말기는 사람들이 이익을 좇고 쟁탈을 일삼는 등 사회 기강이 극도로 문란한 시기였다. 이러한 사회적 분위기 속에서 순자는 인간의 성性이 악하다는 관점을 정립하게 되었다. 그렇지만 순자의 사상체계에는 인간의 주체적 능동성이라는 유가의 기본적 입장이 일관하여 흐르고 있다. 그가 추구하는 것도 궁극적으로는 선인善人이 목표였고 그것을 성취할 수 있는 인위人爲의 능력을 인정함으로써 인간에 대한 근원적 신뢰를 놓지 않고 있었다.

이와 함께 우리는 맹자와 순자의 인성론에 관한 논의를 확장하여 과연 무엇이 선이고 악인가 하는 선악의 개념을 묻는 물음에도 천착할 필요가 있다. 선과 악이라는 것이 인간에게 선험적으로 주어진 것인지, 아니면 인간이 오랜 시간에 걸친 경험을 통해 도덕적 이상moral ideal을 상정하고 그 기준에 따라 인위적으로 두 개념을 구분하여 규정한 것인지에 대해 검토해 보아야 할 것이다. 왜냐하면 선과 악을 구분하는 기준이 무엇인가에 따라 '인간은 선한가?'라는 이 장의 논제에 대한 또 하나의 응답에 접근할 수 있을 것이기 때문이다.

이 장은 인간의 도덕성을 이해하는 지평을 여는 데 있어서 그 본류에 해당하는 '인간은 선한가?'의 물음에 대한 나름의 답을 찾는 데 그 목적이 있다. 하지만 인간이 선한가의 물음에 접근하는 것은 너무나 방대하고 복잡하며 난해한 일이다. 이에, 여기에서는 우리에게 그나마 익숙한 동양의 유가 철학자 맹자와 순자를 중심으로 논제를 풀어가는 실마리를 찾고자 한다. 이를 위해 우선 맹자와 순자의 인성론에 토대를 제공해준 공자의 사상을 개략적으로 살펴본 후, 맹자와 순자의 경우 자신들이 주장하는 성선과 성악의 근거를 어디에서 찾고 있는지를 고찰한다. 그리고 이 시대를 살아가고 있는 우리는 이들의 담론을 어떻게 이해하고 평가해야 할 것인지와 함께, 현실적인 경험론적 차원에서 선과 악의 개념을 규명하고 그에 근거하여 '인간은 선한가?'의 논제를 종합적으로 논의한다. 우리는 이런 논의 과정을 통해 도덕적 존재자의 중심을 이루는 도덕성의 특성을 더욱 폭넓게 이해할 수 있을 것으로 기대한다.

맹자와 순자의 인성론

　　맹자BC 372~289와 순자BC 298?~238?는 모두 공자의 사상을 바탕으로 자신들의 인성론을 확립하였다. 따라서 우리는 공자의 인성관을 먼저 검토해 봄으로써 맹자와 순자의 성악 담론을 이해하는 데 도움을 얻을 수 있다. '性성' 자字가 '忄심'과 '生생'으로 이루어진 합자合字인 데서 짐작할 수 있듯이, 맹자孟子와 순자荀子는 모두 인간의 자연적인 심성과 감정을 인정하였다. 하지만 맹자는 심지心志를 본성으로 보았기에 그 내적인 측면, 곧 인의仁義에 초점을 두고 이를 보존하고 길러 나갈 것을 강조하였던 반면, 순자는 정情을 본성으로 간주하였기에 그의 외적 규제 수단인 예禮를 강조하였다. 이 차이는 결국 성을 선으로 보느냐 악으로 보느냐의 차이를 드러낸 결정적 단서로 작용하였다.

■ 공자의 인성관

공자는 인성론을 우주론적 시각에서 전개하였는데, 이는 인간의 내면적 본성의 근거를 우주의 질서에서 찾고자 한 결과였다. 우주론적 관점의 중심 개념은 하늘天에 있었다. 공자는 하늘을 지성지순至誠至純하고 공평무사公平無私한 우주 질서의 총체적 이치로서 인식하였다. 이러한 하늘의 개념은 공자에게 있어서 인간의 근원으로 자리 잡았다. 공자는 우주 만물의 이치와 인성을 동일 선상에서 이해한 것이다. 인간은 하늘로부터 부여된 존재요, 하늘의 명령을 받는 존재이므로 인간이 하늘의 뜻과 일치된다는 것은 그 본성을 따르는 것과 다름없다. 거꾸로 말하면, 인간은 자신의 본성을 따름으로써 하늘의 뜻에 일치하는 삶을 살게 된다. 하늘과 인간이 일치하는 삶은 유가 사상을 받쳐주는 지주이자 이상이다.

유가 철학의 사상적 토대를 이루는 개념들인 '도道'와 '덕德'은 공자의 이러한 사상적 체계 위에서 확립되었다. 공자는 인간의 근원인 하늘을 근거로 인간 행동의 원리로서의 '도道'를 세웠다. 도는 시공을 초월한 자연의 기본 원리인 형이상자적 보편 원리에 해당한다. 반면에 '덕德'은 시공에 대처한 인간 행위에 나타난 도의 구현, 또는 구체적으로 드러나는 실제 행동에 관한 도덕적 원칙의 품성화와 관련이 있다. 이는 서양의 고대 철학에서 담론의 중심을 이루었던 개념들과 상통하는 면이 있다. 예컨대 도는 플라톤이 말한 '이데아idea'에, 덕은 이데아에 충실한 기능 발휘로서의 '아레테arete'에 상응하는 개념이라 할 수 있다.

우주론적 차원의 본질적 원리인 도가 현상론적 차원의 실천적 구현인 덕으로 드러날 때, 인간은 인간에게 주어진 본성에 따른 삶을 사는 것이다. 그러므로 인성은 도와 덕이라는 두 개념적 요소를 축으로 하여 완성된다. 도가 사변적·지식적 차원의 원리에만 머물러 있다면 의미가 없다. 삶의 일상적 과정에서 실제로 구현되어야 한다. 그래서 공자는 알기만 하는 자는 그것을 좋아하는 자만 못 하고, 좋아하기만 하는 자는 그것을 즐기는 자만 못 한다고 하였다. 도를 즐길 줄 아는 사람이란 아무런 제약 없이 도에 따라 자연스럽게 일상의 삶을 산다는 것으로, 도와 덕이 일체화되어 생활하는 사람이다.

유가 철학에서 '性' 자는 본래 '生' 자와 통용되어 생리적 욕구본능 같은 것으로 쓰였다. 그러나 공자는 성의 생리적인 면에는 자사자리自私自利한 욕구본능만 있는 것이 아니라 존양해야 할 면도 있는 것으로 이해하였다. 다시 말해, 공자는 종래의 생리적 본능 외에 자연 생명에서 밖으로 드러나는 정감情感이 있음을 아울러 생각하는 인성론을 제시하였다. 공자는 그러한 정감의 순수무잡純粹無雜 함을 다름 아닌 '인仁'으로 간주하였다. 그러한 인이 밖으로 드러나는 과정에서 종적 관계로 나타나면 효孝와 자慈가 되고, 횡적 관계로 미치면 제悌가 된다. 공자가 말하는 인은 일상에서 효·자·제로 구체화하여 드러나는 바, 그 세 가지 덕은 유가 철학의 중심 윤리로 작동한다. 공자는 이 모두가 순수 정감을 보존하고 함양함으로써 가능하다고 보았다. 즉, 성 중에는 절제의 대상만 있는 것이 아니라 존양해야 할 면도 있는 것으로 인식했다.[1]

그런데 공자는 인성 그 자체에 대해 선이나 악으로 단정하여 말하지는 않았다. 다만, 인간의 본성에 관해 그것이 애초에는 서로 비슷하나 습관에 의해 서로 멀어지게 된다[2]고 하여 그의 천부성과 함께 후천적 습성의 중요성을 동시에 피력하였다. 선천적인 인성으로 말하면 사람에게 누구나 주어진 것이므로 서로 비슷하고, 후천적인 습성으로 말하면 사람마다 개인적인 노력에서 차이가 있을 것이므로 피차彼此간에 거리가 멀게 된다고 하였다. 공자는 인간 본성의 선천성을 언급하면서도 그것은 또한 어디까지나 후천적 습관에 의해 비로소 제 기능을 온전히 발휘한다고 하였다. 그럼으로써 '선천성'을 다른 시각에서 해석할 수 있는 여지를 남겨놓았고, 이는 맹자에게도 그대로 답습된다.

공자는 비록 인간의 성을 명확하게 선과 악으로 구분하여 말하지는 않았지만, 맹자와 순자가 성선과 성악을 주장할 수 있는 논리적 토대를 제공해주었던 것은 분명해 보인다. 공자가 말한 인성의 천부성에는 성선적 요소와 성악적 요소가 함께 배어있기 때문이다. 사람은 누구나 진실로 뜻을 '인仁'에 두기만 하면 악함은 없어지게 된다[3]고 말함으로써 본성의 선善적 요소를 강조하였다. 하늘의 이치인 도가 인간의 마음에 주어져 있는 바, 우리 인간은 이를 잘 지키기만 하면 자사자리한 욕망을 억제하게 되어 실천적 덕인 인을 발현시킴으로써 선에 이를 수 있다고 하였다. 그런데도 인간이 선한 사람이 되지 못하는 까닭은 자사자리한 욕망이 마음을 그 올바른 자리에 머무르지 못하게 하기 때문이라고 하였다. 우리는 공자의 이런 입장 가운데 전자는 맹자에게 그리고 후자는 순자에게 각기 인성론을 주창하는 실마리를 제공한 것으로 볼 수 있다.

■ 맹자(孟子)가 말하는 성선(性善)의 근거

맹자는 고자告子와의 논쟁을 통해 자신의 성선관을 주장하였다. 고자는 사람의 본성이란 소용돌이치는 물과 같아 그것을 동쪽으로 터주면 동으로 흐르고, 서쪽으로 터주면 서로 흐른다고 하였다. 물의 본성에 동쪽과 서쪽의 구분이 없듯이, 사람의 본성 또한 선과 악의 구분이 없다[4]고 하였다. 이에 대해 맹자는 물의 본성에 동쪽과 서쪽의 구분이 없다 하더라도 위쪽과 아래쪽의 구분은 있지 않으냐고 하며 사람의 본성이 선한 것은 마치 물이 위에서 아래로 내려가는 것과 같다고 하였다. 아래로 내려가지 않는 물이 없는 것처럼, 사람 또한 본성이 선하지 않은 사람이 없다는 입장을 피력하였다.[5]

맹자는 인간의 본성이 선함을 위와 같이 천명하였는데 그가 그렇게 말한 근거를 고찰해본다. 맹자는 공자의 인성론에서 바탕을 이루는 하늘天의 개념을 기초로 하여 자신의 성선설을 구축하였다. 그는 성선의 논증 근거를 하늘의 내재성과 합목적성에서 찾았다. 인간의 본성은 성인聖人이나 보통 사람이나 모두 비슷하다고 말한다. 성인도 나와 같은 종류의 사람이라고 하였다.[6] 공자가 천명했던 인성의 선천성을 말하는 것으로, 이는 당연한 논리적 귀결이다. 사람들 간에 차이가 나는 것은 하늘의 합목적성을 얼마나 잘 따르느냐에 달려있다고 본다.

맹자는 性성이 글자의 구성에 나타난 바와 같이 '心심'과 '生생'을 포함한다고 보았다. 공자는 性을 生과 같은 것으로 여기면서도 그 가운데 '정감情感'이 있음을 밝혔는데, 맹자는 그 정감을 중심으로 성의 심리적 측면을 처음으로 구체화하였다. 그리하여 이제 성은 심리적 측면과 생리적 측면을 포괄하게 되었다. 맹자는 마음心의 순수한 본질을 뜻心志이라 하고, 생生의 순수한 본질을 몸身體이라 하였다. 그리고 생으로부터 기인하여 심리적 현상으로 드러나는 것을 정情이라 하였고, 심리적 추진력으로서 뜻과 정에 속하지 않으면서도 또한 그것들에 속할 수 있는 것으로 기意氣를 들었다. 여기에서 지志는 이성이고, 기氣는 의지요, 정情은 욕망에 해당한다.

맹자의 사상체계에서 뜻과 기와 정 가운데 인간을 인간되게 만드는 가장 본질적인 요소는 마음이다. 그 마음 중에서도 뜻이다. 뜻에는 천부적으로 주어진 사단四端이 내재해 있기 때문이다. 곧, 뜻은 사단의 가치 자각을 함축한다. 따라서 뜻은 인간을 다른 동물들과 구분해주고 인간을 비로소 인간으로 만들어주는 핵심 요소이다. 그것은 한 사람의 생각과 언어 그리고 행동의 주재자이다. 양심良心, 본심本心, 대인심大人心, 도심道心, 인심人心 등으로 불리는 뜻은 사상과 행위의 중심지로 모든 생각, 말, 행동이 이를 거쳐 결정된다.[7]

기意氣는 뜻과 정에 속하지 않으면서도 그것들로부터 영향을 받을 뿐 아니라 그것 중 어느 하나에 편승하여 기능을 발휘한다. 뜻의 통솔을 받을 수도 있고, 몸 감각의 통솔을 받을 수도 있다. 기가 어떤 쪽의 기능을 발휘하도록 작용하느냐에 따라 인간은 선해질 수도 있고 악해질 수도 있다. 뜻에 따라 성이 작용하도록 기가 기능을 발휘하면 그때의 정은 선정善情이 되고, 몸의 감각에 따라 기능을 발휘하면 악정惡情이 된다. 그래서 맹자는 이 기를 잘 길러야 한다養氣고 강조하였다. 맹자는 대개 마음이 기운을 거느리고 기운은 몸을 거느리는 것이니, 마음이 나타나면 기운이 뒤따르게 마련이라 하였다. 우리로 하여금 마음을 잘 지키고 기운을 해치지 말라고 하였던 것[8]도 이런 연유에서이다. 맹자가 말하는 양기란 호연지기浩然之氣를 길러야 함을 일컫는다. 맹자는 호연지기를 몹시 크고 굳센 기운으로서, 정의와 정직에 맞는 것이라 하였다. 그리고 그 기운은 안에 있는 의義가 모여 생겨나는 것이지 밖에서 들어와 얻어지는 것이 아니라 하였다.[9] 결국 뜻에 들어맞는 기를 기르라는 주문이다.

정情은 몸으로부터 비롯한다. 몸은 신체로서 구체적으로는 오관五官을 가리킨다. 인간은 오감五感을 일으키는 다섯 감각기관인 눈시각, 귀청각, 코후각, 혀미각, 피부촉각를 가지고 있다. 그리고 여기에 덧붙여 여섯 번째 감각으로 육감六感, 곧 분석적인 사고에 의하지 않고 직관적으로 사태의 진상을 파악하는 정신작용을 갖추고 있다. 이들은 외부와의 자극에 대응하며, 신체에 생리적 양분과 자극을 제공하여 생존을 유지한다. 이들로부터 발현되는 감각은 지극히 본능적이며 생리적이다. 인간의 생존에 있어서 가장 기초적인 작용에 해당한다. 신체의 활동은 기의 움직임을 그 내용으로 삼는다. 그러므로 기는 몸에 가득 차 있는 것이라고 하였다.

신체로부터 기인한 심리적 현상으로서의 정情은 욕망으로 반응한다. 인간은 신체의 여섯 가지 기능으로부터 욕구를 느낀다. 유가 철학에서는 인간의 감정을 일곱 가지로 분류한다. 기쁨喜, 노여움怒, 슬픔哀, 두려움懼, 사랑愛, 미움惡, 욕망慾이 그것이다. 인간은 이러한 감정을 따로 학습하지 않아도 자연적으로 느낄 수 있다.[10] 인간의 욕망은 심리적 측면의 감정 안에 포함된 것으로 이해된다. 감정은 어디까지나 신체적 차원에서 발원하는 욕구가 심리적 차원으로 연결되어 발현하는 심리적 현상에 속한다. 이는 다시 말해 신체의 활동이 몸에 가득 차 있는 기의 움직임을 그 내용으로 하는 바, 그 기가 뜻에 따라 작용한다면 신체에서 비롯하는 감정 역시 뜻에 일치하여 발원하게 된다는 것을 함축하고 있다.

이제 좀 더 구체적으로 맹자가 인간의 본성이 선하다고 한 근거를 논의할 수 있다. 어떤 사람의 마음이 기를 거느린다는 것은 곧 덕을 체현한 경지이다. 여기서 우리가 주목해야 할 것은 마음心이 정情을 다스린다는 둘 간의 관계성이다. 그것이 마땅히 '그래야 한다'라는 것이지 반드시 '그러하다'라는 것은 아니다. 그러므로 우리는 반드시 이를 보존하고 길러내는 방법을 터득하고 있어야 한다. 뜻으로 기를 통솔하려면 반드시 한편으로 그 뜻을 꼭 지키고 있어야 하고, 다른 한편으로 그 기를 난폭하게 만들지 않아야 한다. 따라서 맹자가 '사람은 선하다'라고 단정적으로 말하지 않는다는 점에 유념할 필요가 있다. 사람은 선하게 될 수 있다는 가능성을 지니고 있음을 언급했을 뿐이며 그것을 발현시키는 것은 전적으로 개인의 몫이라는 점을 잊지 말아야 할 것이다.

맹자는 인仁·의義·예禮·지智의 사단이 누구에게나 마음속에 들어있으므로 이것을 자각하여 선을 실행함으로써 근본을 이룰 수 있다고 하였다. 측은惻隱·수오羞惡·사양辭讓·시비是非는 인·의·예·지의 단서로 마음 가운데에 반응된 선정善情이다. 다시 말해, 이 네 가지는 몸에서 기인한 정감이 마음의 통솔에 따라 발휘하는 심리적 기능이라 할 수 있다. 측은함을 느끼게 되는 것은 인성仁性에 기인한 것이요, 남의 잘못을 미워하고 나의 잘못을 부끄럽게 느끼는 것은 의성義性에, 사양하는 마음을 일으키게 되는 것은 예성禮性에, 옳고 그름을 분별하게 되는 것은 지성智性에 기인한다. 측은·수오·사양·시비는 인심人心의 측면에서 정감情感을 말하고, 인·의·예·지는 인성人性의 측면에서 네 가지의 선단이 체화된 상태의 덕德을 일컫는 말이다. 인·의·예·지라는 덕은 우리에게 선천적으로 주어진 것이 아니라 후천적 노력을 통해 성취해야 하는 것으로, 그것을 이룰 때 우리가 비로소 선한 사람이 될 수 있음을 분명히 한 것이다.

맹자는 사람에게는 누구나 그 사단이 있다는 근거로 '불인인지심不忍人之心'을 내세웠다. 그러면서 사람이라면 남에게 차마 하지 못하는 어진 마음이 있다는 것을 사례를 들어 설명한다. 어린아이가 우물에 빠지는 것을 보고 사람이라면 누구나 놀라고 불쌍한 마음이 들어 달려가 그를 붙잡는다. 사람들이 그렇게 행동하는 까닭은 어린아이 부모와 가까이 교제하기 위해서가 아니며, 마을 사람들과 주변으로부터 칭찬을 받기 위해서도 아니고, 구하지 않으면 사람들로부터 원성을 듣기 때문에 그게 싫어서 그런 것도 아니라고 하였다. 맹자는 이와 같은 사실에 따라 측은히 여기는 마음이 없으면 사람이 아니고 부끄러워하는 마음이 없으면 사람이 아니며, 사양하는 마음이 없으면 사람이 아니고, 옳고 그름을 가리는 마음이 없으면 사람이 아니라고 하였다. 사람들이 이 사단을 지닌 것은 마치 그들이 사지四肢를 지닌 것과 같다고 하였다.[11] 이것이 맹자가 말하는 인간의 본성이 선하다는 근거의 핵심이다.

맹자의 이러한 견해는 다분히 주지주의적 특성을 보인다. 왜냐하면 순수한 마음이 몸에서 비롯한 심리적 현상인 정情을 다스릴 때 본래 성을 구현하는 삶을 살 수 있다고 보기 때문이다. 맹자는 마음을 감각기관이나 육체보다 더 소중하게 여긴다. 그래서 마음을 대체大體라 하고, 육체를 소체小體라 하였다. 마음은 큰 몸이며, 감각기관은 작은 몸이다. 그리고 대체를 따르는 사람을 대인大人, 소체를 따르는 사람을 소인小人이라 하였다. 그는 성선의 주체를 대자大者, 욕망의 주체를 소자小者라 불렀는데, 대자는 심지心志·理性, 소자는 구복口腹·感性을 의미한다.

맹자는 사람이 선하게 될 수 있는 가능태를 타고나지만, 그에 이르느냐의 여부는 주어진 사단을 잘 간직하고 확충해 나가야 한다고 하면서 그 방법론으로 '구하면 얻고 놓으면 잃는다'[12]는 명제를 기본 원리로 제안하였다. 사람이라면 자신에게 이미 갖추어져 있는 참된 본성仁義禮智대로 사는 데 힘써야 함을 몇 가지 비유적인 사례를 들어 강조하였다. 예컨대, 맹자는 사람들이 닭이나 개를 잃어버리면 그것들을 찾을 줄은 알면서도 정작 자신의 마음을 놓아버리고서는放心 그것을 찾을 줄 모른다고 개탄하였다. 그러면서 학문하는 길은 다른 것이 아니라 그저 자기가 밖에 내어놓아 버린 마음을 되찾는 것이라 하였다.[13]

거듭 말하지만, 맹자는 인간이라면 누구나 '선하다'라고 단정하여 말하지 않았다. 사람이 본래 주어져 있는 사단을 꾸준히 확충하고자 노력을 기울인다면 '선해질 수 있다'라는 것을 강조한 것이다. 맹자의 이러한 견해는 공자와 마찬가지로 '천성'의 개념에 대해 우리의 고개를 갸웃거리게 하는 측면이 있다. 천성적인 것이라면 자연적인 테고, 자연적인 것이라면 인위적인 노력을 하지 않아도 스스로 그렇게 되어야 할 것이기 때문이다.

아마도 여기에는 맹자가 마음心志을 주재자로 설정하면서 감정의 순기능적 측면만을 수용하고 있다는 점에 대한 우려가 서려 있는 것으로 보인다. 예컨대 인의예지에 따른 측은, 수오, 사양, 시비는 감정에 속한 것으로 이는 어디까지나 뜻의 통솔에 따르는 그의 순기능적 측면에서 언급한 것이다. 하지만 인간의 감정에는 순자나 홉스 등이 밝힌 것처럼 역기능적 측면 또한 분명히 들어 있다. 이를 모를 리 없는 맹자는 감정의 그러한 측면을 우려했기 때문에 이를 억지하는 기氣를 기르라는 권고를 잊지 않았던 것으로 보인다. 그에 소홀하면, 즉 단순히 인의예지의 사단四端만을 확충하는 것만으로는 선에 이르기 어렵다는 것을 간접적으로 밝힌 것이라 할 수 있다.

■ 순자(荀子)가 말하는 성악(性惡)의 근거 ━

순자는 자신의 성악설에 대한 정당화를 맹자의 성선설에 대한 비판으로부터 끌어왔다. 순자는 맹자가 성선설을 주장하게 된 까닭과 오류에 대해 성性과 위僞의 구별을 잘못한 데에서 비롯된 것으로 해석하였다.[14] 다시 말해 순자는 맹자가 타고난 본성과 후천적으로 교정된 성정을 구분하지 못한 데서 성이 선함을 주장하는 오류를 범했다는 것이다. 순자는 본성이란 타고난 대로를 말하는 것으로 배우거나 행동해서 되는 것이 아닌데도, 맹자가 구방심을 외치며 애써 인위적으로 노력해야 그러한 본성에 다다를 수 있다는 오도된 인식을 하였다고 비판하였다. 이는 노자老子가 유가 철학의 인위적인 조작에 반대하고 무위자연無爲自然에 처할 것을 주장하는 실마리가 되기도 하였다.

전통적 유가 사상에 따라 순자는 인간의 본성을 선천적으로 가지고 태어나는 어떤 경향성으로 이해하였다. 순자는 본성을 나면서부터 그러한 바를 성性이라 하였다.[15] 일삼지 않아도 스스로 그러한 것을 본성으로 규정한 것이다. 즉, 본성이라는 것은 하늘이 이룬 것이니, 우리가 배울 수도 없고 일삼을 수도 없는, 본래 선천적·자연적으로 주어진 소박한 바탕이라 하였다.[16] 본성이라는 것이 우리에게 선천적으로 주어지는 자연성이라면, 사람이라면 누구나 같은 본성을 소유하게 되는 것은 당연한 이치다. 오랑캐의 자식도, 군자나 소인小人도 그 본성에서는 같다.[17]

순자가 지적한 인간의 본성적 특성은 우리가 일상에서 경험하는 것과 다름없다. 사람이라면 누구나 배고프면 먹고 싶고, 추우면 따뜻하게 입고 싶고, 고단하면 쉬고 싶고, 이익을 좋아하고 손해를 싫어한다는 것을 그런 사례로 들었다. 사람이라면 누구나 소나 돼지고기를 먹고 싶고, 무늬 있는 비단옷을 입고 싶고, 수레와 말을 타고 싶고, 많은 재물을 쌓아 두고 싶어 한다. 이는 맹자가 감정의 역기능적 측면을 애써 제쳐놓은 것과는 완전히 상반된다. 논자가 보기에, 순자의 인간 본성에 관한 이러한 설명은 선善의 실마리가 선천적으로 주어졌으나 후천적으로 이를 확충하고자 노력하지 않으면 그에 이를 수 없다고 한 공자나 맹자의 견해와 비교했을 때 더욱 설득력이 있다. 우리가 애써 노력하지 않아도 스스로 그렇게 되는 성향을 본성이라 한다면, 순자가 지적하는 것들이 맹자의 견해에 비교하여 우리에게 훨씬 더 자연스럽게 다가오기 때문이다.

인간의 본성적 특성에 관한 순자의 설명은 정情으로부터 추론되었다. 순자는 인간의 자연적 경향성으로서의 성의 질료를 정에서 찾았다. 여기에서 정이란 자연적 감정을 뜻한다. 즉, 인간 본성은 하늘이 이룬 것인데

정은 그 본성의 근간을 이루며, 욕망은 그러한 정의 반응으로 일어난다.[18] 순자는 사람의 형체가 갖추어지고 정신이 생겨나면 좋아함과 싫어함 및 희로애락 등의 감정이 모두 내적으로 생겨나는데, 그것을 일러 천정天情: 자연적 감정이라 하였다. 그래서 사람이라면 누구나 좋아하고, 싫어하고, 기뻐하고, 노여워하고, 슬퍼하고, 즐거워한다. 정을 성의 근간으로 파악함으로써 순자는 성과 정과 욕망慾望을 같은 선상에 올려놓았다.

그런데 여기서 논자가 주목하는 것은 '욕망'과 '감정' 간의 관계이다. 이 둘 사이의 관계성을 정리하지 않으면, 우리는 순자가 말하는 성악의 근거를 이해하는 데 혼동하기 쉽기 때문이다. 욕망의 사전적 풀이는 '부족을 느껴 무엇을 가지거나 누리고자 하는 마음'이다. 순우리말로는 '바람'이다. 욕구need가 생리적인 충동으로 무의식이 원하는 것이라면, 욕망은 그것의 정신적 차원에서의 표현으로 이해된다. 욕망하는 것은 특정한 마음 상태에 있는 것이다. 욕망을 가진 사람은 특정 방식으로 행동하고 특정 방식으로 느끼고 특정 방식으로 생각하는 경향이 있다.[19] 프로이트S. Freud가 성욕을, 니체F. W. Nietzsche가 권력에의 의지를 근본으로 하여 자신들의 학설을 정립하였던 것도 욕망의 이러한 특성을 인식하고 있었기 때문이다.

유학의 인성론에서 감정이란 희喜·노怒·애哀·구懼·애愛·오惡·욕欲의 일곱 가지를 일컫는 것으로, 인간의 본성이 사물에 접할 때 표현되는 정서를 의미한다.[20] 이 일곱 가지 감정은 모두 본성의 몸에서 유발되는 공통성을 지닌다. 따라서 욕망欲望/慾望/desire도 엄연한 감정에 속한다. 하지만 논자는 욕망을 단순히 다른 여섯 가지의 감정과 같은 수준인 하나의 감정으로 인식할 수 있는지는 의문이다. 앞 단락에서 보았듯이, 욕망은 단순한 감정이나 정서와는 다른 특성을 내포하고 있는 것이 분명해 보이기 때문이다. 논자는 욕망이 감정에 속하기는 하지만 다른 감정들이 비롯되는 시초라고 해석한다. 욕망이 있어 우리는 어떤 대상을 보고 기뻐하거나 슬퍼하고, 욕망이 있어 우리는 어떤 대상에 대해 분노하거나 두려워하며, 욕망으로 인해 우리는 다른 사람을 좋아하거나 싫어하게 된다. 즉, 욕망이 그런 감정들을 유발한다.[21] 결국 욕망이라는 감정은 다른 여러 가지 감정을 유발하는 기능자의 역할을 하는 것으로 논자는 이해한다. 이를 그림으로 표현하면 다음과 같다.

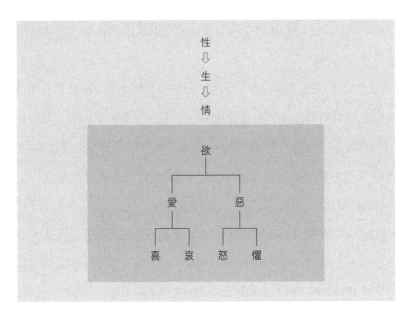

그림 2-1_ 욕망과 여타 감정의 관계성

이제 논자가 보는 관점에서 순자가 말하는 성악의 근거를 설명할 수 있다. 순자는 정의 구체적인 외적 표출인 욕망을 문제 삼아 자신의 성악론을 정당화한다. 순자는 성이 밖으로 드러나는 욕망은 인간 모두에게 자연스러운 것으로, 사람이라면 누구나 예외 없이 지니고 있다 하였다. 순자는 욕망 추구 그 자체를 부정하지 않았다. 순자는 욕망을 채울 처지가 못 되는 비천한 문지기라도 욕망을 제거할 수는 없으며, 욕망을 충족시키기 쉬운 천자天子라 하더라도 욕망을 모두 충족시킬 수는 없다고 하였다. 그러면서도 순자는 비록 우리가 욕망을 모두 충족시킬 수는 없다 해도 그에 접근할 수는 있고, 욕망을 모두 없앨 수는 없다 해도 절제할 수는 있다고 하였다.[22] 따라서 우리가 적극적으로는 가능한 데까지 욕망을 추구하고 소극적으로는 가능한 데까지 절제를 할 필요가 있다는 순자의 언명에 동의할 수 있다.

순자가 말하는 성악론의 핵심은 누구에게나 정이 있다는 사실 자체가 아니라 정의 반응으로서의 욕망이 무한하다는 데에서 등장한다. 사람들이 이러한 욕망을 추구할 때 제한과 한계가 없다면 투쟁하지 않을 수 없으며, 투쟁하면 혼란하고 혼란해지면 궁핍해진다[23]는 엄연한 사실에 주목하였다. 그리고 이에 접근하는 방법론으로 순자는 인간의 주체적 능동성으로서 '위僞'를 강조하였다.[24] 다시 말해 순자는 도덕적인 존재로 살아가기 위한 도덕성의 원천을 인간의 내부가 아닌 외부에서 찾았다. 이것은 영국의 생물학자였던 헉슬리T. Huxley가 도덕성은 진화 과정에서 발생한 이기적이고 경쟁적인 경향들을 조절하고 극복하기 위하여 명시적으로 고안된 인간의 발명품이라 했던[25] 견해의 원조에 해당하는 것으로, 맹자의 사상체계와도 근본적인 차이를 드러내는 부분이다.

인간은 끊임없이 무한하게 욕망을 추구하는 존재인데, 무엇이 있어 인간은 인의仁義와 규범을 알 수 있는가? 순자는 사람이 외부 사물의 같음과 다름을 구별할 수 있는 것은 천관天官, 즉 타고난 감각기관에 의해서 가능하다고 보았다. 형태와 빛깔과 무늬는 눈으로 구별하고, 음성의 청탁 및 음조와 음악의 변화는 귀로 구별하며, 달고 쓰고 짜고 싱겁고 맵고 시고 이상한 맛은 입으로 구별한다. 향기롭고 향긋하고 비릿하고 시큼하고 이상한 냄새는 코로 구별하며, 아프고 가렵고 차고 뜨겁고 부드럽고 껄칠하고 가볍고 무거운 것은 촉각으로 안다. 그러나 말과 사건, 희·노·애·락·애·오·욕, 즉 칠정七情은 마음으로 구별한다고 하였다. 마음은 감각을 주재하므로 마음에는 징지徵知, 즉 마음에 의한 변별과 증명을 거친 인식이 있다는 것이다. 우리는 그러한 인식능력이 있어서 귀로 소리를 알게 되고 눈으로 형태를 알게 된다고 하였다.[26]

순자는 인간의 본성이 비록 악하나 인간됨을 확립할 수 있는 근거는 결국 마음의 작용에 있다고 본 것이다. 순자가 인식한 마음은 육체의 군주요, 신명의 주체이므로 스스로 명령을 발하고 남의 명령은 받지 않는다. 순자에 따르면 마음은 스스로 금하고, 스스로 부리고, 스스로 빼앗고, 스스로 취하고, 스스로 행하고, 스스로 그친다. 그래서 입은 억지로 말을 시킬 수도 있고 침묵하게 할 수도 있으며, 사지는 억지로 펴게 할 수도 있고 구부리게 할 수도 있으나, 마음은 억지로 그 뜻을 바꾸게 할 수가 없는 것으로서 옳으면 받고 그르면 물리친다. 그러므로 마음의 자태는 그 선택을 남이 금하지 못하며 스스로 보고 선택하는 것이요, 외부의 사물은 마

구 섞여 있지만, 정의 지극함은 통일성을 잃지 않는다.[27]

그러나 순자는 마음이라는 것이 늘 자연스럽게 도를 향하는 것이 아니라고 하였다. 사람의 마음은 쟁반의 물과 같아서 똑바로 놓고 움직이지 아니하면 그 물의 앙금은 아래로 가라앉고 위의 물은 맑고 밝아 얼굴의 수염이나 눈썹까지 보이지만, 미풍이라도 불면 가라앉았던 앙금이 떠오르고 위의 맑은 물이 흐려져 큰 형태도 볼 수 없으니, 사람의 마음 또한 이와 같다고 하였다. 그러므로 바른 도리로 인도하고 맑은 상태를 길러서 외부의 사물에 기울어지지 않으면 충분히 시비와 선악을 판단하고 의혹을 해결하지만, 외부의 사소한 일에 유혹되면 그 마음도 한편으로 기울어져 모든 도리를 판단하지 못한다고 하였다.[28] 그런데 이는 앞 단락에서 언급했던 '옳으면 받고 그르면 물리친다'라는 설명과는 배치된다. 이러한 간극은 순자의 성악론을 이해하는 데 또 하나의 걸림돌로 작용할 수 있음에 유의해야 할 것이다.

여기에서 우리가 눈여겨볼 대목이 있다. 순자도 맹자와 같이 인간의 '마음'을 중요하게 여기고 있다는 점이다. 순자가 말하는 마음의 작용이란 '예의禮義'를 통해서 드러나야 한다. 그 예의란 일체의 선험성이 없는 순수한 인위人爲를 통해서 이루어진다. 순자는 예禮와 의義를 둘 다 강조했지만, 의는 예를 지키는 의로움이었다는 점에서 어디까지나 예에 중심을 두고 있었다. 순자의 사상체계에서 예는 인간의 무한한 욕망을 사람들이 각자 사회적 직분에 따라 분별하여 제한하고 제약하여 자신이 해야 할 일을 충실히 실천하도록 하는 행동규범이요, 사회 질서를 유지하는 중정中正으로서의 공적 수단이었다. 그것은 사회적 차원에서 실현되는 위僞의

덕이다. 서양에서 플라톤이 사회의 조화를 언급하며 말했던 '정의正義'와 같은 기능을 발휘하는 개념이라 할 수 있다.

인간은 그 본성이 악한데 어떻게 그 인위적 교정의 틀인 예를 알 수 있는가? 이 물음에 대해 순자는 예의라고 하는 것은 바로 성인의 위偽, 곧 작위에서 생긴 것으로 인간의 본성에서 나온 것은 결코 아니라고 대답한다.[29] 예의라는 것이 인간의 본성에는 애초에 없다는 것은 우리가 선해질 수 있는 방법론적 수단을 자신의 내부가 아닌 외부에서 찾아야 한다는 것을 의미한다. 순자는 군자란 태어나면서부터 다른 것이 아니라 외부의 것을 잘 배우는 사람일 뿐이라고 하였다. 정을 단속하는 것은 마음이요, 그 마음을 유혹으로부터 다스리는 것은 성인이 제시한 예의라는 것이다. 인간이 선할 수 있는 까닭의 모든 궁극적인 관건은 '예'에 있음을 천명한 것이다. 그가 주장하고자 하는 것은 선善이란 배우지 않으면 할 수 없고, 배워야 할 수 있다는 것이다. 이런 점은 인간의 내부에 주어져 있는 양지良知·양능良能의 존양存養을 통해 선에 이를 수 있다고 했던 맹자와 분명히 견해가 갈린다.

인간이 선한가에 관한 통합적 논의

　　인간이 선한가에 대한 이해는 이후 도덕성 관련 논의를 전개하는 데 있어서 중요한 기준이 될 수 있다. '인간은 선한가?'라는 물음을 주제로 한 이 장은, 서두에서 언급했던 바와 같이, 사실은 이 물음에 함축된 두 가지의 의문에 대해 응답하는 것이다. 하나는 지금까지 언급한 맹자와 순자의 성선악론에 관한 논의처럼, 단순히 인간은 선한 존재인가 아니면 악한 존재인가의 이분법적 구도에 응답하는 것이요, 또 하나는 어떤 사람이 선한 사람인가? 그때 선 혹은 악이란 무엇이냐는 선악에 관한 실용적 개념의 문제에 대해 응답하는 것이다. 이 두 번째 문제에 대해 현실의 경험론적 차원에서 응답할 수 있을 때, 우리는 비로소 첫 번째 의문에 대해 보다 구체적으로 답할 수 있을 것이다. 왜냐하면 선악에 대한 어떠한 개념 정의도 없이 우리는 사람이 선하다 혹은 악하다고 단정 지을 수는 없기 때문이다. 따라서 이에 관한 논의의 순서를 두 번째 문제부터 시작한다.

　　논자는 선악의 개념과 관련하여 아우구스티누스Aurelius Augustinus와 토마스 아퀴나스Thomas Aquinas의 견해를 논의의 출발점으로 삼는다. 그들은 주지하다시피 악을 선의 결핍으로 설명하였다. 전능하고 온전히 선한 하나님이 왜 악을 만들었을까? 선하신 하나님이 이 모든 것을 선하게 창조하셨는데, 악은 어디서 오는 것인가? 위 두 사람의 관점에서 볼 때, 악은 실제로 존재하는 실체가 아니다. 만일 악이 하나의 실체로 존재한다고 한다면, 그것은 악이 선한 것이라고 하는 것과 같기 때문이다.[30] 악이 존재하느냐는 물음에 대해, 아퀴나스는 아우구스티누스의 말을 빌려 악은 선의 결여로서 존재하는 것이라 말해야 한다고 했다.[31] 아퀴나스는 단호하다. 하나님은 오직 선만 만들었을 뿐이고, 악은 '선의 결핍'이다. 종교적 관점에서 보면, 창조자인 하나님은 자신의 선을 피조물들에 나누어주기 위해서 세상을 창조했으므로, 이 세상에 존재하는 악은 부수적인 것이다. 그 자체로 나쁜 것은 어떤 것에 대해서 자연적일 수 없다.

간혹 맹자와 순자의 선악 견해를 위와 같은 서양의 종교적 관점에서 설명하는 사람들도 있다. 이들은 선의 실현이 불충분한 것 혹은 저해된 것이 악이며, 선의 실현에 저해됨이 없으면 악은 존재할 수 없는 것으로 보았다. 그래서 이들이 보기에 맹자는 선의 결핍으로서 악을 설명하고, 악 그 자체의 실상은 인정하지 않았다고 말한다. 그 까닭을 선은 인성에 본래 갖추어져 있는 것이지만, 악은 인위에서 오는 것이기 때문이라 하였다.[32] 그러면 순자가 말하는 악은 어떻게 설명할 수 있는가? 같은 논리로 말하면, 악은 인성에 본래 갖추어져 있어서 선은 악의 결핍에서 오는 것이라 말할 수 있는가? 맹자는 선의 실마리가 본성에 내재한다고 분명히 말했으나 악에 대해서는 그 근원을 설명하지 않았다. 이와 마찬가지로 순자는 본성에 악이 존재한다고 한 것은 분명하나 선의 기원에 대해서는 분명한 해석을 내놓지 않았다.

논자의 관점에서 볼 때 유가 철학의 기본적인 개념 구조는 서양의 종교적 사유 구조와 사뭇 다르다. 유가 철학은 인성론을 우주론적 관점에서 발달시켜왔다. 이에 심心, 성性, 천天은 우주적 연장선 속에서 같은 선상에 놓여있다. 마음은 심리학적 차원에서 말하는 것으로서, 이를 인간학적 품성의 차원에서 보면 '본성'이요, 우주론적 변화의 원리 차원에서 보면 '하늘'이다. 인성론이 인간 본성의 내면을 탐구하는 것이었지만, 우주론적 관점에서 인간을 조명하고자 하였기 때문에 성과 천은 서로 긴밀한 관련을 유지했다.

공자나 맹자가 인간의 내면적 본성의 근거를 우주의 질서에서 찾았지만 이는 종교적 개념과는 거리가 있다. 유가 철학자들은 하늘로부터 우주 만물의 원리로서 도道의 개념을 정립하였지만, 창조주나 영생을 상정하지는 않는다. 논자가 보기에 선악의 개념도 같은 선상에서 이해할 필요가 있다. 동양문화에서 악devil이나 악마Satan의 개념은 서양적 의미와는 차이가 있어 보인다. 유가 철학에서도 '좋다'라는 의미가 강한 '선'에 상대적인 용어로 '나쁘다'라는 의미의 차원에서 '악'이란 용어가 사용되었던 것으로 짐작된다.

따라서 우리는 이런 맥락에서 맹자와 순자의 인성관을 이해할 필요가 있다. 맹자와 순자의 관점을 종합해보면, 맹자와 순자는 각기 선과 악을 말하지만, 그 궁극적 지향점은 똑같이 선한 사람이 되는 데 있다. 인간 본성에는 선과 악이 어떤 하나의 특성만이 존재하고 상대 특성은 그의 결핍으로서 존재한다고 설명하기는 어렵다. 오히려 보는 관점에 따라 선과 악이 각기 다른 근거를 갖고 존재한다고 보는 것이 더 설득력이 있다. 비종교적 관점에서 볼 경우, 악은 선의 결핍이 아니라 선과 마찬가지로 그 자체로서 존재한다고 말할 수 있다.

논자는 이의 근거를 맹자와 순자의 인성론에서 찾아볼 수 있다. 순자에 따르면, 성인은 사려를 쌓고 인위적인 노력을 수없이 되풀이하여 여기서 예의와 법도를 만들어낸다. 따라서 예의와 법도라고 하는 것은 성인의 작위에서 나온 것이지 결코 인간의 본성에서 나온 것은 아니다. 그러나 순자의 말대로 인성이 절대적으로 악한 것이라면, 성인이라도 예의를 만들지 못할 것이다. 왜냐하면 예의禮義 그 자체를 인식하지 못할 것이기 때문이다. 그래서 순자가 성악설을 주장하였지만, 또한 암암리에 인성이 본래 선한 성질을 가지고 있음도 인정한 것이다.33 맹자 역시 사단을 근거로 성선을 주장하였으나 현실의 삶에서 사단이 드러나는 수오, 측은, 사양, 시비는 인간의 감정에 해당하는 것으로, 이는 맹자 역시 인간의 본성이 마음心과 감정情으로 이루어져 있음을 인정하나 전자心를 강조하는 과정에서 후자情가 발휘하는 긍정적 측면만 주목하고 부정적 측면에 대해서는 해석하지 않은 채 남겨둔 것으로 여겨진다. 즉, 인간의 본성에 감정의 부정적 기능으로서의 악이 존재함을 은연중 시사하고 있다.

논자는 성선과 성악에 대해 인간 본성의 양면을 각기 다른 면에서 본 것으로 이해한다. 그런 맥락에서 보면, 맹자는 심선心善, 순자는 정악情惡을 주장했다고 표현하는 것이 옳을 것이다. 따라서 어쩌면 두 가지의 관점을 통합함으로써 보다 총체적인 인성에 접근할 수 있다. 순자도 맹자와 마찬가지로 성을 심리적 측면과 생리적 측면으로 구분하였다. 다만 순자는 성의 생리적 측면으로서의 정을 그 본질로 여겼고, 맹자는 심리적 측면의 심지를 그 본질로 여겼다는 점에서 달랐으며, 그 차이가 성악설과 성선설의 분기점을 이루게 되었다. 만약 맹자도 정情의 자연스러운 충동을 두고 말했다면 순자와 같이 악을 주장했을 것이요, 순자도 마음心의 자각 작용 쪽에서 성을 논했다면 선을 말했을 것이다. 결국, 인간은 선한가에 관한 논의는 선과 악의 양면을 모두 지닌 것으로 보는 통합적 관점에서 접근할 필요가 있다.

■ 통합적 논의

순자는 인간에게 기본적인 두 가지의 성향이 존재한다고 하였다. 그것은 곧 인간이라면 누구나 생존을 추구하는 성향을 지니고 있다는 것과 인간은 무리 생활을 하지 않을 수 없다는 것이다. 이 두 가지를 추구하는 행동은 자연적인 것이다. 논자는 순자의 이러한 견해에 동의한다. 왜냐하면 순자가 말한 인간의 두 가지 성향은 도덕성의 근원이 어디에 있는가를 유력하게 시사하기 때문이다. 첫 번째 성향인 생존추구 욕망은 인간의 기본적인 이기적 성향을 함의하고 있으며, 두 번째 성향인 무리 생활에 대한 욕망은, 비록 그로 인해 구성원 간에 갈등과 투쟁이 일어나기도 하지만, 무리 생활이 기본적으로 타인과의 관계를 전제로 한다는 점에서 이타적 성향을 함의하고 있다고 볼 수 있다.

인간에게는 생존 욕망이라는 기본적인 성향이 존재한다. 사람이라면 누구나 배가 고프면 밥을 먹고 싶고, 추우면 따뜻하게 입고 싶고, 피곤하면 쉬고 싶을 뿐 아니라 이익을 좋아하고 손해를 싫어한다. 그것은 사람이 나면서 지닌 특성이지 그렇게 되고자 해서가 아니다. 이는 모든 인간이 지닌 본성의 한 부분으로서 이들 자신의 존재를 계속 지속시키려는 충동conatus을 소유하고 있다는 스피노자B. Spinoza나 외부 위협으로부터 자기 자신을 보존하고자 하는 욕망을 지니고 있다는 홉스T. Hobbes[34]의 견해와도 일치한다. 그들에 의하면, 자기보존의 추구는 본성적이고 절대적으로 필연적이다. 따라서 자기 존재를 배제하는 관념은 우리의 정신 안에 있을 수 없다.[35] 생존 행동들은 매우 오래된 뿌리를 가지고 있기에 인간에게서 보편적으로 나타난다. 우리는 넓은 의미에서 이런 성향을 이기심과 연결할 수 있을 것이다.

이와 함께 인간에게는 또 다른 하나의 생존 조건이 있다. 그것은 바로 무리 생활이다. 인류의 진화사를 보더라도 인간은 세상에 태어나면서부터 무리 생활을 하지 않을 수 없었다.[36] 순자는 개인적 차원의 생존 욕망이 무리 속에서 그대로 사회적 차원의 생존 욕망과 연결된다고 보았다. 본능의 자연스러운 발현은 인간이 규정한 가치 질서에 맞아 들기 어렵고 필연적으로 다툼과 투쟁이 발생할 수밖에 없다. 하지만 순자는 인간이 인간다울 수 있는 것은 분별이 있기 때문이라고 하였다.[37] 사람은 무리를 짓지 않을 수 없다는 사실로부터 분별이 절대적으로 필요하게 되었다. 우리는 여기서 말하는 '분별分'을 다른 사람들과 더불어 살아가기 위한 마음 씀이 필요하다는 것으로 이해할 수 있다. 그리고 넓은 의미에서 이런 성향을 이타심과 연결할 수 있다. 인간의 본성을 이와 같은 측면에서 이해하고 받아들인다면, 본성은 이타심과 이기심을 축으로 구성되어 있다고 상정할 수 있다. 그리고 그것은 옳고 그름을 판별하고 그에 따라 행동하는 능력인 도덕성[38]이 발원하는 원천이 된다.

이제 논자는 선과 악의 개념을 내용적 차원에서 규정할 수 있는 단계에 이르렀다. 선과 악의 개념이라는 것이 원래부터 정해져 있는 선험적인 것은 아니라고 본다. 선과 악의 의미는 우리 인간의 삶을 통해 비로소 자리매김하는 것으로 이해한다. 즉, 그 개념이라는 것은 우리의 해석에 따라 구성된다는 뜻이다. 이러한 관점에서 우리는 선과 악의 개념을 규정할 수 있다. 인간이 이타심과 이기심에 따라 행동하는 것은 본성에서 비롯한다는 점에서 자연스러운 일이며 우주적 질서에 어긋나지 않는다. 그렇다고 어떤 제약이나 제한이 불필요하다는 의미는 아니다. 다만, 개인이 추구하는 이타심과 이기심이 그 적정한 정도를 지켰을 때, 우리는 그에 따른 행동을 선한 행동이라고 말할 수 있을 것이다. 그리고 그 적정한 정도를 과도하게 넘거나 미치지 못할 경우, 우리는 그런 행동을 악한 행동이라고 말할 수 있을 것이다. 다시 말해, 우리는 자기보존에 도움이 되고 무리 생활을 하는데 순기능을 발휘하는 행동을 넓은 의미에서 선으로, 그리고 이와 반대되는 기능을 발휘하는 행동을 악으로 규정할 수 있을 것이다.

선과 악을 현실적인 경험적 차원에서 규명하는 문제와 관련하여 좀 더 보충적인 설명이 필요하다. 이타심은 다른 사람이 자신과 똑같이 가지고 있는 본성에 따라 적절히 행동할 수 있게 마음을 쓰는 성향으로 볼 수 있는데, 이러한 이타심이 모자라면 다른 사람에게 손해를 끼칠 수 있다는 점에서 그것은 악이라 할 수 있다. 이타심이 지나치게 과도할 경우 대체로 다른 사람을 감동하게 하지만, 누군가는 이에 거부감을 느낄 수도 있다. 심리적 부담을 느끼긴 하겠지만, 이로 인해 어떤 손해를 입지는 않을 것이므로 우리가 이를 악이라 할 수는 없을 것이다.

같은 이치에서 보면, 이기심 역시 과도와 결핍에 따라 선한 행동과 악한 행동으로 구분될 수 있다. 개인의 이기심이 적정 정도를 넘어 이타심을 찬탈할 정도로 과도할 경우, 이는 분명히 다른 사람에게 손해를 끼치게 되기 때문에 악한 행동에 해당한다. 반면에 이기심이 적정 정도에 미치지 못하여 결핍한 경우에는 비록 자기 자신에게는 어떤 피해가 있을지 모르나 다른 사람에게는 손해보다는 오히려 이득을 줄 수 있다는 점에서 이를 선한 행동이라 말할 수 있다. 결국, 이타심은 그것이 모자랄 때 그리고 이기심은 그것이 과도할 때 선악의 문제가 발생하는 단초가 될 수 있다. 물론 여기에서 말하는 이타심과 이기심의 과도나 결핍의 기준은 어디까지나 상호간에 상대적이며 또한 상황이나 대상에 따라 그 정도는 다를 수 있을 것이다.

이를 그림으로 나타내보면 다음과 같다.

이타심	과도	선	이기심	과도	악
	적정			적정	선
	결핍	악		결핍	

그림 2-2_ 이타심과 이기심의 선악 판별 기준

그렇다면 우리는 어떤 사람을 선한 사람이라고 말할 수 있는가? 공자는 이상적 인간을 군자君子라 하였다. 군자는 최고 인격을 가진 사람으로 소인과 대비되어 설정된 개념이다. 이는 성聖·현賢보다 포괄적인 의미를 내포하고 있다. 맹자는 이상적 인간상을 대인大人이라 하였다. 때로는 군자, 성인이라고도 했고, 대장부大丈夫라고 하기도 했다. 그리고 순자는 인간됨의 전형을 지인至人으로 보았다. 그러나 순자 역시 현세에서의 실질적인 바람직한 인간형을 '군자'라 일컬었다. 아마도 이들은 인간의 본성을 이루는 이타심과 이기심을 상황에 따라 적정 정도에서 발휘하는 사람일 것이다. 우리는 그런 사람을 선한 사람이라고 말하는 데 주저할 필요가 없다.

악한 사람은 위의 선한 사람과 정반대의 성향을 보이는 사람일 것이다. 그는 비교적 일관되게 악한 행동을 실천한다. 그 사람이 보이는 행동의 동기도 완벽하게 이타적이거나 이기심이 모자랄 필요까지는 없지만, 도덕적 상황에서 이타적이지 않을 것이다. 적어도 그가 아무도 보고 있지 않다고 생각할 때는 그럴 것이다. 그렇다고 그 사람이 모든 행동에서 그와 같은 특성을 일관되게 보이지는 않을 것이다. 그도 때로는 선한 행동을 한다. 그 사람도 때로는 공감적이고 이타적일 수 있다. 하지만 대체로 이타심이 결핍되거나 이기심이 과도한 행동을 하는 경향성을 보일 것이다. 그런 사람은 예컨대 순자가 말하는 '지인'에 이르지 못한 상태에 있다. 왜냐하면 사람은 자신의 부족한 면을 개선함으로써 선에 이르도록 실천적 노력을 통해 주체적 능동성을 발휘하여야 하는데 악한 사람은 그렇지 않기 때문이다.

그러면 우리는 어떻게 해야 선한 행동의 빈도를 높일 수 있는 품성을 간직할 수 있는가? 맹자와 순자는 선한 사람이 되고자 할 때 필요한 방법을 구체적으로 제시하였다. 선한 사람이 되는 길과 관련하여 그들이 제시했던 방법론은 오늘날에도 우리가 주목하기에 충분하다.

맹자에게 있어서 학문의 목적은 곧 마음을 보존하고 본성을 기르는 것存心養性에 있었다. 맹자는 "구하면 얻고 버리면 잃는다"고 하였다.[39] 맹자는 마음을 보존하고 본성을 지키는 과업을, 한마디로 놓아버린 마음을 되찾는 구방심求放心으로 표현하였다. 사람이면 누구나 타고 난 선단善端을 확충해 나감으로써 선한 사람이 될 수 있다고 하였다. 이상적 인간은 본래 타고난 양지良知·양능良能의 존양存養을 통해서 가능하다는 것이다. 여기서 존存이란 인간이 원래 가진 본심을 보존하는 것을 의미하며, 양養이란 인간이 원래 가진 본심을 기른다는 뜻이다. 이것은 결국 인의예지仁義禮智를 실천하는 것이다.

순자는 학문하는 방법을 기를 다스리고 마음을 기르는 것으로 인식하고 이를 '치기양심술治氣養心之術'이라 일컬었다. 그리고 이의 구체적인 방법으로 "예에 따르는 것만큼 빠른 길이 없고, 스승을 얻는 것만큼 요긴한 일은 없으며, 한마음으로 학문하는 것만큼 신통한 것이 없다"고 하였다.[40] 즉, 현실적인 차원에서 학문하는 방법은 우선 훌륭한 스승의 사사를 하는 것이요, 다음은 선인들이 남긴 예를 터득하는 것이며, 세 번째로는 혼자 경전을 공부하는 것이다. 서양 사람이 흔히 자신의 훌륭한 업적을 겸손하게 표현할 때 "나와 같은 난쟁이가 멀리 내다볼 수 있었던 것은 거인의 어깨 위에 앉아 있었기 때문"이라고 말하듯이, 순자는 이미 기원

전 250여 년 전에 발돋움해가며 멀리 바라보려고 하였으나 높은 곳에 올라가 바라보는 것만 못하였다[41]라며 스승의 사사를 최고의 방법으로 권면하였다.

이제 우리는 '인간은 선한가?'라는 질문에 응답할 수 있게 되었다. 인간은 본래 선한 사람과 악한 사람으로 정해져 태어나지 않는다. 사람이라면 누구라도 자신의 생존을 유지하고 무리를 지어 생활하는데 요구되는 행동을 하기 마련이다. 따라서 개인적으로나 사회적으로 그에 순기능적인 역할을 하는 행동은 선한 행동이요, 그에 역행하는 행동은 악한 행동으로 규정될 수 있다. 우리가 선한 사람이라고 말할 수 있는 사람은 선한 행동을 하는 빈도가 매우 높은 사람이라 할 수 있다. 악한 사람은 그와 정반대의 사람일 것이다.

그런데 여기서 우리가 주목해야 할 점이 있다. 대부분 사람은 위에서 언급한 선한 사람과 악한 사람의 중간 지대에 있을 개연성이 크다는 것이다. 미국의 소장 철학자 밀러C. B. Miller는 그동안 심리학계를 중심으로 시행됐던 다양한 심리 실험도움, 해악, 거짓말, 부정행위의 결과를 분석하고 이를 종합하여 대부분 사람의 성품이 자리하는 위치를 선과 악의 극단으로 이루어진 하나의 스펙트럼 위에 제시하였는데,[42] 지금 이 논의에서도 매우 유용하게 활용될 수 있다. 인간의 본성에는 이기심과 이타심이 공존한다. 다시 말해 대체로 대부분의 사람은 누구나 선한 행동을 할 수 있고 악한 행동 또한 할 수 있는 가능성을 지니고 있다. 다만 그 행동의 빈도에서 차이가 있을 뿐이다.

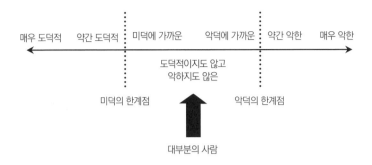

그림 2-3_ 대부분 사람의 성품이 위치하는 곳

동양의 유가 철학에서도 인간의 성품을 위와 같은 방식에서 설명하는 사람들이 있었다. 소위 말하는 성선악혼설性善惡混說로, 인성에 선과 악이 혼합되어 있다는 견해이다. 중국 전한前漢의 양웅揚雄, BC53~AD18은 사람의 천성에는 선과 악이 함께 갖추어져 있는데, 그 선한 성질에 따라서 접근하여 나가면 선인善人이 되고, 그 악한 성질에 따라서 접근하여 나가면 악인惡人이 된다고 하였다.[43] 이후 중국 후한後漢의 왕충王充, 27~104도 이를 이어받아 사람의 본성에는 선악이 공존하기 때문에 선한 본성을 길러 몸에 배게 하면 선한 품성을 지닐 수 있지만, 악한 본성이 길러져 몸에 배면 악한 품성을 지니게 된다고 하였다.[44] 왕충이 맹자의 성선설은 보통 사람 이상에만 적용할 수 있고, 순자의 성악설은 보통 사람 이하에만 해당하며, 양웅의 성악혼합설은 보통 사람에게만 해당한다[45]고 했던 것도 우리는 같은 맥락에서 이해할 수 있다.

맺음글

선악은 절대적이거나 객관적이지 않다. 그런데도 우리는 자주 인간의 본성을 선악으로 구분하고 어떤 것이 진리인가를 묻는다. 이는 우리가 밝음과 어둠, 안과 밖, 천사와 악마, 좋음과 나쁨 따위와 같이 이분법적 사고에 익숙해 있기 때문일 것이다. 그리고 그런 사고에 익숙해진 까닭은 아마도 우리가 평소에 복잡하게 생각하는 것을 그리 좋아하지 않는 사유의 습성에서 연유한 것일 수 있다. 이전에 심리학에서 인지부조화認知不調和 이론가들이 말했듯이, 사람은 누구나 머릿속에 해결되지 않은 문제들이 복잡하게 얽혀있으면 개운치 않아 한다. 그래서 우리는 주변 사람들의 사는 모습이 매우 다양하다는 것을 일상적으로 경험하면서도 인간의 본성이 선한가 아니면 악한가 하고 습관적으로 묻곤 한다.

이 장에서 고찰한 맹자와 순자의 견해를 요약하면, 순자와 맹자는 공통으로 성을 심리적 측면과 생리적 측면으로 구분하였다. 다만 순자는 성의 생리적 측면으로서의 정情을 그 본질로 여겼고, 맹자는 심리적 측면의 심지心志를 그 본질로 여겼다는 점에서 달랐으며, 그 차이가 성악설과 성선설의 분기점을 이루게 되었다. 맹자는 심선心善을, 순자는 정악情惡을 주장했다고 표현하는 것이 옳을 것이다. 만약 맹자도 정情의 자연스러운 충동을 두고 말했다면 순자와 같이 악을 주장했을 것이요, 순자도 마음心의 자각작용 쪽에서 성을 논했다면 선을 말했을 것이다. 결국, 성선과 성악은 인간 본성의 양면을 각기 다른 면에서 본 것일 뿐이다. 따라서 두 가지의 관점을 통합함으로써 우리는 보다 총체적인 인성에 접근할 수 있을 것이다.

그런 맥락에서 보면 '인간은 선한가?'라는 물음에 대해 우리는 '인간은 선할 수 있다'라고 대답하는 것이 옳아 보인다. 인간은 선하다 혹은 악하다고 말하는 것은 인간의 품성을 선천적으로 고정된 특성으로 규정하는 것이다. 맹자가 인간은 선하다고 말한 것도 인간을 그런 방식으로 규정하여 말한 것이라기보다는, 선한 사람이 될 수 있는 단서를 지니고 태어났지만 그것을 끊임없이 확충하지 않으면 선한 사람이 될 수 없다는 점 또한 함의하고 있다. 다시 말하면, 맹자의 관점에서도 인간은 악한 사람이 될 수 있다. 우리는 순자가 인간은 악하다고 말한 것도 같은 방식으로 해석할 수 있다. 순자의 사상체계도 인간은 본인의 노력 여하에 따라 얼마든지 선한 사람이 될 수 있음을 보여준다. 그러므로 맹자와 순자는 지향의 궁극 지점에서는 같다. 그것은 '선한 사람이 될 수 있다'라는 것이다. 그리고 그 방법론은 마음이 욕망을 다스리도록 끊임없이 자신을 성찰하는 것이다. 다만, 맹자는 그것을 우리의 내부에서 찾았고 순자는 외부에서 찾았다는 점에서 차이가 있을 뿐이다.

결론적으로 논자는 인간은 선한가의 물음을 성선과 성악의 통합적 관점에서 이해한다. 인간의 성악적 성향은 사람이라면 누구나 개인의 생존을 위한 욕망에서 행동한다는 것을 들 수 있는데, 그것은 곧 인간의 이기적 성향을 함의하는 것으로 해석한다. 그리고 인간의 성선적 성향은 사람이라면 무리 지어 생활하고자 하는 욕망에서 행동한다는 것을 들 수 있는데, 그것은 곧 인간의 이타적 성향을 함의하는 것으로 해석한다. 우리 인간은 성악적 성향으로서의 이기심과 성선적 성향으로서의 이타심을 모두 지니고 있다. 따라서 현실적인 경험론적 차원에서 볼 때, 보통 사람은 도덕적 상황에 따라 선한 행동을 하기도 하고 악한 행동을 할 수도 있다. 어떤 측면에서 하는 행동의 빈도가 높은가에 따라, 우리는 그 사람을 선한 사람 혹은 악한 사람이라 말할 수 있을 것이다. 논자는 선한 혹은 악한 사람이란 본래 그런 도덕성을 타고났다기보다는 개인 자신의 노력 여하에 따라 그 방향성이나 폭과 깊이가 결정된다고 본다. 그런 점에서 우리는 현재 자신이 지닌 도덕성의 상당 부분에 책임이 있는 존재이다.

참고문헌

『論語』

『孟子』

『荀子』

『禮記』

金忠烈(1984). 동양 인성론의 序說, 한국동양철학학회 편, 『동양철학의 본체론과 인성론』, 서울: 연세대학교 출판부.

三浦藤作 저, 박재주·김성룡·강봉수 옮김(1997), 『중국 윤리 사상사』, 서울: 원미사.

揚雄 저, 이준영 해역(2015), 『法言』, 서울: 도서출판 자유문고.

王充 저, 성기옥 옮김(2016), 『論衡』, 서울: 동아일보사.

이상은(1976), 맹자의 성선설에 대한 연구, 『유학과 동양문화』, 서울: 범학도서.

李海英(1998). 순자의 인간 이해, 尙虛 安炳周敎授停年紀念論文集 刊行委員會編, 『東洋 哲學의 自然과 人間』, 서울: 아세아문화사.

陳立夫 저, 서명석 외 옮김(2000), 『동양의 인간과 세계』, 서울: 철학과 현실사.

Aquinas, T. 저, 이재룡 옮김(2019), 『신학대전 18: 도덕성의 원리』, 서울: 바오로딸.

Augustinus, A. 저, 박문재 옮김(2021), 『고백록』, 파주: CH북스.

Hobbes T. 저, 진석용 옮김(2008), 『리바이어던 1』, 파주: (주)나남.

Katz, L. D. 저, 김성동 옮김(2007), 『윤리의 진화론적 기원』, 서울: 철학과 현실사.

Killen, M. & Smetana, J.(eds.), 김태훈 옮김(2010), 『도덕성 발달 핸드북 1』, 파주: 인간사랑.

Miller, C. B. 저, 김태훈 옮김(2021), 『인간의 품성: 우리는 얼마나 선량한가?』, 서울: 글로벌콘텐츠.

Spinoza, B. 저, 강영계 옮김(1990), 『에티카』, 서울: 서광사.

한국사사전편찬위원회(2007), 『한국고중세사사전』, 서울: 가람기획.

Oughourlian, J. M. 저, 김진식 옮김(2018), 『욕망의 탄생』, 서울: 문학과지성사.

https://plato.stanford.edu/entries/desire/(검색: 2021.01.18)

Endnote

1   김충렬(1984), 동양 인성론의 서설, 『동양철학의 본체론과 인성론』, 서울: 연세대학교 출판부, p. 173.
2   『論語』「陽貨」, 性相近也 習相遠也.
3   『論語』「里仁」, 苟志於仁矣 無惡也.
4   『孟子』「告子上」, 性猶湍水也 決諸東方則東流 決諸西方則西流 人性之無分於善不善也 猶水之無分於東西也.
5   『孟子』「告子上」, 水信無分於東西 無分於上下乎? 人性之善也 猶水之就下也 人無有不善 水無有不下.
6   『孟子』「告子上」, 聖人 如我同類者.
7   陳立夫 저, 서명석 외 옮김(2000), 『동양의 인간과 세계』, 서울: 철학과 현실사, p. 83.
8   『孟子』「公孫丑上」, 夫志 氣之帥也 氣 體之充也 夫志 至焉 氣 次焉 故 日 持其志 無暴其氣.
9   『孟子』「公孫丑上」, 其爲氣也 至大至剛.
10 『禮記』「禮運」, 何謂人情 喜怒哀懼愛惡慾七者 弗學而能.
11 『孟子』「公孫丑上」, 所以謂人皆有不忍人之心者 今人乍見孺子將入於井 皆有怵惕惻隱之心 非所以內納交於孺子之父母也 非所以要譽於鄕黨朋友也 非惡其聲而然也. 由是觀之 無惻隱之心 非人也 無羞惡之心 非人也 無辭讓之心 非人也 無是非之心 非人也.
12 『孟子』「盡心上」, 求則得之 舍則失之.
13 『孟子』「告子上」, 人有鷄犬放 則知求之 有放心而不知求. 學問之道無也 求其放心而已矣.
14 『荀子』「性惡」, 凡性者天地就也 不可學 禮義者聖人之所生也 人之所學而能 所事而成者也 不可學不可事 而在人者 謂之性 可學而能 可事而成之在人者 謂之僞 是性僞之分也.
15 『荀子』「正名」, 生之所以然者 謂之性 性之和所生 精合感應 不事而自然謂之性.
16 『荀子』「禮論」, 性者本始材朴也.
17 『荀子』「榮辱」, 材性知能 君子小人一也.
18 『荀子』「正名」, 性者天之就也 情者性之質也 欲者情之應也.
19 https://plato.stanford.edu/entries/desire/(검색: 2021.01.18)
20 한국사사전편찬위원회(2007), 『한국고중세사사전』, 서울: 가람기획, p. 1107.
21 J. M. Oughourlian 저, 김진식 옮김(2018), 『욕망의 탄생』, 서울: 문학과지성사, p. 29.
22 『荀子』「正名」, 雖爲守門 欲不可去 性之具也 雖爲天子 欲不可盡 欲雖不可盡 可以近盡也 欲雖不可去 求可節也 所欲雖不可盡 求者猶近盡 欲雖不可去 所求不得慮者 欲節求也 道者進則近盡 退則節求 天下莫之若也.

23 『荀子』「禮論」, 人生而有欲 欲而不得 則不能無求 求而無度量分界 則不能不爭 爭則亂 亂 則窮.

24 李海英(1998), 순자의 인간 이해, 尚虛 安炳周敎授停年紀念論文集 刊行委員會編, 『東洋 哲學의 自然과 人間』, 서울: 아세아문화사. p. 129.

25 L. D. Katz 저, 김성동 옮김(2007), 『윤리의 진화론적 기원』, 서울: 철학과 현실사, p. 12.

26 『荀子』「正名」, 然則何緣而以同異 日然天官 …說故喜怒哀樂愛惡慾 以心異 心有徵知 徵 知則緣耳 而知聲可也 緣目而知形可也 然而徵知必將待 天官之當薄其類然後可也.

27 『荀子』「解蔽」, 心者 形之君也 而神明之主也 出令而無所受令. 自禁也 自使也 自奪也 自 取也 自行也 自止也. 故口可劫而使墨云 形可劫而使黜申 心不可劫而使易意 是之則受 非 之則辭. 故日 心容 其擇也無禁 必自見. 其物也雜博 其情之至也不貳.

28 『荀子』「解蔽」, 故導之以理 養之以淸 物莫之傾 則足以定是非決嫌疑矣. 小物引之 則其正 外易 其心內傾 則不足以決庶理也.

29 『荀子』「性惡」, 凡禮義者 是生於聖人之僞 非故生於人之性也.

30 A. Augustinus 저, 박문재 옮김(2021), 『고백록』, 파주: CH북스, p. 220.

31 T. Aquinas 저, 이재룡 옮김(2019), 『신학대전 18: 도덕성의 원리』, 서울: 바오로딸, p. 63.

32 이상은(1976), 맹자의 성선설에 대한 연구, 『유학과 동양문화』, 서울: 범학도서, p. 116.

33 三浦藤作 저, 박재주·김성룡·강봉수 옮김(1997), 『중국 윤리 사상사』, 서울: 원미사, p. 149.

34 T. Hobbes 저, 진석용 옮김(2008), 『리바이어던 1』, 파주: (주)나남, p. 170.

35 B. Spinoza, 강영계 옮김(1990), 『에티카』, 서울: 서광사, p. 160.

36 『荀子』「富國」, 人之生 不能無群.

37 『荀子』「非相」, 人之所以爲人者何已也 日 以其有辨也.

38 M. Killen & J. Smetana (eds.), 김태훈 옮김(2010), 『도덕성 발달 핸드북 1』, 파주: 인간 사랑, p. 211.

39 『孟子』「告子上」, 求則得之 舍則失之.

40 『荀子』「修身」, 凡治氣養心之術 莫徑由禮 莫要得師 莫神一好 夫是之謂治氣養心之術也.

41 『荀子』「勸學」, 吾嘗終日而思矣, 不如須臾之所學也, 吾嘗跂而望矣, 不如登高之博見也.

42 C. B. Miller 저, 김태훈 옮김(2021), 『인간의 품성: 우리는 얼마나 선량한가?』, 서울: 글로 벌콘텐츠, p. 227.

43 王充 저, 성기옥 옮김(2016), 『論衡』「率性」, 本性, 孟軻言人性善者 中人以上者也 荀卿言 人性惡者 中人以下者也 揚雄言人性善惡混者 中人也, 서울: 동아일보사, p. 145.

44 위의 책, 「本性」, p. 148.

45 揚雄 저, 이준영 해역(2015), 『法言』「修身」, 서울: 도서출판 자유문고, p. 62.

—

나는 왜 도덕적이어야 하는가?

M
O
R
A
L
I
T
Y

머리글

인간에게 주어진 근본적인 물음은 '어떻게 살 것인가'의 문제이다. 여기서 '어떻게'는 삶의 방식을 묻는 것으로, 이는 필연적으로 도덕성의 문제와 관련된다. 그리고 어떻게 살 것이냐는 기본적으로 개인의 삶의 문제이므로, 그것은 궁극적으로 '나'는 왜 도덕적이어야 하는가라는 물음을 불러온다. 그래서 이 물음은 도덕 철학자들의 오랜 숙제였다. 만일 이 물음이 '우리'는 왜 도덕적이어야 하는가를 묻는 것이라면, 도덕 철학자들은 비교적 쉽게 그에 응답했을 것이다. 아마도 많은 사람은 영국의 철학자 홉스T. Hobbes의 견해를 자신들의 답변에 대한 근거로 제시했을 것이다. 우리가 도덕적이지 않다면, 경쟁과 불신과 공명심으로 인해 파괴와 정복을 일삼는 전쟁 상태에 놓이게 되어 결국엔 불행하게 되므로 '우리'는 도덕적이어야 한다고 말할 것이다.

그런데 여기에서는 '나'는 왜 도덕적이어야 하는가를 묻는다. 많은 사람은 이 물음에 대한 답변을 논의할 때 플라톤의 『국가』에 등장하는 트라시마코스Thrasymachus와 글라우콘Glaucon의 주장을 인용하는 경우가 많다. 아마도 트라시마코스와 소크라테스는 적어도 문헌상으로는 이 질문에 대해 논의한 최초의 사람들일 것이다. 이들의 대화 주제는 '도덕성'이 아닌 '정의'에 관한 것이었다. 하지만 현대의 많은 철학자는 정의와 도덕성이 몇 가지 중요한 유사점을 갖고 있다는 점을 들어 '나'는 왜 도덕적이어야 하는가의 물음에 대한 답변을 논의할 때 이들의 대화를 인용하곤 한다.

트라시마코스는 정의란 강자의 이익이며 강자에게 유익한 것으로 귀결되기 때문에 부당하게 행동하는 것이 정당하게 행동하는 것보다 개인에게 더 이익이라고 했다. 그리고 글라우콘은 트라시마코스의 주장을 되살리며 기게스의 반지Ring of Gyges 이야기로 소크라테스에 도전한다. 소크라테스는 이들의 도전에 대해 인간이 행복을 원한다면 부정의(불의)보다는 정의로운 것이 더 낫다고 말한다. 정의란 영혼의 모든 요소가 조화와 균형을 이루는 것이며, 불의는 영혼의 한 사악한 요소가 이성의 지배력을 찬탈하는 것이라고 했다. 그러면서 도덕적인 삶이란 영혼이 조화를 이룰 때라고 말한다. 도덕적인 사람이 된다는 것 혹은 정의로운 사람이 된다는 것은 균형 잡힌 혹은 질서가 잘 잡힌 영혼을 유지하는 것이다. 이성, 감정, 욕망이 나름의 기능을 충분히 발휘하는 그런 영혼을 갖는 것이다. 그러므로 '내'가 도덕적이어야 하는 이유는 조화로운 영혼을 지닌 인간이 되기 위함이라 할 수 있다.

그런데 이 물음은 오늘날에도 여전히 제기되며 논의되고 있다. 그것은 아마도 소크라테스가 '나'는 왜 도덕적이어야 하는가의 물음에 대해 제시했던 영혼의 조화라는 지극히 원론적인 답변에 어떤 '뭔가'가 추가될 필요가 있어서일 것이다. 그리고 그것은 인간의 본성을 기반으로 하는 도덕성의 본질적 특성을 구체적으로 드러내는 것과 관련이 있어 보인다. 인간의 본성을 기초로 사람들이 하는 행위의 동기와 당위의 근거를 제시하는 것이 더욱 현실적일 수 있기 때문이다. 도덕 철학자들이 이 물음을 도덕성의 정당화에 관한 문제로 규정하는 것도 이와 무관하지 않은 것으로 여겨진다.

이 물음은 물론 철학자나 무례한 아이들을 제외하고는 진지하게 제기되는 경우가 드물다. 그렇지만 어느 정도 도덕적 민감성을 갖춘 사람에게는 이 물음이 의미가 있을뿐더러, 특히 자녀를 둔 부모나 교육 관계자에게 있어서는 그 의미가 지닌 무게감이 더하다. 부모나 교육자는 이런 질문을 받았을 때 어떤 형식으로든 이에 대해 나름의 답변을 준비하고 있어야 하기 때문이다. 그리고 그 답변은 합리적이면서도 실제적이고 경험적일 때 듣는 이에게 설득력과 호소력을 지닐 것이다.

이 장에서는 먼저 '나는 왜 도덕적이어야 하는가?'의 물음에서 '도덕적'이라는 말이 무엇을 의미하는지 살펴보고, 나아가 삶의 다양한 차원 중에서 '나'는 왜 그러한 삶을 중시하며 살아야 하는가의 문제를 검토한다. 여기에서는 그동안 도덕철학 분야에서 이 물음과 관련하여 제시되었던 답변들을 비판적으로 고찰한다. 이후 실제적이고 경험적인 차원에서 이 물음에 대한 논자 나름의 답변을 모색한다. 이런 논의 과정이 우리 자신의 도덕적 삶의 방식을 성찰하고 도덕적 상황에서 확고한 자기 주관에 기초하여 행동하는 습성을 갖추는 데 도움이 될 것으로 기대한다.

'나는 왜 도덕적이어야 하는가?'의 물음에
내포된 의미와 논점

■ 자기 삶의 지향성에 관한 성찰

나는 왜 도덕적이어야 하는가의 물음은 '나는 도덕적이어야 한다'라는 전제를 인정할 때 가능한 질문이다. 그래서 이 질문은 '나는 도덕적이어야 한다. 그런데, 왜?'라고 되물을 수 있다. 또한, 이 물음은 '나는 왜 옳은 바를 해야 하는가?'를 묻는 것이라고 할 수도 있다. 이것은 차례로 우리가 어떤 것이 옳거나 그르다고 주장하는 것이 무엇을 의미하는지 그리고 우리가 무엇이 옳고 그른가에 대해 어느 정도는 결정할 수 있다는 것을 전제로 한다.[1] 이를 우리가 수용한다면, '나는 도덕적이어야 한다'라는 당위의 전제에는 자신이 살아가야 할 삶의 지향성이 함축되어 있다는 것도 인정해야 할 것이다. 따라서 논자는 이 물음이 개인에게 자기 삶의 지향성을 성찰하도록 해주는 의미를 내포하고 있다고 본다.

이러한 관점에서 이 물음에 함축된 의미를 더 살펴본다. '나는 왜 도덕적이어야 하는가?'의 물음에서 '도덕적'이라는 말이 무엇을 의미하는지 규정해야 그에 따른 후속적인 논의를 풀어갈 수 있다. 이 물음은 삶에 대한 나 자신의 일반적인 인식과 이해를 담고 있는데, 이러한 견해와 생각은 개인에게만 국한될 수 없다. 다른 사람에 관한 관심을 아예 배제한 채 오로지 나 자신만을 놓고 어떻게 살아가야 할 것인지 고민할 수는 없기 때문이다.[2] 결국 이 물음은 어떤 존재가 '인간'인가라는 것과 그 존재가 '도덕적이어야 한다'라는 것이 무슨 관계가 있는가를 성찰하게 한다. 도덕적이어야 하는 이유가 특정 개인이나 계층 혹은 집단에게만 해당하는 것이 아니라면, 그것은 인간이라는 종과 관련되어 고찰되어야 할 성질의 것이다.[3] 물음의 중심에 인간이 자리하고 있기 때문에 그렇다.

도덕적이라는 말은 어떤 개인이 하는 행동으로 인해 영향을 받는 사람이 있는 상황과 관련이 있다. 즉, 다른 사람과의 관계를 상정한다. 공동체의 범위가 확대되고 인간관계가 복잡해지면서 도덕적이라는 말은 기술적descriptive으로 사용되기도 하고 평가적으로 쓰이기도 한다.[4] 예컨대 이 말이 과학, 예술, 정치 또는 종교적 영역 등의 다른 범주와 구별될 수 있는 특정한 범주의 문제, 관심 및 활동을 일컬을 때는 기술적으로 사용되며 이 경우에 반대되는 말은 '도덕과 무관한non-moral'이 적절하다. 도덕적이라는 말은 사람, 행위, 의도, 정책 결정에 대해 특정한 종류의 가치 및 표준을 부여하고, 이어서 그것들에 대해 특정한 종류의 시인을 표현하는 평가적 의미로도 사용된다. 이 경우의 반대말로는 '비도덕적' 혹은 '부도덕한'이 된다(이에 관해서는 논제 1을 참고할 것). 지금 문제 삼고 있는 이 물음에는 이 두 가지 용례의 개념이 모두 포함되어 있다.

　나는 왜 도덕적이어야 하는가의 물음에서 '도덕적'이란 도덕 규칙을 따른다거나 도덕 원리에 따라 행동한다는 것을 뜻한다.[5] 도덕 규칙은 사람들이 더불어 생활하는 가운데 인간의 본성에서 비롯한 공통적인 심리적 특성이 수많은 시간이 흐르면서 당위 혹은 의무 등의 용어와 결부되어 규범화된 것으로, 다분히 자발적 강제성을 요구하는 특징을 지닌다. 도덕 규칙은 사리사욕을 더 취하려는 개인의 심리적 취약성에 대한 공동체 구성원의 공통적 인식을 바탕으로 구성원이 따라야 할 행동 지침으로서 작용하게 되며, 이 경우 도덕적이라는 용어는 서로 이익을 보장하기 위하여 그러한 규칙을 따른다는 것을 뜻한다. 일반적으로 도덕적이란 자기뿐 아니라 다른 사람의 복리까지를 고려하며 행위자 자신에게 실천적인 필연성으로서 스스로 부과하는 의무를 따르는 것을 말한다.[6]

　여기서 분명히 해야 할 점이 있다. 그것은 이 물음이 '인간은 왜 도덕적이어야 하는가?' 혹은 '어떤 개인은 왜 도덕적이어야 하는가?'를 묻고 있는 것이 아니라는 것이다. 그러한 물음에 대한 답변은 일반적으로 도덕적 원칙을 고수하면 인간이 평화롭고, 행복하며, 창의적이고, 의미 있게 삶을 살 수 있다는 진술로 훌륭하게 이루어질 수 있다.[7] 그런데 지금 문제 삼고 있는 질문은 '나는 왜 도덕적이어야 하는가?'이다. 근래에 이 물음을 다루는 문헌들이 증가하는 것으로 볼 때, 그 물음이 확실히 설득력 있는 방식으로 대답하기 쉬운 것이 아니라는 점이 분명해 보인다.[8] 답변이 어려운 원인 가운데 하나는 아마도 도덕성의 정당화가 인간의 본성적 특성과 결코 분리될 수 없는 데서 오는 어려움 때문으로 짐작된다.

분석 철학자들 사이에서 '왜 도덕적이어야 하는가?'라는 질문은 의미 있는 질문이 아니라 단순히 사이비 질문일 뿐이라는 주장이 한동안 유행했다.[9] 그들은 '나는 왜 도덕적이어야 하는가?'라는 질문의 불합리성은 '왜 모든 동그란 것은 원형인가?'라는 질문처럼 공허한 것이라고 주장했다. 그런데 우리가 '나는 왜 도덕적이어야 하는가?'라고 물을 때, 우리는 '나는 왜 내가 (도덕적으로) 해야 할 일을 (도덕적으로) 해야 하는가?'라고 묻고 있지 않다. 그러한 질문은 분명히 동의어 반복으로 순환적이다.[10] 하지만 이 물음은 그보다는 오히려 '도덕적으로 행동해야 하는 것에 대해 어떤 (도덕과 무관한) 이유가 있는가?'를 묻는 것이다. 다시 말하면, 도덕적 고려 사항이 다른 고려 사항과 충돌할 때 항상 도덕적 고려 사항에 내가 우선순위를 부여하는 데 대해 충분히 설득력 있는 이유를 제시할 수 있는지를 묻고 있다.[11]

이를 달리 말하면, 다른 사람들이 도덕적이지 않을 때 나는 왜 다른 사람들에게 도덕적이어야 하는가를 따지는 것이다. 이 질문은 자연스럽게 자기 이익에 관심을 가진 이기주의자에 의해 제기될 수 있는 물음이다. 이 질문에 대한 답변은 만약 모든 사람이 당신처럼 비도덕적이라면, 다른 모든 사람도 서로 비도덕적으로 행동할 것이다. 그 결과, 당신은 또한 다른 사람들에 의해 비도덕적으로 대우받을 것이다. 그래서 당신은 다른 사람들에게 도덕적이어야 한다고 답할 것이다. 그러나 그런 답변은 설령 그렇다 하더라도, 즉 내가 다른 사람들에게 도덕적으로 행동한다 하더라도 그것이 다른 사람들이 나에게 도덕적으로 행동할 것을 보장할 수 없는데, 내가 왜 그들에게 도덕적이어야 하느냐는 입장을 견지하는 사람들을 설

득하기는 어렵다.[12]

위의 논의를 요약하면, 이 물음에 대해 학자에 따라 동의어 반복이므로 의미가 없다는 주장과 동의어 반복이 아니라 '~해야 한다'라는 데에 대한 '도덕과 무관한 이유'가 무엇인지를 묻는다는 점에서 의미가 있다는 주장이 대립하고 있다. 대체로 이 물음에 관심을 가진 학자들은 후자 쪽에 무게를 두며, 이는 행동의 동기와 관련이 있다고 본다. 도덕적이어야 할 이유가 타당하고 설득력이 있으려면 행위의 주체에게 해당하여야 하므로 '내가 도덕적이어야 하는 이유'여야 한다. 이 물음은 이론적일 뿐만 아니라 실천적인 속성도 가지고 있다.[13] 따라서 우리는 이 물음에 대한 답변이 적어도 행동의 동기로서 의의도 함축하고 있는 것으로 이해할 수 있다.

이 물음의 답변과 관련해 도덕과 무관한 이유는 자신의 도덕적 삶의 지향성과 정합한 것이어야 할 것을 요구한다. 이를 충족시키려면 그 답변은 무엇보다 보편화 가능성을 갖추어야 할 것이다. '나'의 행위에 대한 정당화를 묻는 물음이지만, 도덕의 문제는 자신의 개인적 관점을 넘어서서 보편적인 관점을 취하는 불편부당한 관망자의 관점을 취하도록 요구한다[14]는 점에서 그렇다. 아울러 그러할 때 '나는 왜 도덕적이어야 하는가?'라는 물음은 개인의 일상적 삶의 현장에서 실제적 의미가 있을 것이다. 이 물음에 대한 답변이 이를 묻는 개인의 도덕적 행동의 실천 능력을 고양하는 데 아무런 도움이 되지 않는다면, 이러한 논의는 공허한 사변적 유희에 지나지 않을 것이다.

■ 도덕성의 내용적 구성 요소에 관한 논란

　나는 왜 도덕적이어야 하는가의 물음에 내포된 중요한 하나의 논점은 도덕성이 어떤 내용 요소를 중심으로 구성되는가의 문제이다. 이와 관련하여 특히 제기될 수 있는 의문은 도덕성과 이기심의 상관성이다. 왜냐하면 이 물음은 '나'에게 특별히 이득이 되지 않는데도 내가 도덕적으로 행동해야 하는 까닭을 말할 수 있어야 하기 때문이다. 도덕성과 이기심 혹은 자기 이익에 관한 논의는 범위가 넓고 제기될 수 있는 논쟁거리가 많아 그 자체로 중요한 철학적 담론의 주제이기도 하다. 여기에서 논자는 도덕성의 개념과 관련한 측면에만 초점을 두어 논의한다.

　논자는 도덕성의 개념을 기존의 도덕철학이나 도덕심리학에서 통용되던 것에서 벗어나 진화생물학적 시각을 통합한 관점을 원용援用한다. 도덕성에 관한 이런 정의는 우리가 '나는 왜 도덕적이어야 하는가?'라는 물음에 함의된 이기심과 관련한 문제를 어떻게 이해해야 하는지 일러주는 장점이 있다. 이에 따라 논자는 도덕성의 본질을 기본적으로 각 개인이 지닌 '인간적 본성'에서 비롯되는 것으로 이해한다. 도덕성은 근본적으로 개인의 실존적 문제와 연관이 있기 때문이다.

　인간의 본성에는 이기적 자기 주장성과 친사회적 행동 성향이 모두 존재한다.[15] 인간의 본성에 이러한 두 가지 성향이 모두 존재한다는 것은 그동안 동서양의 철학자들이 주장해왔던 인간의 본성론을 보더라도 충분히 추론할 수 있다. 결국 이기심과 이타심이라는 특성은 인간의 진화 과정에서 자연 선택의 결과에 따른 본성의 두 측면을 가리키는 것으로,

어떤 측면을 중심적인 것으로 보느냐에 따라 본성의 성격이 달라질 수 있다. 그동안 이기심은 인간의 본성을 구성하는 주된 내용으로 인정되었으나 이타심은 다소 논란의 여지를 남겨놓았다. 하지만 진화생물학의 발전으로 '포괄적 적합도'의 개념이 제시되면서 이타심은 이기심과 더불어 인간 본성의 한 축으로 확고하게 인정되고 있다.[16]

도덕성이 인간 본성에서 연유한다는 것을 인정한다면, 우리는 도덕성이 이기심과 이타심을 중심으로 구성된다는 데에 이의를 제기하지 않을 것이다. 그리고 자기 이익이 도덕적 행동의 중요한 이유가 된다는 데에 동의할 수 있다. 이와 함께 인간의 본성에 이타심 또한 존재한다는 것을 인정한다면, 다른 사람의 복리를 위해 행동하는 것도 또 다른 한편의 중요한 도덕적 행동의 동기가 된다는 것도 수용할 것이다. 개인이 다른 사람과 함께 살아가기 위해서는 이 두 가지의 본성적 특성이 모두 요구된다. 무한정 자신의 이익만을 추구할 수 없고, 그렇다고 자신의 모든 이기심을 버리고 타인을 위해 희생만 할 수도 없다. 자기희생만이 그대로 온전한 도덕성을 의미하는 것은 아니다.[17] 일상의 삶에서 제기되는 대부분의 도덕적 문제는 개인의 도덕성을 구성하는 이 두 성향이 주어진 상황에 적절한 조화를 이루지 못하는 데서 발생하는 경우가 많다.

논자는 기본적으로 도덕성을 위와 같은 맥락의 바탕 위에서 정의할 필요가 있다고 본다. 이에 논자는 도덕성을 개인이 주어진 상황에서 두 본성적 특성의 적절한 균형을 추구하고, 열망하며, 그에 따라 행동하고자 하는 심리적 성향 혹은 능력으로 정의한 바 있다(논제 1을 참고할 것). 다시 말하면, 도덕성이란 주어진 상황에서 이타적 특성과 이기적 특성이 최적의 조화를 이루는 지점을 찾고자 노력하고 그에 따라 행동하고자 하는 심리적 성향이나 능력이라고 본다. 인류는 오랫동안 삶 속에서 발생하는 실제적 문제들을 해결하는 과정을 통해 그런 조화의 지점을 경험적으로 학습해왔다.[18] 여기서 말하는 조화나 균형의 작동 원리는 아리스토텔레스가 말했던 중용의 원리와 다르지 않다.

시간이 흐르면서 두 지점의 조화를 찾는 사람들의 지혜가 켜켜이 쌓여 더불어 사는 이들의 행위를 안내하는 도덕규범으로 발전하였다. 대체로 이기심은 억제해야 할 필요가 있는 성향이고 이타심은 확충해야 할 성향으로 이해되고 있다. 그 반대로 작용할 경우 다른 사람들과 함께 생활하는 과정에서 그들로부터 견제 받거나 심할 경우 추방, 배제를 당하는 곤란을 겪을 개연성이 크다는 사실을 우리는 직간접적인 체험으로 알고 있다. 오늘날 우리가 별다른 고민 없이 따르는 수많은 도덕 규칙이나 원리는 결국 두 본성적 특성의 최적의 조화 지점이 수많은 사람에 의하여 오랜 시간의 과정을 통해 짧은 언어적 명제로 표현된 것이라 할 수 있다.

따라서 도덕성을 이기심과 대립시킬 경우 도덕성의 개념은 왜곡될 개연성이 커진다. 도덕성은 이기심과 이타심으로 구성된 심리적 성향임에도 도덕성과 이기심이 마치 같은 수준의 별개의 대립적인 심리적 특성으로 포섭의 오류를 범할 수 있기 때문이다. 예컨대 일부 철학자는 '나는 왜 도덕적이어야 하는가?'의 물음이 갖는 의미를 '도덕성이 자기 이익보다 더 중요한가? 아니면 자기 이익이 도덕성보다 더 중요한가(우선시 되는 가)?'를 묻는 것이라고 이해한다. 그러면서 도덕성이 자기 이익보다 중요한지에 대한 여부의 문제는 도덕성에 관한 판단(의견)이 자기 이익에 관한

판단(의견)보다 규범적으로 더 중요한지의 질문이라고 말한다.[19]

이와 달리, 논자가 이 책 논제 1에서 규정한 정의에 좀 더 가까운 견해로는 '도덕(성)'과 '이기'가 상보적이라는 입장이 있다. 이는 어느 편을 택하거나 다른 한 편이 고려되어야 하며 도덕(성)이 이기를 보장하고 이기가 당위를 강화하여야 한다는 것이다. 그러면서 이기주의는 인간의 본성에 근거하고, 그것을 채택한다는 것은 지극히 합리적이라고 말한다. 또한 도덕성이라고 불리는 것이 실제적 효과를 가지려면 그것이 자신의 이익이어야 한다고 주장한다. 도덕성은 이기의 충돌을 방지함으로써 이기를 보장하는 것이지, 이기를 무시하는 것이 아님을 강조한다.[20]

하지만 위의 두 견해는 그 정도에서 차이가 있을 뿐, 적어도 이 책에서 논자가 규정한 정의에 비추어 볼 때 똑같이 포섭의 오류를 범하고 있다. 자기 이익이 인간의 본성을 형성하고 있는 것은 분명하지만, 그것만이 곧 인간의 본성을 구성하고 있는 것은 아니다. 이타심 또한 인간 본성의 한 부분을 형성하고 있다는 점은 이제 널리 인정되고 있다. 그런데 앞에서 언급한 바와 같이, 이타심과 이기심의 본성이 도덕성의 본질을 구성할 때는 서로 다른 특성을 보인다. 이타심은 도덕성의 고양을 위해 촉진되어야 할 특성이지만 이기심은 일정 부분 억제되어야 하는 특성이다. 따라서 자기 이익이 도덕성의 본질을 형성한다는 것으로부터 곧바로 유일한 도덕적 행동의 이유가 될 수는 없다. 도덕을 실존의 문제로 본다면, 이익이 생존을 정의하는 것이 아니라 생존이 이익을 정의하기 때문이다.[21] 거듭 밝히지만, 도덕성은 그 자체 내에 이타심과 이기심을 내포하고 있으며 그 둘 간의 최적의 조화를 찾아 행동하고자 하는 심리적 성향이다. 따라서 도덕성과 이기심을 대립시키는 것은 인간과 남성(혹은 여성)을 대립시키는 것과 같다.

'나는 왜 도덕적이어야 하는가?' 의 물음에 대한 답변

이 물음에 대한 답변은 두 가지 방식으로 가능하다. 한 가지 방식은 도덕적 행동의 동기에 대한 정당화의 원천을 도덕성 자체가 아닌 외부의 요소에서 찾는 것이다. 또 다른 방식은 정당화의 원천을 도덕성의 본질 자체에서 끌어낸다. 전자와 후자 모두 행위자의 의지를 수반해야 한다는 점에서는 공통적이지만, 전자의 방식은 행동의 동기가 행위자의 외부로부터 주어진다는 점에서 수동적인 성격이 짙고, 후자의 방식은 행위의 동기가 행위자의 내부로부터 발현된다는 점에서 능동적 성격이 강하다. 여기에서는 전자의 방식을 외재적 동기에서 비롯된 답변으로, 후자의 방식을 내재적 동기에서 비롯된 답변으로 구분한다. 그리고 논자는 전자와 후자의 방식에 따른 답변의 술어를 임의로 달리한다. 전자의 답변 술어는 '~ 때문에'로, 그리고 후자는 '~을(를) 위해서'로 구분하였다. 그 이유는 후자의 방식이 행위자의 능동적 자발성을 더욱 잘 반영한다고 보기 때문이다.

■ 외재적 동기의 답변

'신의 명령', '사회 계약', '도덕적 보상과 처벌'은 이에 속하는 대표적인 것들이다. 여기에서는 각각의 답변이 갖는 의의와 한계를 간략히 지적하는 것으로 그친다.

첫째, 나는 신의 명령 때문에 도덕적이어야 한다. 거의 모든 현대 종교는 도덕적으로 행동하는 것을 강조한다. 도덕적 행동은 신이 명령하며 신은 어떤 행동이 도덕적이고 부도덕한지에 대한 지침을 제공한다. 도덕적인 사람은 사후세계나 환생에서 보상을 받고, 부도덕한 사람은 벌을 받는다. 이러한 견해는 일반적으로 신성한 명령 이론으로 알려져 있다. 곧, 신은 도덕적 입법자이며 도덕적으로 행동하는 것은 신의 명령에 순종하는 것이다. 종교는 기도, 경전 읽기, 성인들의 삶을 관조하기, 금식, 고해성사, 자선활동 등 그 나름의 의식과 관례를 통해 신자들의 품성 형성에 실제로 지대한 영향을 미침으로써 이 물음에 대한 정당화로서 원용할 수 있는 측면이 있다. 특히 신이 인간을 설계하였던 애초의 모습을 점진적으로 재건해 나가고자 하는 신성화sanctification의 과정은 그에 있어서 중요한 역할을 한다.[22]

하지만 이에 대한 반론도 만만치 않다. 우선 신의 제재에 호소하는 이러한 답변이 설득력을 가지려면 그 주장의 근거가 되는 종교적 신념이 올바른 종교적 신념임을 입증해야 한다. 그러나 신의 존재, 신의 본성, 사후세계의 가능성에 대한 현대의 논쟁은 여전히 진행 중이며 본질에서 해결되지 않은 채로 남아 있다. 비종교인은 특정 종교 교리에 대한 호소에 흔

들리지 않으며, 다른 교리를 고수하는 종교인도 마찬가지이다. 또한 일부 종교 교리는 무엇이 도덕적이고 부도덕한 행동을 구성하는지에 대해 상당히 불분명하다. 어떤 경우에는 초기의 경전에서 금지된 행동이 나중에 승인되기도 하고 그 반대의 경우도 일어난다.

더 근본적인 문제는 소크라테스가 에우티프론Euthyphron과의 대화에서 제기했던 질문, 즉 행동은 신들이 명령하기 때문에 경건한가 아니면 그 행동이 경건하므로 신들이 명령하는가에 있다. 오늘날에는 그 질문을 행동은 신이 명령하기 때문에 도덕적으로 좋은 것인가, 아니면 그 행동이 도덕적으로 선하기 때문에 신은 행동을 명령하는가로 수정하여 제기할 수 있다. 만일 신이 명하기 때문에 행위가 선하다면 도덕성은 독단적인 교리가 된다. 물론 신이 그럴 리는 없겠지만, 거짓을 말하는 것도 신이 명령하면 도덕적으로 선한 것으로 간주해야 한다. 또한 신이 어떤 행동이 좋아서 명령한다고 할 경우, 이 대답은 그 자체로 문제가 있다. 신이 어떤 행동이 선하기 때문에 명령한다면, 이것은 신이 이러한 명령을 내리는 데에는 어떤 이유가 있음을 의미한다. 이 경우 우리는 신에게 그 행동을 하라고 명령하는 이유를 물을 수 있다. 그와 동시에 우리는 도덕성이 더는 신의 명령에 근거하지 않는다는 것도 인식하게 된다. 어떤 행동을 선하게 하는 다른 원리는 신과 별개로 존재할 수 있으며, 따라서 내가 어떤 행동을 도덕적 원리에 따라 하는 데에 신의 명령은 불필요해진다.

신의 명령 때문에 내가 도덕적이어야 한다는 답변에는 또 다른 결함이 있을 수 있다. 그것은 도덕적으로 행동하려는 동기와 관련이 있다. 전지전능한 신은 도덕적으로 행동하려는 모든 사람의 동기를 알고 있을 것이다. 만일 누군가 남의 물건을 훔치지 않는 유일한 이유가 다른 사람의 복리나 단지 그것이 옳은 일이라는 인식이 아니라, 사후세계에 지옥으로 갈까 봐 한 행동임을 신이 알면서 그 행동에 대해 사후에 보상을 내릴지 의문이다. 무엇보다 신의 명령 때문이라는 답변은 신의 존재를 믿는 사람이나 사후의 세계를 인정하는 사람에게 있어서만 의미가 있으며, 그렇지 않은 사람의 경우에는 신의 존재를 의심하는 순간 도덕적이어야 할 이유가 사라지게 된다.

둘째, 나는 사회 계약(공리) 때문에 도덕적이어야 한다. 도덕을 따르는 것이 궁극적으로 나에게 이로운 것이고, 이를 어기는 것은 사회의 존립을 위태롭게 하므로 도덕의 준수는 일종의 계약과도 같은 것으로 본다. 이 관점에 따르면, 스포츠 경기에서 규칙이 준수되어야 게임이 가능하듯이 사람들은 서로 규칙을 지킬 때 상호 이익을 보장받을 수 있다. 도덕적인 사람들이 모여 사는 사회는 부도덕한 사람들이 모여 사는 사회보다 분명히 더 낫다고 본다. 각 개인의 도덕적 행동이 사회적 결속을 촉진하고 사회의 모든 사람이 더 잘 살 수 있도록 한다는 점에서 사회계약론자들의 주장은 상당한 설득력이 있다.

이 답변은 흔히 '나'는 왜 도덕적이어야 하는가의 물음보다 '우리'는 왜 도덕적이어야 하는가의 물음에 대한 답변으로 제시되고 있다. 이는 사람들이 더 넓은 맥락에서 도덕적이어야 하는 이유를 설명하기가 더욱 쉽기 때문이다. 도덕적 기반 없이 사회는 존재할 수 없으며, 사회구성원의 지속적인 도덕 규칙의 실천은 사회의 안정과 번영을 위한 필요조건이라고 말할 수 있다. 개인의 삶의 터전으로서 사회의 안정을 위해 대부분 사회에서는 많은 행동을 금지하고 있다. 사회가 존재하고 시민에게 이익을 주기 위해서는 도덕 규칙이 준수되어야 한다는 것이 요점이다.

그러나 '나'는 여전히 질문을 제기할 수 있다. 나는 언제, 누구와 그런 계약을 했는가? 그런 계약 관계에 있지 않은 사람은 어떤가 하고 질문을 제기할 수 있다. 계약이라는 것이 상호 간의 의사가 합치했을 때 성립된다는 점에서 사회 계약설에 근거한 도덕 합의론은 '계약'이라는 것 자체가 파기의 가능성을 내포하고 있다는 결함을 지닌다. 물론 피해를 감수하면 그만이라고 생각하는 사람들이 있을 수 있다. 또한, 만일 내가 우리 사회에 태어났기 때문에 내 의지와 상관없이 그런 계약을 한 것이나 마찬가지라면 계약이라는 말 자체가 적절치 않게 된다.

마지막으로, 나는 도덕적 보상과 처벌 때문에 도덕적이어야 한다. 선행하면 도덕적으로 보상을 받지만 나쁜 행동을 하면 다른 사람들의 비난을 받기 때문에 나는 그러해야 한다는 것이다. 이것은 가장 일반적으로 회자하는 대답이기도 하다. 정직한 사람이 되면 보상을 받는다는 이유만으로도 정직은 최선의 수단이 될 수 있다. 때로는 다른 사람을 돕는 것이 이익이 되기도 한다. 내가 도움이 필요할 때 다른 사람들이 나를 도와줄 수 있기 때문이다.[23] 만일 친구의 어려움을 모른 척하고 외면할 경우, 나는 은근히 죄책감을 느낄 수 있다. 나중에 그 사실이 주변에 알려지지 않을까 하는 불안에 휩싸일 수도 있다. 그래서 타인의 비난이 두려워 도덕적이어야 한다고 말하는 것이다. 하지만 보상이나 주변의 평판 때문에 도덕적이어야 하는 이유는 보상이 주어지지 않거나 그에 익숙해질 경우 혹은 다른 사람들의 눈을 피할 수 있다면 전혀 다른 문제가 될 수 있어서 많은 논란이 제기될 수 있다.

■ 내재적 동기의 답변

이에 속하는 답변으로는 '도덕적 의무', '자기 이익', '선택의 문제'가 있다. 여기에서는 이를 비판적으로 짧게 검토한 후 최종적으로 논자의 관점에서 답변을 제시한다.

첫째, 나는 도덕적 의무를 다하기 위해서 도덕적이어야 한다. 즉, 그것이 '옳으므로' 나는 그러해야 한다는 것이다. 왜 나는 도덕적이어야 하는가의 물음에 대해 '그것이 옳으니까'라고 대답하는 사람들은 단지 그것이 옳다는 이유만으로, 혹은 그것을 행하는 것이 나의 의무이기 때문에 그렇게 한다고 말하며, 그러한 동기만이 도덕적으로 바람직하다고 주장한다. 다시 말해 그것을 하고 싶든 그렇지 않든 그리고 그 행동을 한 결과로 나 자신의 욕구가 충족되거나 목표가 성취되는가와 관계없이 그 행동을 수행해야 한다고 말한다.[24]

우리는 이런 주장을 하는 사람들을 의무론자라 부른다. 이들은 동기를 중요시하는데 그중에서도 '의무'로부터 나오는 동기를 강조한다. 의무란 우리가 어떤 종류의 책임이나 도덕법칙 아래에 있음을 뜻한다. 이들은 그 도덕법칙이라는 것이 외부에서 주어지는 것이 아니라 내 마음에서 기원한다고 확신한다. 도덕 행위자는 양심, 즉 의무감을 가진 존재이며 따라서 그러한 존재는 자신의 행위에 대해서 이유를 제시할 수 있고 자신이 의무라고 인정하는 바를 행하지 않을 때는 자신이 잘못하고 있다고 생각할 것으로 상정한다. '내' 안에 존재하는 도덕법칙에 경탄과 외경심을 갖는다고 했던 칸트I. Kant는 이를 대표한다.

그러나 우리는 칸트의 철학을 일상의 도덕적 상황에 적용할 경우 고려해야 할 점들이 있다는 것을 부인하기 어렵다. 그가 말한 어느 경우에나 예외 없이 타당한 도덕률은 매우 추상적일 수밖에 없고 따라서 구체적인 상황에서는 별 도움이 되지 않을 수 있다. 또한, 좋음이 그 자체로서 선하다는 가정도 이해하기 쉽지 않다. 도덕적 의무에 따라 행동하는 사람은 원리에 대한 존중에서 행위를 할 수 있는 능력, 즉 자신의 성향, 욕구 또는 이익과 무관하게 행동을 할 수 있는 능력을 갖춘 사람이라야 가능하다. 아울러 개인이 그러한 도덕적 의무감을 선험적으로 인식할 수 있는지, 아니면 후천적으로 성장 과정에서 경험을 통해 그런 감각을 익히는지도 불분명하다. 영국 경험론의 전통 위에서 인식론을 전개했던 러셀B. Russell이 칸트를 '이상주의'[25]라 칭했던 것도 이와 무관치 않아 보인다.

둘째, 나는 자신의 이익을 위하여 도덕적이어야 한다. 내가 도덕적이어야 하는 까닭 중 가장 실제적인 것은 '그렇게 함으로써 나에게 좋은 결과가 돌아온다'라는 것이며 많은 철학자도 이에 동의한다. 플라톤도 엄밀한 의미에서 옳은 행동은 행위자에게 유익하고, 어떤 행동이 옳다는 것을 알더라도 그것이 나에게 유익하다고 생각되지 않는 한 행동하지 않으며, 나 자신에게 다소간에 도움이 되어야 한다는 욕구가 사려 깊은 행동의 유일한 동기라고 믿었다. 이런 입장은 심리학과 윤리학에서 나름의 이론적 정당화를 갖추고 있다. 이들은 인간의 본성이 본래 그렇게 되어 있으므로 사람들에게 순수한 이타주의는 하나의 신화에 불과하며, 그것은 사실상 존재하지 않는다고 말한다. 그러면서 자신의 이익을 최대한으로 추구하는 것이 도덕적으로 옳다고 주장한다.[26]

그런데 앞 장에서 언급했던 바와 같이, 현대의 진화 심리학은 이타심 또한 인간의 본성적 측면을 구성하는 주요 요소임을 입증하고 있다. 내가 나의 욕구에 따라 행동하고 있다는 사실만으로 내가 이기적으로 행동하고 있다고 말할 수는 없다. 중요한 것은 내가 원하는 것이 무엇이냐에 달린 것이다. 만일 내가 나의 이익만을 위하고 다른 사람을 위해서는 어떤 관심도 가지지 않는다면, 그것은 이기적인 것이다. 하지만 만일 나의 행복과 함께 다른 사람이 행복해지는 것을 원하고 있고 바로 그 욕구에 따라 적절히 행동한다면, 그때 나의 행동은 이기적이 아닌 이타심이 이기심과 적절한 조화를 이룬 상태일 것이다.

그러나 무엇보다 이 답변의 근본적인 문제는 이미 앞에서도 말했듯이 도덕성이 자기 이익보다 더 넓은 개념이라는 점에서 그 의미가 왜곡되기 쉽다는 데 있다. 이는 마치 동양의 순자荀子나 서양의 홉스T. Hobbes가 인간의 본성이 악으로만 차 있는 것처럼 묘사함으로써 본성을 반쪽으로 축소했던 것과 유사하다. 우리는 항상 이기심에 의해서만 동기를 부여받는 것이 아니라 몇 가지 다른 방식에서 동기화될 수 있는 역량을 지니고 있다.[27] '나는 왜 도덕적이어야 하는가?'라고 물을 때, 우리는 '거기에 나에게 이익이 되는 것이 무엇인가?'라고 물을 필요가 없고, 또한 일반적으로 그렇게 묻지도 않는다, 그보다는 '내가 도덕적이어야 하는 도덕과 무관한 요점은 무엇인가?'를 묻는 것이다.

셋째, 그것은 내 선택의 문제이다. '나는 왜 도덕적이어야 하는가?'의 물음은 어떻게 살아야 할 것인가에 대한 선택, 즉 자기 행위의 최고 규범적 원리를 선택하는 것은 자신 이외의 누구도 할 수 없는 것임을 강조한다. 각 개인은 자신이 어떤 원리에 따라 살아갈 것인가의 물음에 대해 마지막에 가서는 스스로 답변해야 한다는 것이다.[28] 내가 어떤 선택에 대해 특정한 이유를 받아들인다는 것은 이미 거기에 그 선택과 관련한 어떤 원리가 전제되어 있다. 그래서 그 선택은 사실 개인이 이성 능력을 발휘하여 결정한 것이 아니라 그런 방향으로 삶을 살고자 하는 의지에서 비롯된 경우가 많다. 따라서 이 답변에 대한 애초의 물음은 '나는 왜 도덕적이어야 하는가?'가 아니라 '나는 도덕적인 사람이 되고 싶은가?', 더 나아가 '나는 어떤 사람이 되고 싶은가?', '나는 어떻게 살고 싶은가?'로 수정되어야 한다. 그리고 그에 대한 답변은 각자 자신이 추구할 삶의 궁극적 목표에 따라 달라질 것이다.

이 관점에 따르면, 나는 왜 도덕적이어야 하는가에 대해 각자는 각자의 방식대로 답변할 책임이 있다. 이 관점의 대답에는 내가 도덕적이어야 할 보편적인 이유는 없다. 어떤 삶을 택할지 의지의 문제가 있을 뿐이다. 어쩌면 그러한 책임 자체도 불필요할지 모른다. 또한, 이런 방식의 답변은 나름의 합리성을 지닐 수 있을 것이다. 하지만 개인적 삶의 지향성을 고려하면, 어떤 답변을 하는 사람에게 수정된 질문을 할 수는 있으나 그의 답변과 관련하여 어떠한 논의를 하기는 어려울 것이다. 그 답변은 그 사람 개인의 궁극적인 삶의 지향성을 담고 있어서 가치중립적으로 접근할 수밖에 없을 것이기 때문이다.

■ 내가 도덕적이어야 하는 이유　　　━━

　　이제 마지막으로 논자의 관점에서 답변을 제시할 차례다. 논자가 견지하는 도덕성의 개념은 이기심과 이타심을 두 축으로 하는 인간의 본성에서 비롯한다. 도덕적 상황에서 나는 어떻게 행동할 것인가에 관한 판단의 기준은 기본적으로 '남에게 피해를 주지 말라'라는 원칙을 따른다. 그리고 그러한 논리의 토대는 일상언어철학자 툴민S. E. Toulmin이 윤리적 행위에 관한 추론의 참된 기능은 공동사회 내에서 욕망을 조화시키는 데 있다고 했던 주장[29]과 함께 밀J. S. Mill이 일찍이 천명했던 '타인에 대한 유해성의 원리', 또는 줄여서 '해악의 원리the harm principle'에 근거하고 있다.[30] 논자는 이러한 원칙을 바탕으로 '나는 왜 도덕적이어야 하는가?'의 물음에 대해 소크라테스가 말했던 영혼의 세 가지 부분의 조화를 원용하여 도덕성이 작동하는 세 가지 측면, 곧 이성, 정서, 행동의 조화를 지향하는 차원에서 답변을 세 가지로 구분하여 제시하고 논의한다.

　　첫째, 나는 이타심과 이기심의 최적한 조화를 추구하는 합리적인 삶을 살기 위해서 도덕적이어야 한다. 이 답변은 이기심과 이타심의 적절한 조화의 지점으로 타인에게 피해를 미치거나 미칠 가능성이 있는 경계를 상정한다. 그리고 여기서 말하는 '피해'란 단순히 경제적 손해를 의미하는 것이 아니다. 그 피해는 관습적 영역 등 다른 영역과 달리 도덕적 영역에서만 감지될 수 있는 '고유한 결과intrinsic effects'를 초래하는 것으로, 그것은 관련된 명시적인 규칙이 존재하든 존재하지 않든, 사소한 일이든 중대한 일이든 상관없이 타인의 최소한의 인간적 자존감을 근원적으로 해치는 결과를 가져오는 그러한 침해를 포괄하여 이르는 말이다.

　도덕성을 이루는 두 가지의 내용적 요소 가운데 하나인 이타심은 기본적으로 타인에 대한 배려와 관련되지만, 배려를 받는 상대가 거부감을 느끼지 않는 일정 한계가 있을 수 있다. 타인을 향한 친사회적 행동으로서의 이타심이 과도할 때는 타인에게 오히려 부담되거나 피해가 될 수도 있다. 그리고 자기 자신의 이익을 전혀 고려하지 않는 온전한 이타주의 또한 한 인간으로서 자신의 삶을 어렵게 할 수 있다. 가장 도덕적인 행동은 그 둘 간의 최적한 조화를 이루는 것이다. 따라서 도덕적 상황에 직면할 때 나는 이성의 작용을 통해 적절한 조화 지점을 합리적으로 추론하여 결정할 필요가 있다.

　이 책에서 논자가 정의한 도덕성의 개념에 따를 경우, 이기심과 이타심의 조화로운 상태에서 하는 행동은 본성에서 우러나오는 욕망과 주어진 환경을 종합적으로 고려하여 판단한다는 점에서 합리적이라 할 수 있다. 그 최적한 상태는 개인마다 그리고 상황마다 다를 수 있다. 합리성 자체가 도덕적으로 행동할 것을 요구하지는 않는다, 비록 그것이 항상 도덕적 방식에서 행동하는 것을 허용하긴 하지만. 합리성은 이타심과 이기심이 작동하는 적절한 수준을 주어진 상황에서 최적의 조화로운 행동을 찾는 수단일 뿐이다. 도덕성의 이성적 측면이 제대로 작동할 경우 그에 따른 행동은 합리적이라 할 수 있다. 다른 사람들과 더불어 공동체(무리) 생활을 하지 않을 수 없는 '나'는 타인에게 손해를 끼치지 않고 툴민이 지적했던 바와 같이 욕망을 조절하여 행동하는 것은 이치에 합당하다 할 수 있다. 따라서 이성의 작용으로 내 안에 내재하는 이타심과 이기심의 최적한 조화 지점에 따라 행동할 경우, 그 행동은 합리적이자 동시에 도덕적이다.

내가 도덕적이어야 할 이유는 어디까지나 규범적 판단의 영역에 해당하며 그것은 '당위' 판단이다. 당위 판단은 '이성의 공간' 내에서 움직이는 판단이다.[31] 정의주의자들emotivists이 주장하는 것처럼 도덕 판단이라는 것이 그저 단순히 자신의 감정을 표현하는 것에 그치는 것이 아니다. 이성의 활동에서 비롯하는 도덕성의 조화는 인간적 행위의 발로이고 누구나 고개를 끄덕이며 동의할 수 있는 보편화 가능성을 고려한다. 내 행동에 대한 보편화 가능성의 근거는 인간의 공통적 본성에 기초해야 할 것이다. 그럼으로써 나는 이성의 작용에서 비롯하는 도덕성의 조화에 따른 행위를 할 때 인간적인 행동을 실천할 수 있다.

논자는 최적의 조화와 관련하여 최소 수준의 도덕성을 요구한다. 최적의 조화를 판단하는 기준은 '다른 사람에게 정당한 이유 없이 피해를 주지 말라'는 원칙이다. 그 이상은 '도덕적 이상moral ideal'[32]에 속하는 것으로 간주한다. 따라서 이 대답 역시 결국은 '자신의 이익'을 위해서 도덕적 행동을 하는 것이 아니냐는 반론이 있을 수 있다. 그러나 이 이유는 반드시 그러하지는 않다. 다시 말해, 나 자신에게 어떠한 실질적인 이익이 없다 하더라도 나는 다른 사람에게 피해를 주지 않아야 한다고 생각할 수 있다. 나는 어떠한 보답을 기대하지 않고도 다른 사람을 배려할 수 있다. 인간의 본성에는 이타심이 한 축을 형성하고 있어서 이러한 이유는 도덕성의 본질에서 비롯된 것이라 할 수 있다. 그리고 이런 행동은 기본적으로 상호주의 원리에 대한 존중이 그의 기초를 이루나 반드시 그 원리를 경직된 태도로 따를 필요는 없다.

내가 어떤 위반을 하더라도 누구도 해악으로 고통 받지 않고 나에게 이익이 된다면, 왜 내가 그런 행위를 해서는 안 되는지 궁금할 수 있다. 나는 왜 그런 경우에 도덕적이어야 하는가? 이때 '다른 사람에게 피해를 주지 않기 위해서'라는 대답은 일견 적절치 않아 보일 수 있다. 나의 행위로 인해 직접 피해를 보는 사람이 없기 때문이다. 하지만 나의 행위로 인해 내가 알지 못하는 사람이나 부분에서 직간접적으로 영향을 받는 사람이 있을 개연성은 매우 높다. 전통 사회로부터 근대 사회로 변천되어가는 과정에서 종교와 형이상학적 세계관은 개인 간의 상호작용을 규제하는 합의된 규범 체계로서 기능을 상실하게 되었고 그 대신에 자율성을 지닌 개인이 도덕적 세계의 중심으로 등장하게 되었다.[33] 남에게 피해를 주거나 줄 가능성이 있는 행동을 삼가는 것은 도덕성을 매우 좁게 해석하는 것이라는 비판이 있을 수 있으나, 달리 생각하면 이 답변은 인간 개개인의 자율적 권위를 최대한 존중하는 것이다.

둘째, 나는 자신에 대한 긍정적 정서를 고양하기 위해서 도덕적이어야 한다. 이 답변은 도덕성의 이기심과 이타심의 조화를 열망하는 정서와 관련이 있다. 인간의 행위에 관한 하나의 의미 있는 관찰은 인간의 도덕성이 정서적 반응에 강력한 영향을 받으며, 우리가 일반적으로 생각하는 것처럼 추상적이고 지적인 규칙에 따라 언제나 통제되는 것은 아니라는 것이다. 우리가 지성적인 피조물이라는 것은 부정할 수 없는 사실이지만, 자신의 생각과 행동을 좌우할 강력한 경향과 정서를 가지고 태어난다는 것 또한 그와 똑같이 명백해 보인다.[34]

전통적으로 도덕성에 있어서 이성의 역할은 정념을 통제함으로써(따라서 정념은 이성의 노예여야만 한다) 행위를 이끄는 것이었다. 도덕적 분별력은 이성의 산물이라고 간주했다. 하지만 참과 거짓을 분별하는 데에 오로지 이성만 작용한다고 보기에는 무리가 따른다. 나의 행동은 이성의 분별력과 정서의 동력이 상호 보완적으로 작용하는 것이 분명하기 때문이다. 이성과 정서의 상호작용과 관련하여 우리가 주목해볼 만한 것은 현대 신경생리학의 연구 결과이다. 이에 따르면, 적응하는 유기체는 직면하는 대부분 상황에서 의사결정 형식의 복잡성으로 엄격하게 논리적인 결정을 하는 것이 불가능한데, 정서가 잠정적인 혹은 적합한 행위 과정을 처리 가능한 정도로 그 범위를 좁혀준다.35 현대 심리학자들의 주장에 따르면, 일단 가능한 선택 분야가 좁아진다면 사람들은 더 높은 수준의 인지적 과정을 훨씬 더 효과적으로 사용할 수 있게 된다.36

도덕적 정서는 또한 나 자신의 안녕감을 증가시킬 수 있다. 물론 도덕적 정서가 곧바로 나의 도덕적 의식 체계를 세워줄 수 있는 것은 아니며, 또한 그 자체로 나의 도덕성이 되는 것도 아니다. 하지만 도덕적 정서는 내가 지속해서 도덕적 행위를 실천하고, 아울러 과거에 경험했던 일을 반성하는 경향성에 큰 영향을 미친다. 특히 삶의 초기에 경험하는 도덕적 정서는 나의 정서 구조를 결정하는 주요한 기초가 되고, 그 구조에 따라 지속적인 도덕적 관심 체계를 세우게 된다.37 따라서 내가 나의 도덕적 정서를 어떻게 생산적으로 조절할 것인가의 문제는 나의 도덕적 삶에서 매우 긴요한 일이다.

우리는 사람이 어떤 행동을 선택하는가에 따라 그에 따른 정서적 반응을 예상할 수 있다. 자의식과 관련된 정서나 타인을 칭찬하는 것과 관련된 정서는 기대된 행동과 실제 행동에 관련된 중요한 피드백을 제공해 줌으로써 도덕적 행동에 강력한 영향을 발휘한다. 이타심과 이기심의 최적한 조화에 따른 행동은 나에 대한 긍정적 정서를 형성하는 데 도움이 된다. 최적한 조화의 상태에서 행동하면 대체로 자신에 대해 긍지를 지닌다. 반면에 이기심이 이타심의 영역을 침범하여 행동하면 나에 대해 수치심을 느끼거나 자신의 행동에 대해 죄책감을 느낀다. 이런 정서들은 차후에 내가 도덕적 행동을 하는 데 하나의 지침으로 작용할 수 있게 된다.

자신에 대한 긍지의 정서는 자신이 사회적으로 가치 있는 성과를 낳는 데 이바지하였거나 혹은 사회적으로 가치 있는 사람이라는 평가로 인해 일어난다. 따라서 자긍심은 자아 이상self-ideals과 함께 내가 도덕적 가치를 추구하도록 하는 내적인 역할 모델이 되어 자신을 칭찬하고 보상하게 된다. 자긍심은 나의 자존감을 고양하고, 무엇보다 앞으로 사회적 기준과 일치하는 행동을 하도록 격려하는 데 공헌한다. 아울러 공감과 동정은 고통 받는 타인에 관한 나의 관심의 정서를 유발하고, 고통 받는 타인을 돕고자 하는 나의 행동을 자극하며, 타인에게 해가 되는 공격성과 다른 행동들을 내가 억제하는 데 도움을 준다는 점에서 인간 본성에 내재하는 나의 이타적 동기를 자극한다.[38]

긍정적 정서 가운데 존경과 감사는 특별히 덕스러운, 훌륭한 혹은 사람의 일 이상의 방식에서 행동하는 다른 사람을 목격할 때 유발되는 정서이다. 감사는 긍정적 유의성valence을 지닌 도덕적 정서로, 특히 다른 사람의 자비에 반응하여 느끼는 경향이 있다. 내가 다른 사람들로부터 은혜를 받았을 때, 특히 그런 은혜가 기대된 것이 아닐 때 경험하기 쉽다. 감사는 자체에 그리고 그 자체로 도덕적이란 점에서 도덕적 정서로 분류되는 것이 아니라 그러한 정서가 은혜를 베푸는 사람의 도덕적 행동으로부터 나오고, 또한 수혜자에게 후속적인 도덕적 동기를 불러일으킨다는 점에서 도덕적 정서로서 의미가 있다. 내가 어떤 사람에게 존경과 감사의 감정을 갖는다는 것은 후속적으로 나의 도덕적 행동이나 삶에 긍정적인 피드백을 제공해준다는 점에서 의미 있는 일이다.

도덕성을 단순히 도덕 규칙에 대한 준수나 지식의 문제로 설명하는 것은 편협하다. 도덕적인 사람이 되는 데에는 도덕적 정서를 경험하는 능력이 필요조건이다. 불안과 우울, 스트레스와 같은 부정적 유의성의 감정보다 긍지, 감사, 공감 등과 같은 긍정적 유의성의 정서는 내가 도덕적이어야 하는 강력한 동기와 에너지를 제공한다. 의도적으로 누군가에게 피해를 준 후에도 반성이나 후회를 전혀 하지 않는 사람을 우리는 마땅히 비난할 수 있다. 다른 사람에게 고통, 피해, 죽음을 가하는 것은 희생자에 대한 감정의 부재에서 비롯될 수 있다. 악을 저지르는 사람은 도덕적 추론에서보다는 동정이나 공감, 사랑과 같은 도덕적 정서에서 결핍된 존재일 수 있다.[39] 나는 도덕과 무관한 이유에서 나에 대한 긍정적 정서를 고양하지만, 그것은 궁극적으로 내가 도덕적인 사람이 되는데 필수적인 요소로 작용하게 된다.

셋째, 나는 여러 가지 미덕이 나의 품성으로 내면화할 수 있도록 하기 위해 도덕적이어야 한다. 이 대답 역시 앞의 두 응답과 마찬가지로 자체로는 도덕과 무관한 이유이다. 인간은 자신을 형성하고자 하는 목표를 가진 존재이다. 그리고 내가 나의 품성을 형성하기 위해서는 미덕을 갖추어야 한다. 품성은 미덕들을 통해 형성되기 때문이다. 그런데 미덕은 비교적 오랜 시간에 걸쳐 반복되는 도덕적 행동을 통해 발달하는 심리적 특성이기 때문에, 내가 그러한 미덕을 갖추기 위해서는 일상의 삶에서 도덕적 행동을 실천해야 한다. 나는 왜 도덕적이어야 하는가의 물음이 '나는 도덕적이어야 한다'라는 것을 전제한다고 할 때 그리고 사람이 도덕적이어야 한다는 것을 받아들인다면, 내가 미덕을 갖추어야 하는 것은 필수적이다. 미덕을 갖추지 못한 사람은 다른 사람의 시선이나 제도를 의식하여 한두 번 도덕적 혹은 인간적 행동을 할 수 있지만, 일관되게 실천하기는 어렵다. 나의 품성은 미덕들이 습관화되고 궁극적으로는 나의 품성으로 내면화되었을 때 비로소 갖추어진다.

분명한 하나의 사실은 내가 도덕적으로 행동하지 않는 한 여러 가지 미덕을 품성화하기 어렵다는 것이다. 또한, 역으로 보면 도덕적으로 행동할 적절한 이유를 찾을 수 있는 것은 내가 여러 미덕을 갖춤으로써 가능하다. 이것은 미덕을 성취하는 것이 항상 도덕적이어야 하는 적절한 이유를 제공한다는 사실과 함께, 왜 도덕성이 전통적으로 미덕과 주로 관련이 있는 것으로 여겨져 왔는지에 대한 하나의 설명을 제공할 수 있다.[40] 미덕은 내가 특정한 상황에 적절한 도덕적 행동을 하게 하고, 적절한 이유나 동기에서 비롯된 행동을 하게 하며, 시간이 지나면서 안정적이며 신뢰할 수 있는 동기와 행위의 전형으로 이끄는 특징을 지닌다.[41]

도덕적으로 행동하는 사람은 다른 사람의 시선에 크게 관심을 가질 필요가 없다. 오히려 그 사람은 자신을 형성하고자 하는 목표를 성취하는 데 더 큰 관심을 기울인다. 그것은 분명히 가치 있는 목표이다.[42] 미덕과 악덕의 형성은 나의 의도적이고 자유로운 자발적 행위를 기반으로 한다. 도덕 규칙을 존중하고 그에 따르는 것은 미덕을 형성하는 데 도움을 주고 규칙을 부당하게 위반하는 것은 그에 역행하는 품성을 이루는 데 공헌한다. 누구도 부당한 위반으로 해를 입을 것 같지 않은 특정한 상황에서 도덕 규칙을 따르는 이유는 사려 깊은 이유, 즉 나의 바람직한 품성을 형성하기 위해서이다. 미덕을 품성화한 사람은 부당한 위반이 누군가에게 악의 결과로 고통 받게 할 가능성을 증가시킬 것 같을 때 부당하게 도덕 규칙을 위반할 가능성이 더 낮다.[43]

그래서 논자는 스스로 미덕을 품성화하기 위해서 도덕적이어야 한다고 말한다. 내가 미덕을 일단 몸에 익히게 되면, 그것은 나의 품성의 비교적 안정적인 특징이 되어 장기간에 걸쳐 적절한 동기와 행동으로 이끈다. 그렇다고 미덕이 한번 습득되면 나의 품성에서 영구적으로 작용하는 것은 아니다. 맹자가 구방심求放心을 강조하였듯이, 꾸준히 미덕을 갖추고자 하는 마음을 열망하지 않으면 나에게서 차츰 미덕이 소멸할 수도 있다. 반면에, 내가 미덕을 존중하고 꾸준히 실천하여 그것들이 습관화되면 단기적으로뿐만 아니라 장기적으로 시간이 지나면서 안정적이고 신뢰할 수 있게 그 미덕을 보여줄 것으로 기대된다.[44]

맺음글

 '나는 왜 도덕적이어야 하는가?'라는 물음은 도덕적 지식, 도덕적 동기 및 정의로운 사회에 관한 중요한 문제와 연결될 수 있다. 더욱이 사회 정치적 무질서와 불안이 감도는 시대에는 자신의 삶을 스스로 정당화하기 위한 절실한 필요성에서 제기될 수 있는 질문이기도 하다. 오늘날 우리는 자기 이익, 자기실현, 자기 계발에 지대한 관심을 보이는 시대에 살고 있다. 이럴 때일수록 자기 삶의 도덕적 지향성을 정당화할 수 있는 마음의 준비와 각오가 더욱 필요하다. 물론 많은 사람이 이런 물음을 진지하게 묻고 대답을 찾고자 애써 고민하지는 않는다. 하지만 도덕적인 사람이 되고자 하는 데 조금이라도 관심이 있는 사람이라면 이 물음은 의미 있게 다가온다.

 이 장에서 논의했던 이 질문은 나 자신이 한 인간으로서 삶을 어떻게 살아야 하느냐는 궁극적 물음과 함께 도덕성의 본질을 성찰하도록 이끈다. 도덕적 삶을 살고자 하는 개인, 특히 자녀를 둔 부모나 교육에 관계하는 사람들은 이 물음을 피할 방법이 없다. 어떤 형식으로든 이에 대해 나름의 답을 갖고 있어야 한다. 그래야만 '교육'이라는 활동이 가능하기 때문이다. 이 책에서 논자는 도덕성의 개념에 대해 기존의 도덕 철학자들이나 도덕심리학자들이 제시했던 것과 다른 관점을 취했다. 논자는 도덕성이라는 것을 인간의 본성을 바탕으로 주어진 상황에서 이타심과 이기심이 조화하는 최적의 지점을 추구하고, 열망하며, 그에 따라 행동하고자 하는 심리적 성향이나 능력으로 정의하였다.

논자는 논제의 물음에 대한 답변을 동기의 원천이 어디에 있는가에 따라 외재적 답변과 내재적 답변으로 구분하여 제시한 후 이를 비판적으로 검토하였다. 외재적 답변은 도덕적 행동의 동기가 도덕성 그 자체에 있는 것이 아니라 외부에 있는 것으로 상정하며, 이의 대표적인 것들로 '신의 명령 때문에', '사회 계약 때문에', '도덕적 보상 때문에'를 들고 이 답변에 함축된 의미와 결점을 검토하였다. 아울러 내재적 답변은 도덕적 행동의 동기가 도덕성 그 자체에 존재하는 것으로 상정하며, 이의 대표적인 것들로 '도덕적 의무를 위하여', '자기 이익을 위하여', '선택의 문제'를 예시하고 이를 비판적으로 논의하였다. 그리고 마지막으로 논자가 생각하는 답변을 제시하였다. 논자는 소크라테스나 플라톤이 인간 영혼의 세 가지 부분이 조화를 이룰 때 도덕적인 삶을 살 수 있다고 했던 주장을 원용하여 도덕성이 가진 세 가지의 구성적 요소, 곧 이성, 정서, 행동의 측면에서 응답하였다.

내가 도덕적이어야 하는 이유는 실존적 삶을 사는 개인의 문제라는 점에서 도덕성 그 자체에서 끌어올 필요가 있다. 그리고 그것은 도덕적 삶을 살아가고자 하는 성인 개개인에게나 미래의 삶을 준비하는 세대에게 유의미해야 한다. 그 답변이 유의미해야 한다는 것은 물음을 좇는 사람들의 사변적 세계에만 머무르지 않고 그들의 도덕적 행동에 실제로 이바지할 수 있어야 한다는 것이다. 그러기 위해서는 그 답변이 구체적이어야 하고 실천적이어야 한다. 우리는 누구나 자신에 대해 어떻게 인식하는지, 어떻게 행동하고 있다고 인식하는지 그리고 타인이 나를 어떻게 인식하는 것으로 내가 인식하는지 사이의 일치를 유지하고자 하는 경향을 지니고 있다. 이 장의 논제인 '나는 왜 도덕적이어야 하는가?'의 물음에 대한 답변은 그러한 자아의 일치 여부를 성찰하고 부족한 부분을 찾아 개선해 나가고자 하는 노력을 촉진하는 데 도움이 될 수 있을 것으로 기대한다.

참고문헌

김낙중(1972), 도덕의 동기(動機)와 이기(利己), 『철학논구』, Vol. 1, 서울대학교 철학과.

김태훈(2010), 죄의식의 기원과 발달에 관한 소고, 『도덕윤리과교육』, 제30호, 한국도덕윤리과교육학회.

김태훈(2013), 도덕적 정서의 성격과 종류에 관한 연구, 『도덕윤리과교육』, 제38호, 한국도덕윤리과교육학회.

노영란(1998), 도덕성의 정당화에 있어서 그 의미와 방향, 『대동철학』, 제2집, 대동철학회.

이경재(2002), 왜 도덕적이어야 하는가? : 토마스 아퀴나스 인간학을 바탕으로, 『신학과 철학』, 4권, 4호, 서강대학교 신학연구소.

陈嘉映 저, 이지은 옮김(2017), 『사람은 왜 도덕적이어야 하는가』, 서울: 사람in.

Baier, K.(1970), The Moral Point of View, In G. Wallace & A. D. M. Walker(eds.), *The Definition of Morality*, New York: Routledge.

Brown, T.(1996), Values, Knowledge, & Piaget, In E. Reed, E. Turiel, & T. Brown(Eds.), *Values and Knowledge*, Mahwah, NJ: Lawrence Erlbaum Associates.

Copp, D.(1997), The ring of Gyges: Overridingness and the unity of reason, *Social Philosophy and Policy*, Vol. 14, No. 1.

Cronin, C.(1993), Translator's Introduction, In J. Habermas, *Justification and Application*, Cambridge, Mass: The MIT Press.

Damasio, A.(1994), *Descartes' error: Emotion, reason, and the human brain*, New York: Avon.

Decety, J. 저, 현지원·김양태 옮김(2018), 『공감: 기초에서 임상까지』, 서울: 학지사.

Gert, B.(1998), *Moraltiy: Its Nature and Justification*, New York: Oxford University Press.

Gibbard, A.(2012), *Meaning and Normativity*, New York: Oxford University Press.

Hinde, R. A. 저, 김태훈 옮김(2022),『선이 좋은 이유: 도덕성의 근원』, 서울: 글로벌콘텐츠.

Hospers, J. 저, 최용철 옮김(1994),『도덕 행위론: 현대 윤리학의 문제들』, 서울:지성의 샘.

Huang, Yong(2014), *Why Be Moral?: Learning from the Neo-Confucian Cheng Brothers*, Albaby: State University of New York Press.

Katz, L. D. 저, 김성동 옮김(2007),『윤리의 진화론적 기원』, 서울: 철학과 현실사.

Louden, R. B.(2015), Why Be Moral? A New Answer to an Old Question, In B. Himmelmann & R. Louden(Eds.), *Why Be Moral?*, Berlin/Boston: De Gruyter.

Mahoney, T. A.(1992), Do Plato's Philosopher-Rulers Sacrifice Self-Interest to Justice?, *Phronesis*, Vol. 37, No. 3.

Mill, J. S. 저, 서병훈 옮김(2018),『자유론』, 서울: 책세상, p. 36.

Miller, C. B. 저, 김태훈 옮김(2021),『인간의 품성: 우리는 얼마나 선량한가?』, 서울: 글로벌콘텐츠.

Nielsen, K.(1984), Why should I be moral? Revisited, *American Philosophical Quarterly*, Vol. 21, No. 1.

Nielsen, K.(1989), *Why be moral?*, Buffalo, N.Y.: Prometheus Books.

Rachels, J. 저, 김기순 옮김(1989),『도덕철학』, 서울: 서광사.

Russell, R.(2004), *History of Western Philosophy*, New York: Routledge.

Shaw, B. and Corvinom J.(1996). Hosmer and the 'Why Be Moral?' Question, *Business Ethics Quarterly*, Vol. 6, Issue 3.

Singer, P. 저, 황경식·김성동 옮김(1992),『실천윤리학』, 서울: 철학과 현실사.

Smetana, J. G. and Killen, M.(Eds.), 김태훈 옮김(2010),『도덕성 발달 핸드북 I』, 파주: 인간사랑.

Taylor, P. W. 저, 김영진 옮김(1985),『윤리학의 기본원리』, 서울: 서광사.

Thiroux, J. P.(1980), *Ethics: Theory & Practice*, Encino, Ca.: Glencoe Publishing Co.,

Thornton, J. C.(1970). Can the Moral Point of View Be Justified?, K. Pahel and M. Schiller (eds), *Readings in Contemporary Ethical Theory*, Englewood Cliffs, NJ: Prentice-Hall.

Toulmin, S. E.(1970), An *Examination of the Place of Reason in Ethics*, Cambridge: Cambridge University Press.

Wallace, J.(1996), *Ethical Norms, Practical Cases*, Ithaca, NY: Cornell University Press.

Wilson, J. 저, 남궁달화 옮김(2002), 『교사를 위한 도덕교육 입문서』, 용인: 문음사.

Endnote

1   K. Nielsen(1984), Why should I be moral? Revisited, *American Philosophical Quarterly*, Vol. 21, No. 1, p. 81.

2   陳嘉映 저, 이지은 옮김(2017), 『사람은 왜 도덕적이어야 하는가』, 서울: 사람in, p. 25.

3   이경재(2002), 왜 도덕적이어야 하는가? : 토마스 아퀴나스 인간학을 바탕으로, 『신학과 철학』, 4권, 4호, 서강대학교 신학연구소, p. 208.

4   J. Wilson 저, 남궁달화 옮김(2002), 『교사를 위한 도덕교육 입문서』, 문음사, p. 43.

5   K. Baier(1970), The Moral Point of View, pp. 188-210, In G. Wallace & A. D. M. Walker(eds.), *The Definition of Morality*, New York: Routledge.

6   김낙중(1972), 도덕의 동기(動機)와 이기(利己), 『철학논구』, Vol. 1, 서울대학교 철학과, p. 72.

7   J. P. Thiroux(1980), *Ethics: Theory & Practice*, Encino, Ca.: Glencoe Publishing Co., p. 25.

8   R. B. Louden(2015), Why Be Moral? A New Answer to an Old Question, In B. Himmelmann & R. Louden(Eds.), *Why Be Moral?*, Berlin/Boston: De Gruyter, p. 47.

9   J. C. Thornton(1970). Can the Moral Point of View Be Justified?, In K. Pahel and M. Schiller(eds), *Readings in Contemporary Ethical Theory*, Englewood Cliffs, NJ: Prentice-Hall, p. 453.

10   B. Shaw and J. Corvino(1996). Hosmer and the 'Why Be Moral?' Question, *Business Ethics Quarterly*, Vol. 6, Issue 3, p. 374.

11   K. Nielsen(1989), *Why be moral?*, Buffalo, N.Y.: Prometheus Books, pp. 286-287.

12   Yong Huang(2014), *Why Be Moral?: Learning from the Neo-Confucian Cheng Brothers*, Albaby: State University of New York Press, p. 27.

13   노영란(1998), 도덕성의 정당화에 있어서 그 의미와 방향, 『대동철학』, 제2집, 대동철학회, pp. 137-156.

14   P. Singer 저, 황경식·김성동 옮김(1992), 『실천윤리학』, 서울: 철학과현실사, p. 275.

15   R. A. Hinde 저, 김태훈 옮김(2022), 『선이 좋은 이유: 도덕성의 근원』, 서울: 글로벌콘텐츠, p. 40.

16   J. G. Smetana and M. Killen(eds.), 김태훈 옮김(2010), 『도덕성 발달 핸드북 I』, 파주:

인간사랑, 18장.

17 T. A. Mahoney(1992), Do Plato's Philosopher-Rulers Sacrifice Self-Interest to Justice?, *Phronesis*, Vol. 37, No. 3, p. 265.

18 J. Wallace(1996), *Ethical Norms, Practical Cases*, Ithaca, NY: Cornell University Press, p. 9.

19 D. Copp(1997), The ring of gyges: Overridingness and the unity of reason, *Social Philosophy and Policy*, Vol. 14, No. 1, p. 86.

20 김낙중(1972), 앞의 논문, pp. 85-86, 88.

21 陈嘉映 저, 이지은 옮김(2017), 『사람은 왜 도덕적이어야 하는가』, 서울: 사람in, p. 74.

22 C. B. Miller 저, 김태훈 옮김(2021), 『인간의 품성: 우리는 얼마나 선량한가?』, 서울: 글로벌콘텐츠, pp. 317, 343.

23 J. Hospers 저, 최용철 옮김(1994), 『도덕 행위론: 현대 윤리학의 문제들』, 서울: 지성의 샘, p. 46.

24 P. W. Taylor 저, 김영진 옮김(1985), 『윤리학의 기본원리』, 서울: 서광사, p. 134.

25 B. Russell(2004), *History of Western Philosophy*, New York: Routledge, p. 637.

26 J. Rachels 저, 김기순 옮김(1989), 『도덕철학』, 파주: 서광사, pp. 96, 103.

27 C. B. Miller 저, 김태훈 옮김(2021), 앞의 책, p. 218.

28 P. W. Taylor 저, 김영진 옮김(1985), 앞의 책, pp. 296-297.

29 S. E. Toulmin(1970), *An Examination of the Place of Reason in Ethics*, Cambridge: Cambridge University Press, p. 136.

30 J. S. Mill 저, 서병훈 옮김(2018), 『자유론』, 서울: 책세상, p. 36.

31 A. Gibbard(2012), *Meaning and Normativity*, New York: Oxford University Press, p. 10.

32 B. Gert(1998), *Morality: Its Nature and Justification*, New York: Oxford University Press, p. 247.

33 C. Cronin(1993), Translator's Introduction, In J. Habermas, *Justification and Application*, Cambridge, Mass: The MIT Press, p. xiii.

34 L. D. Kat 저, 김성동 옮김(2007), 『윤리의 진화론적 기원』, 서울: 철학과 현실사, pp. 57, 65.

35 T. Brown(1996), Values, Knowledge, & Piaget, In E. Reed, E. Turiel, & T. Brown(Eds.), *Values and Knowledge*, Mahwah, NJ: Lawrence Erlbaum Associates, p. 154.

36 A. Damasio(1994), *Descartes' error: Emotion, reason, and the human brain*, New York: Avon, p. 173.

37 김태훈(2010), 죄의식의 기원과 발달에 관한 소고, 『도덕윤리과교육』, 제30호, 한국도덕

윤리과 교육학회, p. 3.

38 J. Decety 저, 현지원·김양태 옮김(2018), 『공감: 기초에서 임상까지』, 서울: 학지사, p. 84.

39 김태훈(2013), 도덕적 정서의 성격과 종류에 관한 연구, 『도덕윤리과교육』, 제38호, 한국 도덕윤리과 교육학회, p. 94.

40 B. Gert(1998), 앞의 책, p. 348.

41 C. B. Miller 저, 김태훈 옮김(2021), 앞의 책, p. 43.

42 B. Gert(1998), 앞의 책, p. 347.

43 위의 책, p. 347.

44 C. B. Miller 저, 김태훈 옮김(2021), 앞의 책, p. 42.

—

앎과 행동이 늘 일치하지만은 않는 까닭은 무엇인가?

- - - - -

M
O
R
A
L
I
T
Y

머리글

앎과 실천, 곧 지知와 행行 간의 일치 문제는 인류가 등장한 이래 철학적, 심리학적, 교육학적 차원에서 줄곧 다루어왔던 주제 중 하나였다. 특히 도덕성 관련 분야에서 지행일치의 문제는 도덕적 판단이 실천으로 이어지는가에 관한 논쟁을 일으키는 등 이론적으로나 실제적으로 중요한 관심사였다. 어느 분야에서든 이에 관한 대부분의 연구는 도덕적 판단과 행동을 이어주는 구체적인 동기가 무엇인지에 관한 논의로 모였다. 그리고 그런 논의들은 도덕적 판단이 그 본질에서 자체적으로 동기를 부여하는 것인지 아니면 도덕적 신념에 따라 행동하는 데 기존의 욕망이나 외부 요인이 결정적으로 작용하는지에 대한 논쟁으로 이어졌다.

이러한 학문적 차원에서 지와 행 간의 일치 문제는 그의 관계를 당위적 시각에서 해석하느냐 아니면 경험적인 시각에서 해석하느냐에 따라 이에 관한 철학적 사유의 담론 방향이 달라졌던 것으로 보인다. 우리는 그에 대한 해석의 차이를 하나의 스펙트럼으로 나타낼 수 있다. 한쪽은 전자에 해당하는 것으로, 도덕적 확신과 도덕적 동기 사이에 필연적인 내적 연결이 있다고 추측하는 '도덕적 동기의 내재주의'이다. 예컨대 이런 견해를 가진 사람들은 개인이 알고 있는 바를 실천하지 못하는 까닭을 무지라고 생각하기 때문에 제대로 아는 것이 중요하다고 본다. 정의나 아름다움과 같은 선의 지식에 정통하면 다른 동기 없이도 아는 바대로 행동할 수 있다고 하였다. 즉, 도덕적 동기가 도덕적 속성의 존재를 파악하는 데서 직접 발생한다는 것이다. 이들의 견해에 의하면, 선을 아는 사람이라면 어떠한 반대 욕망에도 불구하고 그것을 마땅히 추구한다.

이와 반대되는 쪽은 후자에 속하는 것으로, 도덕적 확신과 도덕적 동기 사이에 필연적인 내적 연결이 존재하지 않는다고 믿는 '도덕적 동기의 외재주의'이다. 이런 견해를 가진 사람들은 우리가 무고한 사람에게 해를 끼치면 안 된다는 것을 알고 있다고 해서 반드시 그러한 사람을 해치지 않으려는 최우선의 동기를 갖게 되는 것은 아니라고 주장한다. 이들은 도덕적 동기가 도덕적 판단 그 자체에 함축되어 있거나 요구되는 것이 아니라 외부의 요인에 달려있다고 본다. 그리고 이들은 그러한 요인으로 욕망, 연민, 공감과 같은 인간의 감정, 정직이나 배려와 같은 유덕한 품성 등을 든다.

이러한 외재주의자들의 주장은 최근의 신경과학 발달 덕분으로 상당한 설득력을 얻게 되었다. 신경과학자들은 동기부여와 충동 조절에 특히 중요한 것으로 알려진 전전두엽 피질의 복내측 부분[1]에 손상을 입은 환자들이 적절한 도덕적, 사회적 판단은 내릴 수 있으나 자신의 도덕적 신념에 따라 행동하지는 못한다는 과학적 증거에 대해 언급한다. 즉, 이들은 도덕적 행동이 내재적으로 동기화될 수 없다는 증거로서 하나는 도덕적 숙고를 포함하고 다른 하나는 도덕적 동기를 포함하는 별개의 뇌 영역을 연결하는 신경 회로가 있다는 점을 들고 있다. 신경과학에서 나오는 이러한 증거는 도덕적 판단을 내리는 온전한 능력이 반드시 도덕적 동기를 수반하는 것은 아님을 시사한다.

앎과 행동 간의 이러한 일치 문제는 동양 철학에서도 빼놓지 않고 다루어져 왔던 철학적 사유의 대상이었다. 특히 '덕德'은 곧 '득得'으로 인식할 만큼 실천을 강조하였던 유가 철학자들은 앎과 실천의 문제를 자연스럽게 철학적 담론의 중심에 놓고 있었다. 그 가운데에서도 주자朱子와 왕양명王陽明은 『맹자』 새로 읽기를 통해 자신들의 지행관을 정립하고 그러한 담론을 주도하였으며, 그들의 논쟁은 이후 오랜 세월 동안 후세 유학자들의 학문 활동에 깊은 영향을 미쳤다. 주자와 양명의 관점에는 엄연한 차이가 있음에도, 그 두 사람이 공통으로 관심을 가졌던 것은 공부한 것을 어떻게 실천으로 담보해 낼 것이냐의 문제였다.

하지만 그들은 지행에 관한 담론에서 앎과 실천 사이에 필연적으로 존재하는 심리적 공간과 관련해서는 별다른 관심을 보이지 않았다. 논자의 관점에서 볼 때, 지와 행 간의 일치 문제는 분명히 관념상의 이성적 사유에 제한되지 않는다. '인간은 이성적 존재이다', '인간은 감정의 동물이다', '인간은 욕망의 덩어리다' 등 인간의 본래 속성을 내세우는 명제가 많은 것도 그러한 인간의 복잡한 사정을 반영하는 것으로 여겨진다. 우리는 도덕적 판단을 실천할 때 자신의 욕망, 감정(정서), 의지 등이 개입하여 행동에 어떤 영향을 미친다는 것을 경험적으로 알 수 있다. 그리고 그 과정의 진행 또한 개인의 성격적 특성과 주변의 환경적 요소에 따라 또 다른 양상으로 나타난다는 것도 직간접적으로 체험하고 있다.

따라서 도덕적 상황과 관련하여 지행 간의 일치 문제에 접근할 경우, 우리는 지와 행 간에 작동하는 복잡한 심리적 기제psychological mecha-nism를 전제할 필요가 있다. 논자는 아는 것 혹은 판단하는 것과 행동하는 것 간의 문제가 단순히 '알면 행한다'라는 단선형 구조의 차원에서 해석될 수 있는 성질의 것이 아니라고 이해한다. 혹자는 이러한 견해에 대해 '제대로 알면 행한다'라고 재차 반론을 제기할지 모르나, 논자는 그 '제대로'가 과연 무엇을 의미하는지 모호할 뿐만 아니라 그렇게 행동하는 사람을 주변에서 쉽게 찾아보기도 어렵다는 데에서 문제의식을 느낀다. 이에, 우리는 도덕적 동기를 순전히 내재주의 혹은 외재주의의 한 관점에서만 해석할 것이 아니라 다차원적 관점에서 고려할 필요가 있다고 본다.

이 장의 주요 목적은 사람들이 왜 알면서도 늘 그대로 행동하지만은 않는지 그 까닭을 추론하는 데 있다. 이를 위해 논자는 먼저 지와 행 간의 일치 문제에 관하여 주자와 양명이 제기했던 학설의 핵심적인 논지를 비판적으로 검토한다. 이어서 앎知과 실천行 사이의 심리적 공간에 존재하는 요소들과 그의 작동 기제를 제시하고, 도덕적 행동의 동기가 다원적으로 유발되는 사정을 다양한 사례를 통해 논의한다. 우리는 이런 논의를 통해 앎과 실천의 문제가 인간 본성에서 비롯한 다원적인 요소들의 상호작용과 밀접하게 얽혀있음을 이해하고 인간의 도덕적 행동을 더 폭넓은 시야에서 바라볼 수 있을 것이다. 그리고 무엇보다 이 논의를 통해 우리가 도덕적 상황에서 보이는 자신의 행동 경향성을 파악하고 그런 습성을 추동하는 원인이 무엇인지를 파악하는 데 도움이 될 것으로 기대한다.

주자(朱子)와 왕양명(王陽明)의 지행관

여기에서는 우리나라 사람들의 학문적 사유에 많은 영향을 미쳤던 중국의 유학자 가운데 주자1130~1200와 왕양명1472~1528의 지행관을 고찰한다. 지금 여기서 두 유학자의 지행관을 논의하는 목적은 그와 관련한 두 사람의 주장을 철학적으로 비교 평가하고자 하는 데 있는 것이 아니다. 그보다는 두 유학자의 고유한 주장이 콜버그L. Kohlberg 이후 도덕적 판단과 행동의 괴리 문제로 이론적 혼란기를 겪고 있는 도덕성 발달 연구 분야에 어떤 함의를 지니고 있으며, 아울러 그 한계가 무엇인지를 검토하고자 하는 데 주된 초점이 있다.

지행일치라는 말에서 '지知'라는 용어는 사실 제한적인 의미를 지닌 것으로 보아야 할 것이다. '知알 지'는 어떤 대상에 대하여 배우거나 실천을 통해서 알게 된 명확한 인식이나 이해를 뜻하며, '智지혜 지'는 사람, 사물, 사건이나 상황을 깊게 이해하고 깨달아서 자신의 행동과 인식, 판단을 이에 맞출 수 있는 것을 뜻한다. 그리고 여기에서 말하는 '지'는 또한 물리적 지식과는 다른 '도덕적' 지식에 국한한다. 도덕적 지식이 지닌 본래의 특성 중 하나는 그것이 행동을 전제로 한다는 점에 있다. '물체는 낙하한다'라는 물리적 지식은 그 자체로 의미를 지닌다. 그 지식은 '우리가 높은 곳에서 떨어져야 한다'라는 당위적 성격과는 전혀 무관하다. 하지만 도덕적 지식은 행동으로 실천되지 않으면 지식으로서 실질적인 의미가 반감된다.

유가 철학에서 '덕德'은 '득得'[2]으로 통한다. 여기서 '득'이란 체현體現, 즉 구체적인 행동으로 표현하거나 실현한다는 것을 뜻한다. 이는 곧 앎을 행동과 동격으로 인식한다는 것을 의미한다. 유가 철학에서 지행 학설 논의의 주안점은 도덕적 지식과 실천의 관계였으며, 이른바 도덕의 실천이란 구체적으로는 오륜五倫을 중심으로 한 이미 규정된 도덕관념의 실행을 가리켰다. 공자가 말이 행동보다 앞서는 것을 경계하며 먼저 행동하고 나서 이후에 (말이) 따르게 하라[3]고 일갈한 것이나, 군자는 말은 더디고 느리나 행동에는 민첩하기를 바란다[4]라고 한 것은 도덕적 지식의 성격을 정확히 꿰뚫고 한 말이라 볼 수 있다.

유가 철학에서 지행의 문제가 학문적 논제로 등장하게 된 데에는 맹자의 사상이 그 출발점이 되었다. 맹자는 배우지 않고도 가능한 것을 양능良能이라 하고 진지하게 궁리하지 않고도 아는 것을 양지良知라고 하였다. 아장아장 걷는 아이도 그 어버이를 사랑하는 것은 배우지 않아도 알수 있다고 하였다.[5] 이는 사람이라면 누구나 그것을 타고 났다는 사실을 의미한다. 맹자의 이러한 '양지 양능'에 관한 견해는 이후 주자에 의해 계승되었고, 왕양명은 『맹자』 다시 읽기를 통해 지행에 관한 기존의 주자

중심의 견해에 반론을 제기하였다. 맹자로부터 비롯한 주자와 양명의 지행관은 우리나라의 퇴계에 이르기까지 수많은 유학자에게 실천을 담보하기 위한 논쟁의 화두 역할을 해왔다. 이제 주자와 양명의 지행에 관한 관점을 차례로 검토하려 한다.

■ 주자의 지행병진론(知行竝進論)

　주자의 지행관은 한마디로 '지행병진'으로 요약된다. 주자는 앎知과 실천은 항상 서로 의지하므로 마치 눈이 있어도 발이 없으면 걷지 못하고, 발이 있어도 눈이 없으면 보지 못하는 것과 같은 것[6]이라고 하였다. 주자가 지금 어떤 것을 알면서도 실천에 미치지 못한다면 앎이 아직 얕은 것이며, 이미 그 내용을 몸소 실천했다면 앎은 지난날과 다르게 더욱 밝아진다[7]고 한 말에 대해 우리는 일상의 경험을 통해 그 본의를 이해할 수 있다. 그래서 주자는 단지 두 가지 일이 있을 뿐이라며 그것은 이해하는 것과 실천하는 것[8]이라고 했다. 자신이 알고 있던 관념상의 지식을 몸으로 실천함으로써 혹은 실제로 겪어 봄으로써 그 본의를 더욱 확실히 깨닫게 된다는 그의 주장을 부인하기는 어렵다.

　주자의 지행관에서 우리가 주목할 또 하나의 요점은 앎知과 실천行의 순서에 관한 것이다. 주자는 앎이 먼저[9]라면서 우선 분명하게 알아야 한다[10]고 했다. 앎을 탐구하는 치지致知와 궁리窮理가 실천으로 덕성을 기르는 함양涵養과 역행力行보다 먼저 이루어져야 한다는 것이다. 지행의 논의에서 앎이란 도덕적 지식을 의미한다고 했을 때, 앎이 행동에 선행한다는 지적은 일반적으로 타당하다. '도덕적'이라는 말은 행위자가 행동하기 전에 그 이유를 인식하고 선한 의도에서 행동했을 때 붙이는 수식어라는 점에서 그렇다. 무심코 한 행동이 어떤 사람에게 선한 결과를 가져왔다고 해서 우리는 그 행위자의 행동을 도덕적이라 말하지 않는다.

그러나 도덕적 지식과 행동의 측면에서 '앎이 먼저'라는 명제를 해석할 때, 우리는 그 이해의 외연을 확장할 필요가 있다. 예컨대 어린아이에게 반드시 이치를 먼저 안 후에 도덕적 행동을 할 것을 기대하거나 요구하는 일은 무리다. 부모가 어린 자녀에게 인사를 가르치는 경우를 보면 그러한 확장의 필요성을 이해할 수 있다. 어린아이가 인사의 의미는 물론이거니와 예禮에 내포된 본질을 이해하기는 더더욱 어렵다. 그래도 부모는 아주 어린 시기부터 인사말이나 관련된 행동 요령을 가르치고 습관화시킨다. 어린아이는 나이가 들어가면서 점차 자신의 행동, 곧 인사에 내포된 도덕적 의미를 깨달을 수 있게 된다.

이와 더불어 우리는 주자가 지행의 순서와 관련하여 '지'가 먼저라면서도 비중을 따지면 실천이 더욱 중요하다[11]고 했던 말을 음미해보아야 한다. 이것은 주자가 앎이 실천을 수반하지 않을 수 있음을 역설적으로 경계하여 한 말일 것이다. 주자는 어디까지나 근본과 중심을 궁리窮理, 곧 '지知'에 두었다. 하지만 실천으로 이어지지 않으면 도덕적 앎의 의미가 퇴색될 것이므로, 순서상 앎을 앞에 두지만 방점을 실천에 둠으로써 '병진'의 의미를 부각한 것이라 할 수 있다. 그래서 주자는 배우는 사람은 깊이 이해하고 몸소 실천하는 것을 우선으로 삼는다[12]고 했다.

이 장의 논제에 중요한 근거를 제공해주는 주자의 견해를 살펴본다.

주자는 지행 불일치의 근원을 인간의 본성적 차원에서 접근하였다. 그는 인간의 본성을 천리天理와 같은 본연지성本然之性과 기질에 의해서 오염된 기질지성氣質之性의 둘로 구분하고, 인간이 선하지 못한 이유는 혼탁한 기질에 가려 본래의 성이 발현되지 못하기 때문이라고 하였다.[13] 다시 말하면, 사람의 본연지성에 사물의 보편법칙과 일치하는 선험적인 도덕 원칙理이 갖추어져 있으나, 기질氣質의 영향으로 말미암아 이 마음 안의 도덕 원칙이 완전하게 발현될 수 없다는 것이다. 주자는 이러한 이원화를 바탕으로 '지知'와 '진지眞知'를 구분하고, 격물치지를 통해 진지에 이른 사람은 아는 것을 실천한다고 하였다.[14] 지知와 진지眞知의 차이는 기질지성의 영향을 받는가에 달린 것으로 보인다.

우리는 이러한 주자의 견해에 대해 두 가지 측면에서 의문을 제기할 수 있다. 첫째는 치지致知나 진지眞知는 도덕성 발달의 관점에서 볼 때 그의 수준과 관련하여 이와 유사한 견해를 밝혔던 사람들에게 제기되었던 똑같은 문제의 여지를 안고 있다는 점이다. 주자의 말대로 제대로 아는, 곧 진지에 이른 사람은 지와 행 간에 불일치가 존재하지 않을지도 모른다. 공자가 나이 70세에 이르러서 마음대로 해도 법도를 넘지 않는다從心所慾不踰矩고 했던 것이나, 콜버그L. Kohlberg가 도덕성 발달을 말하며 최고 수준인 6단계에 이른 사람은 자신의 도덕 원리대로 행동한다고 했던 것을 상기하면, 이해가 가지 않는 것은 아니다. 하지만 대부분 사람은 그런 경지에 이르기가 어렵다는 데 문제가 있다. 콜버그 자신도 그 단계에 도달한 사람으로 예수, 석가모니, 소크라테스 같은 인류 역사에서 손꼽을 소수의 성인만을 예시하고 있을 정도이다.

따라서 학문적 사유의 차원에서 진지眞知에 대한 철학적 담론 그 자체는 가능하고 필요하다 하더라도, 그것이 일반 사람에게 어떤 실제적 의미로 다가서기는 어렵다. 대부분 사람은 제한적인 인지 능력으로 인해 삼라만상의 진리를 통찰하여 자신의 전인격을 그대로 안내할 수 있는 능력을 갖추기가 쉽지 않다. 예컨대 양지양능이 천부적으로 주어지지 않았다면 사단四端을 스스로 인식할 수 없을 것이기 때문에 맹자가 자신의 사상을 정립하는 데 있어 논리상 모든 사람이 그것을 타고 났다고 말하지 않을 수 없었겠지만, 그러한 주장은 극소수 사람의 경우 외에는 현실 세계와 거리가 있는 것이 분명하다. 그런 점에서 '진지에 이른 사람은 지행이 일치한다'라는 요점은 우리의 궁극적인 삶의 방향성으로서 의미 외에 실제적 차원에서는 그 실효성이나 유용성이 많이 떨어진다.

둘째는 '기氣'에 대한 주자의 해석이 지나치게 한쪽에 치우쳐 있어 그에 관한 객관적 시각을 흐리게 만든다는 점이다. 주자는 본성을 본연지성本然之性과 기질지성氣質之性으로 구분한 후, 후자는 기질에 의해서 오염된 것이라 하였다. 논자의 시각에서는 이러한 지적은 '기질'을 일방으로 배척하는 편협한 견해로 보인다. 몸情에서 기인하는 '기氣'라는 것은 애초에는 가치 중립적인 성격을 지닌다. 이성에 의해 어떤 방향성이 정해지면, 기는 그때 추동력을 제공해주는 역할을 한다. 물론 기에 의해 본연지성의 이성도 영향을 받는다. 기는 처음부터 오염되어 있거나 그런 성질만 있는 것이 아니라 방향성에 따라 본연지성에 순기능이나 역기능을 발휘할 수 있다. 오직 기질지성에 의해 본연지성이 제 기능을 발휘하지 못한다는 지적에 동의하기 어렵다. 그런 점에서 우리는 주자의 기에 대한 일방적 해석을 쌍방적으로 확장하여 이해할 필요가 있다.

■ 왕양명의 지행합일론(知行合一論) ▬

주자 이후 250여 년이 흐른 뒤, 왕양명은 심즉리心卽理, 지행합일知行合一, 치양지致良知로 대표되는 사상을 주창하였다. 양명의 지행합일론을 이해하기 위해는 먼저 '심즉리'가 의미하는 바를 간략하게나마 검토해볼 필요가 있다. 심즉리의 저변에는 기존의 이理·기氣, 심心·성性, 성性·정情이라는 주자朱子의 이분법적 성리학의 사유 구도를 극복하고 일원론적으로 접근하고자 하는 차별성이 자리한다. 성리학에서는 심과 성의 개념을 명확하게 구분하고, 성즉리性卽理의 명제를 세워 심은 이가 아니라고 하였다. 하지만 왕양명은 심과 성을 구분하지 않고 심 그 자체가 이理에 합치된다고 하여 심즉리心卽理의 명제를 내세웠다. 왕양명은 주자의 이원론과 달리 인간의 모든 행위에 관한 표준이 마음心에 갖춰져 있으므로 오직 마음만을 밝히고 여기에서 법칙을 구해야 한다는 것이다. 다시 말해, 모든 것은 오직 자기의 마음에 달려있을 뿐이라며, 오직 자기의 마음에서 사욕을 버리고 천리天理를 보존하려고 노력하기만 하면 된다고 하였다.[15]

왕양명은 이와 같은 사상적 토대 위에서 주자의 '지행병진' 견해와는 다른 '지행합일'을 주창하였다. 그는 앎과 실천이 서로 다른 별도의 것으로, 먼저 알아야만 실천할 수 있다는 주자의 주장을 정면으로 부정했다. 앎과 실천은 다른 것이 아니라 하나의 고리로 연결된 다른 지점에 불과하다고 강조한 것이다. 양명은 '지'는 '행'의 주지主旨이고, '행'은 '지'의 실천이라 하였다. 따라서 '지'는 '행'의 시작이고, '행'은 '지'의 완성에 해당한다. 만약 어떤 것을 깨달았을 때 하나의 '지'만 말해도 거기에는 이미 '행'이 존재하고, 하나의 '행'만 보여도 거기에는 이미 '지'가 존재한다고 하였다.[16] 그래서 성인의 학문은 오직 한 가지 공부뿐이며, '지'와 '행'은 둘로 나누어질 수 없다 하였다.[17] 지와 행이 다른 것 같다는 제자의 말에, 양명은 원래 안다는 것은 반드시 행함과 일치하는 것인 바, 알면서도 행하지 않는다면 그것은 알지 못하는 것이라 하였다.[18]

이와 함께 양명은 주자의 선지후행先知後行에 대해서도 비판하였다. 그는 당시의 사람들이 '지'와 '행'을 별개의 것으로 생각하고, 지금 '지'에 대한 공부를 하고 토론하여 참된 '지'를 얻은 다음에 '행'에 대한 공부를 해야 한다고 생각하지만, 그래서는 결국 평생토록 행하지도 못하고 알지도 못하는 우를 범할 수 있다고 비판하였다.[19] 아는 데 평생을 다 바쳐도 앎을 성취하기 어려워 결국은 실천을 하지 못하게 된다는 말로 선지후행에 내포된 약점을 지적한 것이다. 그런 점에서 왕양명의 지행합일론은 공부의 실천이 즉각적임을 말함으로써 결실을 얻을 수 있게 하는 데 그 역할이 있었다는 지적[20]으로서 설득력이 있다.

양명은 지와 행이 본래 하나라는 자신의 견해를 뒷받침하는 인용문을 『大學』에서 가져왔다. 『大學』에 보면, "아름다운 색깔을 좋아하듯이 나쁜 냄새를 싫어하듯이 하라"라는 문구가 있다. 아름다운 색깔을 보는 것은 '지'에 속하는 것이고, 아름다운 색깔을 좋아하는 것은 '행'에 속한다고 하였다. 사람이 그 아름다운 색깔을 보았을 때 이미 저절로 좋아하게 되는 것이지, 보고 난 뒤에 또다시 결심하고 그것을 좋아하는 것은 아니라는 논리다. 양명은 그런 맥락에서, '지'와 '행'이 분리될 수 없다는 결론에 이른다.[21] 양명의 이러한 주장은 오늘날 심리학자들의 견해 가운데 판단이 직관에 의존한다는 것과 흡사하다.

그런데 그 비유가 본연지성에서 유발하는 도덕적 문제를 증명하는 것으로는 적절해 보이지 않는다. 대체로 맹자가 말하는 기질지성에서 유발하는 욕망은 사람이 특별한 노력을 기울이지 않아도 행동과 연결되는 경우가 많다. 즉, 생리적 차원과 관련한 경우는 지행이 일치할 개연성이 매우 높다. 사람은 배가 고프면 음식을 구해 먹고, 추우면 따뜻한 옷을 찾아 입는다. 그렇지만 의리義理와 같은 도덕적 사안에 관한 문제는 앎과 행동이 일치하는 경우보다 그렇지 않은 경우가 더 많이 발생할 수 있다. 왜냐하면 본연지성과 연관되는 문제는 학습이 필요가 경우가 대부분이기 때문이다. 특히 현대 사회와 같이 복잡다단한 현상들이 넘치는 환경에서는 더더욱 그렇다. 또한 좋아하는 것과 행동하는 것은 같을 수도 있지만, 전혀 다른 별개의 것일 수도 있다. 전자는 심리적 차원이고 후자는 행동적 차원으로 그 둘이 항상 일치하는 것은 아니다. 예컨대 내가 테니스 경기를 관람하는 것을 좋아하여 테니스를 할 수도 있지만, 그저 관람하는 것을 좋아할 뿐 테니스를 하는 일에는 전혀 관심이 없을 수도 있다.

우리가 양명의 지행합일론에서 특히 주목해야 할 것은 '양지良知'의 개념이다. 양지는 원래 맹자孟子가 처음 사용한 용어로, 그는 선천적으로 도덕을 인식하는 능력인 양지와 도덕을 실천하는 능력인 양능良能이 있어서 본래 인간의 본성은 선하다고 하였다. 그런데 왕양명은 양지와 양능을 합친 의미를 양지라 칭하였다. 즉, 양명은 '지知'는 마음의 본체로서, 아버지를 보면 자연히 효도를 알게 되고, 형을 보면 자연히 제悌를 알게 되며, 어린아이가 우물에 빠지는 것을 보면 자연히 측은한 마음이 생겨나는데, 그것을 일러 '양지'라 하였다. 우리는 그것을 배워서 아는 것이 아니라 자연스럽게 알게 된다는 것이다.22 그러므로 사람이라면 누구나 옳고 그름을 직관적으로 가려낼 줄 알고 이를 도덕적 기준으로 삼아 실천할 수 있다고 하였다.

양명은 초기에는 '성의誠意'를 중심에 두었으나 '치양지'를 내세우고 나서는 '양지'를 중심으로 삼았다. 양명에 의하면, 성의란 선도 있고 악도 있는 의념疑念 중에서 선을 좋아하고 악을 싫어하는 심心의 본연 상태를 회복하는 것을 의미한다. 그런데 만약 하나의 마음一念이 선을 싫어하고 악을 좋아하게 되면 어떻게 할 것인가? 양명은 이에 대해 선한 마음이 발할 때 그것이 선이라는 것을 알아 선을 행하고, 악한 마음이 발할 때 그것이 악함을 알아 악을 제거하는 성의는 다름 아닌 양지에 의해 이루어지게 된다고 하였다.

그러면 양지와 치양지는 어떤 관계인가? 양명은 그 양지를 실현하는 '치양지致良知'를 다름 아닌 행위라 하였다. 치양지는 자기가 가지고 있는 양지에 따라 실천하는 것을 의미한다. 양명 사상에서 격물치지格物致知의 知지는 良知양지를 의미하므로 치양지致良知는 치지致知와 같은 말이다. 한말 유학자였던 박은식은 1910년에 발간한 『왕양명실기王陽明實記』에서 양명이 말하는 치양지를 마음心·양지良知의 공부라고 말한다. 치致를 공부로 해석한 것이다. 양지는 본체이고 '치'자는 공부여서 본체가 곧 공부고 공부가 곧 본체라고 지적하였다.23 즉, 치양지는 자기가 가지고 있는 양지에 따라 실천하는 것이다.

성인은 자신의 양지를 온전히 드러내지만, 현인 이하는 자신의 양지를 제대로 드러내지 못하고 막혀있는 상태다. 이 양지를 밝게 드러내는 것이 바로 양지를 '치致한다'라고 한다. 여기서 치지의 치는 '이르다, 도달하다, 지극히 하다, 다하다'의 의미를 지닌 '지至'에 해당하는 말이다. 그러나 치는 '치명致命'이라는 말에서도 알 수 있듯이, 단순히 '다하다'의 의미를 넘어 자신의 모든 것을 다 바친다는 뜻이 내포되어 있다. 그러므로 논자의 시각에서 볼 때 치지라는 말에는 자신의 정성을 다한다는 의미의 '성의'를 넘어 생사를 초월하여 인간이 발휘할 수 있는 최고의 결연함 같은 것이 서려 있다. 그래서 양명이 말하는 치지는 주자가 말하는 확충한다는 의미뿐만이 아니라 나의 마음의 양지를 지극히 하는 것을 포괄하고 있다.

양명이 기질지성에서 비롯하는 마음의 호오好惡도 형기形氣에서나 가능할 뿐이라고 하는 설명도 그가 말하는 치양지론의 관점에서 보면 이해할 수 있는 측면이 있다. 인간은 대체로 신체적 본능에 이끌려 행동하지만, 그러한 신체적 본능에 반하여 행동할 수 있는 것 또한 인간에게서만 가능한 일이라는 점에서 그렇다. 예컨대 배가 아무리 고파도 음식을 먹지 않고 죽음에 이를 수 있는 것이 인간이요, 이 세상의 온갖 부귀영화를 누릴 수 있는 여건을 갖추고 있는데도 이를 뿌리치고 검약하게 살 수 있는 것 또한 인간만이 가능한 일이다. 양지의 주재에 따라 양지대로 실천致良知하는 사람은 아마도 그것이 가능할 것으로 보인다.

양명은 치양지 공부 방법론으로 치지격물致知格物을 제시하였다. 여기서 '치지'는 자아에 대한 말이고 '격물'은 사물에 대한 말이다. 우리는 그것을 통해 비로소 사사로움을 이겨내고 천리天理/良知를 회복할 수 있다 하였다. 격물의 '격格'자는 '이르다至', '끝까지 캐내어 이른다窮而知'[24]이며, '물物'자는 바로 '사事'자와 같은 의미로, 모두 마음으로부터 이해해야 한다는 것이다. 곧, 뜻의 본체는 '지知'이고, 뜻이 있는 곳이 '물物'이다. 만약 뜻이 어버이를 섬기는 데 있다면, 어버이를 섬기는 것이 하나의 '물'이 된다.[25] 격물格物은 지극한 선에 머무는 공부다. 그래서 양명은 지선至善을 알았다면 격물도 알고 있다고 하였다.[26]

논자는 양명의 견해에 대해 다음과 같은 의문을 갖는다. 주자가 말한 선지후행을 받아들이게 되면 우리가 제대로 알려고 하다가 결국은 아무 것도 실천하지 못한다고 하였던 주장에 관해서다. 퇴계退溪 선생은 이와 관련하여 격물이 이루어지지 않으면 성의를 이루기 어렵다는 점을 전제로 하면서도, 격물이 아직 다 이루어지지 않았으니 성의를 할 수 없다고 말하는 것은 옳지 않다고 강조하였다.[27] 평생 격물格物知과 성의誠意行 공부에 매진했던 퇴계는 죽음을 앞두고 제자들에게 평소에 그릇된 식견을 가친 채 종일토록 강론하는 일이 참으로 쉽지 않은 일이었다고 탄식하였다.[28] 그렇다고 퇴계 선생이 죽음을 앞둔 시기에 이르기까지 자신의 도덕적 앎을 행동으로 보여주지 못했다고 말할 수 있을까? 그런 점에서 논자는 치양지란 어디까지나 고도의 사변적 세계에 속하는 이상ideal으로 이해한다.

지와 행 사이의 심리적 공간에서
작동하는 기제와 그 함의

　지금까지 주자의 지행병진론과 왕양명의 지행합일론에 관하여 살펴보았다. 두 유학자의 지행론에 관한 논의는 궁극적으로는 앎이 어떻게 실천을 담보해낼 수 있는가의 문제에 있다. 우리는 주자의 관점을 이어받았던 퇴계가 양명의 지행합일론에 대해, 당시 학자들이 입과 귀로만 공부하지 실제 행동에는 별 관심을 보이지 않았던 병폐를 억지로라도 교정하려한 것이라 했던 말[29]에서도 이를 알 수 있다. 물론 양명이 말하는 양지대로 실천하는 사람은 논자가 아래에서 제시하는 심리적 기제의 제약을 벗어난 사람일 것이다. 하지만 오늘날에도 지행의 일치 문제는 여전히 철학, 심리학, 윤리학, 교육학 등에서 학문적 논쟁을 일으키고 있다. 논자는 현대 도덕심리학의 연구 결과를 근거로 주자와 양명의 지행론이 소홀히 다루었다고 판단되는 지와 행 사이의 심리적 공간에서 작동하는 기제를 다양한 예시를 통해 제시하고, 그에 함의된 의의가 무엇인지를 논의한다.

■ 지행 간의 심리적 기제(psychological mechanism) ■

　도덕적 추론知이 도덕적 행동行을 유력하게 예측할 수 없다는 사실은 현대 도덕심리학의 수많은 경험적 연구 결과로 입증되고 있다. 단순히 그 행위가 옳거나 선하다는 정당성보다는 다른 동기 부여적인 요소나 행위 이유가 앎과 행위 사이의 연계성을 높이는 경우의 빈도가 잦다. 이에 따라 여러 도덕심리학자들은 도덕성을 통합적으로 접근하고자 하는 방향으로 연구의 초점을 전환하였다. 예컨대 인지발달론자였던 레스트J. Rest는 도덕적 판단과 더불어 도덕적 민감성, 도덕적 동기화, 도덕적 품성 및 실행력을 앎과 행동 간에 요구되는 필수적인 요소라고 주장하였고, 호프만M. L. Hoffman은 도덕적 정서, 특히 공감을 도덕적 행동을 유발하는 주요 동기로 강조함으로써 앎과 행동 간에는 도덕적 지식 외에 정서 또한 중요한 역할을 한다는 이론적 흐름을 주도하였다. 그밖에도 나바에즈D. Narvaez를 비롯한 여러 현대 도덕심리학자는 인격character을 중심으로 하는 다양한 통합적 방식의 접근을 모색하고 있다.

　이와 같은 현대 도덕성 발달 이론의 동향에 비추어 논자는 동서양 철학자와 심리학자들의 견해를 참고하여 지와 행 사이의 심리적 기제를 제시하고 그의 작동 과정을 논의한다. 여기서 말하는 '심리적 기제'란 논자가 지와 행 사이에 존재하는 심리적 공간에서 어떤 심리적 요소들이 어떻게 작동하여 최종적으로 행동을 산출하는가를 설명하고자 조작적으로 개념화한 것이다. 도덕적 행동이 인간의 본성에서 비롯한다는 대전제를 상정하고, 앎(지식)이 개인의 심리 내부에서 욕망, 정서, 의지와의 상호작용을 거쳐 어떻게 구체적인 행동으로 표출되는지를 설명한다.

우리가 알고 있는 지식이 심리적 공간 내에서 욕망, 정서, 의지 간에 작동하여 행동으로 나타나는 심리적 기제를 그림으로 나타내면 다음과 같다.

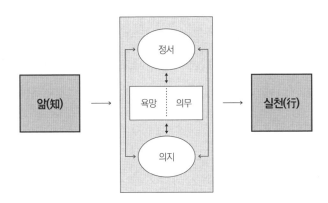

그림 4-1_ 지와 행 사이에 작동하는 심리적 기제

인간의 본성은 사실상 모든 인간이 가지고 있는 범문화적인 심리적 잠재력이나 특성이라 할 수 있다. 그리고 서양의 스피노자나 동양의 공자, 맹자, 주자는 물론 현대 윤리학자와 심리학자는 대체로 그것이 생리적 욕구와 심리적 욕구로 구성되는 것이라 말하고 있다.[30] 사전적 의미로 보면 욕구need는 유기체로서의 인간이 내부적으로 어떤 결핍이나 과잉 현상이 생길 때 정상 상태로 되돌아가고자 하는 움직임이며, 욕망desire은 욕구가 심리적 상태로 전화轉化한 것으로서 '~하고 싶다'라는 순우리말 '바람'에 해당한다. 스피노자는 자기 존재를 보존하고자 하는 노력이 정신과 신체 둘 다에 해당할 때에는 욕구appetitus라 하였고, 이 욕구가 다

시금 인간에 의해 의식될 때 그것을 욕망cupiditas이라 불렀다.31

여기에서는 욕망을 유가 철학에서 말하는 기질지성에서 유발되는 것과 본연지성에서 유발되는 그 두 가지 모두를 포괄하는 용어로 사용한다. 생리적 욕구는 기질지성氣質之性의 생리·감각적 차원에 해당하며, 자신을 보존하고 유지하고자 하는 욕구로서 이기심의 근원이라 할 수 있다. 이 욕구는 배고픔, 수면, 짝짓기 등과 같은 몸(신체)에서 비롯된다. 그리고 심리적 상태의 욕망으로 전화되어 주로 정서와 관련하여 작용한다. 그리고 이 욕망은 습관화와 상관없이 본능적, 기계론적 의미가 강하여 자연스럽게 발현되는 경향이 있다.

반면에, 심리에서 비롯하는 욕구는 심리적 욕망으로 불리는 것으로, 본연지성本然之性의 의리·도덕적 차원에 해당한다. 맹자는 본연지성에서 발하는 사단四端인 측은, 수오, 사양, 시비를 감정이라 했다. 이것은 다른 사람에 관심을 두고 배려하는 이타심의 근원이라 할 수 있다. 이 욕망은 주로 이성과 관련하여 작용하며 생리적 욕구와 달리, 목적론적인 의미가 강하다. 그리고 어느 정도 일관성을 보이기 위해서는 일상생활에서의 꾸준한 실천을 통한 습관화가 요구된다. 유기체로서의 인간 특성상 자신을 보존하고 발전시키고자 하는 신체적 욕망에서 비롯하는 이기적 특성이 다른 사람을 존중하고 배려하고자 하는 심리적 욕망에서 비롯하는 이타적 특성보다 원초적이라서 이성적인 노력 없이는 그 조화를 유지하기가 쉽지 않기 때문이다. 결국 인간의 욕망은 기질지성과 본연지성에서 유래하는 것으로 구성된다고 볼 수 있으며, 어디에서 기원하는가에 따라 정서와 의지의 작용에 차이를 보일 개연성이 높다.

스피노자 역시 인간의 본성에 관한 이런 설명을 피력하고 있다. 스피노자에 의하면, 모든 인간은 본성의 한 부분으로서 그들 자신의 존재를 계속 지속시키려는 충동을 소유하고 있다. 그는 그것을 '코나투스 conatus'라 칭했다. 자기보존의 추구는 본성적이고 절대적으로 필연적이다. 따라서 자기 신체의 존재를 배제하는 관념은 우리의 정신 안에 있을 수 없다.[32] 신체적 측면에서 드러나는 코나투스는 신체의 형상 본질을 유지하는 것이고, 정신적 측면에서 드러나는 코나투스는 지성 혹은 이성을 가능한 완성하여 더 나은 인식을 통해 인간의 본성을 발견하고 바른 방식으로써 자기보존의 노력을 실현하는 것이라고 보았다.

　　스피노자는 정서를 신체의 활동 능력을 증대하거나 감소시키고, 촉진하거나 저해하는 신체의 변용인 동시에 그러한 변용의 관념으로 이해한다.[33] 그리고 자기의 존재를 보존하려는 노력이 정신적 측면에 해당할 때 의지voluntas라 불렀다. 흄D. Hume은 이와 관련하여 정신은 단독으로 내버려 두면 곧 시들해지므로, 정신이 자신의 열정을 유지하려면 순간마다 '새로운 정념의 흐름으로' 지탱해야 한다고 했다. 이성만으로는 어떤 행동도 유발할 수 없고 어떤 의욕(의지)도 불러일으킬 수 없다는 것이다.[34] 현대 도덕 철학자들도 도덕적 행동은 인지로부터의 단일한, 일원적인 과정의 결과라고 보기 어렵다고 입을 모은다. 그리고 완전히 인지가 배제된 정서, 또는 인지와 정서로부터 완전히 독립된 별개의 도덕적 행동이란 존재하지 않는다는 견해에 대체로 동의한다.[35]

　　따라서 논자는 앎과 실천 간의 관계는 본성에서 비롯하는 욕망, 정서, 의지라는 요소가 유기적으로 상호작용하는 과정을 거쳐 최종적으로 결정된다고 이해한다. 앎知은 이성의 작용에 따른 것이다. 왕양명은 양지의 주재에 따라 양지대로 실천致良知하면 행동이 자연스럽게 뒤따른다고 했다. 하지만 적어도 생사를 초월하는 결연함으로 양지를 실현하는 사람이 아닐 경우에는 여기에서 논자가 제시한 지와 행 간의 심리적 기제에 따르면, 앎이 개인의 심리적 공간에서 자신이 지닌 욕망과의 일치 여부뿐만 아니라 정서(감정)와 의지의 작용으로 인해 애초의 방향과 다른 행동을 보일 수 있다는 것을 알 수 있다.

여기서 중요한 것은 욕망, 정서, 의지의 세 요소가 어떤 관계로 결정되는가에 따라 겉으로 드러나는 행동이 달라진다는 점이다. 그리고 이와 함께 개인의 성격과 환경적 요소에 따라 그 세 요소가 발휘하는 영향의 강도나 방식 또한 달라질 수 있다는 점이다. 플라톤의 『국가』에 등장하는 '기게스의 반지' 이야기가 주는 암시나 짐바르도P. G. Zimbardo와 밀그램S. Milgram에 의해 수행되었던 심리 실험은 평범한 사람도 사회적 조건에 의하여 부도덕한 행동을 보일 수 있음을 실증적으로 보여주었다.[36] 따라서 지행의 불일치 문제는 단순히 아크라시아akrasia, 즉 의지 부족과 연결되는 것은 아니다. 우리는 도덕적 행위 유발 문제를 도덕 행위자의 심리 상태와 완벽히 분리하여 생각하기 어렵다.[37]

이제 한 개인의 도덕적 지식(앎)이 어떻게 행동으로 표출되는지를 인간의 본성에서 비롯한 심리적 요소들의 상호작용을 보여주는 다양한 사례를 들어 논의한다. 이를 개인이 지닌 지식(앎)이 본성에서 우러나는 '욕망'과 연결되는 경우와 지식이 당위적 차원의 '의무'와 연결되는 경우로 구분하고, 각각의 경우에 정서와 의지가 어떻게 이와 상호작용하여 최종적으로 행동을 유발하는지 사례를 들어 논의한다.

우선 개인이 인식하고 있는 지식(앎)과 본성(기질지성)에서 우러나오는 욕망이 일치하는 경우를 검토한다(사례 1, 사례 2). 생리적 본성에서 발원하는 욕망은 이기심의 근원으로서 같은 방향의 성향을 지닌 정서와 의지가 자동으로 수반될 개연성이 매우 높다. 따라서 이는 양명이 인용한 『대학大學』에서 언급한 경우처럼, 개인이 어떤 특별한 이성적 노력을 들이지 않아도 욕망, 정서, 의지가 거의 자동으로 상호연계되어 행동으로 나타나는 경우가 많다. 보통은 이 경우에 행동의 발현을 돕는 동기가 자신을 보호하고자 하는 코나투스로서의 이기심에서 발동한다. 그것은 궁극적으로 자기 자신에게 좋은 것, 자신을 보존하고 유지하는 데 공헌하는 것과 관련이 있기 때문이다.

사례 1_ 지식(앎): 배가 고플 때는 음식을 먹어야 한다.

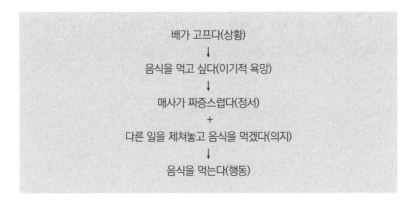

배가 고프다(상황)
↓
음식을 먹고 싶다(이기적 욕망)
↓
매사가 짜증스럽다(정서)
+
다른 일을 제쳐놓고 음식을 먹겠다(의지)
↓
음식을 먹는다(행동)

사례 2_ 지식(앎): 적절한 체중을 유지하는 것이 건강이나 미용에 좋다.

살이 너무 쪄서 생활하는 데 불편하다(상황)
↓
살을 빼고 싶다(이기적 욕망)
↓
적정한 체중을 유지했을 때를 상상하면 기분이 좋아진다(정서)
+
음식이 먹고 싶지만, 아예 쳐다보지도 않겠다(의지)
↓
음식을 먹지 않는다(행동)

그런데 **사례 3**은 앎이 욕망과 일치하나 정서와 의지가 그와 반대 방향으로 작용하는 경우이다. 따라서 이 경우에는 이성이 정서와 의지를 압도하지 않으면 앎과 반대 방향의 행동으로 나아가기 쉽다. 그러므로 본성의 욕망과 반대되는 방향의 정서나 의지가 발동하지 않도록 이성에 의한 지속적인 노력이 필요하다. 습관화가 이루어지기 전에는 정서나 의지가 애초 욕망의 방향에 순기능적으로 작용하기 어렵다.

사례 3_ 지식(앎): 적절한 체중을 유지하는 것이 건강이나 미용에 좋다.

살이 너무 쪄서 생활하는 데 불편하다(상황)
↓
살을 빼고 싶다(이기적 욕망)
↓
음식 냄새가 구수하게 느껴진다(정서)
+
이번만 예외로 먹겠다(의지)
↓
음식을 먹는다(행동)

이번에는 개인이 지닌 지식앎이 이타심의 발원지인 심리적 본성에서 발원하는 욕망과 일치하는 경우를 검토한다. 이는 주자가 말한 의리의 차원이나 양명이 말한 마음心에 해당하는 것으로, 앞의 사례와 같은 기질지성에서 발원하는 경우보다 더 복잡하다. 본연지성에서 발원하는 심리적 욕망이 행동으로 발현되는 데에는 개인이 어떤 사안에 직면할 때 그에 내포된 도덕적 측면을 얼마나 중요하게 여기느냐(도덕적 민감성)에 따라 사람 간에 차이가 있을 수 있다. 일반적으로 도덕적 문제에 예민하고 그것을 중요하게 생각하는, 곧 도덕적 민감성이 잘 발달한 사람은 욕망, 정서, 의지가 비교적 자연스럽게 연계되어 작동하는 경우가 많다. 보통은 이 경우에 행동의 발현을 돕는 동기가 이타심에서 발동한다. 이타적 동기는 궁극적으로 다른 사람에게 좋은 것과 관련이 있다. 하지만 이 경우에도 정서와 의지의 강도에 따라 드러나는 행동은 달라질 수 있다. **사례 4**는 개인이 지닌 지식(앎)이 욕망과 일치하는, 즉 이성이 앎을 실천하고자 하는 경우에 정서와 의지의 상대적 강도에 따라 행동이 어떻게 달라질 수 있는지를 보여준다.

사례 4_ 지식(앎): 친구가 어려움에 부닥치면 이를 도와주어야 한다.

• 정서와 의지가 같은 방향으로 작용하는 경우

친구가 어려움에 부닥쳐 있다(상황)
↓
친구를 도와주고 싶다(이타적 욕망)
↓
그 친구는 예전에 내가 어려움을 겪을 때 도와주지 않았다
그래서 그 친구를 별로 좋아하지 않는다(정서)
+
그 친구의 어려운 처지에 별로 신경 쓰고 싶지 않다(의지)
↓
친구를 돕지 않는다(행동)

• 의지가 정서를 압도하는 경우

친구가 어려움에 부닥쳐 있다(상황)
↓
친구를 도와주고 싶다(이타적 욕망)
↓
그 친구는 예전에 내가 어려움을 겪을 때 도와주지 않았다
그래서 그 친구를 별로 좋아하지 않는다(정서)
+
친구가 예전에 나에게 어떻게 했든
나는 '친구란 어려울 때 이렇게 하는 것이다'를 그에게 보여주겠다(의지)
↓
친구를 돕는다(행동)

또한, 욕망은 '의무'와 달리 자체적으로 정서와 의지를 유발하는 특성을 보인다. 다시 말해, 욕망과 더불어 정서와 의지가 대체로 자연스럽게 유발된다. 그래서 보통은 욕망을 그대로 따를 경우, 선한 행동을 할 수도 있고 악한 행동을 할 수도 있다. 단순히 욕망形氣/氣質이 진지眞知나 양지良知를 가려 앎과 실천 간에 불일치가 발생하는 것은 아니다. 욕망이라는 것은 본래 그 자체로 선하거나 악한 것과는 거리가 있다. 그것이 지향하는 방향성에 따라 악할 수도 있고 선할 수도 있다. 그러므로 개인이 부도덕한 행동을 저지르지 않기 위해서는 부도덕한 행동으로 이어질 수 있는 욕망과 반대되는 정서와 의지를 이성에 의해 인위적으로 유발하고 북돋아 주어야 한다. 그럼으로써 부도덕한 행동을 예방하고 멀리할 수 있게 된다. 이는 우리가 평소에 관심을 기울여야 할 부분이다. 우리가 알면서도 행하지 않는 경우들이 이런 상황과 관련이 많다.

사례 5는 지식(앎)과 욕망이 일치하지 않는 경우로, 정서와 의지의 방향에 따라 최종적으로 행동이 어떻게 결정되는가를 보여준다. 사람들은 보통 앎이 자신의 욕망과 일치하지 않을 때 도덕적 갈등을 겪는다. 이때 정서와 의지가 이성, 곧 앎과 같은 방향으로 작용하느냐 아니면 반대 방향으로 작용하느냐에 따라 최종적인 행동은 달라진다.

사례 5_ 지식(앎): 남의 돈을 주우면 주인에게 돌려주어야 한다.

• 정서와 의지가 이기적 방향으로 같이 작용하는 경우

생활이 궁핍한 사람이 길을 가다가
상당한 돈이 들어있는 작은 가방을 발견한다(상황)

↓

돈을 갖고 싶다(이기적 욕망)

↓

나중에 밝혀지면 처벌을 받을 것이 두렵긴 하지만
궁핍한 생활이 나아질 것을 생각하면 마음이 들뜬다(정서)

+

그냥 두면 어차피 다른 사람이 가져갈 것이니
내가 갖겠다(의지)

↓

돈을 갖는다(행동)

• 정서와 의지가 이타적 방향으로 같이 작용하는 경우

생활이 궁핍한 사람이 길을 가다가
상당한 돈이 들어있는 작은 가방을 발견한다(상황)

↓

돈을 갖고 싶다(이기적 욕망)

↓

비록 우연히 주운 돈이지만
언젠가는 발각될 수도 있어 두려운 마음이 든다(정서)

+

양심을 지켜 하늘을 우러러 한 점 부끄럼 없는 삶을 살겠다(의지)

↓

돈을 주인에게 되돌려주기 위해 인근 경찰서로 향한다(행동)

이번에는 이성이 욕망을 '의무'로 지각하는 사례를 검토한다. 개인에게는 스스로 도덕적 방향으로 자신의 감정을 북돋우거나 자신의 의지를 강화하려는 지속적인 노력이 요구되고, 때에 따라서는 외부로부터의 제약 등 외적 환경의 도움이 필요할 수도 있다. 보통은 도덕적 행동의 발현을 돕는 동기가 욕망에서 유발하는 데 반하여, 이 경우에는 동기가 주로 욕망을 의무로 지각하는 데서 발생한다. 이는 독특한 제삼의 도덕적 동기이다. 그런 동기는 우리가 해야 할 일 혹은 도덕적으로 옳은 일이 무엇인가에 호소한다. 이런 경우는 주로 도덕적 자아 정체성이 잘 발달한 사람에게서 나타나는 현상일 수 있다.

의무의 도덕적 동기는 자기 자신의 이득을 취하거나 다른 사람에게 이득을 제공하는 데 주된 목적이 있는 것이 아니라 도덕성이 무엇을 해야 한다고 일러주는가에 초점이 있다.[38] 물론 이 경우에도 앎(지식)을 행동으로 실천하는 데에는 정서와 의지의 상호작용 과정을 거친다. 즉, 이성이 앎(지식)을 의무로 지각하는 경우는 다른 경우보다 지와 행이 일치할 개연성이 높으나 반드시 그러하지만은 않다는 것이다. 이성이 지각하는 의무와 반대 방향으로 정서와 의지가 작용할 경우, 그 개인은 의무의 방향과 일치하여 작용할 수 있도록 하는 인위적인 노력이 필요하다. 이는 우리가 일상의 삶에서 관심을 가져야 할 부분이다. **사례 6**과 **사례 7**은 개인이 지닌 지식(앎)이 이성에 의해 심리적 차원에서 도덕적 의무로 인식되는 경우이지만, 정서와 의지가 각각 서로 다른 방향으로 작용하는 사례를 보여준다.

사례 6_ 지식(앎): 남에게 정당한 이유 없이 신체적 해를 가하지 말라.

- 이성이 지식(앎)을 의무로 지각하고 있으나 정서와 의지가 의무와 다른
  방향으로 이성을 압도하여 작용하는 경우

> 곁에 있는 친구가 다른 친구를
> 정당한 이유 없이 함께 폭행하자고 한다(상황)
> ↓
> 남에게 정당한 이유 없이 신체적 해를 가하지 말아야 한다(의무)
> ↓
> 그 친구로부터 신체적 폭행을 당한 적이 있어 평소에 강한 적대감을 느끼고 있다(정서)
> +
> 이것은 정당한 복수이므로 친구와 함께 폭행하겠다(의지)
> ↓
> 폭행한다(행동)

- 이성이 앎(지식)을 의무로 지각하는 가운데 의지가 이성을 따라 정서를
  압도하여 작용하는 경우

> 곁에 있는 친구가 다른 친구를
> 정당한 이유 없이 함께 폭행하자고 한다(상황)
> ↓
> 남에게 정당한 이유 없이 신체적 해를 가하지 말아야 한다(의무)
> ↓
> 그 사람으로부터 폭행을 당한 적이 있어 평소에 적대감을 느끼고 있다(정서)
> +
> 이것은 정당한 복수이긴 하지만 또 다른 복수를 불러올 수 있으므로
> 나부터 그런 악순환을 끊겠다(의지)
> ↓
> 폭행하지 않는다(행동)

사례 7_ 지식(앎): 부모님께 효도해야 한다.

- 이성이 지식(앎)을 의무로 지각하는 가운데 정서가 이성과 의지를 반대
  방향으로 압도하여 작용하는 경우

연로하신 부모님과 함께 생활한다(상황)
↓
부모님께 효도해야 한다(의무)
↓
어려서부터 부모님의 학대를 많이 받으며 자라 부모를 증오한다(정서)
+
자식이 부모에 효도하는 것에 반대하지는 않겠다(의지)
↓
부모를 공경하지 않는다(행동)

- 이성이 지식(앎)을 의무로 지각하는 가운데 의지가 이성을 따라 정서를
  압도하여 작용하는 경우

연로하신 부모님과 함께 생활한다(상황)
↓
부모님께 효도해야 한다(의무)
↓
어려서부터 부모님의 학대를 많이 받으며 자라 부모를 증오한다(정서)
+
어떤 경우에도 부모를 공경하는 것이 자식의 도리이므로
부모를 공경하겠다(의지)
↓
부모를 공경한다(행동)

한 사람의 품성에 일부 선한 특성과 일부 나쁜 특성이 많이 혼재한다는 것은 현대 심리학자들의 다양한 심리 실험 결과가 입증하고 있다.[39] 그래서 사람들은 상황에 따라 얼마든지 알고 있는 지식을 행동으로 실천하거나 그렇지 않을 수 있다. 지와 행 사이의 심리적 기제는 양지대로 실천할 수 있는 사람이 아니라면 왕양명이 말하듯 그렇게 단선적으로 작동하지 않는다. 적어도 인간 본성에서 비롯한 욕망/의무, 정서, 의지가 앎知과 유기적으로 상호 연결되어 작동하는 양태를 보인다고 하는 것이 더욱 합리적이다.

■ 심리적 기제의 함의: 자신의 행동 경향성 성찰

도덕성 발달과 관련하여 도덕적 추론 중심으로 이론적 기반을 확립했던 인지발달이론가들이나 지행합일론을 주창했던 왕양명의 관점에서 보면, 선에 관한 앎은 도덕적 행동을 산출하기 위한 충분조건이라 할 수 있다. 그러나 역사적으로나 경험적으로 우리는 무엇이 도덕적인가를 알면서도 그와 일치하여 행동하지 않는 경우를 얼마든지 지적하고 경험할 수 있다. 이론적으로도 도덕적 추론 중심의 접근은 앎과 행동 간의 연계성에 미치는 효과가 미미하다는 경험적 증거가 축적됨에 따라 그 접근의 대중성 또한 점차 약해졌다.[40] 이에 따라 현대 도덕심리학자들은 도덕적 추론 앎과 행동 사이의 일치를 증진하기 위해서는 도덕적 지식知뿐만 아니라 정서와 행동의 측면까지 포함하여 종합적으로 고려해야 한다고 말한다.

위에서 논의한 지와 행 사이의 심리적 기제는 사람들이 어떤 상황에서는 훌륭하게 행동하지만, 또 다른 상황에서는 개탄스러울 정도로 행동할 수 있는 근거를 여러 가지 사례를 통해 보여주었다. 물론 여기에서 제시한 사례들은 논자가 임의로 구성한 것이지만, 우리는 일상의 삶에서 이와 유사한 사례를 충분히 경험할 수 있다. 따라서 지행일치와 관련한 문제를 단순히 도덕적 행동을 유발하는 '동기'가 무엇인가를 묻고 따지는 차원에서 벗어나 이성, 앎, 욕망/의무, 정서, 의지 간에 작동하는 심리적 기제를 고려하여 종합적으로 이해할 필요가 있다.

이성이 지시하는 바의 아는 것을 실천하는 데 작용하는 정서와 의지는 개인이 욕망이나 의무에 따라 행동을 하는 데 도움이 되기도 하지만 방해를 하기도 한다. 주자나 양명의 지행관에 관한 논의에서 보았듯이, 보통 사람의 경우에 진지眞知나 양지良知가 그대로 실천되지 못하는 경우가 많다는 것은, 정서나 의지가 그에 개입하여 어떤 방식으로든 작용한다는 것을 의미한다. 만일 정서나 의지가 도덕적 방향에 순기능적으로 작용할 때는 개인의 인위적인 이성적 노력이 별로 필요하지 않을 것이다. 하지만 그와 반대 방향으로 작용할 때는 정서나 의지를 도덕적 앎에 일치하도록 하는 이성에 의한 인위적인 노력이 많이 요구된다. 그런 점에서 논자는 양명의 지행합일론보다는 주자의 지행병진론에 동의하는 바가 더 많다.

이 장에서 주자와 양명의 지행관을 중심으로 제시했던 이러한 논의 과정은 지행 간의 일치 문제에 있어서 결국 습관화가 얼마나 이루어지느냐가 매우 중요한 관건이라는 것을 보여준다. 인간의 의식이나 도덕성에 관한 전통적인 사유 방식을 무시하는 현대 신경과학자들도 논자의 이러한 시각과 일치하는 부분이 있다. 현대 신경과학의 측면에서 행동 경향성을 해석한다면, 우리는 어떤 도덕적 상황에서 숙고하고 결정을 내리며 행동으로 옮기는 경험을 할 때 그에 따른 신경회로 모듈이 생성될 것이다. 그리고 유사한 경험을 함으로써 역시 유사한 신경회로가 생성되거나 이미 형성된 회로가 좀 더 확장할 수 있다. 그렇게 생성된 뉴런의 회로가 상황이 발생하게 되면 생물학적으로, 거의 자동으로, 활성화된다고 볼 수 있다. 결국 우리가 도덕적 상황에 직면할 때 어떤 방식의 숙고를 거듭하고 행동으로 옮겼는가에 따라 회로의 배선이 결정될 것이며, 그것은 곧 우리의 도덕적 지식과 행동 간의 일치를 좌우할 수 있는 신경과학적 단서가 될 것이다.

결론적으로, 현대 뇌과학도 우리가 평소 생활에서 도덕적 행동을 습관화하는 데 최선의 노력을 다해야 한다는 것을 시사한다. 이에 대해 누구나 하는 말이면서도 그것이 쉽지 않기 때문에 언급하는 것 자체가 무의미하다고 푸념하는 사람들이 있을 수 있다. 그런데도 여기에서 이를 강조하는 것은 습관이 정신에 두 가지 근원적 영향을 미칠 수 있기 때문이다. 습관은 어떤 행동을 수행하거나 어떤 대상을 표상할 때 수월함을 제공한다. 아울러 그 행동과 대상을 향한 경향이나 의향을 정신에 부여한다.[41] 존재하는 어떠한 것도 자연적으로 그것의 본성과 대립하는 습관을 형성할 수 없다. 습관은 시간의 흐름과 더불어 개인의 도덕성에 정신을 불어넣는다. 주자가 지행병진을 강조하고 양명이 지행합일을 말했지만, 사실 그들의 주장을 공통으로 뒷받침하는 것은 기대하는 행동의 습관화였다고 할 수 있다.

우리가 도덕적으로 성숙한 사람이 된다는 것은 쉬운 일이 아니다. 몸으로 부딪치는 모든 일을 공부로 여기며 평생을 수행하였던 퇴계는 스스로 몸가짐을 단정하고 가지런히 하며 마음을 엄숙하게 함으로써 마음의 집중과 각성을 실천하여 인격을 성숙시키고자 노력하였다. 그런데도 그는 깨달음이 없지는 않으나 얻은 것이 온전하지 못하여 겨우 한 푼이나 한 치 정도 쌓아 놓은 것이 전부이니, 명분이나 의리를 말하려 하면 바람을 붙잡고 그림자를 붙드는 형국이라고 하였다.[42] 이를 보면 인격을 성숙시키는 바른 습관을 지닌다는 것이 얼마나 힘든 일인지 짐작할 수 있다.

맺음글

　이 장의 논제는 우리가 사람들이 하는 행동을 보고 고개를 갸우뚱하는 수많은 원인을 집약한 것이다. 그 가운데 여기에서는 앎과 행동 간의 일치 문제를 검토해보았다. 주자가 지행병진을 강조하고 왕양명이 지행합일을 강조한 그들의 지행관을 통해 '도덕적 지식(앎)은 실천(행동)을 전제로 한다'라는 명제를 다시금 냉철하게 검토할 필요가 있음을 확인할 수 있다.

　주자는 인간이 선하지 못한 이유에 대해 혼탁한 기질에 오염되어 본래의 성이 발현되지 못하기 때문이라고 하였다. 사람의 본연지성에 사물의 보편 법칙과 일치하는 선험적인 도덕 원칙理이 갖추어져 있으나, 기질의 영향으로 이 마음 안의 도덕 원칙이 완전하게 표현될 수 없다는 것이다. 주자는 '지'와 '진지'를 구분하고, 격물치지를 통해 진지에 이른 사람은 아는 것을 실천한다고 하였다. 이와 달리, 왕양명은 앎과 실천은 다른 것이 아니라 하나의 고리로 연결된 다른 지점에 불과하다고 강조했다. 알지 못하면 행할 수 없으니, 알고도 행하지 못하는 것은 알지 못한다는 도덕적 동기의 내재주의적인 견해를 밝혔다. 하지만 두 유학자는 공통으로 지와 행의 일치를 주장하면서도 그 둘 사이의 심리적 공간에서 작동하는 기제에 대해서는 아쉽게도 구체적으로 언급하지 않았다.

오늘날 도덕적 추론(앎)이 도덕적 행동을 유력하게 예측할 수 없다는 사실은 현대 도덕심리학의 수많은 경험적 연구 결과로 입증되고 있다. 우리는 단순히 알기 때문에 행동하기보다는 행동할 다른 이유가 있어서 행동하는 경우가 많다. 이에 따라 여러 도덕심리학자는 이를 포섭할 수 있는 다양한 요소를 통합하여 도덕에 대해 통합적으로 접근하는 방향으로 연구의 초점을 전환하였다. 이와 같은 현대 도덕성 이론의 연구 동향에 비추어 이 장에서는 도덕적 행동이 인간의 본성에서 비롯한다는 대전제를 상정하고, 앎(지식)이 심리적 공간의 내부에서 욕망, 정서, 의지라는 세 요소와 유기적으로 상호작용하는 과정을 거쳐 행동으로 표출된다고 보았다. 그럼으로써 이러한 논의는 우리가 지와 행 사이에 일어나는 불일치 문제를 좀 더 확장적으로 해석하고 이해하는 근거를 마련하는 데 도움을 준다. 무엇보다 자신이 도덕적 상황에 직면할 때 어떤 행동의 경향성을 보이는지 여기에서 제시한 사례들을 통해 파악함으로써 자신의 도덕성 발달을 촉진할 수 있는 어떤 단서를 발견할 수 있을 것이다.

어떤 지식이 아무리 그럴듯하다 하더라도 현실에 유용성이 떨어지는 것이라면 그 원인을 냉정하게 따져봐야 할 것이다. 어떠한 논의가 단순히 이상에 치우쳤다고 하여 도외시할 수는 없다. 다만, 중요한 것은 그러한 이상ideal이 우리가 현재의 삶을 살아가는 데 어떤 실효성 있는 안내 역할을 알 수 있어야 한다는 것이다. 이런 측면에서 적어도 지행일치와 관련한 문제에서 볼 때, 우리가 노력해야 할 점은 도덕적 지식知과 역기능적으로 작용하는 정서나 의지를 그에 순기능적으로 작동하도록 통제할 힘을 기르는 일이다. 그리고 궁극적으로는 그런 통제력이 습관화되어 도덕적 품성을 갖추는 일이라 하겠다. 따라서 일상의 생활을 통해 궁리와 함양을 강조하고 앎은 실천의 시작이요, 실천은 앎의 완성이라는 두 유학자의 논지는 현대를 사는 우리에게 실천을 어떻게 담보할 것인가의 과제를 엄중히 부여하고 있는 셈이다.

참고문헌

『論語』

『禮記』

『孟子』

『書經』

금장태(2003), 『「聖學十圖」와 퇴계철학의 구조』, 서울: 서울대학교 출판부.

김남준(2010), 아크라시아 가능성 논쟁: 소크라테스와 아리스토텔레스를 중심으로, 『철학논총』, 62(4), 새한철학회.

김춘경 외(2016), 『상담학 사전 3』, 서울: 학지사.

김충렬(1984), 동양 인성론의 서설, 『동양철학의 본체론과 인성』, 서울: 연세대학교 출판부.

김태훈(2015), 공감에 관한 연구, 『초등도덕교육』, 7.

박은식 저, 이종란 옮김(2010), 『王陽明實記』, 파주: 한길사

신창호(2010), 『함양과 체찰』, 서울: 미다스북스.

여정덕 편, 허탁, 이요성, 이승준 역주(2001), 『주자어류 3』, 수원: 청계출판사.

왕양명, 정치근 옮김(2000), 『傳習錄』, 서울: 평민사.

이지현(2014), 왕양명(王陽明)에서 '치양지(致良知)'의 역동적 실천성 연구, 이화여자대학교 대학원 박사학위청구논문.

이치억(2020), 「전습록논변」으로 본 퇴계 지행론의 의의, 『한국민족문화』, 75, 부산대학교 한국민족문화연구소.

陳來, 이종란 외 옮김(2002), 『주희의 철학』, 서울: 예문서원.

Blanken, I., van de Ven, N., Zeelenberg, M. 저(2015), A meta-analytic review of moral licensing, *Personality and Social Psychology Bulletin*, 41(4).

Greene, J. 저, 최호영 옮김(2017), 『옳고 그름』, 서울: 시공사.

Hume, D. 저, 김성숙 옮김(2014), 『인간이란 무엇인가』, 서울: 동서문화사.

Jordan, J.(2007), Taking the First Step toward a Moral Action: A Review of Moral Sensitivity Measurement Across Domains, *The Journal of*

Genetic Psychology, 168(3).

Miller, C. B. 저, 김태훈 옮김(2021), 『인간의 품성』, 서울: 글로벌콘텐츠.

Rest, J.(1986), Moral Development, NY: Praeger Publishers.

Rest, J.(1994), Background: Theory and research, J. Rest & D. Narvaez(eds.), *Moral Development in the professions: Psychology and applied ethics*, Mahwar, New Jersey: Lawrence Erlbaum Associates, Inc.

Spinoza, B. 저, 강영계 역(1990), 『에티카』, 서울: 서광사.

Thomas, R. M.(1997), *Moral Development Theories -Secular and Religious: A Comparative Study*, Westport, CT: Greenwood Press.

https://namu.wiki/w/%EC%A0%84%EB%91%90%EC%97%BD(검색: 2022.11.20.)

Endnote

1　전전두피질은 전두엽에서 앞에 있어서 붙는 이름이다. 영장류, 특히 인간의 경우 잘 발달되어 있다. 전전두피질은 사분면으로 하부 영역이 나뉜다. 위쪽의 배측 전전두피질은 등쪽의 전전두피질을 가리키는 것으로, 안쪽 부분을 배내(背內)측, 바깥쪽 부분을 배외측이라 한다. 이 부위는 인지(지각, 기억, 계획, 규칙성 등)의 사고 처리와 관련된다. 아래쪽의 복측 전전두피질은 배쪽의 전전두피질을 가리키는 것으로, 안쪽 부분을 복내(服內)측, 바깥쪽 부분을 복외측이라 한다. 이 부위는 주로 감정과 공감 등을 담당하여 대인관계 능력에 중요한 기능을 한다. 윤리나 도덕을 바탕으로 한 행동을 실행할지 말지에 관한 판단을 한다. 이 부위를 손상당한 사람은 충동적이고 부적절한 대인행동을 보이는 등 사회적 행동을 제어하지 못한다.
　　https://namu.wiki/w/%EC%A0%84%EB%91%90%EC%97%BD(검색: 2022. 11. 20)

2　『禮記』「樂記」, 德者 得也.

3　『論語』「爲政」, 子貢問君子 子曰 先行其言 而後從之.

4　『論語』「里仁」, 君子欲訥於言敏語行.

5　『孟子』「盡心」, 人之所不學而能者 其良能也. 所不慮而知者 其良知也. 孩提之童 無不知愛其親者. 及其長也 無不知敬其兄也. 親親 仁也 敬長 義也. 無他 達之天下也.

6　여정덕 편, 허탁, 이요성, 이승준 역주(2001), 『주자어류 3』, 수원: 청계출판사, p. 141.

7　위의 책, p. 141.

8　위의 책, p. 146.

9　위의 책, p. 141.

10　위의 책, p. 157.

11　위의 책, p. 141.

12　위의 책, p. 146.

13　陳來 저, 이종란 외 옮김(2002), 『주희의 철학』, 서울: 예문서원, p.230 참조.

14　위의 책, p. 394.

15　왕양명 저, 정치근 옮김(2000), 『傳習錄』, 서울: 평민사, pp. 30-31.

16　위의 책, p. 37.

17　위의 책, p. 71.

18　위의 책, p. 35.

19　위의 책, p. 38.

20　이지현(2014), 왕양명(王陽明)에서 '치양지(致良知)'의 역동적 실천성 연구, 이화여자대학

교 대학원 박사학위논문, p. 61.

21 왕양명 저, 정치근 옮김(2000), 앞의 책, pp. 35-36.

22 위의 책, p. 44.

23 박은식 저, 이종란 옮김(2010), 『王陽明實記』, 파주: 한길사, p. 308.

24 금장태(2003), 『「聖學十圖」와 퇴계철학의 구조』, 서울: 서울대학교 출판부, p. 93.

25 왕양명 저, 정치근 옮김(2000), 앞의 책, p. 43.

26 위의 책, p. 39.

27 금장태(2003), 앞의 책, p. 96.

28 신창호(2010), 『함양과 체찰』, 서울: 미다스북스, p. 61.

29 李滉, 『退溪先生文集』卷41, 傳習錄論辯: 陽明謂今人且講習討論, 待知得眞了, 方做行的 工夫, 遂終身不行, 亦遂終身不知. 此言切中末學徒事口耳之弊. 然欲救此弊, 而强鑿爲知 行合一之論, 此段雖極細辯說, 言愈巧而意愈遠, 何也? 이치억(2020), 「전습록논변」으로 본 퇴계 지행론의 의의, 『한국민족문화』, 75, 부산대학교 한국민족문화연구소, p. 298에서 재인용.

30 김춘경 외(2016), 『상담학 사전 3』, 서울: 학지사, pp. 1351-1352.

31 B. Spinoza 저, 강영계 옮김(1990), 『에티카』, 서울: 서광사, p. 131.

32 위의 책, p. 160.

33 위의 책, p. 189, 217.

34 D. Hume 저, 김성숙 역(2014), 『인간이란 무엇인가』, 서울: 동서문화사, p. 451.

35 J. Rest, M. Bebeau, J. Volker(1986), An Overview of the Psychology of Morality, J. Rest, *Moral Development*, NY: Praeger Publishers, pp. 4-5.

36 C. B. Miller 저, 김태훈 옮김(2021), 『인간의 품성』, 서울: 글로벌콘텐츠, pp. 128-146.

37 김남준(2010), 아크라시아 가능성 논쟁: 소크라테스와 아리스토텔레스를 중심으로, 『철학 논총』62권, 4호, 새한철학회, p. 26.

38 C. B. Miller 저, 김태훈 옮김(2021), 앞의 책, p. 219.

39 위의 책, p. 227.

40 J. Rest(1994), Background: Theory and research, J. Rest & D. Narvaez(eds.), *Moral Development in the professions: Psychology and applied ethics*, Mahwar, New Jersey: Lawrence Erlbaum Associates, Inc., p. 3.

41 D. Hume 저, 김성숙 옮김(2014), 앞의 책, p. 460.

42 신창호(2010), 앞의 책, p. 254.

—

우리의 도덕적 행동을 이끄는 동기는 무엇인가?

- - - - -

M
O
R
A
L
I
T
Y

머리글

    도덕적 추론에 관심을 기울였던 인지발달 접근에서는 자신이 도덕적이라고 믿는 것과 자신이 행동하는 방식 간의 일관성이야말로 도덕적 인간의 특징인 동시에 합리성의 중요한 지표로 여겼다. 이때 도덕적 판단과 도덕적 행동은 이상적인 단일 기능을 형성하는 것으로 이해된다. 인지발달 이론에서 인지認知, cognition는 지식과 태도의 구조에 해당한다. 따라서 지식은 먼저 어떤 행동이 도덕적으로 관련되는 것인지를 고려하고, 자신의 도덕적 판단에 따라 행위 하도록 사람들에게 동기를 부여한다. 부도덕한 행동은 잘못된 지식에서 비롯하는 것으로, 동기 부여 자체가 문제가 있는 것으로 여겨진다.

    20세기 후반에 콜버그L. Kohlberg가 제시하였던 도덕성 발달이론은 이러한 관점을 정교화한 요체로서 거의 30여 년 동안 도덕심리학계의 흐름을 주도하였다. 콜버그는 주로 도덕적으로 옳고 그른 행동에 대한 언어화된 판단을 분석하는 데 자신의 연구를 집중하였으며, 도덕적으로 행동하려는 행위자의 자아나 경향성 그리고 감정에 대해서는 별다른 관심을 기울이지 않았다. 그의 입장은 '선을 아는 것이 선을 행하는 것'이라는 소크라테스의 주지주의 관점을 계승하는 엄격한 '도덕적 판단 내재주의'로서 도덕적 판단과 동기화 간의 필연적인 관계를 주장하는 것이었다.

하지만 도덕적 추론을 근간으로 도덕적 행동의 동기를 설명하는 인지 발달 이론은 이후 여러 난관에 직면하였다. 1980년대에 이르러 많은 도덕심리학자는 콜버그가 가정했던 도덕적 추론과 도덕적 동기 사이의 강력한 연결과 관련하여 의문을 제기하기 시작하였다. 도덕적 추론이 도덕적 행동을 유력하게 예측할 수 없다는 수많은 경험적 연구 결과가 그 증거로 쓰였다. 정의를 향한 추론이 정교화될수록 개인의 도덕성이 발달한다는 콜버그 모델을 활용하던 연구자들은 무엇이 도덕적인 것인가에 대해 말하는 것과 실제로 하는 행동 사이에는 거리가 있다는 것을 발견하였다. 이들은 '왜 사람들은 해야 할 옳은 일을 알고도 그렇게 행동하지 않는 경우가 많은가?'라는 전통적인 도덕심리학의 물음을 재차 제기하기에 이르렀다. 그리고 이 의문은 콜버그 이후 도덕성을 연구하는 심리학자들이 도덕적 지식과 추론에 관한 관심을 보다 확장하는 결정적인 계기가 되었다.

이후 여러 도덕심리학자는 이의 대안으로 도덕성을 통합적으로 이해하고 이에 접근하고자 시도하였다.[1] 이전에 콜버그와 같은 이론적 입장을 견지해왔던 레스트J. Rest는 나바에즈D. Narvaez, 토마S. Thoma 등 미네소타 대학의 동료들과 함께 도덕적 이해가 자동으로 도덕적 행동을 유발할 정도로 동기화된다고 가정했던 콜버그의 이론을 수정하기에 이르렀다. 그러면서 사람들이 도덕적 행동을 하는 데는 도덕적 판단과 더불어 도덕적 민감성(감수성), 도덕적 동기화, 도덕적 품성(실행력)이 필수적으로 요구되는 요소들이라고 주장하였다. 그러나 레스트가 4 구성 요소 모델 Four Component Model에서 동기화를 주요 요소로 다루고 있긴 하지만, 그 역시 동기화 요소에 대해서는 정작 많은 것을 말하지 않았다.

이들과는 다른 관점에서 콜버그 이후 도덕적 행동을 이끄는 동기화 이론에 관심을 기울였던 사람으로 미국의 심리학자 호프만M. L. Hoffman 을 꼽을 수 있다. 호프만은 그동안 도덕성 발달과 도덕적 동기에서 소홀히 다루어왔던 인간의 도덕적 감정, 특히 '공감empathy'을 강조하면서 도덕심리학계의 주목을 받았다. 그는 인지발달 이론가들과 달리 도덕적 감정을 도덕적 행동 동기의 주요 원천으로 본 것이다. 하지만 호프만은 도덕적 정서의 형성과 관련하여 인지의 작용을 인정하면서도 인지적 요소와 정서적 요소 간의 상호기능에 관해서는 충분한 설명을 제시하지 않는다는 한계를 지적받았다.

도덕심리학자들은 이처럼 주로 도덕적 추론이나 도덕적 감정에 초점을 두고 각자의 관점에 따라 도덕적 행동을 이끄는 동기에 대한 이론을 제시하였다. 도덕적 행동을 동기화하는 과정에서 도덕적 이해와 감정 가운데 어느 것이 우선성을 가지며 또한 더 강력한 영향을 미치는지는 학자마다 서로 의견이 엇갈렸다. 이즈음에 블라시A. Blasi, 랩슬리D. Lapsley, 누치L. P. Nucci 등은 도덕적 판단과 도덕적 감정이 도덕적 행위와 어떤 필연적인 관계가 있는가에 관심을 집중하였다. 이들은 도덕적인 앎과 실천에 관한 문제, 곧 도덕적 앎 혹은 지식이 실천을 담보할 수 있는가, 만약 도덕적 앎 혹은 지식이 행위의 충분조건이 되지 못한다면 어떤 다른 요소들이 작용하는가의 문제에 촉각을 곤두세운 것이다.

　이들은 그러면서 도덕적 판단과 행동의 관계를 이해하는 하나의 유력한 대안으로 도덕적 자아 정체성의 개념을 활용한 접근에 대해 활발하게 논의하기 시작하였다. 이들이 자신들의 관점을 이론화하는 데에는 1990년대에 이미 이를 연구해왔던 데이먼W. Damon, 콜비A. Colby 등의 선행 연구에 의존한 바가 크다. 콜버그 이후 도덕적 판단과 행위 간의 불일치에 대한 비판적 논쟁에서 이들이 제시했던 도덕적 정체성 개념은 인지발달 이론 이후 도덕적 동기를 도덕심리학의 새로운 연구 영역으로 부각한 중요한 계기가 되었다.

　특히 블라시는 도덕적 판단이 도덕적 행동을 강력하게 예측하지 못한다는 실망으로부터 자아 모델을 제시하고 도덕적 판단과 행동 사이의 연결 다리로 도덕적 정체성의 개념을 상정하였다. 그는 여러 경험적 연구 결과를 토대로 도덕 판단을 넘어서는 다른 요소들이 도덕적 행동을 유발하는 동기로 작용한다면서, 그 가운데 도덕적 정체성을 그의 핵심 요소로 지목하였다. 거기에는 도덕적 판단이 도덕적 행동으로 이어지려면 개인의 도덕적 가치가 자아감에 포함되어야 하고 정체성 일부로 통합되어야 한다는 기본 가정이 들어있다. 근래에 도덕심리학과 도덕 교육계는 도덕적 정체성의 동기화론에 주목하고 자아가 개인의 도덕적 행위 작동에서 중요한 역할을 한다는 데에 일반적으로 동의하는 분위기다.

　이 장에서는 우리의 도덕적 행동을 이끄는 동기가 무엇인지 먼저 블라시의 관점을 중심으로 그의 자아 모델과 인격 모델을 차례로 논의한다. 이어서 우리의 도덕적 행동을 이끄는 동기에 관하여 이를 포함한 더욱 넓은 관점에서 종합적으로 논의한다. 논자는 이런 논의를 통해 우리가 무엇이 도덕적인가를 알면서도 왜 그렇게 행동하지 않는지, 도덕적 상황에서 왜 사람들의 행동이 서로 다르게 나타나는지 등에 대한 의문을 조금이나마 해소할 수 있는 실마리를 발견하고, 개인의 도덕성이 얼마나 역동적이며 다차원적으로 작동하는지를 이해할 수 있을 것으로 기대한다.

블라시(A. Blasi)의 도덕적 행동의 동기화론

최근에 우리의 도덕적 행동을 이끄는 동기가 무엇인가와 관련하여 도덕심리학자들의 이목을 집중시키기에 충분한 관점을 제시한 사람이 있다. 그가 바로 아우구스토 블라시이다. 그는 우리의 도덕적 행동을 이끄는 동기로 '도덕적 정체성moral identity'[2]을 지목하였다. 블라시는 도덕적 정체성이 도덕적 행동을 이끄는 동기로 작용한다는 자신의 관점을 '자아 모델self model'로 집약하여 제시하였으며, 이후 이를 확장하여 '도덕적 인격 모델moral character model'을 제안하였다. 하지만 우리는 이 두 모델의 핵심이 어디까지나 도덕적 행동의 동기로서 도덕적 정체성에 있음을 놓치지 말아야 할 것이다. 따라서 여기에서는 두 모델을 논의하기에 앞서 그가 말하는 도덕적 정체성을 먼저 검토한 후, 이것이 각각의 모델에서 어떻게 작동하는지에 초점을 두고 논의한다.

■ 도덕적 정체성

블라시는 여러 경험적 연구 결과를 토대로 도덕적 정체성을 도덕적 행동을 유발하는 동기의 주요 원천으로 제시하였다.[3] 블라시가 우리의 도덕적 행동을 이끄는 동기의 근원을 도덕적 정체성에서 찾게 된 것은 도덕 판단과 행위 간의 틈새를 연결하기 위한 노력에서 비롯되었다. 이는 전적으로 콜버그의 연구 접근 방식을 반성한 결과에서 나왔다고 볼 수 있다. 블라시는 도덕적 판단을 측정할 때 도덕 행위에는 주목하지 않았던 콜버그 방식의 연구에 한계가 있음을 지적한 후, 도덕 판단능력 측정에서 도덕적 행위가 궁극적인 준거가 되어야 한다고 주장하였다.[4] 그리고 도덕 판단능력과 행동을 연결해주는 단서로서, 다시 말하면 행동에 대한 동기화 기능을 발휘하는 요소로 도덕적 정체성을 제시한 것이다.[5]

그러나 정체성이라는 개념 자체는 복잡하고 다면적인 특성이 있어 한마디로 이를 정의하기가 어렵다. 블라시 역시 이러한 이유로 자신의 정체성 개념을 미국의 정신분석 심리학자였던 에릭슨E. H. Erikson이 제시한 개념에 기반을 두면서도 이를 다소 편의적으로 해석하였다고 인정한다.[6] 에릭슨은 자아 정체성을 자기 동일성에 대한 자각인 동시에, 자기의 위치, 능력, 역할 및 책임에 대한 분명한 인식으로 이해하였다. 그에 따르면 정체성은 전체적 자아를 구성하는 여러 가지 요소, 즉 개인의 성적, 사회적, 신체적, 심리적, 도덕적, 이념적 그리고 직업적 특성을 모두 포함하는 복합적 개념이기 때문에 정체성 확립은 통합적인 자아상의 확립을 의미한다. 자아 정체성의 형식에서 일어나고 있는 통합은 아동기에 경험하는 동일시의 총합 그 이상이다. 이때의 자아 정체성은 자기 내부의 동일성과 연속성이 타인에 의해 인정받고 있다는 확신을 포함한다.[7]

일부 도덕심리학자들은 도덕적 정체성이야말로 도덕적 행위와 책무를 예견할 수 있는 최고의 개념이라고 주장한다. 그러나 도덕적 정체성에 내포된 작동 기제는 이것이 어떻게 개념화되는가에 따라 달라진다. 예컨대 나바에즈D. Narvaez는 스키마schema를, 라이머K. Reimer는 자기 서사self-narratives[8]를 도덕적 정체성의 근간으로 삼았다. 반면에 블라시는 에릭슨이 말한 자기 내부의 동일성과 연속성에 해당하는 자아 일관성이라는 자아의 일반적 특성을 활용하여 도덕적 정체성을 개념화하였다. 그리고 이것은 도덕성이 자아를 구성하는 하나의 요소로 통합됨으로써 도덕적 행동을 이끄는 주요 동기로 기능한다는 자신의 관점을 뒷받침해주는 핵심이 되고 있다.

블라시가 말하는 도덕적 정체성은 단일 개념이 아니다. 그것은 도덕성과 정체성이 통합된 상태의 심리적 체계를 의미한다. 일반적으로 말해서 도덕적 정체성은 도덕성이 한 개인의 정체성에서 차지하는 중요도와 관련이 있다.[9] 그리고 에릭슨을 비롯한 많은 사람은 자아의 정체성과 도덕성이 각기 다른 차원에서 생성·발전하다 특정 시기에 통합된다는 가정에 동의하고 있다. 학자에 따라 그 나이나 시기에 있어서 다소 차이가 있긴 하지만, 블라시를 비롯한 도덕적 정체성 동기화론자들은 에릭슨이 제시했던 이론적 구조에서와 같이 자아 정체성과 도덕성이 대체로 청소년기를 지나며 통합된다는 데 인식을 같이한다. 블라시가 6~12세 아동들을 대상으로 했던 인터뷰 자료[10]나 크레튼노어와 헤르츠T. Krettenauer & S.

Hertz가 도덕적 자아 정체성 발달이 도덕적 책임에 관한 서사의 전개 등을 고려할 때 청소년기 이후에 발생할 가능성이 있음을 시사한다는 주장은 그런 근거로 받아들여졌다.[11]

도덕적 정체성의 동기화론자들이 가정하는 이런 전제는 데이먼W. Damon[12] 등의 선행 연구에 많이 의존하고 있는 것으로 보인다. 아동기에 분리되어 있던 자아의식과 도덕성이 청소년기에 통합되면서 도덕적 정체성의 기초가 형성된다고 하였던 데이먼의 설명은, 도덕적 판단과 행동 간의 불일치를 도덕성과 자아의 불일치로 설명함으로써 그동안 도덕적 지식의 결핍이나 도덕적 의지의 결여 등으로는 설명하기 어려웠던 현상을 이해하는 하나의 대안으로 주목을 받았다.[13] 그리고 이후 여러 학자는 도덕적 정체성의 형성을 자아와 도덕성 발달의 궁극적인 목표로 보고, 그 두 가지가 이상적으로 결합할 때 도덕적 인성이 갖추어지는 것으로 이해하는 경향을 보였다.[14]

그런데 자아 정체성과 도덕성이 긴밀하게 관련되어 있다는 생각은 윤리 이론과 심리학에서 통용되어 온 오랜 전통의 하나였다. 특히 심리학에서 자아 정체성과 도덕성의 관련성은 이미 오래전부터 주요 주제로 다루어져 왔다. 앞에서도 인용했듯이, 에릭슨은 자아 정체성을 윤리적 역량의 진정한 준거로 인식하였고, 랩슬리 등은 도덕적 정체성이 도덕성 발달과 정체성 발달의 분명한 목표가 된다는 것과 도덕적 인간은 그 두 가지의 발달 경로가 이상적으로 통합된 사람을 의미한다고 하였다.[15] 최근에 미국의 윤리학자 스트로밍거N. Strohminger와 인지 철학자 니콜스S. Nichols는 개인의 정체성에 가장 중요한 자아의 측면이 무엇인가를 탐구하고자 다섯 가지 실험을 실시한 결과, 도덕적 특성이 다른 어떤 정신적 능력보다 정체성, 자아, 영혼의 가장 필수적인 부분으로 여겨진다는 것을 발견하였다. 그들은 이를 통해 개인의 자아에 없어서는 안 될 요소로 성격 특성, 기억 또는 욕망보다 그 개인이 지닌 도덕성을 강조하고 있다.[16]

블라시에 따르면, 정체성을 형성하는 데는 두 가지 측면이 있다. 하나는 도덕적 이상moral ideal을 포함하여 자아를 구성하는 구체적인 내용(객관적 정체성 내용)에 초점을 맞추는 것이고, 또 다른 측면은 정체성이 주관적으로 경험되는 방식(주관적 정체성 경험)에 초점을 맞추는 것이었다. 그는 이러한 두 가지 측면, 즉 자신의 자아의식(자아감)이 구성되는 구체적인 내용(도덕적 이상은 그러한 내용 중 하나)과 정체성이 주관적으로 경험되는 방식은 대체로 서로 독립적인 것처럼 보인다고 하였다.[17] 선행 연구자들이 자아를 객체로서의 자아me와 주체로서의 자아I로 구분했던 것과 유사하게,[18] 블라시 역시 정체성이 객관적인 측면(정체성의 내용)과 주관적인 측면(정체성의 경험)으로 구성된다는 견해를 보였다.

그런데 그의 설명에 따르면 주관적 정체성이 성숙함에 따라 몇 가지 중요한 변화가 발생한다. 자아의식은 신체적 특성, 관계, 행동과 같은 외적 정체성 내용보다는 가치관, 목표 등 내적, 심리적 정체성 내용에 더 방점을 두게 된다. 게다가 자아는 더욱 조직되고 통합된다. 이 중요한 부분은 정체성 내용이 계층적으로 구성됨으로써 어떤 것들은 다른 것들보다 자신의 자아감에 더 중심적이고 필수적인 것으로 선택된다는 것이다. 이러한 블라시의 관점은 우리가 그의 자아모델과 인격모델을 이해하는 데 중요한 관건이 되고 있다.

주관적 정체성 성숙은 또한 자신에 대한 소속감을 증가시켜 자신이 가장 관심을 두는 정체성 내용이 자아의 핵심에 적극적으로 적용되도록 한다. 이것은 자신의 정체성에 대한 주인의식ownership을 높이며 일상생활에서 자신의 정체성을 보호하고 그것을 실현하는 것에 대한 책임감을 느끼게 한다. 즉, 성숙한 주관적 정체성으로 인해 자기 일관성에 대한 욕구가 커짐으로써 자신의 핵심을 이루는 자아에 대해 긍정적인 것들은 수용하는 반면, 자기모순에 해당하는 것들에 대해서는 부정적인 태도를 보이게 된다.

블라시가 말하는 도덕적 정체성은 결국 자아 정체성에서 도덕성이 핵심 역할을 한다는 점에서 도덕적 원칙 혹은 원리를 통해 정의된 자아개념이라 할 수 있다. 프로이트S. Freud가 현실에서 오는 압박감 때문에 개인이 성적 및 공격적 충동을 억제하는 과정을 통해 자아가 발달한다고 보았던 것과 같이, 블라시 또한 도덕적 정체성이 도덕적 이해로부터 영향을 받아 형성되는 것으로 이해하였다.[19] 다만, 그가 상정하는 도덕적 정체성의 개념은 프로이트와 달리 다분히 인지적인 요소를 기본으로 하고 있다. 그의 관점에서 보면, 일반적으로 개인의 도덕성은 사회적 상호작용을 통해 구성되며 사회적 현실에 관한 나름의 이해를 반영한다. 따라서 개인의 도덕성은 의지를 가진 행위자agent로서 자신의 이상Ideal을 형성하는 데에 영향을 준다. 그리고 이것은 거꾸로 이상적인 도덕적 자아의 구성에 영향을 미치며, 그것은 결과적으로 자아의 도덕화를 촉진하게 된다. 따라서 자아는 일정 부분 도덕적 이상의 영향과 안내 하에서 구성되며, 그렇게 구성된 자아는 그 자체로 구체적인 도덕적 판단의 원천이 될 수 있다.

결국 도덕적 판단은 자신의 정체성에 기반을 두게 되고, 다분히 인지적이며 도덕적인 특성을 보이게 된다. 이로써 그가 제시하는 도덕적 정체성의 개념은 도덕성의 인지적 기반을 훼손시키지 않으면서 도덕적 동기화 기능을 설명한다는 점에서 긍정적인 평가를 받는다.

■ 자아 모델

블라시는 우리의 도덕적 행동을 이끄는 주요 동기로 책임 의식(책임감)과 자아 일관성이라는 요소에 의해 작동하는 도덕적 정체성을 제시하고, 이를 자아라는 보다 포괄적인 개념에서 설명하는 '자아 모델'을 제안하였다. 자아 모델은 도덕적 판단이 도덕적 행동을 매우 유력하게 예견하지 않는다는 실망에 따른 반응에서 나온 것으로, 도덕적 인지로부터 도덕적 행동으로 이어지는 과정에 초점을 두었다. 블라시는 콜버그와 같이 도덕적 이해가 도덕적 동기화를 위한 힘을 제공하고 그러한 동기화는 도덕성 그 자체 내에서 비롯한다는 내재주의 관점을 인정하지만, 도덕적 이해가 자아의 구조 속으로 통합, 즉 도덕적 정체성을 통해 도덕적 동기화를 위한 힘을 제공하게 된다는 점에서 인지적 판단능력에 의존했던 콜버그와 차이를 보인다.

자아 모델은 도덕적 선에 대한 존중을 잃지 않고 도덕적 동기를 강화하기 위한 관건은 '자아'에 달려 있으며,[20] 우리가 실제로 취하는 행위는 자신의 자아에 근거한 판단에 일치시키고자 하는 속성을 지녔다는 가정 위에서 확립되었다. 즉, 블라시는 자아가 도덕적 정체성을 중심으로 작동하는 방식을 책임감(책임의식)과 자아 일관성이라는 요소로 설명한다. 이 모델에서는 도덕적 정체성과 행동의 연결이 자아 일관성을 위해 노력하는 인간의 자연적인 경향성과 함께 자신이 내린 판단을 실천하고자 하는 책임의식으로 인해 가능하다고 설명한다. 그의 자아 모델에서 이러한 일관성은 도덕적 행동의 성패를 좌우하는 관건이다.[21] 블라시의 주장으로는 책임 판단에서 행동으로의 변화는 자아 일관성을 향한 경향성에 의해 지지가 된다. 왜냐하면 자신의 판단에 따라 행동하지 않는 것은 자아의 핵심 안에서의 균열로 이해되기 때문이다.[22]

이러한 일련의 과정에서 도덕적 정체성은 도덕적 이해로부터 비롯한 자아의 방향성을 일러주는 역할을 한다. 가장 고도로 도덕적 통합이 이루어진 상태, 즉 도덕적 이해와 관심이 다른 그 어느 것들보다 개인의 자아에서 중심을 차지하게 되면, 적어도 원리상 도덕성은 자아의 전체의식 구조의 한 근간이 될 뿐만 아니라 행동을 위한 동기와 정서를 수반하게 된다.[23] 정체성이라는 것은 환경이나 사정이 변해도 자기가 어떠한 변하지 않는 존재인지를 깨닫도록 해주기 때문이다. 그리고 책임의식과 자아 일관성이라는 요소는 그 방향에 따라 행동이 이루어지도록 추동력을 제공해 준다. 그 두 요소는 자아가 도덕적 행동을 할 수 있는 동기로서의 에너지 역할을 하는 셈이다.

정체성을 형성하는 구조에 관한 블라시의 생각을 도덕성에 대한 그의 틀과 합치면 도덕적 정체성이 어떻게 도덕적 행동을 위한 동기의 원천이 될 수 있는지의 모델을 짐작할 수 있다. 예를 들어 어떤 사람이 도덕적인 삶을 지향하는 자아(도덕적 정체성)를 갖고 있다면, 책임감과 자아 일관성은 그 사람이 판단하는 바를 그런 방향으로 실천해야 할 책임의식을 유발할 것이며 또한 자신이 지닌 자아의 방향성과 일관하게 행동하는 모습을 보이도록 할 것이다. 도덕적 의지를 지닌 존재로서의 행위자는 자아 일관성에 대한 내적 요구로 인해 동기화되며, 그때 자아 일관성을 위한 동기는 도덕적 헌신에 근거한 도덕적 정체성에서 비롯한다.

도덕심리학에서 자주 제기되었던 한 가지 의문은 도덕적 행동을 동기화하는 데 있어서 정서의 역할이었다. 이 의문은 인지발달과 관련한 이론들이 도덕적 기능에 대하여 온전한 설명을 제공하는 데 실패하면서 더욱 주목받았다. 블라시는 정서를 인지와 독립하여 도덕적 행동을 결정짓는 요소로서 인식하지는 않으나, 정서가 의지적 행위자에게 체화되어 있으며 의식적 관심으로 규제되는 것으로 이해함으로써 한 개인의 도덕적 삶에서 중요한 역할을 맡고 있다고 말한다.[24] 그래서 사람들은 블라시의 자아 모델이 이성을 훼손하지 않으면서도 감성을 통합하고 있다고 말한다.

지금까지 논의한 자아 모델을 도식화하면 다음 쪽의 그림과 같다. 여기에서 제시하는 도식화는 버그만R. Bergman이 도덕적 정체성과 동기화에 관한 블라시의 이론을 도식화한 것[25]을 수정한 것이다. 버그만의 도식화에서는 책임의식과 동기화가 각기 다른 자아의 요소로 오해될 수 있다. 우리는 책임의식(책임감)이 자아 일관성과 더불어 도덕적 정체성을 구성하는 하나의 요소에 해당하며 동기화는 그 요소들이 행동을 추동하는 기능을 발휘한다는 의미의 용어로 이해할 필요가 있다. 여기에서 논자가 제시한 도식圖式은 책임 판단에 따른 책임감과 자신의 도덕적 정체성과 일관성을 유지고자 하는 자아 일관성이 도덕적 행동으로 나아가게 하는 동기화의 원천임을 보여준다.

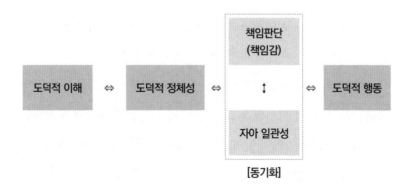

그림 5-1_ 도덕적 정체성의 동기화 과정

이를 요약하면, 블라시가 제안하는 자아 모델의 핵심은 자아의 중추를 이루는 도덕적 정체성에 있으며, 책임감과 자아 일관성이라는 두 가지의 특성에 의해 작동된다. 즉, 도덕적 정체성은 도덕적 이해에 바탕을 두고 있어 도덕적 상황에서 자신이 해야 할 행동의 방향성을 일러주고 책임감과 자아 일관성의 특성은 그 방향에 따라 나아갈 수 있는 추동력을 제공하여 도덕적 행동을 유발하게 된다. 그리고 이 모든 과정은 도덕적 정체성을 중추로 하는 자아로 수렴된다. 도덕적 정체성이란 것은 자아가 존재할 때 가능한 것이기 때문이다.

▪ 도덕적 인격 모델

블라시는 도덕적 인격moral character의 개념을 재검토하여 오랫동안 물밑에 가라앉아있던 논쟁을 끄집어낸다. 덕목은 사람이 일관된 행동을 하는 데 별반 도움이 되지 않는다고 했던 1920년대 후반 하트숀과 메이 H. Hartshorne & M. May의 결론과 이후 인격 특성의 지속성에 관한 논쟁에 도 불구하고, 블라시는 도덕적으로 느끼고 행동할 수 있는 상대적으로 안 정적인 인격 성향이 존재한다고 믿을 만한 이유가 있다고 주장한다.[26] 그 러면서 도덕적 덕목들이 도덕적 이해에 뿌리를 두면서 전체적인 인격 체 계에 통합되어야 한다고 주장한다.[27] 이로부터 블라시는 자신의 '자아 모 델'을 확장하여 '도덕적 인격 모델'을 제안하게 되었다. 아마도 자아 모델 보다 더욱 안정적이고 지속적인 행동의 일관성을 보여줄 수 있는 모델을 모색하고자 하려는 과정에서 나온 것으로 여겨진다.

도덕적 인격 모델은 인간의 심리 전체에서 도덕적 정체성이 형성되고 인격을 갖추게 되는 과정을 '욕망desire' 혹은 본인이 원해서 하는 '자유의 지volitions'의 위계 구조에 따른 덕목들에 근거하여 설명한다. 블라시는 더욱 안정적이고 지속적인 심리적 특성으로서 덕을 인정하고 그에 근거 하여 자아 모델을 덕 중심의 인격적 차원으로 확장한 것이다. 그는 도덕 적 인격에 대해 어떤 감정을 경험하고 특정한 상황에 반응하여 윤리적으 로 의미 있는 행동을 하는 경향성과 같은 것으로 인식한다. 현대 인성이 론personality theory의 동향이 기존의 콜버그식 관점에서 말하는 도덕적 판단 중심의 도덕성morality의 차원을 넘어 보다 확장된 개념으로서 덕

virtues 중심의 인격에 초점을 두는 경향을 반영하여 자신의 이론을 심화한 것으로 보인다. 그러나 도덕적 인격 모델에 사용되고 있는 몇 가지 용어가 정치하게 사용되지 못하고 있는 것은 주의해야 할 부분이다.

도덕적 인격 모델은 욕망의 위계 구조에서 발달하는 다양한 덕을 근간으로 인격을 설명하는데, 이 역시 자아 모델의 구조와 마찬가지로 무엇이 도덕적 행동을 이끄는가를 설명하는 데 있어서 도덕적 정체성을 그 중심에 놓고 있다. 다만 논자가 볼 때 작동 방식을 덕 중심으로 설명한다는 점에서 이전의 자아모델과 차이가 있다. 블라시는 덕들을 일반성의 수준levels of generality에 따라 두 가지로 구분하였다.[28] 그리고 인격은 정직, 관용, 겸손과 같은 서로 다른, 비교적 오래가며 변하지 않는, 대체로 비체계적인 덕들보다는 일반성의 수준이 더 높은 덕들에 의해 더욱 분명하게 기술될 수 있다고 하였다.[29] 그러면서 그의 대표적인 것들로 의지력자기 통제력willpower, 자아 일관성self-integrity, 도덕적 욕망moral desire을 들고 그것들을 도덕적 정체성을 구성하는 세 가지의 기본적인 덕[30]이라 하였다.

블라시는 자신의 이러한 이론체계에 관한 아이디어를 프랑크푸르트H. Frankfurt의 이론에서 빌려왔다. 프랑크푸르트는 인간과 다른 피조물과의 본질적인 차이점을 인간의 의지 구조 내에서 발견할 수 있다고 보고, 도덕적 인간을 이중적 의지욕구 구조로 설명하였다.[31] 우리가 억제되지 않고 자유분방한 일차적 자유의지first-order volitions의 방종을 넘어 이차적 자유의지second-order volitions를 추구할 때 비로소 도덕적 인간이 된다고 하였다.[32] 블라시는 위와 같은 프랑크푸르트의 이론체계를 원용하여 자신의 인격 모델을 정립하였다. 그는 욕망의지의 위계에 따른 덕들을 일반성의 정도에 따라 두 개의 범주로 분류한 후, 인격은 도덕적 의미를 부여하는 낮은 위계의 덕과 더욱 안정적이며 보편적인 인성 특질과 밀접한 관련이 있는 높은 위계의 덕이 필요하다고 하였다. 즉, 낮은 위계의 덕들이 안정성과 강한 동기를 얻기 위해서는 적어도 한 개 혹은 그 이상의 높은 위계의 덕들이 필요하다는 것이다.

블라시의 이러한 관점은 도덕적 인격의 핵심인 도덕적 자아 정체성이 개인의 일차적 자유의지를 넘어 도덕적 가치 지향적인 이차적 자유의지에서 비롯한 도덕적 욕망desire과 연결된다는 가정에서 비롯되었다. 도덕적 '욕망'은 자신이 도덕적인 사람이 되겠다는 뜻이라는 점에서 프랑크푸르트가 말한 자신이 원해서 선택하는 '자발적 의지volitions'로 설명되기도 한다.[33] 의지력과 자아 일관성은 그 자체로는 가치중립적 성격을 지니며 도덕적 욕망과 연결되었을 때 비로소 방향성을 지니게 된다. 대신에 그것들은 도덕적 정체성이 도덕적 행동을 위한 동기로 기능하는 데 추동력을 제공하게 된다.

이를 도덕적 인격 모델에 의거하여 다시 부연하면, 도덕적 정체성을 확립한 사람은 도덕적인 사람이 되고자 하는 도덕적 욕망과 그런 욕망이 나태해지지 않도록 통제하고의지력 다른 길로 나아가지 않고 일관하여 행동하도록 하는자아 일관성 덕을 지니게 됨으로써 지속적으로 도덕적 행동을 실천한다. 덕이라는 것은 비교적 오랫동안 일관되게 행동하도록 하는 심리적 특성이기 때문이다. 다시 말해, 블라시의 관점에서 볼 때 인격자는 도덕적 정체성에서 연유한 방향성과 의지력, 자아 일관성이라는 두 가지 특성에서 비롯하는 추동력을 갖춘 사람을 의미한다.

도덕적 인격 모델에서 도덕적 정체성을 구성하는 이 세 가지 높은 위계의 덕에 관한 핵심 내용을 요약하면 다음과 같다.

도덕적 욕망은 도덕적 인격의 본질과 관련되는 것으로 친절, 정직, 공정, 진실, 동정과 같은 기본적인 도덕적 목표와 이상에 대한 갈망을 반영한다. 아울러 도덕적 욕망은 이차적 의지의 자유에 따른 산물이다. 그러므로 도덕적 욕망은 의지적으로 자아 또는 정체성에 일치하여 행동하고자 하는 욕구를 함축한다. 도덕적 규범과 그러한 규범을 따르고자 하는 도덕적 욕망은 도덕의 본질적인 바람직함을 포함해야 한다. 도덕적 규범을 알지만, 그 규범이 왜 지켜져야 할 가치가 있는지 모르고 행동하는 사람은 도덕적 이해를 제대로 못 하고 있다고 볼 수 있다. 이러한 행위(도덕적 이해에 기초하지 않은 행위)는 일차적 의지의 자유에서 비롯한 것으로서 일시적으로 도덕적 행위인 것처럼 보일 수 있으나, 이는 일관적인 행위로 나아갈 수 없으며 때로는 기만적 행위로 나타날 수도 있다. 행위는 그 자체가 도덕적 지향성을 지닐 때 도덕적으로 칭찬받을 가치가 있다.

도덕적 욕망과 더불어 도덕적 인격에 필요한 것은 의지력인데, 이는 도덕적 자아 정체성이 도덕적 선을 지속하여 욕망하고 그에 따라 행동하도록 하는 에너지로서 기능한다. 의지력은 전략적 그리고 메타 인지적 기능들의 저장소로서 자아를 통제하는 능력으로 정의된다. 이는 우리가 문제를 해결하고 목표를 설정하며, 관심의 초점을 설정하도록 하고 만족을 지연시키고, 방심을 피하며, 유혹에 저항하도록 해준다. 그래서 의지력은 자아 통제력으로 설명되기도 한다. 그 방향성은 물론 이차적 자유의지에 따른 도덕적 욕망에서 비롯된다. 의지력은 지속해서 자신의 도덕적 목적에 따르도록 안내하고 통제하는 기능을 발휘한다.

자아 일관성은 도덕적 인격을 갖춘 사람에게서 보이는 경향성이다. 자아 모델에서 이는 자신의 자아의식 통일에 관한 관심으로 정의되는데, 도덕적 인격 모델에서는 보다 확장되어 자신이 소유한 도덕적 정체성과 일치하는 행동으로 향하도록 하는 힘과 같다. 일관성의 덕은 우리의 책무를 자아감과 연결하며 책임감과 정체성의 주된 원인이 된다. 이 덕은 우리가 도덕적 욕망을 추구할 때 자아 통제, 노력 그리고 결정의 의도적 행동을 자기 자신의 인격적 자아로 제한함으로써 그에 일치하여 행위 할 책임을 느끼도록 한다.

블라시의 도덕적 인격 모델을 도식화하면 다음과 같다.

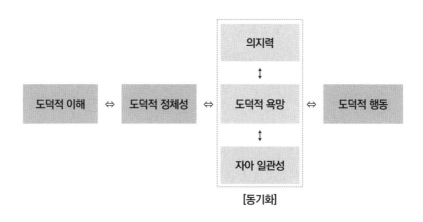

그림 5-2_ 블라시의 도덕적 인격 모델

여러 연구에서 도덕적 추론(인지)과 정서가 도덕적 행동에 긍정적으로 연관이 있음을 볼 수 있지만, 그것들이 도덕적 행동의 동기를 충분히 설명하는 데에는 한계가 있으며 설명되지 않은 주요한 변수들이 존재한다는 데 또한 이견이 없다.[34] 이에 따라 도덕심리학에서 도덕성 발달 분야에 관한 연구는 이제 도덕적 판단이라는 매우 한정된 초점을 넘어 전 생애의 인격적 차원을 포함하는 방향으로 나아가는 경향이 있다. 블라시의 도덕적 인격 모델은 개인의 도덕적 정체성이 도덕적 행위에 대한 지속적인 수행을 안내하는 것으로 예상할 수 있다는 측면에서 처음의 자아 모델보다 더 큰 이론적인 구체성을 제공하는 것으로 평가된다.[35]

■ 도덕적 정체성 동기화론의 의의

블라시가 제시했던 도덕적 정체성의 동기화론은 도덕 판단과 행동 간의 괴리를 설명하는 데 따른 인지발달 접근의 한계를 극복하고 새로운 시각에서 인간의 도덕적 행동을 이해할 수 있는 지평을 넓혀주었다는 점에서 의의가 있다. 그의 도덕적 정체성 동기화 이론은 우리가 도덕적 판단과 행동의 관계를 이해하는 데 다음과 같은 시사점을 제공한다.

첫째, '자아self'를 중심으로 판단과 행동 간의 관계를 이해함으로써 인지나 정서의 단일 요소를 중심으로 하는 설명이 갖는 한계를 일정 부분 극복하고 있다. 자아라는 용어가 최근 심리학 저술에서 기하급수적으로 증가했지만, 블라시는 지시 대상과 의미는 여전히 부정확하고 모호하다고 지적하였다. 그는 자아가 자신 혹은 구체적인 사람과 동의어로 사용되거나 기질 및 행동 특성에 의해 혹은 두드러진 심리적 특성에 의해 정의 된 성격과 동등하게 사용되는 것으로 보고,[36] 자아의 심리적 과정을 명확히 하고자 하였다.

블라시는 프랑크푸르트의 견해를 기초로 개인의 자아를 객관적으로 구성되는 내용적 측면과 주관적으로 해석하는 경험적 방식의 측면으로 가정하고,[37] 주관적 정체성이 성숙함에 따라 자아는 신체적 특성, 관계, 행동과 같은 외적 내용보다는 가치, 신념, 목표와 같은 심리 내적 내용에 기우는 것으로 보았다. 그에 따라 자아 정체성의 특정 내용은 다른 것들보다 더 중심적이며 필수적인 것으로 선택되어 자아의 핵심을 이루게 되고, 따라서 도덕적 행동은 중요한 방식에서 자아와 연루된다는 것이다.[38]

이런 점에서 블라시의 도덕적 정체성의 개념은 인지구조 발달 주창자들이 강조하였던 도덕적 이해나 판단의 개념을 훼손하지 않으면서도 도덕적 자아 정체성이 어떻게 도덕적 행동의 동기를 유발하는 주요 원천으로 작동하는지를 설명해준다. 그의 관점은 사람들이 인지의 조화를 추구하는 경향성이 있음을 주장했던 미국 사회심리학자 페스팅거L. Festinger 의 관점에서 한발 더 나아가 이를 자아로 확대한 것이다. 블라시의 이러한 접근 방향은 인지만을 중심으로 판단과 행동 간의 관계를 설명하고자 했던 인지 부조화 이론의 한계를 의식한 결과로 보인다. 블라시는 자아에 동기의 중심 역할을 부여함으로써 도덕적 판단이나 감정을 강조하는 환원론적 설명에서 벗어나 인간의 도덕적 행동을 자아라는 한 개인의 전체론적 차원에서 이해하는 실마리를 제공해 주었다.

둘째, 자아 정체성의 도덕적 기능을 정교화함으로써 도덕적 판단이 행동으로 이어지는 과정을 더욱 명료하게 설명할 수 있는 계기를 마련해 주었다.[39] 자아를 내포하고 있는 여타 모델과 달리, 블라시가 말하는 도덕적 정체성 동기화론의 핵심은 도덕적 정체성이 자신의 판단을 그대로 실천해야 한다는 책임의식과 더불어 자아 일관성에 대한 심리적 필요에 따라 행동에 동기를 부여한다는 데 있다. 이는 개인의 정체성에서 도덕적 고려가 필수적이고 핵심적인 것으로 여겨질 때 행동이 도덕적 판단을 따를 가능성이 더 크다는 추론에 근거하고 있다.[40]

따라서 블라시를 위시한 도덕적 정체성의 동기화론자들은 도덕성과 정체성의 통일을 도덕적 성숙의 지표로 간주하는 경향이 있다.[41] 도덕적 정체성이 성숙할수록 개인은 자신의 내적 자아감과 일관되게 유지하려는 삶에 대한 욕구가 증가하고 이 내면의 자아가 도덕적 관심에 집중할 때 강력한 도덕적 동기를 얻는다. 이에 따라 개인은 자신의 도덕적 정체성의 의미와 일치하도록 행동을 규제한다. 불일치는 부정적인 감정을 생성하고 개인이 자신의 정체성 의미와 더 잘 일치하는 결과를 생성하기 위해 다르게 행동하도록 동기를 부여한다. 이로써 우리는 도덕적 행동의 동기에 대한 이러한 설명을 통해 앎과 행동의 관계에 대한 보다 확장된 혜안을 얻을 수 있다.

실제로 관련 연구들은 도덕적 정체성과 행동 간에는 상당한 연관이 있음을 일관적으로 보고하고 있다.[42] 예컨대 도덕적 모범인물(매우 도덕적인 사람으로 확인된 자)에 관한 연구는 그들이 개인적 욕망을 자신의 도덕적 목표와 일치시키는 정도가 높음을 보여주고 있다. 그리고 도덕적 모범을 보이는 청소년들은 비교집단의 청년들보다 자신의 자아 개념을 기술하는 데 있어서 도덕적 용어를 더 많이 사용하는 경향을 보여주었다. 또한 여러 실험 연구는 도덕적 정서와 행동에서 도덕적 정체성의 효과를 입증한다.[43]

셋째, 행위자의 주체성을 강조함으로써 도덕 행위자의 자율적 공간을 확보해주었다. 도덕적 행동을 설명하는 기존의 다른 관점들은 개인에 따라 나타나는 도덕적 행동의 차이를 주로 공감이나 도덕적 추론과 같은 도덕성을 구성하는 요소에서의 능력 차이로 설명하는 경향이 있었다. 그러나 블라시는 도덕적 자아 정체성이 성숙한다는 것을 그 개인의 자의식이 발달하는 것으로써 더욱 포괄적으로 이해한다. 그리고 그것은 개인이 자신의 중심을 형성하는 특정 가치나 목표를 추구하고 그에 적절한 성격 특성이나 감정을 수반하며 그럼으로써 자신의 정체성을 유지하고자 하는 의무감과 헌신을 발달시킨다고 말한다.

경험적 연구 결과들은 실제로 정체성 이론이 개인을 도덕적 실체로 설명하는 데 어떻게 도움이 되는지 보여준다. 최근에 크레튼노어와 헤르츠는 100여 편이 넘는 논문을 대상으로 도덕적 정체성과 도덕적 행동 간의 메타 분석을 통해, 도덕적 정체성이 개인의 주체적인 도덕적 행동과 관련이 있음을 암시하는 긍정적인 효과를 발견했다.[44] 이러한 경험적 연구들은 도덕적 정체성이 개인의 자율적인 도덕적 행동을 추동하는 예측 인자로 작동한다는 것을 일정 부분 확인해주고 있다.

블라시가 도덕적 동기를 강화하기 위한 관건은 자아에 달려 있다고 말한 것도 도덕적 행위자의 자율성을 반영한 것이라 할 수 있다. 그의 관점에서 보는 자아는 인격의 한 부분으로서 의식적이고 주체적이며 행위적인 과정이자 숙달과 자기 통제의 과정, 소유와 처분의 과정, 의식적으로 스스로에 대해 정의하는 과정, 내재적 자신의 형성과 이와의 일관하는 과정이 기저를 이룬다.[45] 따라서 개인은 단순히 인지발달과 사회화를 통해 도덕적 이해를 집적해나가는 수동적 존재가 아닌 것으로 드러난다. 행위자는 자신이 지닌 도덕적 기준의 렌즈를 통해 사회적 상황을 평가하기 때문에 그 상황과의 개인적 관련성을 고려한다.[46] 그리고 개인은 주체적으로 도덕적 가치를 선택하고 의도적으로 이를 자의식에 통합한다. 개인이 지닌 도덕적 정체성은 자기 자신이 구성한 면이 강하다는 점에서 볼 때 도덕적 정체성 동기화론은 도덕적 행위자로서 자율적 공간의 근거를 확보하고 있다.

우리의 도덕적 행동을 이끄는
동기에 관한 종합적 논의

우리의 도덕적 행동을 이끄는 것이 무엇인가에 관해서는 인성 혹은 도덕성 발달 이론에서 핵심적인 주제 가운데 하나이다. 현대 도덕심리학 자들이 도덕적 행동을 추동하는 동기화의 원천이 무엇인가에 관해 관심을 갖게 된 계기는 콜버그의 도덕적 판단과 행위 간의 설명이 여러 난관에 봉착한 것에서 나왔다. 그러나 이후 아직 그에 관한 어떤 합의된 견해가 있는 것은 아니다. 다만, 하나의 경향성이 존재하는 것은 분명해 보인다. 그것은 우리의 도덕적 행동을 이끄는 동기의 원천을 이성이나 감정 등의 요소에 국한하지 않고 개인 전체를 포함하는 자아나 인격의 차원에서 접근하고자 한다는 것이다. 지금까지 여러 연구자가 제시하였던 도덕적 행동에 대한 동기화의 원천을 요약하면 다음과 같다.

표 5-1_ 도덕적 동기화의 원천

학자	도덕적 동기화의 원천
콜버그(L. Kohlberg)	도덕 판단
호프만(M. L. Hoffman)	도덕적 감정(공감)
나딩스(N. Noddings)	배려
데이먼(W. Damon)	도덕적 자아
레스트(J. Rest)	도덕적 민감성, 도덕적 판단, 도덕적 동기화, 도덕적 품성
리코나(T. Lickona)	도덕적 사고, 도덕적 감정, 도덕적 행동
나바에즈(D. Narvaez)	도덕적 민감성, 도덕적 판단, 도덕적 초점, 도덕적 행동
블라시(A. Blasi)	도덕적 정체성(자아, 도덕적 인격)
버코위츠((M. W. Berkowitz)	4가지 심리적 요소, 4가지 도덕적 기능, 7가지 인격 특성

위의 표에서 짐작할 수 있듯이, 우리는 어떤 특정한 요소의 한두 가지가 우리의 도덕적 행동을 이끈다고 말하기 어렵다. 그런 맥락에서 논자는 데이먼이나 버코위츠, 블라시의 관점에 동의하는 바가 많다. 즉, 논자는 개인의 도덕적 행동이 그 사람의 전인적 차원에서 직관이나 숙고의 결과를 통해 드러나는 것으로 이해한다. 특히 현대 도덕심리학자들이 블라시가 말하는 도덕적 정체성에 주목하는 것도 그것이 하나의 독립적인 개념이라기보다는 자아와 인격이라는 전인적 차원 속에서 작용하는 핵심적 요소로 상정하고 있기 때문으로 여겨진다.

이에 논자는 블라시의 견해에 많은 부분 동의하면서 자아가 도덕적 행동을 이끄는 일차적인 동기의 원천이라고 본다. 그런데 이와 관련하여 블라시는 정작 자아 그 자체에 대해서는 자세한 설명을 제시하지 않았다.

우리가 도덕적 행동을 이끄는 동기화의 원천을 논의하기 위해서는 자아에 관하여 좀 더 풍부한 심리학적 설명이 필요하다. 여기에서는 이를 보완하는 차원에서 자아에 관한 설명을 부연한다.

어쩌면 인간의 도덕적 행동을 자아의 측면에서 설명한 선구자적인 접근은 프로이트에서 비롯했다고 볼 수 있다. 프로이트에 따르면, 하나의 동물로서 인간은 그 본성이 후천적으로 형성되고 발달하는 자아에 의해 조절되고 통제될 때에 비로소 인간으로서의 존재 가치를 지닐 수 있다. 그는 이를 원자아Id의 쾌락 원리에서 자아ego의 현실 원리로의 변화로 설명하였다. 도덕적 인간의 모습은 심리적 구조의 이 두 가지 원리 간의 현실적 타협을 통해 구체화한다. 현실 원리란 성적 충동과 공격적 충동의 에너지를 사회적으로 수용되지 않는 방식을 통하여 직접 표현할 때 나타날 결과보다 더 큰 만족과 적은 고통을 가져올 활동에 투입하는 것, 즉 사회의 도덕적 규칙을 준수하는 것이 계몽된 자기 이익enlightened self-interest이라는 확신을 말한다.

물론 프로이트는 인간의 행동을 안내하는 특별한 도덕적 가치들을 구체적으로 제시하지는 않았다.[47] 하지만 그는 사람이 어떻게 살아야 하는가 그리고 무엇을 해야 하는가를 결정할 수 있게 하는 지적인 틀을 제공해 주었다. 무엇보다, 프롬E. Fromm의 표현을 빌리면, 도덕적 인간이란 최소한 즉각적 만족에서 지연된 만족, 혹은 쾌락의 충족에서 쾌락의 제한에 의의를 부여하는 가치체계의 변화를 가져온 사람이다.[48] 우리가 무엇을 생각하고 어떻게 행동해야 할 것인가의 기본적인 틀을 시사한 것이다. 프로이트에 의하면, 이는 현실 원리를 따르는 자아ego가 얼마나 힘을 발휘할 수 있는가에 달려 있다.

자아는 로저스의 심리학 이론에서도 중요한 비중을 차지하고 있다. 그에 따르면, 자아는 출생 시에는 존재하지 않는다.[49] 자아는 'I'나 'me'가 지니는 특징에 대한 지각 그리고 타인과의 여러 가지 생활 측면에 대한 'I'나 'me'의 관계성의 지각으로 구성된 체계화되고 일관성이 있는 개념적인 형태인데, 이들 지각에 대해 부여된 가치와 함께 결합하여 있다. 그것은 반드시 의식되는 것이 아니나 의식이 가능한 것이다. 또한, 그것은 유동적이고 변화하는 형태, 즉 하나의 과정이지만 어떤 특정한 순간에는 하나의 특수한 실체이기도 하다.[50] 다시 말하면, 로저스에게 있어서 자아란 자신에 관하여 조직화한, 일관된 일련의 자각과 신념을 의미한다. 결국 자아는 우리의 내적인 인성에 해당한다.[51] 그런 점에서 볼 때 개인이 현재 형성하고 있는 자아는 도덕적 상황에서 그 사람이 어떻게 행동할 것인가를 예측할 수 있는 가장 유력한 단서를 담고 있다.

논자는 로저스의 자아 개념 가운데 우리가 주목해야 할 측면이 있다고 본다. 그것은 자아가 고정된 것이 아니라 끊임없이 변화와 발전을 거듭한다는 것이다. 그런 점에서 자아는 현상적 장의 일부분에 속한다. 그는 인간의 삶이란 스스로 그 자신을 만들어가는 과정이라고 하였다. 이는 실존주의 철학의 개념에 근거한 것으로, 우리는 이를 '형성becoming의 인간관'이라 부를 수 있다. 인간은 고정된 실체가 아니라 항상 어떤 존재가 되려고 하는 유동적인 형성의 과정에 있다는 것이다. 로저스는 인간은 흘러가는 강이지 견고한 물질의 덩어리가 아니며, 끊임없이 변화하고 있는 잠재력의 배열이지 고정된 특질들의 집합이 아니라고 하였다.[52]

마지막으로, 논자는 도덕적 행동을 이끄는 동기가 무엇인지를 고찰하는 데 있어 도덕성을 해부학적으로 접근한 미국의 도덕교육학자 버코위츠M. W. Berkowitz의 견해를 덧붙인다. 버코위츠는 사람이 도덕적 행동을 하는 데 관련되는 심리적 특성을 다층적 차원에서 제시하고 있다. 이를 통해 우리는 좀 더 포괄적 관점에서 도덕적 인간의 본질을 바라볼 수 있으며 도덕적 행위를 이끄는 동기가 어떻게 작동하는가에 대한 또 다른 시각을 추론해볼 수 있다.

버코위츠는 도덕적 혹은 인격적 특성들은 자동으로 등장하는 것이 아니며, 인간의 도덕적 본성(도덕적 행동, 도덕적 인격, 도덕적 가치, 도덕적 추론, 도덕적 정서, 도덕적 정체성, 메타 도덕적 특성)은 그 사람의 심리적 구성과 아주 긴밀하게 통합되어 있다고 말한다. 그는 도덕적 인간의 가장 기본적인 심리적 구성 요소로 자존감, 사회적 지향, 자제력, 외부 기준에 대한 순종을 들었다. 그리고 중심적인 도덕적 기능으로 공감, 이타주의, 양심, 도덕적 추론을 제시하였다. 그러한 구성 요소와 기능을 발휘하는 사람은 도덕적 가치를 지향하고, 도덕적 정서 및 추론을 지니며, 도덕적 정체성과 일치하는 행동을 보이는 인격을 발달시킨다고 하였다.

버코위츠가 제시한 이들 요소는 도덕적인 사람의 내부에서 작동하는 심리적 구조와 내용을 언급한 것으로, 단순히 자아 정체성과 도덕성이 통합된 것으로서의 도덕적 정체성이 도덕적 행동을 유일하게 담보하는 개념으로 단정하기는 어렵다는 것을 시사한다. 우리는 버코위츠가 제시한 도덕적 인간의 본성에 관한 개념을 통해 한 인간의 도덕적 행위가 얼마나 많은 심리적 요소의 상호작용으로 결정되고 표출되는지를 이해할 수 있다. 이것은 역설적으로 우리가 개인의 행동을 도덕적 관점에서 일관되게 예측하는 것이 얼마나 어려운 일인가를 시사한다.

맺음글

블라시는 도덕적 동기화에 대한 인지 중심 혹은 정서 중심 접근의 문제점들을 극복하고자 하는 과정에서 그 해결의 실마리를 도덕적 정체성에서 찾았다. 그의 이러한 문제의식은 도덕적 인지에서 도덕적 행동으로의 변화와 관련한 판단과 행동 간의 일치 문제가 많은 비판에 직면하게 되면서, 이를 좀 더 유력한 관점에서 설명하고자 하는 의도에서 출발하였다. 블라시는 여러 경험적 연구 결과를 토대로 도덕 판단을 넘어서는 다른 요소들이 도덕적 행동을 유발하는 동기로 작용한다면서, 그 가운데 도덕적 정체성을 주요 요인으로 지목하였다. 그리고 그의 관점은 현재까지도 무엇이 우리의 도덕적 행동을 이끄는가의 의문에 대한 유력한 하나의 답이 되고 있다.

도덕적 정체성 이론은 도덕성과 자아의 통합에 기초하고 있다. 그래서 매우 확고한 도덕적 정체성을 지닌 사람은 모든 다른 도덕과 무관한 책무에 앞서 도덕적 책무를 우선시한다는 가정에 기반을 둔다. 즉, 그 사람은 자신이 존중하는 도덕적 가치에 따라 자신의 삶을 살고자 하는 책임 의식을 느낀다. 따라서 확고한 도덕적 정체성을 지닌 사람은 선한 사람이 되고자 하며, 최소한 자신이 우선시하는 도덕적 책무를 존중하고자 한다. 적어도 이론상으로는 그때 그 사람은 선을 알뿐만 아니라 선을 우선으로 여기고 선과 일치하여 행동한다. 반면에, 자아에서 도덕적 정체성이 큰 비중을 차지하지 않는 사람은 도덕과 무관한 일에 우선순위를 부여하기 쉽다. 그런 사람은 해야 할 옳은 일이 무엇인지 알긴 하지만, 자신의 지식에 따라 행동하지 않을 개연성이 크다. 아마도 그런 사람은 자신이 우선시하는 도덕과 무관한 일에 대한 욕망으로 추동되기 때문일 것이다.

블라시가 제안한 도덕적 정체성 동기화 이론은 일반적으로 도덕적 이해를 바탕으로 한 추론의 기능을 훼손하지 않으면서 앎과 도덕적 행위 간의 틈을 메우고, 도덕적 행위의 동기적 측면을 잘 설명해주고 있다는 평가를 받는다. 그는 도덕성에 관한 인지발달 모델의 한계를 지적하면서도 도덕성의 형성과 발달에서 추론(또는 인지)의 중요성을 인정하고, 도덕적 추론과 도덕적 동기화 그리고 도덕적 정체성 간의 관계에 대한 우리의 이해를 확장하는 데에 많은 도움을 주었다. 그의 이론은 도덕적 정체성의 형성이 도덕적 행동의 동기화로서 기능을 발휘하는 과정을 의미 있게 제시하였다는 점에서 그 의의가 있다.

더 나아가 블라시가 욕망, 의지, 의지력, 자아 일관성 등 오랫동안 잊혀왔던 개념들을 현대 심리학의 용어로 회귀시킨 점에 대해서도 긍정적인 평가를 할 수 있다. 현대 신경과학의 발달로 인하여 전통적인 도덕적 인간관이 비판에 직면하여 있는 가운데 블라시는 심리학에서 의지를 지닌 행위자로서의 주관적 자아를 방어하고, 도덕적 기능의 합리적, 의도적 본질을 강조하며, 자아 정체성과 도덕성을 통합한 것은 뛰어난 성과이다. 아울러 그의 도덕적 동기화 이론은 우리에게 자기 삶의 방향성을 스스로 판단하고 결정하는 도덕 행위자로서의 자율성을 확보해주고 있다는 점에서도 하나의 강점으로 꼽힌다. 비록 그의 이론적 주장이 지속적인 경험적 연구로 연결되고 있지는 않지만, 그의 연구에 내포된 일반적인 요지를 고무하는 연구의 흐름이 존재하는 것 또한 사실이다.

그러나 도덕적 정체성 동기화 이론이 콜버그 이후 제기된 도덕적 행동의 동기가 무엇인가에 대한 다른 견해들보다 더욱 포괄적이고 전인적 차원에서 접근한다는 점에서 유력한 대안으로 주목받고 있기는 하지만, 블라시를 비롯하여 이 관점의 주창자들이 정작 전인적 측면에서 자아가 어떤 과정을 거쳐 어떻게 발달하는지에 대해서는 별다른 언급을 하고 있지 않다는 아쉬움이 있다. 즉, 자아에 관한 좀 더 포괄적이고 정치한 설명이 요구된다. 우리는 도덕적 정체성에 대해 버코위츠가 시사한 바와 같이 도덕적 인간의 전인적인 심리적 특성의 차원에서 좀 더 확장적으로 이해할 필요가 있다. 그럼으로써 우리는 인간의 역동적인 심리적 작용과 그로부터 파생하는 도덕성의 양태를 더욱 넓은 시각에서 바라볼 수 있을 것이다.

결론적으로 말하자면 인간의 도덕성은 매우 역동적인 속성을 지니고 있어 어떤 하나의 요소를 우리의 도덕적 행동을 이끄는 동기로 지목하는 것을 허용치 않는다. 그래서 무엇이 우리의 도덕적 행동을 이끄는가에 대한 물음에 단정적으로 답을 내놓기가 어렵다. 하지만 개인의 자아가 중요한 역할을 한다는 점에는 많은 사람이 동의할 것이다. 다만, 도덕성이 그 사람의 전인적 자아나 인격에 공고히 체화된 사람의 경우에 그럴 개연성이 높다고 할 수 있다. 물론 어떤 사람한테 그리고 어떻게 한 개인의 정체성에서 도덕성이 중심 위치를 차지하게 되는지에 관한 의문은 또 다른 논의가 필요한 새로운 논제라는 점에서 여전히 어려움이 남는다.

참고문헌

김태훈(2002), 신콜버그파(Neo-Kohlbergian)의 이론적 관점에 관한 고찰, 『윤리연구』, 49권, 1호, 한국윤리학회.

이정렬(2009), 도덕적 인격 형성을 위한 도덕적 정체성의 역할과 도덕교육적 함의, 서울대학교 대학원 박사학위청구논문.

정영우(2010), 도덕적 정체성 연구의 통합적 접근법 모색, 『윤리교육연구』, 제21호, 한국윤리교육학회.

조희숙 외(1994), 『아동발달심리』, 서울: 학지사.

추병완(2013), 블라지(Blasi)의 자아 모델에 대한 비판적 평가, 『교육과정평가연구』, Vol. 16, No. 1, 한국교육과정평가원.

Aquino, K., Freeman, D., Reed II, A., Lim, V. K. & Felps, W.(2009), Testing a social-cognitive model of moral behavior: The interactive influence of situations and moral identity centrality, *Journal of Personality and Social Psychology*, 97(1).

Aristoteles 저, 최명관 옮김(1991), 『니코마코스 윤리학』, 서울: 서광사.

Bandura, A.(2001), Social Cognitive Theory: An Agentic Perspective, *Annual Review of Psychology*, 52.

Bergman, R.(2002), Why be moral? A conceptual model from developmental psychology, *Human Development*, Vol. 45.

Bergman, R.(2004), Identity as Motivation: Toward a Theory of the Moral self, D. K. Lapsley & D. Narvaez, *Moral development, Self, and Identity*, N.J.: Lawrence Erlbaum Associater.

Berkowitz, M. W. & Grych, J. H.(1998), Fostering Goodness: Teaching Parents to Facilitate Children's Moral Development, *Journal of Moral Education*, 27(3).

Blasi, A.(1980), Bridging Moral Cognition and Moral Action: A Critical Review of the Literature, *Psychological Bulletin*, Vol. 88, No. 1.

Blasi, A.(1983), Moral cognition and moral action: A theoretical perspective, *Developmental Review*, Vol. 3.

Blasi, A.(1984), Moral Identity: Its Role in Moral Functioning, W. M. Kurtines & J. L. Gewirtz, *Morality, Moral Behavior, and Moral Development*, NY: John Wiley & Sons, Inc.

Blasi, A.(1989), The Integration of Morality in Personality, I. E. Bilbao (Ed.), *Perspectivas Acerca De Cambio Moral Posibles Intervenciones Educativas*, San Sebastian: Servicio Editorial Universidad Del Pais Vasco.

Blasi, A.(1993), The Development of Identity: Some Implications for Moral Functioning, G. G. Naom, & T. E. Wren(Eds.), *The moral self*, Cambridge, Ma: MIT Press.

Blasi, A.(1999), Emotions and moral motivation, Journal for the *Theory of Social Behaviour*, Vol. 29(1).

Blasi, A.(2004), Moral functioning: Moral understanding and personality, D. K. Lapsley & D. Narvaez(Eds.), *Moral development, self, and identity*, Mahwah, NJ: Erlbaum.

Blasi, A.(2005), Moral character: A psychological approach, In D. K. Lapsley & F. C. Power(Eds.), *Character Psychology and Character Education*, Notre Dame, IN: University of Notre Dame Press.

Damon, W.(1984), Self-understanding and moral development from childhood to adolescence, In W. M. Kurtines & J. L. Gewirtz(Eds.), *Morality, moral behavior, and moral development*, New York, N.Y.: Wiley.

Erikson, E. H. (1963), *Childhood and Society*, New York: W·W·Norton & Company.

Erikson, E. H.(1964), *Insight and Responsibility*, New York: Norton,

Erikson, E. H.(1968), *Identity: Youth and crisis*, N.Y.: Norton.

Frankfurt, H. G.(1971), Freedom of the Will and the Concept of a Person,

Journal of Philosophy, 68.

Hardy, S. A. & Carlo, G.(2005), Identity as a Source of Moral Motivation, *Human Development*, 48(4).

Hardy, S. A. & Carlo, G.(2011), Moral Identity: What Is It, How Does It Develop, and Is It Linked to Moral Action?, *Child Development Perspectives*, Vol. 5, Issue 3.

Hart, D.(2005a), Adding Identity to the Moral Domain, *Human Development*, Vol. 48, Issue 4.

Hart, D.(2005b), The development of moral identity, In G. Carlo & C. P. Edwards(Eds.), *Nebraska Symposium on Motivation: Moral development through the lifespan: Theory, research, and application*, Lincoln: University of Nebraska Press.

Hinde, R. A. 저, 김태훈 옮김(2022), 『선이 좋은 이유: 도덕성의 근원』, 서울: 글로벌콘텐츠.

James W.(1890), *The Principles of Psychology*, New York, NY: H. Holt and Company.

Kagan, J.(2000), Human morality is distinctive, *Journal of Consciousness Studies*, 7.

Krettenauer, T. & Hertz, S. G.(2015), What Develops in Moral Identities? A Critical Review, *Human Development*, 58(3).

Kurtines, W. K. 저, 문용린 옮김(2004), 『도덕성의 발달과 심리』, 서울: 학지사.

Lapsley, D. K. & Lasky, B.(2001), Prototypic moral character, *An International Journal of Theory and Research*, 1(4).

Lapsley, D. K. & Narvaez, D.(2006), Character Education, In W. Damon & R. M. Lerner, *Handbook of Child Psychology*, Vol. 4, NY: John Wiley & Sons Inc.

Lapsley, D. K. & Narvaez, D.(Eds.)(2013), *Moral Development, Self, and Identity*, Mahwah, New Jersey: Lawrence Erlbaum Associates, Publishers.

Lapsley, D. K. & Power, F. C.(Eds.), 정창우 옮김(2008), 『도덕심리학과 도덕교육』, 고양: 인간사랑.

Lapsley, D.(2008), Moral Self-Identity as the Aim of Education, In L. Nucci & D. Narvaez(Eds.), *Handbook of Moral and Character Education*, New York, NY: Routledge.

Lapsley, D.(2015), Moral Identity and Developmental Theory, *Human Development*, Vol. 58.

Lefebvre, J. P., Krettenaue, T.(2019), Linking Moral Identity With Moral Emotions: A Meta-Analysis, *Review of General Psychology*, 23(4).

McLeod, S.(2014), Carl Rogers. https://www.simplypsychology.org/carl-rogers.html(검색: 2021. 01. 20)

Narvaez, D. & Lapsley, D. K.(2009), Moral Identity, Moral Functioning, and the Development of Moral Character, In D. M. Bartels, C. W. Bauman, L. J. Skitka, D. L. Medin(Eds.), *The Psychology of Learning and Motivation*, Vol. 50, M.A.: Academic Press.

Nunner-Winkler, G.(2007), Development of moral motivation from early childhood to early adulthood, *Journal of Moral Education*, 36.

Phares, E. J. 저, 洪琡基 옮김(1995), 『性格心理學』, 서울: 博英社.

Pletti, C., Decety, J., Paulus, M.(2019), Moral identity relates to the neural processing of third-party moral behavior, *Social Cognitive and Affective Neuroscience*, Vol. 14, Issue 4.

Reimer, K.(2003), Committed to caring: Transformation in adolescent moral identity, *Applied Developmental Science,* Vol. 7.

Rogers, C. R.(1959), A Theory of therapy, personality, and interpersonal relationships, as developed in the client-centered framework, In S. Koch(Ed.), *Psychology: A Study of a Science* (Vol. 3), New York: McGraw-Hill.

Rogers, C. R.(1961), On becoming a person: A Therapist's View of Psychology, Boston: Houghton Mifflin.

Shrager, J. S.(1975), Responses to evaluation as a function of initial self-perception, *Psychological Bulletin*, 82.

Smetana, J. G.(1989), Toddler's social interactions in the context of moral and conventional transgressions in the home, *Developmental Psychology*, 25.

Stets, J. E. & Carter, M. J.(2011), The Moral Self: Applying Identity Theory, *Social Psychology Quarterly*, 74(2).

Strohminger, N. & Nichols, S.(2014), The essential moral self, *Cognition*, 131(1).

Taylor, C.(1989), *Sources of the Self: The Making of the Modern Identity*, Massachusetts: Harvard University Press.

Thomas, R. M.(1997), *Moral Development Theories -Secular and Religious: A Comparative Study*, Westport, CT: Greenwood Press.

Winkler, G. N.(2007), Development of moral motivation from early childhood to early adulthood, *Journal of Moral Education*, Vol. 36.

Yuli, L. 저, 장동익 옮김(2022), 『덕이란 무엇인가』, 서울: 도서출판 씨아이알.

Endnote

1 김태훈(2002), 신콜버그파(Neo-Kohlbergian)의 이론적 관점에 관한 고찰, 『윤리연구』, 49권, 1호, 한국윤리학회, pp. 147-168.

2 블라시는 '자아 모델self model'을 제시하면서 자아 정체성과 도덕성이 통합된 개념으로 '도덕적 정체성moral identity'이라는 용어를 사용하였다. 하지만 학자들은 그의 이론을 논의할 때나 일반적으로 그와 유사한 개념을 지칭할 때 '도덕적 정체성'과 더불어 '도덕적 자아 정체성moral self-identity' 혹은 '도덕적 자아moral self'라는 말을 사용하기도 한다. 예컨대, 나바에즈D. Narvaez와 랩스리D. K. Lapsley는 '도덕적 자아 정체성'이라는 말을 사용하는가 하면[D. Narvaez and D. K. Lapsley, Moral Identity, Moral Functioning, and the Development of Moral Character, In D. M. Bartels, C. W. Bauman, L. J. Skitka, and D. L. Medin(2009), *The Psychology of Learning and Motivation*, Vol. 50, Burlington: Academic Press, pp. 239-240], 플레티C. Pletti, 데서티J. Decety, 파울러스M. Paulus는 '도덕적 자아'라는 말을 쓰기도 한다[C. Pletti, J. Decety, M. Paulus(2019), Moral identity relates to the neural processing of third-party moral behavior, *Social Cognitive and Affective Neuroscience*, Vol. 14, Issue 4, pp. 435-445]. 이 논의에서는 '도덕적 정체성'이라는 용어로 통일하여 사용한다.

3 A. Blasi(1993), The Development of Identity: Some Implications for Moral Functioning, In G. G. Naom, & T. E. Wren(Eds.), *The moral self*, Cambridge, Ma: MIT Press, p. 99.

4 A. Blasi(1980), Bridging Moral Cognition and Moral Action: A Critical Review of the Literature, *Psychological Bulletin*, 88(1), pp. 3-4.

5 위의 논문, pp. 1-45.

6 A. Blasi(1984), Moral Identity: Its Role in Moral Functioning, In W. M. Kurtines & J. L. Gewirtz, *Morality, Moral Behavior, and Moral Development*, NY: John Wiley & Sons, Inc., p. 130.

7 E. H. Erikson(1963), *Childhood and Society*, New York: W.W.W. Norton & Company, p. 228.

8 K. Reimer(2003), Committed to caring: Transformation in adolescent moral identity, *Applied Developmental Science*, Vol. 7, pp. 129-137.

9 S. A. Hardy, & G. Carlo(2011), Moral Identity: What Is It, How Does It Develop,

and Is It Linked to Moral Action? *Child Development Perspectives*, Vol. 5, Issue 3, p. 212.

10   A. Blasi(1989), The Integration of Morality in Personality, In I. E. Bilbao(Ed.), *Perspectivas Acerca De Cambio Moral Posibles Intervenciones Educativas*, San Sebastian: Servicio Editorial Universidad Del Pais Vasco, pp. 125-126; R. Bergman(2002), Why Be Moral? A Conceptual Model from Developmental Psychology, *Human Development*, 45, pp. 119-120.

11   T. Krettenauer & S. G. Hertz(2015), What Develops in Moral Identities? A Critical Review, *Human Development*, 58(3), p. 137.

12   W. Damon(1984), Self-understanding and moral development from childhood to adolescence, In W. M. Kurtines & J. L. Gewirtz(Eds.), *Morality, moral behavior, and moral development*, New York, N.Y.: Wiley, pp. 120-124.

13   R. Bergman(2004), Identity as Motivation: Toward a Theory of the Moral self, In D. K. Lapsley & D. Narvaez, *Moral development, Self, and Identity*, N.J.: Lawrence Erlbaum Associater, p. 29.

14   D. K. Lapsley & B. Lasky(2001), Prototypic moral character, *An International Journal of Theory and Research*, 1(4), p. 358.

15   D. Lapsley(2015), Moral Identity and Developmental Theory, *Human Development*, Vol. 58, p. 164.

16   N. Strohminger & S. Nichols(2014), The essential moral self, *Cognition*, 131(1), p. 159.

17   A. Blasi(1993), 앞의 논문, p. 117.

18   W. James(1890), *The Principles of Psychology*, New York, NY: H. Holt and Company, p. 371.
     https://www.frontiersin.org/articles/10.3389/fpsyg.2018.01656/full(검색: 2021. 01. 15)

19   A. Blasi(1984), 앞의 논문, p. 138.

20   A. Blasi(2004). Moral functioning: Moral understanding and personality. In D. K. Lapsley & D. Narvaez(Eds.), *Moral development, self, and identity*, Mahwah, NJ: Erlbaum, p. 342.

21   D. K. Lapsley & D. Narvaez(2013), *Moral Development, Self, and Identity*, Mahwah, New Jersey: Lawrence Erlbaum Associates, Publishers, p. 4.

22   A. Blasi(1983), Moral cognition and moral action: A theoretical perspective, *Developmental Review*, Vol. 3, p. 201.

23 W. M. Kurtines 저, 문용린 옮김(2004), 『도덕성의 발달과 심리』, 서울: 학지사, pp. 302-333.

24 A. Blasi(1999), Emotions and moral motivation, *Journal for the Theory of Social Behaviour*, Vol. 29(1), p. 19.

25 A. Blasi(1983), 앞의 논문, p. 198.

26 A. Blasi(2005), Moral character: A psychological approach, In D. K. Lapsley & F. C. Power(Eds.), *Character psychology and character education*, University of Notre Dame Press, p. 67.

27 A. Blasi(2004), 앞의 책, p. 335.

28 A. Blasi(2005), 앞의 책, p. 70.

29 논자는 이를 실제 생활과 연관된 개별적 성격이 강한 덕과 실제 생활과는 거리가 있는 다른 덕들의 통합적 성격이 강한 덕으로 구분하는 개념으로 이해한다. 이를 부연하면, 개인의 행동지침으로 작용하는 덕들, 예컨대, 성실, 정직, 배려, 공정, 친절 등은 개인이 실제 생활의 각기 다른 상황에서 요구되는 인격적 특성이다(콜버그가 지적했던 'bag of virtues'에 해당함). 반면에 그가 말하는 높은 위계, 곧 일반성의 수준이 높은 덕들은 실제 생활과 직접적인 연관성이 낮고, 전자의 개별적 덕들을 통합함으로써 가능한, 더욱 안정적인 면모를 보이는 인격적 특성을 의미하는 것으로 이해한다.

30 논자는 블라시가 사용하는 '덕'이란 용어가 그의 이론체계에서 적절한지 고려해 보아야 한다고 생각한다. 논자의 관점에서 볼 때 일반적으로 우리가 말하는 '덕'의 개념과는 거리가 있기 때문이다. 동양 철학에서는 대체로 덕을 자신의 주관적 노력으로 도(道)를 획득한 사람이 성취한 성품이다. 거기에는 사람이 목표로 여겨야만 하는 방향성이 내포되어 있다[L. Yuli 저, 장동익 옮김(2022), 『덕이란 무엇인가』, 서울: 도서출판 씨아이알, p. 139]. 서양의 아리스토텔레스는 칭찬받을 만한 정신 상태를 덕이라 한다고 했다. 특히 도덕적인 덕은 습관의 결과로 생긴다고 하였다[Aristoteles 저, 최명관 옮김(1991), 『니코마코스 윤리학』, 서울: 서광사, pp. 59, 61]. 심리학적 차원에서 정의되는 덕의 개념도 아리스토텔레스가 말하는 칭찬받을 만한 정신 상태라는 것에서 벗어나지 않는다. 예컨대, 발달심리학자 에릭슨은 개인이 자신에게 주어진 생리적 및 사회적 요구에 따른 위기를 잘 극복할 때 형성되는 능력을 '덕'이라 하였다[E. H. Erikson(1964), *Insight and Responsibility*, New York: Norton, p. 115]. 이에 비추어 볼 때, '의지력'은 예외일 수 있으나, '자아 일관성'이나 '도덕적 욕망'은 자신의 주관적 노력으로 성취한 성품이라고 보기 어렵고 칭찬할 만한 정신 상태라고 하기도 모호하다. 여러 사람이 블라시의 인격 모델을 인용할 때 사용하고 있듯이, '특성(traits)'이란 말이 더 잘 어울린다.

31 H. G. Frankfurt(1971), Freedom of the Will and the Concept of a Person, *Journal of Philosophy*, 68, pp. 5-20.

32 위의 논문, pp. 5-20.

33 우리는 블라시가 자신의 인격 모델에서 사용하고 있는 '의지'와 '욕망'이라는 용어에 대해서도 주의할 필요가 있다. 프랑크푸르트는 '자유의지(volitions)'라는 용어를 '욕망(desire)'이란 용어와 혼용하고 있다. 하지만 블라시가 자신의 인격 모델 체계에서 프랑크푸르트가 말하는 '자유의지'를 도덕적인 사람이 되고자 하는 포괄적 의미에서 '의지'라는 말을 사용하고 있는데, 이는 도덕적 자아 정체성을 구성하는 하나의 요소인 '의지력(willpower)'과 혼동을 일으킬 수 있는 원인이 되고 있다. 여기에서 말하는 '자유의지volitions'는 어떤 외적인 압력과는 무관하게 자신이 원해서 하는 '자발적 의지free will'라는 의미를 강조한 것으로, 이것은 특정한 목표를 정한 후 이를 실천하고자 하는 '의지력will power'과는 의미적 차원에서 분명히 거리가 있는 말이다. 따라서 이런 혼란을 줄이기 위해서라도 '의지'보다는 '욕망' 혹은 '자발적 의지'라는 용어를 사용하는 것이 더 적절해 보인다.

34 S. A. Hardy, G. Carlo(2005), Identity as a Source of Moral Motivation, *Human Development*, 48(4), p. 3.

35 정영우(2010), 도덕적 정체성 연구의 통합적 접근법 모색, 『윤리교육연구』, 제21호, 한국윤리교육학회, p. 57.

36 A. Blasi(2004), 앞의 책, p. 3.

37 A. Blasi(1993), 앞의 책, pp. 99-122.

38 A. Blasi(2004), 앞의 책, pp. 3-25.

39 S. A. Hardy & G. Carlo(2005), Moral character: A psychological approach, In D. K. Lapsley & F. C. Power(Eds.), *Character Psychology and Character Education*, Notre Dame, IN: University of Notre Dame Press, pp. 236-237.

40 A. Blasi(1980), 앞의 논문, pp. 1-45.

41 R. Bergman(2002), Why be moral? A conceptual model from developmental psychology, *Human Development*, Vol. 45, pp. 104-124.

42 S. A. Hardy, & G. Carlo(2011), 앞의 논문, p. 215.

43 J. P. Lefebvre, T. Krettenaue(2019), Linking Moral Identity With Moral Emotions: A Meta-Analysis, *Review of General Psychology*, 23(4). https://journals.sagepub.com/doi/10.1177/1089268019880887(검색: 2021. 01. 15)

44 J. E. Stets & M. J. Carter(2011), The Moral Self: Applying Identity Theory, *Social Psychology Quarterly*, 74(2), pp. 192-215.

45 A. Blasi(2004), 앞의 논문, p. 342.

46 D. Narvaez & D. K. Lapsley(2009), Moral Identity, Moral Functioning, and the Development of Moral Character, In D. M. Bartels, C. W. Bauman, L. J. Skitka, D. L. Medin(Eds.), *The Psychology of Learning and Motivation*, Vol. 50,

M.A.: Academic Press, p. 242.

47   R. M. Thomas(1997), *Moral Development Theories -Secular and Religious: A Comparative Study*, Westport, CT: Greenwood Press. p. 106.

48   H. Marcuse & E. Fromm 저, 오태환 옮김(1987), 『프로이트 심리학 비판』, 고양: 선영사, p. 100.

49   E. J. Phares 저, 洪琡基 옮김(1995), 『性格心理學』, 서울: 博英社, p. 159 주석 참고.

50   C. R. Rogers(1959), A Theory of therapy, personality, and interpersonal relationships, as developed in the client-centered framework, In S. Koch(Ed.), *Psychology: A Study of a Science*, Vol. 3, New York: McGraw-Hill, p. 200.

51   S. McLeod (2014), Carl Rogers.
https://www.simplypsychology.org/carl-rogers.html(검색: 2023. 03. 31)

52   C. R. Rogers(1961), *On becoming a person: A Therapist's View of Psychology*, Boston: Houghton Mifflin, p. 122.

—

우리는 왜 부도덕한
행동을 하는가?

M
O
R
A
L
I
T
Y

머리글

도덕은 사회적 현상이다. 사람이 무인도에서 혼자 산다면 그 사람이 한 행동은 도덕적으로 평가될 필요가 없을 것이다. 자신 이외에는 아무도 살지 않는 곳에서 그 사람이 하는 행동을 윤리학적 관심의 대상에 두는 것 자체가 자연스럽지 못하다. 왜냐하면 그곳에는 그 사람의 행동으로부터 영향을 받는 사람이 존재하지 않기 때문이다. 혹자는 신독愼獨을 주장할지도 모르지만, 다른 사람과의 관계에 있어 평소 몸가짐을 바르게 하는 습관을 들여야 함을 강조한 데서 나온 말일 것이다.

도덕의 문제는 다른 사람과 더불어 생활하는 가운데 발생하는 사회적 현상의 일종이다. 그런 점에서 도덕적인 행동은 사람들이 제한된 자원으로 함께 살아가는데 요구되는 사회적 조화의 문제와 관련이 깊다. 그리고 같은 기준으로 볼 때 부도덕한 행동이란 그러한 조화에서 이탈된 경우로 설명이 가능할 것이다.

우리는 흔히 부도덕한 행동을 이야기할 때 유력 정치인 등 소위 말하는 유명 인사의 비리를 사례로 든다. 주변에서 일어나는 부도덕한 일들은 자신과는 무관한 남의 이야기로 치부하기 일쑤이다. 다른 사람의 부도덕성을 지적하기는 쉽다. 하지만 그것이 '나'와 관련된 일이 되는 순간, 우리의 도덕 판단은 전혀 다른 양상을 보인다. 자신이 피해 볼 것이 있거나 자칫 갈등에 휘말릴 것 같을 때, 즉 도덕적 상황이 자신의 문제가 될 개연성이 있을 때는 사정이 달라진다. 도덕적 판단의 잣대가 달라지는 것이다. 그래서 우리의 주변에는 다른 이의 부도덕한 행동을 지적하는 사람은 많으나 자신의 어두운 실체를 인정하고 반성하는 사람은 생각보다 그리 많지 않다. 부도덕한 행동이 평범한 우리 삶의 곳곳에서 일어날 수 있는 것도 이런 연유와 무관치 않다.

사람은 상황과 대상에 따라 선택적으로 도덕적 이탈을 할 수 있는 존재이다. 인간의 도덕성이라는 것이 고정되어 있기보다 탄력적으로 작용하는 심리적 특성이기 때문이다. 사람은 대체로 상황에 따라 이타심에서 혹은 이기적 욕망에서 행동한다. 개인이 이타심과 이기심의 적절한 조화를 지향하고자 하는 성향은 사람들이 서로 함께 살아갈 수 있는 기본적인 심리적 공통 기반이라 할 수 있다. 하지만 이기적인 본능적 자기보존의 욕구로 인해 이기심이 이타심을 지배하게 되면 상호 간의 신뢰가 무너지게 되어 도덕적 문제가 발생한다. 우리는 언제든 도덕이나 윤리의 영역에서 벗어날 그러한 기회에 직면할 수 있고, 또한 그걸 가능하게 하는 심리적 기제를 발달시켜왔다.

도덕규범이 인간 집단에 등장했다는 것은 집단 구성원에 의해 이타심과 이기심의 조화가 언제든 위태로운 상황에 놓일 수 있음을 역설적으로 시사한다. 우리나라에서 개발해 유행했던 모 웹툰 게임은 도덕성이 얼마나 취약한지 그대로 보여준다. 이 게임의 핵심 요소는 거액의 상금, 밀폐된 공간, 절박한 인간으로, 참여자가 수행해야 할 어떤 특별한 임무는 없다. 일거수일투족이 생중계되는 밀실에서 정해진 시간을 버티면 참가자 모두 많은 돈을 받아 집에 갈 수 있다. 단, 한 가지 조건이 있다. 그것은 '어떤 거짓말과 절도에도 책임을 묻지 않는다'는 것이다. 그런데 바로 이 조건이 사람들에게 공통으로 존재하는 이기심과 이타심의 조화를 추구하고자 하는 기본적인 성향을 봉쇄해버린다. 이 게임은 사람들이 윤리가 제거된 규칙을 받아들이면 어떻게 사회적으로 퇴화하는지 그리고 그 퇴화가 얼마나 끔찍한 결과를 초래하는지 잘 보여준다.

도덕규범은 본래 인간의 기본적인 욕망을 억압하는 특성이 있다. 인간의 자유로운 행동이 서로에게 아무런 해악을 끼치지 않는다면, 도덕규범이라는 것이 애당초 등장하지 않았을 것이다. 누구나 자유로운 욕망에 따라 행동하고자 하는 욕구가 마음속에 도사리고 있기 때문에 스스로 도덕적인 사람이라고 자부하는 자도 언제든 이기심과 이타심의 조화에서 이탈한 행동, 곧 부도덕한 행동을 할 개연성이 있다. 우리는 누구든 위선자가 될 가능성에서 벗어나지 못한다. 그런 점에서, 우리가 부도덕한 행동의 빈도를 줄이기 위해서는 거기에 내포된 불가피성과 그에 관한 심리적 기제를 이해하고 그에 적절히 대처할 필요가 있다.

이 장은 이러한 문제의식에서 출발한 것으로 사람이 부도덕한 행동을 하게 되는 근원이 어디에 있는지를 도덕규범의 진화 역사적 관점에서 추론하고, 고결한 이성적 존재임을 자처하는 인간이 왜 그와는 거리가 먼 부도덕한 행동을 하게 되는지 그리고 이후에 자신의 부도덕한 행동을 어떻게 정당화하는지 등 그 기저에 놓여 있는 심리적 기제에 대해 그동안 심리학계를 중심으로 시행되었던 다양한 심리실험의 결과에 근거하여 논의한다. 더불어 부도덕한 행동을 유발하는 심리적 기제에 관한 이런 논의가 우리의 도덕성 발달과 도덕적 행동을 개선하는 데 어떤 시사점을 줄 수 있는지 확인한다.

부도덕한 행동의 근원적 배경

정해진 도덕규범이나 규칙을 따라 행동한다면 별다른 문제가 발생하지 않을 텐데, 사람은 왜 부도덕한 행동을 하는 것일까? 그동안 이런 질문에 대해 철학자들은 별 관심을 두지 않았다. 왜냐하면 그것은 심리학자들이 대답해야 할 성질의 것이라 여겼기 때문이다. 대신에 윤리학자들은 주로 어떤 상황이나 사태가 윤리적 문제를 일으키고 이를 윤리적인 관점에서 인식할 수 있는 의식과 무엇이 옳은지에 대한 윤리적 판단에 관심을 두어왔다.[1] 그러나 근래에 이르러 심리학자와 더불어 행동 윤리학자들은 관심의 영역을 확장하여 윤리 영역에서 사람을 타락시키는 요소에 초점을 맞추고 있다.[2] 이러한 연구의 흐름은 도덕성이란 개인을 특징짓는 안정된 특성이 아니라 역동적이고 유연하다는 것과 사람은 인지적 편견에 빠지기 쉽다는 두 가지 가정을 공유한다.[3] 논자는 비록 추상적이고 축약적이라는 한계를 인정하면서, 도덕성이 그처럼 역동적인 까닭의 근원적인 배경을 진화 역사적 관점에서 추론한다.

■ '부도덕한'과 '비도덕적'의 의미적 차이　■■

　우선 의미를 분명히 하고자 여기에서 말하는 '부도덕한'이란 말이 어떤 개념을 함축하고 있는 용어인지 규정한다. 우리가 인간의 인식 범위를 하나의 스펙트럼으로 본다고 했을 때, 한쪽은 가치 판단이 개입된 개념으로서의 '도덕적' 영역이고, 다른 한쪽은 그와 아무런 관련이 없는 개념으로서의 '비非도덕적' 영역으로 구성된다. 여기서 말하는 '비도덕적 nonmoral or unmoral'이라는 말은 도덕과는 관계없는, 즉 도덕적이지도 부도덕하지도 않다는 의미를 나타낸다. 예컨대 전자의 영역은 정의, 배려, 사기, 친절, 위선 등과 같이 가치가 개입된 사안과 관련이 있고, 후자의 영역은 무게, 속도, 노래, 방정식, 소리 등과 같이 가치와는 무관한 사안과 관련이 있다.

　그런데 우리는 인간의 인식 범위 가운데 가치 판단이 개입된 도덕적 영역만을 떼어내 별도의 또 하나의 스펙트럼을 상정할 수 있다. 그 스펙트럼의 한쪽 끝은 '도덕적'인 영역의 극단이고 그 반대쪽의 끝은 '부不도덕한' 영역의 극단을 이룬다. 그러면 우리는 어떤 행동을 스펙트럼의 한쪽에 있는 '도덕적' 행동이라 말할 수 있는가? 많은 사람은 도덕적 행동을 단순히 도덕규범이나 법 규칙을 따르는 행동을 의미하는 것으로 인식한다.[4] 그러나 어떤 사회든 사람들의 일거수일투족을 규제할 규범이나 규칙을 모두 명시적으로 갖추고 있기는 어렵다. 더군다나 사회가 발전함에 따라 고도로 복잡해진 지금의 현실에서는 더더욱 그렇다. 따라서 '도덕적' 행동은 도덕규범이나 법칙이 명시하지 못하는 불문율의 행동 영역까지 포괄하는 개념으로 정의될 필요가 있다.

이에 논자는 이미 앞 장에서 밝힌 바와 같이 '도덕적'이라는 말의 개념에 대해 도덕적 상황에서 인간에게 보편적으로 존재하는 것으로 인정되는 심리적 특성인 이타심과 이기심이 최적한 조화를 이룬 상태에서 유발되는 행동을 의미하는 것으로 규정한다.[5] 이때 최적한 조화를 판단하는 기준은 '정당한 이유 없이 다른 사람에게 피해를 주지 말라'는 원칙이다. 그리고 그에 따른 최적의 지점은 상황과 상대에 따라 다를 것이다. 따라서 개인은 끊임없이 이성을 통해 그 지점을 추론해야 한다. 최적한 조화를 추구할 때 우리가 경계해야 할 것은 편향된 공정성이다. 논쟁의 여지가 적고 동시에 상호 수용되는 근거를 갖지 않고서는 행동 규칙을 정하기 어렵다.[6] 그래서 이타심과 이기심의 조화는 '보편화 가능성'이라는 조건의 충족이 매우 중요하다.

반면에 '부도덕한immoral'은 악행이나 악행의 의도를 내포하는 것으로, 스펙트럼에서 '도덕적' 영역의 반대쪽에 속한다. '부도덕한'은 사람이 도덕 표준을 따르지 않을 때 사용되는 말이다. 부도덕한 사람은 대다수 사람이 옳고 선하다고 여기는 생각과 신념에 반하여 행동하는 자를 의미한다. 그러므로 '부도덕한' 행동은 사회의 규범에 어긋나는 것으로서 이타심과 이기심의 최적의 조화에서 이탈한 경우에 발생한다. 대체로 이기심이 이타심의 영역을 침해하여 압도할 때 그럴 가능성이 크다. 그럼으로써 다른 사람들이 그 사람의 행동에 불만을 나타내게 된다. 특정 개인이 보편화 가능성의 조건을 무시하고 자신의 편향된 관점에서 조화의 지점을 주장하거나 강요할 때 그런 행동들이 유발되기 쉽다.

그런데 이 말은 '비도덕적'이라는 말과 자주 혼용되고 있어서 우리가 주의를 기울여야 한다. 국립국어원에 따르면,7 '부-'는 '아님', '아니함', '어긋남'의 뜻을 더하는 접두사로 풀이되고 '비-'는 '아님'의 뜻을 더하는 접두사로 풀이된다. 즉 '부-'는 바람직한 가치에 어긋난다는 의미를 나타낼 때 사용되는 반면, '비-'는 가치적 판단 없이 단순히 뒷말에 대해 부정함의 의미로 쓰인다. 예컨대, 당나라 이백李白의 시 '산중문답山中問答'에 나오는 "별유천지비인간別有天地 非人間"이라는 시구에서 '비인간非人間'은 도덕적으로 비난 받을 못된 인간을 의미하는 것이 아니라 그러한 가치 판단과는 무관한 인간이 살지 않는 이상향의 세계를 의미하는 경우와 같다.

하지만 우리말 한자어 '비' 자가 반드시 그렇게 사용되는 것만은 아니라는 데 혼동의 여지가 있다. 예컨대 '비윤리적', '비상식적' 등의 경우에는 '윤리적 기준에 어긋나다', '상식과는 거리가 있다'라는 뜻으로, 가치적 판단 없이 '아님'을 뜻하기보다는 가치 판단이 개입된 '어긋남'을 가리킨다. 따라서 도덕적 영역에서 '부도덕한(적)'과 '비도덕적'이란 말은 전자가 어법상 '도덕적'이라는 말의 반대말로 사용되는 것이 적절하지만, 후자도 일상에서는 전자와 같은 의미로 사용되는 사례가 많아 두 용어를 엄격히 구분하기는 어렵다. 다만, 이 장에서는 가치 판단이 개입된 '도덕적'이라는 말의 반대어로서 '부도덕한(적)'이라는 말을 사용한다.

■ 도덕규범의 등장과 인간의 위선

인류의 역사는 인간이 자신의 세계와 더불어 다른 모든 것을 창조한다는 것을 보여준다. 대표적으로 사회 계약 이론은 인간이 창조한 그런 능력을 우리에게 상기시켜준다. 애초에 사람들이 부족 구성원과 함께 지냈을 때, 그들은 개개인의 차원에 머물러 있었다. 개인은 기본적으로 본능에 충실했다. 사람들은 특별한 제약 조건이 없을 때 자신의 이익을 최대화하는 이기적 방식으로 행동하였다. 그러나 모두가 이기적으로 행동한다면 개인에게 잠시 유리할지 모르지만, 궁극적으로는 집단의 경쟁력이 떨어져 개인 자신에게도 손해가 된다는 것을 인지하게 되었다. 오랜 진화 과정에서 구성원이 친사회적 행동을 보이는 집단은 그렇지 않은 집단과의 경쟁에서 이길 가능성을 높였고, 그 결과 인간의 뇌에는 협력을 촉진하는 공감, 정직, 관대, 애정, 호의, 분노, 복수, 존경, 감사, 명예심, 수치심, 죄책감, 충성심, 겸손 등 일련의 감정들이 발달했다.[8] 그것은 사람들에게 공통으로 내재한 이타심과 이기심의 조화를 강요하는 '계약'이 가능해진 중요한 요인이 되었다. 현재 인간의 모습은 그러한 사회적 적응의 산물이라 할 수 있다.

자연 상태의 인간은 위선적이지도 않고 진실하지도 않았다. 그들은 단지 본성에 이끌리는 그 자신일 뿐이었을 것이다. 모든 인간은 천성적으로 무엇보다도 먼저 그리고 주로 자기 자신을 돌보기 마련이라는 점에서 그렇게 생각된다. 사람은 자기 이외의 어떤 사람보다도 자기 자신을 돌보는 데 더욱 적합하므로 이처럼 행동하는 것은 자연스러우며 또한 정당하다.9 하지만 제한된 자원 때문에 개인이 집단에서 여러 모순과 갈등을 겪게 되면서 상호 간에 계약을 맺어야 할 필요성을 느꼈다. 그리고 그러한 계약은 개인에게 생존을 보장하는 수단이 되었다. 계약이라는 상호 간의 생존 보호 수단이 등장하면서 사람들은 그러한 본성적 자유에 제한을 받기 시작하였다. 계약이라는 것은 인간 자신의 본성을 확장하기보다는 제약하는 데 일차적인 목적이 있기 때문이다. 이 계약이 구속력을 갖게 된 순간부터 개인은 예전과 같지 않게 되었다. 자신의 생존에 더해 다른 사람과의 관계를 유지하기 위해서는 자신의 본성적 욕구를 억제해야만 했다.

사회가 문명화되면서 그 계약은 사회적 규범으로서 위상을 갖추게 되고, 점차 사람의 어떤 자연적 특성들을 암묵적으로 억제하는 방향으로 발전해 갔다. 이러한 본성적 특성들은 사실은 인간을 인간으로 만드는 것, 즉 그의 근본이라 할 수 있다. 이러한 특성을 제한한다는 것은 어떤 측면에서는 인간의 본성을 특정한 곳으로 향하도록 제약하여 방향 지우는 것이다. 그리고 그것은 사람들에게 가능태로 주어졌던 도덕성의 발현을 자극하는 결과로 이어졌을 것이다. 이후 도덕성은 사람의 타고난 경향성을 통제하는 고도의 압축적인 힘으로 작용하게 되었고,10 사람들은 이에 근거하여 인간의 공통적인 욕망을 구속하고 제약하는 구체적인 계약으로서 도덕규범을 창조해 냈다. 그것은 외부에서 주어진 것이 아니라 다른 사람과의 관계나 사회의 요구에 반응하는 과정에서 순전히 인간이 창조적으로 구성한 개념이다.

그런 맥락에서 인간이 도덕적으로 성숙해 간다는 것은 본능의 작용에서 오는 자기보존의 원리에 따른 지배로부터 다른 사람들과의 협력이 요구되는 계약의 원리에 따른 지배로 변화하는 과정이라 할 수 있다.[11] 개인은 자신의 자발적 의지에 따른 선택으로 자신의 본성적 특성을 억압하는 데 참여하였지만, 그것이 거북하다 하여 그로부터 다시 해방될 수는 없었다. 사람들은 그 계약을 취소할 수도, 철회할 수도 없었다. 그 계약은 이미 도덕성을 포함한 다른 모든 규범이나 규칙의 견고한 기초를 이루게 되었다. 그런 계약은 오히려 개인에게 반드시 준수해야 한다는 의무적 개념이 강화된 심리적 특성을 형성하게 하였고, 도덕규범의 형태로 개인의 행동을 제약하게 되었다.

사회가 분화를 거듭하고 복잡화하면서 개인은 자신이 원하는 만큼 많은 계약을 맺을 수 있게 되었다. 개인은 계약서의 규칙에 따라 행동하는 한 자유롭게 무한 계약을 할 수 있다. 어떤 사람이 특정한 계약 조건을 위반했을 경우, 그 사람의 그러한 행동은 공동체의 모든 구성원이 아니라 특정한 계약 당사자들에게만 예속된다. 규칙대로 행동할 의향이 있는 한, 개인이 얼마나 많은 계약을 체결할 수 있는가는 전적으로 그의 자유에 속한다. 그리고 많은 사람은 다양한 계약에 자발적으로 참여한다. 모든 계약은 그의 자유를 일정 부분 제한하면서도 그를 사회적 존재로 만들어주기 때문이다.

그런데 도덕은 다른 사회적 계약들과는 다른 독특한 특성을 가진다. 도덕은 다른 사회 계약처럼 개인의 자유를 제한하고 행동에 제약을 가한다는 점에서는 같으나, 특정인들과 맺는 사회적 계약과는 다르게 강제성이 약하면서도 보편적인 성격을 지닌다. 따라서 인간의 본성에 내재한 이기심과 이타심이 최적한 조화에서 벗어나 이기심이 압도적으로 작동하고, 이를 억제하고 구속하는 도덕규범이 상충하는 구조가 유지되는 한 사람에게 있어 위선은 필연적으로 등장하게 된다. 따라서 도덕규범이 구체적으로 실체를 갖출수록 사람의 부도덕한 행동은 그와 비례하여 등장할 개연성이 많아지는 것이다. 자연적 본성 가운데 이기심은 우리의 의식과 상관없이 작동하나 이타심은 늘 자신을 성찰하고 정돈하는 노력의 결과로 나타난다는 점에서 볼 때, 순간적인 착각이나 방심은 부도덕한 행동으로 연결되기 쉽기 때문이다.

사실 이러한 상충이나 갈등은 사람들이 사회적 계약으로서 도덕규범에 동의하는 순간부터 시작된 것이다. 위선은 인간의 타고난 특성을 억누르려는 시도로써 인간의 것이다. 인간이 자신의 이익을 내세울 때는 무작정 욕심을 내세우지 않는다. 도덕적 정당화를 내세운다. 그런데 그것은 보통 인지적 왜곡으로 등장한다. 인간은 본성적으로는 위선적이지 않은데 인간을 위선적으로 만든 것은 자연인으로부터 인간을 만들려는 사회적 시도의 결과에서 기인한다. 국가, 시민 사회, 종교 등의 집단은 모두 도덕적 의무와의 피할 수 없는 계약이다. 사회적 계약으로서 도덕규범이 존재하는 한 그리고 그것이 인간의 본래 특성 가운데 이기심을 필연적으로 제한한다는 점에서, 위선은 인간 사회에 존재할 수밖에 없는 필연적 모순이다.

우리가 부도덕한 행동이나 위선 행위를 피할 수 있는 한 가지 방법은 항상 자문하는 습관을 갖는 것이다. '나의 이 행위는 내가 동의한 사회적 계약으로서의 도덕규범에 포함된 행동 강령에 맞는 것인가?' 혹은 '나의 이 행위는 내가 발휘할 수 있는 이타심과 내가 욕망하는 이기심이 최적의 조화를 이룬 상태에서 나온 것인가?' 대답이 '예'라면 그러한 행위는 부도 덕한 행위에 해당하지 않는다. 예컨대 혼전 성관계는 인식 능력을 갖춘 참여자가 행위에 동의하는 한 도덕의 영역에 속하지 않는다.

도덕적인 사람은 위선적이거나 부도덕하거나 도덕적이어야 할 의무 가 없는 사람이다. 그는 모든 모순에서 벗어난 사람이다. 이상적으로 말 한다면, 도덕적인 사람은 계약이 없고 의무가 없으며 집단에서 자유롭고 양심에 장애물이 없다. 도덕적인 사람은 최초의 자연적인 사람이다.[12] 그 러나 현재를 사는 우리는 인류의 진화 초기에 있는 것이 아니다. 그래서 윤리를 곧 관습의 명령에 따르는 것이라고 했던 니체F. W. Nietzsche의 말 을 빌리면, 자유로운 인간은 모든 점에서 관습이 아니라 자신에 의존하기 때문에 부도덕한 존재이다.[13]

부도덕한 행동의 심리적 기제와 그 함의

사람의 도덕적 판단에 영향을 미치는 요소는 매우 다양하다. 이를 테면 개인이 느끼는 정서나 내적 상태가 그에 영향을 미친다는 다양한 연구가 있다. 개인의 긍정적 정서는 도덕적 딜레마 상황에서 공리주의적 반응에 대하여 더 수용적인 태도를 증가시키며,[14] 역겨운 냄새와 같은 물리적 혐오감은 부도덕한 행동에 대하여 더 엄격한 판단을 하도록 만든다.[15] 심리적 혐오감이 감소하면 부도덕한 행동에 대해 좀 더 관대해지는 것으로 알려져 있다.[16] 또한 외향적이냐 내향적이냐 같은 개인의 성격적 특성도 도덕적 행동에 영향을 미치는 중요한 요소이다.

하지만 이 장에서 논의의 초점은 어떤 요소들이 부도덕한 행동에 영향을 미치는지를 확인하는 데 있는 것이 아니라 '시선의 유무有無'라는 상황적 전제조건 아래 부도덕한 행동을 하는 사람의 심리적 기저에서 작동하는 기제mechanism를 고찰하는 데 있다. 시선에는 여러 유형이 있다. 사람이 직접 눈으로 행동을 관찰하고 평가할 수 있는 가시적인 시선이 있는가 하면, 개인의 내면에도 '보이지 않는 시선'이 존재한다. 우리는 흔히 이러한 시선을 '양심'이라 부른다. 이는 '내면의 목소리'[17] 혹은 '공정한 관찰자', '가슴 속의 이상적 인간ideal man within breast'으로 불리기도 한다. 또한 현대 사회에는 불특정 사람의 행동을 지켜보는 보안 카메라도 있다. 이러한 시선은 여러 가지 행동을 억제하거나 자극한다. 다만, 여기에서는 가시적인 시선을 중심으로 논의한다.

우리는 이와 관련하여 다윈C. Darwin의 글에서 매우 흥미로운 점을 발견할 수 있다. 그는 죄를 지은 사람의 태도를 언급하면서 인종에 상관없이 그들의 시선 처리가 유사하다고 하였다. 죄지은 사람은 문책하는 사람을 쳐다보려 하지 않거나 그를 힐끔힐끔 쳐다본다는 것이다. 죄를 지은 사람이 문책하는 사람의 시선을 감당하지 못할 경우, 침착하지 못한 눈의 움직임이 뚜렷하게 나타난다는 것이다. 다윈은 그 원인으로 눈은 오랫동안 지속해 온 습관의 힘으로 인해 육체적 동작과 비교하면 의지의 통제를 상대적으로 덜 받기 때문이라고 하였다.[18] 부도덕한 행동과 시선은 이처럼 이미 오래전부터 주목의 대상이 되었던 셈이다. 실제로 사람은 타인을 의식하거나 누군가가 관찰하고 있음을 인지하면 혼자 있는 경우와 다르게 행동한다.[19] 사회적 존재에 대한 민감성은 실제 누군가 존재하지 않더라도 눈 그림[20]이나 눈과 유사한 그림[21]이 감시 단서가 되어 사람을 도덕적으로 행동하게 만든다는 것을 보여준 연구들로 뒷받침된다.[22]

이러한 연구들은 인간의 도덕적 행위와 판단이 직관적으로 발생하며, 이때 사회적 시선을 감지하여 자신의 행동을 조절하기 위한 자동적인 기제가 존재함을 암시한다.[23] 사람은 그러한 직관에 의존하지 않더라도 다른 사람들에 의해 평가받고 있다는 것을 알면, 자신에 대한 그들의 판단에 영향을 미치고자 행동을 조절한다. 이는 소위 '인상 관리impression management'라고 불린다. 한 실험 연구 결과에 따르면, 5살 된 아이들은 혼자 있을 때보다 동료들에게 감시당하고 있을 때 더 많이 공유하고 덜 훔친다. 그러나 침팬지는 다른 침팬지들에 의해 감시당하고 있든 없든 간에 똑같이 행동한다. 이러한 결과는 인간이 자기 명성에 관해 관심이 크고, 그럼으로써 다른 사람에게 주는 인상을 관리하는 경향이 영장류 사이에서 인간에게만 고유한 것일 수 있다는 점을 보여준다.[24]

논자는 다음 쪽의 그림과 같이 시선의 유무有無를 기준으로 그에 따른 도덕적 행동과 부도덕한 행동이 유발되는 심리적 기제를 상정하고 이를 논의한다. 여기에서 말하는 심리적 기제와 작동 요인을 정의한다면, 전자는 인간의 행동에 영향을 미치는 심리의 작용이나 원리를 의미하며, 후자는 그러한 심리의 원리를 작동시키는 구체적인 원인적 요소를 뜻한다고 할 수 있다. 심리적 기제와 작동 요인은 앞에서 논의했던 부도덕한 행동의 근원적 배경에 따른 사람들의 실제 모습을 보다 구체화한 것이자, 자기 행동에 대한 정당화가 어떻게 이루어지는가를 보여준다는 점에서 의미가 있다.

■ 도덕적 행동을 유발하는 심리적 기제

부도덕한 행동을 유발하는 심리적 기제를 논의하기에 앞서, 사람에게서 '도덕적' 행동을 유발하는 심리적 기제를 간략히 제시한다. 그에 관한 구체적인 논의는 부도덕한 행동의 심리적 기제를 논의하는 과정에서 부분적으로 언급되기 때문에 여기에서는 생략한다. 우리는 주변에 자신을 바라보는 시선이 있어서 익명성이 보장되지 않을 때 도덕적 행동을 유발하는 심리적 기제로 '자아 존중'을 들 수 있다. 그리고 '자아 존중'의 심리적 기제를 작동시키는 요인으로는 '양심', '사회적 평판의 유지 욕구'와 '처벌에 대한 두려움' 등을 들 수 있다.

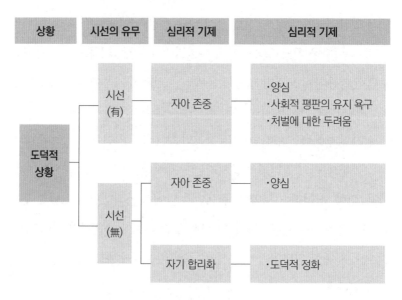

그림 6-1_ 도덕적 행동을 유발하는 심리적 기제

사람은 주위에 시선이 없을 때, 즉 익명성이 보장될 때에도 도덕적 행동을 한다. 이 경우에 나타날 수 있는 도덕적 행동을 추동하는 심리적 기제로 '자아 존중'과 '자기 합리화'를 들 수 있다. 그리고 자아 존중과 자기 합리화의 심리적 기제를 작동시키는 요인으로는 각각 '양심'과 '도덕적 정화moral cleaning'를 제시할 수 있다. 도덕적 정화는 뒤에 논의할 '도덕적 허가'와 반대되는 것으로, 사람이 최근에 행한 자신의 부도덕한 행동을 회상할 때 보상적 도덕적 행동에 참여하려는 더 큰 의지를 느껴서 하는 행동을 말한다.

■ 부도덕한 행동을 유발하는 심리적 기제 ▬▬

지금부터는 이 장의 논제에 해당하는 부도덕한 행동을 유발하는 심리적 기제에 초점을 둔다. 이에 관한 논의는 주변에 시선이 있어 익명성이 보장되지 않을 때와 시선이 없어 익명성이 보장될 때로 구분하여 사람에게서 부도덕한 행동을 유발하는 경우를 논의한다.

먼저 익명성이 보장되지 않을 때의 심리적 기제로는 '도덕적 투사 projection', '자기 과시self-display', '탈인격화depersonalization'가 있다. 도덕적 투사의 심리적 기제를 작동시키는 요소로는 '사회적 제제 수단의 미비를 이용한 심리적 방종', '권위에 대한 맹목적 순종', '방관자 효과'가 있다. 자기 과시의 심리적 기제를 작동시키는 요소로는 극단적 개인주의와 특권의식이 있으며, 탈인격화의 심리적 기제를 작동시키는 요소로는 군중심리가 있다. 이를 차례대로 논의한다.

부도덕한 행동의 원인을 남의 탓으로 돌리는 '도덕적 투사'의 심리적 기제는 세 가지의 요인에 의해 작동된다. 첫째는 주변에 시선이 있을 때 사회적 제재social sanction 수단의 미비를 이용하여 심리적 방종을 부리는 경우이다. 사람은 자신의 행동이 부도덕하다는 것을 알면서도 이를 제재하는 처벌 수단이 제대로 갖추어져 있지 않을 때 주변에 보는 시선이 있다 하더라도 그런 행동을 거리낌 없이 한다. 사회적 처벌의 적절한 목적은 가해자에게 보상하도록 도덕적 압력을 가하는 것이다.[25] 그러나 일부 사람들은 처벌과 관련한 제도에 허점이 보일 때 이를 이용한다. 특히 어떤 사람은 자신의 행동이 주변에 노출될 때에도 자신을 아는 사람이 없다면 다른 사람들도 한다면서 부도덕한 행동을 한다.

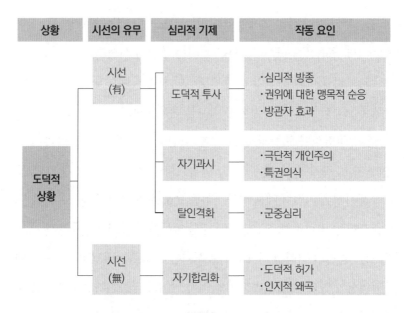

그림 6-2_ 부도덕한 행동을 유발하는 심리적 기제

사회가 존재하기 위해서는 당하고 정당한 이유 없는 악의惡意는 적절한 제재를 통해 억제되어야 한다.[26] 물론 사형집행으로 흉악범죄를 막을 수 있느냐 등의 논란이 있긴 하지만, 대부분의 사회학습 이론가는 내면화된 도덕적 행동을 확립하는 데 사회적 제재가 효과적이라는 태도를 보인다. 많은 사람의 경우 처벌에 대한 두려움은 미래에 그들의 행동을 안내하는 데 공헌한다.[27] 공포나 불안이 수많은 규제 상황과 연합되게 되면, 그런 조건화는 금지된 행동을 억제하는 일반화된 힘을 얻게 된다. 아울러 사람들은 간접적으로라도 다른 사람이 특정 행동으로 제재를 당하는 사람의 습을 보면 이를 모방하지 않는 경향이 있다.[28]

둘째는 권위에 대한 맹목적 순종이 부도덕한 행동을 유발한다. 여기에는 잘못된 충성심도 해당한다. 사람은 다른 사람의 시선이 있을 때도 권위자들의 비윤리적인 지시에 복종하여 행동하는 경향이 있다. 보통 사람은 대부분 어려서부터 부모를 비롯한 사회적 권위자에 의해 길들여져서 합법적인 권위에 복종하려는 의무감이 마음속 깊이 자리 잡고 있다.[29] 밀그램S. Milgram[30]과 짐바르도P. G. Zimbardo[31]의 실험결과가 이를 잘 보여준다. 권위에 대한 맹목적 순종에는 책임의 전가가 큰 역할을 한다. 즉, 자신이 한 부도덕한 행동에 대한 책임을 권위자에게 돌림으로써 자신의 행위를 정당화한다. 밀그램은 책임감의 실종을 권위에 대한 복종의 가장 포괄적인 결과라 하였다.[32]

셋째로 방관자 효과bystander effect 또한 부도덕한 행동을 유발한다. 1964년에 뉴욕에 사는 한 여성이 새벽에 귀가하던 도중 주택가 노상에서 흉기 든 강도를 만나 위기에 처하자, 소리를 지르며 30여 분 넘게 주변 사람들에게 도움을 요청했지만 아무도 도와주지 않았다. '방관자 효과'라는 용어는 이 사건을 계기로 생겨났다. 심리학에서는 사람이 혼자 있을 때보다 여럿이 함께 있을 때 도덕적 행동에 참여할 개연성이 더 낮다는 것을 이 용어로 설명한다. 이는 책임감의 분산과 관련이 있는 것으로, 이 역시 심리적 투사의 일종으로 해석될 수 있다. 예컨대 어떤 사람이 심각한 위험에 놓였을 경우 사람들은 여럿이 함께 있을 때보다 혼자 있을 때 그 사람을 도와줄 가능성이 더 크다.[33] 왜냐하면 여러 명이 있을 때는 위험사태에 있는 사람을 도와주지 않은 자신의 행동에 대한 책임을 다른 사람 탓으로 돌릴 수 있기 때문이다. 최근에는 방관자의 무관심이 방관자의 성격에서 비롯한 감정적 반응에서 비롯된다는 것을 시사하는 새로운 관점이 제시되고 있다.[34]

익명성이 보장되지 않을 때 부도덕한 행동을 유발하는 두 번째의 심리적 기제로는 '자기 과시'가 있다. 그리고 이를 작동시키는 요인으로는 '극단적 개인주의'와 '특권의식'이 있다.

극단적 개인주의는 군중심리에서 오는 탈인격화와 반대로, 오히려 자신을 의식적으로 드러내는 과정에서 부도덕한 행동을 보인다. 관련 연구자료에 의하면, 보통 사람에게 있어 자신의 행동이 알려지거나 관찰당할 가능성이 있는 경우에는 사회적으로 바람직한 행동이 증가하며, 보안 카메라와 같은 간접적인 감시단서도 같은 효과를 보인다.[35] 그러나 극단적 개인주의자는 자신이 속한 사회의 어떠한 계약이나 규범에 동의한 적이 없음을 강변하며 행동하는 경향이 있다. 개인주의는 자율적인 인간의 성장이라는 점에서 인간이 지향해야 할 타당성이 있긴 하지만, 그것이 극단에 치우칠 때 다른 사람의 시선을 의식하지 않게 되고 독단적인 편향적 태도를 보이게 된다.

일반적으로 사람은 친밀한 관계를 유지하는 이가 주변에 많을 때 부도덕한 행동을 억제하는 경향이 있다. 사회의 구성원이 느끼는 사회집단과의 심리적 유대는 구체적 처벌에 대한 두려움보다 중요하다. 그러한 유대는 규범을 존중하게 하는 가장 중요한 토대가 된다.[36] 가까운 사람들에게서 오는 따가운 시선을 의식하기 때문이다. 친밀성은 도덕적 이탈 경향성과 부도덕한 행동 간의 정적 관계를 완화해준다.[37] 청소년을 대상으로 했던 한 연구 결과는 그들이 부모에 대한 애착이 클수록 범죄와 부정적 상관관계에 있음을 보여주고 있다.[38] 이와 관련하여 우리가 주목할 만한 점은 우리나라 사람이 점차 공동체에 대한 소속감을 느끼지 못하며, 함께 살아가는 이들에 대한 친밀감과 일체감도 차츰 줄어들고 있다는 것이다 (2012년 74.8% → 2017년 56.2%).[39] 극단적 개인주의가 확산한다는 것은 집단 내 구성원 간의 유대감이 약화한다는 것을 의미한다는 점에서 사회적 관심이 요망되는 부분이다.

또한, 특권의식도 자기 과시의 심리적 기제를 작동시키는 한 요소이다. 특권의식은 누군가 자신이 획득하지 못한 것에 대해 특별한 대우를 받거나 인정을 받을 자격이 있다는 믿음에서 나오는 성격적 특성이다. 다른 사람보다 특권을 누릴 자격이 있다는 믿음은 부도덕한 행동을 유발하는 하나의 요인이 된다. 특권의식에 사로잡힌 사람은 자신을 규칙에서 예외로 인정하려 들기 때문이다. 그들은 공정한 몫보다 더 많은 것을 받을 자격이 있다고 느끼므로 적절하고 사회적으로 합의된 행동 규범을 기꺼이 위반한다. 이런 심리적 기제에서 유발되는 부도덕한 행동은 사회가 민주화할수록 줄어드는 경향이 있다. 왜냐하면 특정 분야의 경우에는 일반 사람보다 우월한 어떤 권리가 특정인에게 있다는 것을 인정하지만, 모든 사람과 관련이 있는 일반적인 사안에 대해서는 그런 우월적 권리에 따른 행동을 인정하려 들지 않기 때문이다.

익명성이 보장되지 않을 때 부도덕한 행동을 유발하는 세 번째의 심리적 기제로는 '탈인격화depersonalization'가 있다. 그리고 군중심리는 이러한 심리적 기제를 작동시키는 요인에 해당한다. 탈인격화는 비非개인화 혹은 인격 상실이라고도 하는데, 자아가 자신을 비우는 것 혹은 자신의 고통이나 감정을 망각하고 자아를 다른 어떤 것에 내어주는 것, 또는 자신과 타자와의 차이의 벽을 무시하는 일련의 존재적 상태나 시도를 지칭한다.[40] 사람은 탈인격화 될 때 상상의 군중에 묻혀 집단의 규범을 개인적 가치보다 우위에 두는 경향이 있다.

군중심리는 많은 사람이 한꺼번에 상호작용할 때 나타나는, 개인 수준에서는 잘 발견되지 않는 것으로 여겨지는 독특한 심리적 현상을 일컫는다. 이는 일종의 감염성으로, 집단 이익을 위해 기꺼이 개인 이익을 희생할 수 있게 한다.[41] 군중 속의 개인은 다수라는 수적인 힘에서 나오는 자신감으로 인해 불가능하다는 개념을 모른다.[42] 집단 속에서는 자의식이 약화하고 평소의 개인적 신념과 모순되는 행동을 저지르기가 한결 수월해진다.[43] 그래서 혼자 있을 때 하기 어려운 부도덕한 행동도 여러 사람이 할 때는 그런 분위기에서 나오는 자신감으로 할 수 있다. 많은 사람이 집단으로 모여 어떤 방향성을 띤 주장을 내세우면, 개별 주체자들은 일상적인 사고나 의견보다는 다수에 편향되는 심리적 작용을 겪기 쉽기 때문이다. 이러한 현상은 상상의 군중에 묻혀 한 개인으로서의 자신이 인

격적 존재임을 망각하게 되는 효과에 근거한다.[44]

한편 주변에 시선이 없어 익명성이 보장될 때 사람은 대체로 부도덕한 행동을 더 하는 경향이 있다. 플라톤의 기게스의 반지 이야기는 익명성이 보장될 때 인간의 도덕적 퇴화가 어디까지 나아갈 수 있는지를 잘 시사한다. 시선이 존재하지 않을 때 부도덕한 행동을 유발하는 심리적 기제로는 '자기 합리화self-justification'가 있다. 그리고 이를 작동시키는 요인으로는 '도덕적 허가moral licensing'와 '인지적 왜곡(인지적 오류)'이 있다.

도덕적 허가는 스스로 자신에게 부도덕한 행동을 예외적으로 허가하는 경우를 말한다. 이는 도덕적 행동이 부도덕한 행동을 유발하는 인간 심리의 독특한 특성을 보여주는 것인데, 이를 입증하는 다양한 연구 결과가 있다. 이런 현상은 사람이 심리적으로 도덕적 균형 상태를 유지하고자 하는 성향에서 비롯한다. 과거에 자신이 했던 도덕적 행동들을 이용하여 현재의 비도덕적 행동을 정당화하는 것이다. 사람은 살면서 자신의 내면에 생활지침으로 여기는 자기 나름의 도덕적 기준들을 세우는 경우가 많다. 그리고 대체로 자신이 설정한 도덕적 기준에 따라 행동한다. 그런데 근래에 한 행동들이 자신의 도덕적 기준을 충분히 혹은 과도하게 넘어섰다고 판단될 경우, 그 사람은 그 과도한 부분만큼은 부도덕한 행동을 해도 괜찮다고 스스로 허락한다.

도덕적인 사람이 되는 데에는 자신의 이익이나 편안함에 반하는 '희생'이 요구될 때가 많다. 그런데 사람은 선행이 필요한 상황에서 선행할 때의 이득과 비용을 저울질하게 된다. 이때 많은 사람은 최소한의 선행으로 최대한의 도덕적 이득을 얻으려 하는데, 도덕적 허가에 능숙한 사람은 이미 도덕적인 행동을 해서 '나는 착한 사람'이라는 느낌이 들면 추가적인 선행이 불필요하다고 느낄 뿐만 아니라, 부도덕한 행동을 해도 괜찮다고 생각한다.[45] 예컨대 흡연자가 몸에 좋은 음식을 많이 섭취하면 이후 담배를 더 자주 피우거나,[46] 자신이 작은 기부나 봉사활동을 하고 나면 '나는 할 만큼 했다'라고 생각하고 더 큰 기부나 봉사활동을 할 마음의 부담을 갖지 않게 되는 경우이다.

자기 합리화의 심리적 기제를 작동시키는 두 번째 요인은 인지적 왜곡 혹은 인지적 오류이다. 이는 일종의 자기기만이라 할 수 있는 것으로, 과장된 혹은 비이성적인 사고 유형에 속한다. 인지 왜곡은 자아와 더불어 자아의 사회적 행위에 대해 진실하지 못한 태도 혹은 신념을 갖게 한다.[47] 이는 자신의 도덕적 원칙이 지켜진다는 그릇된 믿음과 동시에 이기적으로 행동할 수 있게 해주는 동기를 제공한다.[48] 이에 따라 사람은 때때로 주변의 상황이나 사건에 대해 그릇된 가정을 하거나 현실을 잘못 인식하고 자신의 부도덕한 행동을 정당화한다. 캐나다 출신의 사회학습 이론 창시자였던 반두라A. Bandura는 부도덕한 행동과 관련한 여러 가지 인지적 왜곡을 예시한 바가 있다.[49] 예컨대 완곡한 언어로 포장하여 용납할 수 없는 행동을 사회적으로 인정받는 행동으로 바꾸려 하고, 자신이 안 했어도 다른 누군가가 그런 행동을 했을 거라고 말하거나 결과를 왜곡하여 자신에게 유리하게 하는 등의 행태가 이에 해당한다. 대체로 사람은 시선이 없을 때 하는 자신의 부도덕한 행동을 이러한 인지적 왜곡으로 정당화하는 경향이 있다.

■ 심리적 기제의 함의: 도덕적 상상력과 자아 효능감

　도덕적 혹은 부도덕한 행동을 유발하는 심리적 기제에 대한 논의는 우리에게 도덕성 발달과 관련하여 좀 더 분명하고 실증적인 의미를 시사한다. 적어도 도덕적 인식 능력을 가진 사람이라면 누구나 부도덕한 행동을 하고자 하거나 했을 때 인지적 불균형(죄책감)을 경험하게 된다. 그리고 한 인간으로서 자신의 존재를 보존하기 위해 진화에서의 평형화와 같은 평형 상태를 회복하고자 하는 경향을 보인다.[50]

　이와 관련하여 사람은 대체로 두 가지 방식 가운데 하나를 통해 부도덕한 행동으로 인해 유발된 인지적 불균형을 바로잡는다. 이 하나의 방식은 부도덕한 행동을 하고자 하거나 이미 했던 것을 자신의 도덕적 인식이 가리키는 방향으로 되돌리는 것이다. 즉, 자신의 의도를 뉘우치며 철회하거나 자신의 행동으로 피해를 본 사람에게 보상을 하고 이후 그런 행동을 하지 않으려는 의지를 다진다. 또 다른 방식은 부도덕한 행동을 하고자 하는 자신의 의도나 이미 한 행동에 대해 자기 합리화를 시도하는 것이다. 다시 말해, 자신의 의도나 행동에 대해 뉘우침 없이 인지적 왜곡을 통해 일종의 자기기만인 합리화를 함으로써 인지적 평형 상태를 유지한다.

　그러면 어떤 사람은 전자의 방식을 취하고 또 어떤 사람은 후자의 방식을 따르는가? 그런 차이를 보이게 하는 요인은 무엇일까? 이런 의문은 개인이 지닌 도덕성에서의 차이가 무엇인지를 묻는 것과 다름없다. 논자의 관점에서 볼 때, 도덕적 상상력과 자아 효능감이라는 심리적 역량에서의 차이가 그에 대한 하나의 응답이 될 수 있다고 본다. 사실 도덕이나 윤리의 문제는 사람에게 있어 고도의 상상적 과정을 통해 이루어지는 현상이다. 그것이 이루어지지 않거나 생략되면 어떤 문제든 도덕적 영역으로 편입되기가 어려워진다. 이와 함께, 익명성이 보장되든 보장되지 않는 상황이든 그에 상관없이 자신은 도덕적인 행동을 할 수 있는 사람이라는 긍정적 심리가 절대적으로 요구된다. 도덕적 상상력과 자아 효능감 그 자체가 곧바로 도덕적 행동을 담보하는 것은 아니지만, 도덕적 행동을 위한 기초적인 시야와 동기를 확보해줄 수 있다는 점에서 의의가 있다.

우리말 한자어 '상상想像'은 구전으로만 전해지던 코끼리의 모습을 생각하여 그리는 것과 관련이 있다고 한다. 도덕적 상상력은 도덕적 문제 상황에서 무엇이 문제인지 상대의 관점에서 그 처지를 생각해보고, 자신이 무엇을 할 수 있으며 그 행동의 결과가 어떠할 것인가를 눈에 보이지는 않으나 미루어 생각하는 능력이다. 도덕적 상상력은 현실적이거나 숙고된 경험 안에서 경험의 질을 고양시키는 가능성을 조망하고 실현하는 능력이다.[51] 그것은 다시 말해 자신을 바라보는 시선이 있을 때나 없을 때나 자기가 지향하는 삶의 방향성을 떠올리고 어떤 길이 그 방향성에 어울리지는 생각하는 능력이다.

자신의 부도덕한 행동으로 누군가 어떤 혹은 어떻게 피해나 손해를 입을 수 있는지 생각할 수 있을 때, 사람은 자신의 이기심과 이타심이 최적한 조화를 이루는 지점을 찾고자 노력할 수 있다. 부도덕한 행동을 하는 자신은 어떠한 직접적인 손해나 피해를 보지 않기 때문에 그러한 상상력이 결핍된 사람은 피해를 보는 이의 고통을 이해하기 어렵다. 타인의 입장에 서 보는 능력이나, 타인의 경험과의 상상적인 대면을 통해 우리의 시각을 확장하는 능력을 갖지 않는 한, 또 우리의 가치와 이상을 다양한 관점에서 의심하는 능력을 갖지 않는 한 우리는 도덕적 감수성을 가질 수 없다.[52] 타인에 대한 공감이라는 것도 그러한 도덕적 상상력에서 나온다. 우리가 도덕적 상상력을 발휘할 때 도덕적 문제는 비로소 시야에 잡힌다.

인간은 기본적으로 상상에 의지하여 사고하는 도덕적 동물이다.[53] 상상력이 있어 우리는 고도의 추상적 영역인 도덕의 세계에서 삶을 영위할 수 있다. 상상력은 현재와 같이 형성된 우리 자신을 넘어서게 해주며, 우리가 무엇이 될 수 있는지, 타인과 어떻게 관계를 유지할 수 있는지, 또 문제 상황에 어떻게 대처할 수 있는지에 관한 상상된 이상들을 향해 변형적으로 이행해 가는 수단이다. 그것은 우리 자신 그리고 우리가 속한 공동체, 현재와 미래 세대 모두를 위한 것이며, 현존하는 실천과 제도는 물론 잠재적으로 실현 가능하다고 상상할 수 있는 실천과 제도를 위한 것이다.

도덕적 상상력과 더불어 '나는 도덕적인 사람이 될 수 있다!'라는 자기 신념 또한 개인의 도덕성 발달을 촉진하는 주요 요소이다. 자아 효능감은 자신이 어떤 일을 잘해 낼 수 있다는 개인적 신념을 의미한다. 우리는 자아 효능감을 고양함으로써 부도덕한 행동을 하는 자신의 행동이나 습관을 개선해나갈 수 있는 동력을 얻을 수 있다. 효능감이란 인지적·동기적·정서적·선택적 하위 기능이 수많은 목적을 달성하기 위해 조직되고 효과적으로 잘 배합된 능력을 의미한다. 다시 말해 효능감은 인지적, 동기적, 정서적 그리고 선택 과정을 통해 인간의 기능을 조절한다.[54]

반두라는 인간이 감정, 사고, 행동을 통제할 수 있는 자기 반영적인 능력을 지니고 있다고 보았는데, 가장 강력한 자기조절 과정의 하나로 자아 효능감을 들었다. 만일 자기의 행동으로 바람직한 결과를 산출할 수 있다는 믿음이 없다면, 사람은 행동하지 않을 것이다. 따라서 효능감에 대한 신념은 행동의 주된 근원이며, 인간의 삶은 개인의 효능감에 대한 신념에 의해 유도된다고 할 수 있다.[55] 자아 효능감은 자기 존중감과 종종 같은 개념으로 사용되는 때도 있으나, 이 둘은 전혀 다른 것을 의미한다. 지각된 자기 효능감은 개인의 능력에 관한 판단과 관련된다면, 자기 존중감은 자기 가치에 관한 판단과 관련된다. 전자는 자기의 능력에 대한 신념과 관계가 있지만, 후자는 자기 자신을 좋아하거나 싫어하는 것과 관계가 있다.[56]

우리는 반두라가 제시한 다음의 세 가지 요인을 참고하여 자신의 자아 효능감을 발달시킬 수 있다.[57] 첫째는 과거에 자신이 수행했던 행동의 결과나 과거에 성취했던 경험인데, 개인이 어떤 목표를 달성하기 위하여 시도한 후 경험하는 성공의 결과가 얼마나 자주 있었느냐에 따라 그 사람의 자아 효능감이 달라질 수 있다. 우리가 어떤 도덕적 행동을 하고자 할 때 크게 고민하거나 힘들이지 않고도 할 수 있는 일부터 시작하는 것이다. 성공의 경험이 잦을수록 '나도 할 수 있다'라는 자신감을 가질 수 있기 때문이다. 둘째는 대리 경험이다. 사람은 비슷한 상황에 있는 누군가가 성공하는 것을 보면 자신감이 생긴다. 주변에서 도덕적 행동을 하는 이들의 사례를 찾아보면, 자신도 그런 행동을 할 수 있다는 사실을 깨닫게 된다. 마지막으로, 우리는 정서적 반응을 적절히 조절함으로써 자아 효능감을 높일 수 있다. 명상 등을 통해 심리적 안정감을 찾고 자신감을 회복하는 것은 자아 효능감의 증진에 도움이 된다. 일반적으로 기분이 좋을 때 자아 효능감이 높아질 수 있다는 점도 참고할 만하다.

맺음글

이 장은 인간이 부도덕한 행동을 하게 되는 근원이 어디에 있는지 도덕규범의 진화 역사적 관점에서 검토하였다. 더불어 왜 사람이 도덕적 혹은 부도덕한 행동을 하게 되는지에 관해 주변에 바라보는 시선이 있는지 없는지, 곧 익명성이 보장되는 경우와 그렇지 않은 경우를 가정하고, 각각의 경우에 발생할 수 있는 도덕적 행동과 부도덕한 행동을 유발하는 심리적 기제를 예시한 후 이를 작동시키는 다양한 심리적 요인에 대하여 논의하였다. 이 장에서는 특히 부도덕한 행동을 유발하는 심리적 기제와 자신의 부도덕한 행동을 어떻게 정당화하는지에 초점을 두고 검토하였다. 그리고 이런 논의가 우리의 도덕적 행동을 개선하는 데 어떤 시사점을 제공하는지를 확인하고 그에 관한 방법도 간략히 언급하였다.

도덕은 사람이 제한된 자원으로 함께 살아가는데 요구되는 사회적 조화의 문제라 할 수 있다. 그리고 부도덕한 행동이란 그러한 조화에서 일탈한 경우를 일컫는다. 도덕규범은 본래 인간의 기본적인 욕망을 억압하는 특성이 있다. 인간의 자유로운 행동이 서로에게 아무런 해악을 끼치지 않는다면, 도덕규범이라는 것이 애당초 등장하지 않았을 것이다. 모든 사람은 천성적으로 자기 자신을 우선하여 돌보기 마련이다. 사람이 어떤 사람보다 자기 자신을 돌보는 것은 인간의 일차적 욕망으로서 적절한 일이며 또한 그런 점에서 정당하기도 하다. 이는 역설적이게도 도덕규범이 존재하는 한, 욕망을 추구하는 성향을 지닌 사람이라면 누구나 어떠한 제약이나 제한을 탈피하고자 하는 성향 또한 지니고 있기 때문에 부도덕한 행동을 할 개연성이 그만큼 높다는 것을 시사한다.

이 장에서는 '부도덕한' 행동의 의미를 이타심과 이기심이 최적의 조화를 이루지 못하고 이기심이 이타심의 영역을 침해함으로써 타인에게 피해를 주는 경우를 포괄하는 것으로 사용하였다. 주변에 시선이 있어서 익명성이 보장되지 않을 때 사람의 부도덕한 행동을 유발하는 심리적 기제로 도덕적 투사, 자기 과시, 탈인격화를 제시하고, 도덕적 투사의 심리적 기제를 작동시키는 요인으로 심리적 방종, 권위에 대한 맹목적 순종, 방관자 효과를 들었다. 또한 자기 과시의 심리적 기제를 작동시키는 요인으로 극단적 개인주의와 특권의식을 꼽았다. 그리고 탈인격화의 심리적 기제를 작동시키는 요인으로 군중심리를 들었다. 다음으로 주위에 시선이 없을 때, 즉 익명성이 보장될 때 나타날 수 있는 부도덕한 행동의 심리적 기제로는 자기 합리화를 제시하고, 이를 작동시키는 요인과 관련하여 도덕적 허가와 일종의 자기기만에 속하는 인지적 왜곡을 논의하였다.

논자는 부도덕한 행동을 유발하는 심리적 기제에 관한 논의를 통해 그와 역으로 주변 시선의 유무와 상관없이 사람에게서 도덕적 행동을 유발할 수 있는 도덕성과 관련한 유력한 심리적 특성의 발달을 촉진할 필요가 있다고 제안하였다. 그것은 도덕적 상상력과 더불어 자신의 내부에 도사리고 있는 자아 효능감을 고양하는 것이다. 나의 행동이 다른 사람에게 미치는 영향을 상상할 수 있는 능력과 '나는 도덕적 행동을 할 수 있는 사람이며 그런 능력을 갖추고 있다'라는 심리적 신념을 스스로 고양하는 것은 우리 자신의 도덕성을 발달시키는 동력이 될 수 있다. 그의 발달에 필요한 에너지를 자신의 내부에서 스스로 촉발해야 한다는 어려움이 있긴 하지만, 그것은 도덕적인 사람으로 나아가기 위해 우리가 극복해야 할 일이다.

참고문헌

김태훈(2018), 『인성과 교육』, 파주: 양서원.

김태훈(2022), 도덕교육 관점에서의 도덕성의 개념 정의에 관한 연구, 『윤리교육연구』, 64, 한국윤리교육학회.

남상희(2019), 도덕적 이탈 경향성과 비윤리적 행동 간 관계: 구성원 간 친밀성 지각의 조절 효과, 서강대학교 박사학위청구논문.

최현무(2016), 탈인격화(la depersonalisation) 개념을 통해 본 뒤라스의 작품세계 연구, 『세계문학비교연구』, 55권, 세계문학비교학회.

Bandura, A. 저, 김의철·박영신·양계민 옮김(1999), 『자기 효능감과 인간행동』, 파주: 교육과학사.

Bandura, A.(2002), Selective moral disengagement in the exercise of moral agency, *Journal of Moral Education*, 31(2).

Bandura, A.(Ed.)(1999), *Self-Efficacy in Changing Societies*, Cambridge: Cambridge University Press.

Basile, B., & Mancini, F.(2011), Eliciting Guilty Feelings: A Preliminary Study Differentiating Deontological and Altruistic Guilt, *Psychology*, 2(02).

Bazerman, M. H., & Gino, F.(2012), Behavioral ethics: Toward a deeper understanding of moral judgment and dishonesty, *Annual Review of Law and Social Science*, 8.

Bégue, L. 저, 이세진 옮김(2014), 『도덕적 인간은 왜 나쁜 사회를 만드는가』, 서울: (주)부키.

Blanken, I., van de Ven, N., Zeelenberg, M.(2015), A meta-analytic review of moral licensing, *Personality and Social Psychology Bulletin*, 41(4).

Bourrat, P., Baumard, N., & McKay, R.(2011), Surveillance cues enhance moral condemnation, *Evolutionary Psychology*, 9(2),

Chiou, W. B., Wan, C. S., Wu, W. H. & Lee, K. T.(2011), A randomized experiment to examine unintended consequence of dietary supplement use among daily somkers: taking supplements reduces self-regulation of smoking, *Addiction*, 106(12).

Cialdini, R. B. 저, 이현우 옮김(2005), 『설득의 심리학』, 파주: (주)북이십일,

Costello, B. J., & Laub, J. H.(2020), Social Control Theory: The Legacy of Travis Hirschi's Causes of Delinquency, *Annual Review of Criminology*, 3.

Darwin, C. 저, 김성한 옮김(2020), 『인간과 동물의 감정 표현』, 서울: (주)사이언스 북스.

EMBRAIN, 『2017 나 & 타인에 대한 관심 및 평판 관련 조사』, 서울: (주)마크로밀 엠브레인.

Engelmann, . M., Herrmann, E., Tomasello, M.(2012), Five-year olds, but not chimpanzees, attempt to manage their reputations, *PLoS One*, 7(10).

Ernest-Jones, M., Nettle, D., & Bateson, M.(2011), Effects of eye images on everyday cooperative behavior: A field experiment, *Evolution and Human Behavior*, 32(3).

Eysenck, H. J.(1977), *Crime and Punishment*, St Albans, Hertfordshire: Granada Publishing.

Gino, F.(2015), Understanding ordinary unethical behavior: why people who value morality act immorally, *Current Opinion in Behavioral Sciences*, 3.

Hinde, R. A. 저, 김태훈 옮김(2022), 『선이 좋은 이유: 도덕성의 근원』, 서울: 글로 벌콘텐츠.

Hortensiusm R., and de Gelder, B.(2018), From Empathy to Apathy: The Bystander Effect Revisited, *Current Directions in Psychological Science*, 27(4).

Izuma, K.(2012), The social neuroscience of reputation, *Neuroscience Research*, 72(4).

Johnson, M. 저, 노양진 옮김(2008), 『도덕적 상상력: 체험주의 윤리학의 새로운 도 전』, 파주: 서광사.

Kish-Gephart, J. J., Harrison, D. A., & Trevino, L. K.(2010), Bad apples, bad cases, and bad barrels: Meta-Analytic Evidence About Sources of Unethical Decisions at Work, *Journal of Applied Psychology*, 95(1).

Kurtines, W. M., & Gewirth, J. L.(1995), *Moral Development: An Introduction*, Boston: Allyn and Bacon.

Le Bon, G. 저, 이상돈 옮김(2005), 『군중심리』, 서울: 간디서원.

Milgram, S.(1963), Behavioral Study of Obedience, *Journal of Abnormal and Social Psychology*, 67.

Milgram, S.(1974), *Obedience to Authority*, New York: Harper & Row.

Miller, C. B. 저, 김태훈 옮김(2021), 『인간의 품성: 우리는 얼마나 선량한가?』, 서울: 글로벌콘텐츠.

Nettle, D., Harper, Z., Kidson, A., Stone, R., Penton-Voak, I. S., & Bateson, M.(2013), The watching eyes effect in the Dictator Game: It's not how much you give, it's being seen to give something, *Evolution and Human Behavior*, 34(1).

Nietzsche, F. W. 저, 박찬국 옮김(2011), 『아침놀』, 서울: 책세상.

Piaget, J.(1971), *Biology and Knowledge: An Essay on the Relations between Organic Regulations and Cognitive Processes*, Edinburgh: Edinburgh University Press.

Pintrich, P. R. & De Groot, E. V.(1990), Motivational and Self-Regulated Learning Components of Classroom Academic Performance, *Journal of Educational Psychology*, 82(1).

Radzik, L., Bennett, C., Pettigrove, G., Sher, G.(2020), *The Ethics of Social Punishment: The Enforcement of Morality in Everyday Life*, Cambridge MA: Cambridge University Press.

Reik, T.(1924), Psychoanalysis of the Unconscious Sense of Guilt, *International Journal of Psychoanalysis*, Vol 5.

Sapp, G. L.(Ed.)(1986), *Handbook of Moral Development: Models, Processes, Techniques, and Research*, Birmingham, AL: Religious Education Press.

Schnall, S., Haidt, J., Clore, G. L., & Jordan, A. H.(2008), Disgust as embodied moral judgment, *Personality and Social Psychology Bulletin*, 34(8).

Smith, A. 저, 박세일·민경국 공역(2012), 『도덕 감정론』, 서울: 비봉출판사.

Tangney, J. P. & Dearing, R. L. (2002). *Shame and guilt*. New York: The Guilford Press.

Tenbrunsel, A. E., & Messick, D.(2004), Ethical fading: The role of self-deception in unethical behavior, *Social Justice Research*, 17.

Thomas, R. M.(1997), *Moral Development Theories -Secular and Religious: A Comparative Study*, Westport, CT: Greenwood Press.

Tracy, J. L., Steckler, C., & Heltzel, G.(2019), The physiological basis of psychological disgust and moral judgments, *Journal of Personality and Social Psychology*, 116(1).

Valdesolo, P., & Desteno, D.(2006), Manipulations of Emotional Context Shape Moral Judgment, *Psychological Science*, 17(6).

van Gils, S.(2012), Morality in Interactions: On the Display of Moral Behavior by Leaders and Employees, doctoral dissertation, Erasmus University Rotterdam.

Van Rompay, T. J., Vonk, D. J., & Fransen, M. L.(2009), The eye of the camera: Effects of security cameras on prosocial behavior, *Environment and Behavior*, 41(1).

Vives, M. L., Cikara, M., FeldmanHalll, O.(2021), Following Your Group or Your Morals? The In-Group Promotes Immoral Behavior While the Out-Group Buffers Against It, *Social Psychological and Personality Science*, XX(X), doi: 10.1177.

Watson, R. I.(1973), Investigation into deindividuation using a cross-cultural survey technique, *Journal of Personality and Social Psychology*, 25(3).

Zajonc, R. B.(1965), Social facilitation, Science, Vol. 149, No. 3681.

Zimbardo, P. G., Haney, C., Banks, C., & Jaffe, D.(1974), The Psychology of imprisonment: Privation, power, and pathology, In Z. Rubin(Ed.), *Doing unto others: Explorations in social behavior*, Englewood Cliffs, NJ: Prentice Hall.

https://www.academia.edu/12216101/On_The_Origin_of_Immorality (검색: 2022. 04. 23)

https://www.korean.go.kr/front/onlineQna/onlineQnaView.do?(검색: 2022. 05. 03)

Endnote

1 F. Gino(2015), Understanding ordinary unethical behavior: why people who value morality act immorally, *Current Opinion in Behavioral Sciences*, Vol. 3, p. 108; Kish-Gephart, J., David A. Harrison, and Linda Klebe Treviño(2010), Bad apples, bad cases, and bad barrels: Meta-analytic evidence about sources of unethical decisions at work, *Journal of Applied Psychology*, 95(1), pp. 1-31.

2 M. H. Bazerman & F. Gino(2012), Behavioral ethics: toward a deeper understanding of moral judgment and dishonesty, *Annual Review of Law and Social Science*, Vol. 8, pp. 85-104.

3 F. Gino(2015), Understanding ordinary unethical behavior: why people who value morality act immorally, *Current Opinion in Behavioral Sciences*, Vol. 3, p. 108(pp. 107-110).

4 J. J. Kish-Gephart, D. A. Harrison, & L. K. Trevino(2010), Bad apples, bad cases, and bad barrels: Meta-Analytic Evidence About Sources of Unethical Decisions at Work, *Journal of Applied Psychology*, 95(1), pp. 1-31.

5 김태훈(2022), 도덕교육 관점에서의 도덕성의 개념 정의에 관한 연구, 『윤리교육연구』, 제64집, 한국윤리교육학회, p. 81.

6 T. O. Ossai, On The Origin of Immorality, p. 9.
https://www.academia.edu/12216101/On_The_Origin_of_Immorality

7 https://www.korean.go.kr/front/onlineQna/onlineQnaView.do?mn_id=216&qna_seq=163866

8 R. A. Hinde, 김태훈 옮김(2022), 『선이 좋은 이유: 도덕성의 근원』, 서울: 글로벌콘텐츠, pp. 136-139.

9 A. Smith 저, 박세일·민경국 공역(2012), 『도덕감정론』, 서울: 비봉출판사, p. 156.

10 G. L. Sapp(Ed.)(1986), *Handbook of Moral Development: Models, Processes, Techniques, and Research*, Birmingham, AL: Religious Education Press, p. 64.

11 S. van Gils(2012), Morality in Interactions: On the Display of Moral Behavior by Leaders and Employees, Published doctoral dissertation, Erasmus University Rotterdam, p. 30.

12 T. O. Ossai, On The Origin of Immorality, p. 11.

https://www.academia.edu/12216101/On_The_Origin_of_Immoralityp.

13　F. W. Nietzsche 저, 박찬국 옮김(2011), 『아침놀』, 서울: 책세상, p. 24.

14　P. Valdesolo, & D. Desteno(2006), Manipulations of Emotional Context Shape Moral Judgment, *Psychological Science*, 17(6), pp. 476-477.

15　S. Schnall, J. Haidt, G. L. Clore, & A. H. Jordan(2008), Disgust as embodied moral judgment, *Personality and Social Psychology Bulletin*, 34(8), 1096-1109.

16　J. L. Tracy, C. Steckler, & G. Heltzel(2019), The physiological basis of psychological disgust and moral judgments, *Journal of Personality and Social Psychology*, Vol. 116, pp. 15-32; C. B. Miller, 김태훈 옮김(2021), 『인간의 품성: 우리는 얼마나 선량한가?』, 서울: 글로벌콘텐츠, pp. 216-217.

17　T. Reik(1924), Psychoanalysis of the Unconscious Sense of Guilt, *International Journal of Psychoanalysis*, Vol 5, pp. 439-50.

18　C. Darwin 저, 김성한 옮김(2020), 『인간과 동물의 감정 표현』, 서울: (주)사이언스북스, pp. 356-357.

19　R. B. Zajonc(1965), Social facilitation, *Science*, Vol. 149, No. 3681, pp, 269-274.

20　M. Ernest-Jones, D. Nettle, & M. Bateson(2011), Effects of eye images on everyday cooperative behavior: A field experiment, *Evolution and Human Behavior*, 32(3), pp. 172-178.

21　D. Nettle, Z. Harper, A. Kidson, R. Stone, I. S. Penton-Voak, & M. Bateson(2013), The watching eyes effect in the Dictator Game: It's not how much you give, it's being seen to give something, *Evolution and Human Behavior*, 34(1), pp. 35-40.

22　P. Bourrat, N. Baumard, & R. McKay(2011), Surveillance cues enhance moral condemnation, *Evolutionary Psychology*, 9(2), pp. 193-199.

23　K. Izuma(2012), The social neuroscience of reputation, Neuroscience *Research*, 72(4), pp. 283-288.

24　J. M. Engelmann, E. Herrmann, M. Tomasello(2012), Five-year olds, but not chimpanzees, attempt to manage their reputations, *PLoS* One, 7(10), doi:10.1371.

25　L. Radzik, C. Bennett, G. Pettigrove, G. Sher(2020), *The Ethics of Social Punishment: The Enforcement of Morality in Everyday Life*, Cambridge MA: Cambridge University Press, pp. i-ii.

26　A. Smith 저, 박세일·민경국 공역(2012), 앞의 책, p. 144.

27 H. J. Eysenck(1977), *Crime and Punishment*, St Albans, Hertfordshire: Granada Publishing, p. 437.

28 R. M. Thomas(1997), *Moral Development Theories -Secular and Religious: A Comparative Study*, Westport, CT: Greenwood Press, p. 75; M. L. Vives, M. Cikara, O. FeldmanHalll(2021), Following Your Group or Your Morals? The In-Group Promotes Immoral Behavior While the Out-Group Buffers Against It, *Social Psychological and Personality Science*, Vol. 13, pp. 139-149.

29 R. B. Cialdini, 이현우 옮김(2005), 『설득의 심리학』, (주)북이십일, p. 298.

30 S. Milgram(1963), Behavioral Study of Obedience, *Journal of Abnormal and Social Psychology*, Vol. 67, pp. 371-378.

31 P. G. Zimbardo, C. Haney, C. Banks, & D. Jaffe(1974), The Psychology of imprisonment: Privation, power, and pathology, In Z. Rubin(Ed.), *Doing unto others: Explorations in social behavior*, Englewood Cliffs, NJ: Prentice Hall, pp. 61-73.

32 S. Milgram(1974), *Obedience to Authority*, New York: Harper & Row, p. 8.

33 C. B. Miller, 김태훈 옮김(2021), 『인간의 품성: 우리는 얼마나 선량한가?』, 서울: 글로벌 콘텐츠, pp. 106-107.

34 R. Hortensius and B. de Gelder(2018), From Empathy to Apathy: The Bystander Effect Revisited, *Current Directions in Psychological Science*, 27(4), pp. 249-256.

35 Van Rompay, T. J., Vonk, D. J., & Fransen, M. L.(2009), The eye of the camera: Effects of security cameras on prosocial behavior, *Environment and Behavior*, 41(1), pp. 60-74.

36 L. Begue, 이세진 옮김(2014), 『도덕적 인간은 왜 나쁜 사회를 만드는가』, 서울: 부키(주), p. 89.

37 남상희(2019), 도덕적 이탈 경향성과 비윤리적 행동 간 관계: 구성원 간 친밀성 지각의 조절효과, 서강대학교 박사학위논문, p. 118.

38 B. J. Costello & J. H. Laub(2020), Social Control Theory: The Legacy of Travis Hirschi's Causes of Delinquency, *Annual Review of Criminology*, Vol. 3, pp. 21-41.

39 EMBRAIN, 『2017 나 & 타인에 대한 관심 및 평판 관련 조사』, 서울: (주)마크로밀 엠브레인, pp. 10-15.

40 최현무(2016), 탈인격화(la depersonalisation) 개념을 통해 본 뒤라스의 작품세계 연구, 『세계문학비교연구』, 55권, 세계문학비교학회, p. 106.

41 G. Le Bon 저, 이상돈 옮김(2005), 『군중심리』, 서울: 간디서원, pp. 33-34.

42 위의 책, pp. 40-41.

43 R. I. Watson(1973), Investigation into deindividuation using a cross-cultural survey technique, *Journal of Personality and Social Psychology*, 25(3), 342-345.

44 L. Bégue 저, 이세진 옮김(2014), 앞의 책, p. 44.

45 I. Blanken, N. van de Ven, M. Zeelenberg(2015), A meta-analytic review of moral licensing, *Personality and Social Psychology Bulletin*, 41(4), pp. 540-558.

46 W. B. Chiou, C. S. Wan, W. H. Wu, & K. T. Lee(2011), A randomized experiment to examine unintended consequence of dietary supplement use among daily somkers: taking supplements reduces self-regulation of smoking, Addiction, 106(12), pp. 2221-2228.

47 W. M. Kurtines and J. L. Gewirth(1995), *Moral Development: An Introduction*, Boston: Allyn and Bacon, p. 43.

48 A. E. Tenbrunsel & D. Messick(2004), Ethical fading: The role of self-deception in unethical behavior, *Social Justice Research*, 17(2), pp. 223-236.

49 A. Bandura(2002), Selective moral disengagement in the exercise of moral agency, *Journal of Moral Education*, Vol. 31, pp. 101-119.

50 J. Piaget(1971), *Biology and Knowledge: An Essay on the Relations between Organic Regulations and Cognitive Processes*, Edinburgh: Edinburgh University Press, pp. 300-304.

51 M. Johnson 저, 노양진 옮김(2008), 『도덕적 상상력: 체험주의 윤리학의 새로운 도전』, 파주: 서광사, p. 414.

52 위의 책, p. 397.

53 위의 책, p. 27.

54 A. Bandura(Ed.)(1999), *Self-Efficacy in Changing Societies*, Cambridge: Cambridge University Press, p. 5.

55 위의 책, pp. 32-33; P. R. Pintrich & E. V. De Groot(1990), Motivational and Self-Regulated Learning Components of Classroom Academic Performance, *Journal of Educational Psychology*, Vol. 82, No. 1, p. 38.

56 A. Bandura 저, 김의철·박영신·양계민 옮김(1999), 『자기효능감과 인간행동』, 파주: 교육과학사, pp. 60-61.

57 김태훈(2018), 『인성과 교육』, 파주: 양서원, p. 127.

—

공감의 정서는 도덕성 발달에 어떤 역할을 하는가?

- - - - -

M
O
R
A
L
I
T
Y

머리글

많은 사람은 인간이 인간일 수 있는 까닭을 다른 동물들과 달리 이성을 지니고 있다는 사실에서 찾는다. 그러나 또 다른 시각에서 보면, 인간이 진정한 인간으로 자리매김 되는 것은 인간에게 정서 혹은 감정이 존재하기 때문일 것이다. 우리 인간에게 정서가 없다고 가정해본다면, 우리는 쉽게 이 말에 동의할 수 있을 것이다. 정서는 쾌락 및 불쾌의 내용을 가진 모든 정신적 경험을 일컫는 말로서 행위 경향성뿐만 아니라 독특한 생리 기능이나 표현을 포함한다. 그런 점에서 정서는 사람이 다른 사람과 맺는 관계의 질을 결정하며, 우리는 서로 이러한 정서를 통해 상대에게 인간다운 면모를 보이거나 확인할 수 있다.

인간을 도덕적 피조물이라 할 수 있는 것도 사람에게 특히 공감이라는 정서가 존재하기 때문이다. 공감의 정서는 인간 상호 간의 적극적인 교류와 이타적 행동에 이바지하는 중요한 요소로 여겨진다. 동정이나 배려, 연민 등과 같은 이타심의 정서도 공감과 더불어 발달할 수 있다. 우리가 가족의 울타리를 넘어 더 큰 공동체의 구성원으로서 참여하고, 다른 사람을 돕거나 대의에 헌신할 수 있는 것도 공감이라는 정서가 있어서 가능한 일이다. 공감 능력은 사회적 인간으로서 공존하기 위한 전제 조건이자 도덕적 행동의 전초 단계에 해당한다.

이런 관점에서 세상을 둘러보면, 현대 사회의 부정적인 단면들의 원인을 읽어낼 수 있다. 오늘날 많은 문제는 공감의 결핍으로 인해 개인과 개인, 개인과 집단, 집단과 집단 간의 이해와 소통이 원활하지 못한 데서 비롯한다. 과거에는 집단 중심의 생활로 사람들 간에 공감 능력이 자연스럽게 발달할 수 있는 환경이었다. 크고 작은 공동체를 중심으로 면대면 생활을 통해 서로를 잘 알고 지냈으며, 그럼으로써 상대의 생각이나 느낌을 공유할 수 있었다. 그러나 현대인에게는 서로 얼굴을 맞대며 그러한 정서를 발달시킬 기회가 많지 않다. 현대 사회의 이러한 구조적 특징은 인간 소외, 집단 따돌림, 관계 단절과 같은 문제들이 파생하는 하나의 원인이 되고 있다.

그런가 하면 현대 사회의 혁신적인 정보기술은 우리의 생활 방식을 근본적으로 뒤바꾸어 놓고 있다. 현대인은 과거와 달리 정보 매체를 수단으로 하는 개인 중심의 생활 방식에 자신의 의지와는 무관하게 빠른 속도로 빠져들고 있다. 이제 서로 간에 공감하는 방법이나 깊이, 속도는 이전과 전혀 다른 양상으로 전개되고 있다. 그리하여 오늘날 우리가 경험하는 공감은 과거와 같이 한 개인의 내적 영역에 머무르는 것이 아니라, 대중을 관계망으로 연결한 새로운 기술과 도구를 통해 여론의 이름으로 세상을 변화시키는 무형의 힘으로 작용하기도 한다. 여기에는 한 가지 심각한 역설이 숨어 있다. 정보 매체를 매개로 대중과 소통하면 할수록 한 개인으로서의 인간은 오히려 주변 사람들과 소외되고 격리되는 느낌이 든다는 사실이다.

현대 사회에서 발생하는 인간의 문제는 결국 우리가 공감 능력을 얼마나 확충하고 이를 어떻게 발휘하는가에 많은 영향을 받는다. 설령 우리가 공감 능력을 선천적으로 타고났다 하더라도 그것을 계발해나가지 않으면 퇴화할 수 있다. 그래서 많은 사람은 공감 능력의 확장을 인간의 도덕성 발달 상태를 판단할 수 있는 하나의 중요한 징표로 여기고 있다. 최근에 유수의 국가에서 국가적 청사진을 마련하는 정책 입안자들이 '정서적 지능'이라는 새로운 분야에 관심을 갖고, 그 핵심적 요소로 공감 능력의 발달에 주목하는 것도 이와 무관하지 않다.

이 장에서는 위와 같은 현대 사회의 흐름과 그에 따른 문제에 관한 인식을 바탕으로 공감이라는 도덕적 정서에 주목한다. 그런데 공감이라는 용어는 관련된 다른 정서, 특히 동정이라는 말과 혼동하여 사용되는 경우가 잦다. 이와 관련하여 흥미로운 점은 우리나라 사람들은 공감과 동정이라는 말을 별다른 혼란 없이 사용하고 있는 반면에, 관련 전문 서적에서는 두 용어가 혼용되고 있어 오히려 혼란을 초래하기도 한다는 것이다. 이에, 우선 공감의 자의字意를 중심으로 이의 개념을 동정과 비교하여 정의한 후 공감의 구성 요소, 생물학적 기반, 그의 발달 기제를 고찰한다. 그리고 이를 바탕으로 도덕성 발달에서 공감의 정서가 발휘하는 역할을 논의한다.

공감(empathy)의 의미

공감의 의미는 임상심리학자와 인성 심리학자뿐만 아니라 철학자에 의해서도 수 세기 동안 꾸준히 논의되어왔다. 워낙 광범위한 영역에서 다양한 사람이 사용해 온 관계로 공감의 의미를 한마디로 규정하기가 매우 까다롭다. 지금까지 여러 학자가 정의하였던 공감의 개념은 대략 "다른 사람의 생각과 감정을 포함한 내적인 상태를 아는 것", "관찰된 타인의 자세를 취하거나 신경 반응과 일치하는 것", "다른 사람이 느끼듯이 느끼는 것", "자기 자신을 다른 사람의 상황에 투사하는 것", "다른 사람이 어떻게 생각하고 느끼는지를 상상하는 것", "우리가 다른 사람의 관점에서 어떻게 생각하고 느끼는지를 상상하는 것", "다른 사람의 고통을 목격할 때 괴로움을 느끼는 것", "고통을 겪고 있는 다른 사람에 대해 동정하는 것" 등으로 정리될 수 있다.[1]

위에 언급된 풀이를 곱씹어보면, 공감이라는 말은 감정이입, 동정(심), 동감, 연민 등의 말로 대체가 가능하다는 것을 알 수 있다. 실제로 여러 문헌에서 공감은 감정이입, 동정, 동감, 연민 등과 혼용되고 있다. 이에 대한 원인은 일차적으로 이들 용어가 여러 학문 분야에서 각기 나름의 관점에 따라 사용됐다는 데 있다. 그리고 이후 이를 우리말로 번역하는 과정에서 이런 혼란은 그대로 답습되어 현재에 이르는 것으로 보인다. 이를 사전적 정의와 학문의 흐름에 따른 용어의 의미 변화로 구분하여 간략히 검토한다.

우리말 사전의 정의에 따르면, 공감共感이란 "남의 의견에 대하여 자기도 그러하다고 느낌"[2]을 뜻한다. 네이버 국어사전에서는 이를 "남의 감정, 의견, 주장 따위에 대하여 자기도 그렇다고 느낌, 또는 그렇게 느끼는 기분"이라고 풀이하고 있다. 그리고 공감과 같은 뜻의 우리말로는 동감同感을 들고 있다. 우리말 사전에서 동감은 "남과 같은 느낌" 혹은 "어떤 견해나 의견에 같은 생각을 가짐, 또는 그 생각"[3]을 가리킨다. 반면에 우리말 동정同情의 사전적 의미는 "남의 불행을 가엾게 여겨 온정을 베풂" 혹은 "남의 슬픔·불행 따위를 이해하여 그 사람과 같은 느낌이 듦"[4]을 뜻한다. 공감은 다른 사람과 같은 생각이나 느낌을 말하지만, 동정은 다른 사람의 불행이나 슬픔에 대해 갖는 같은 느낌을 뜻한다. 그래서 동정은 '연민의 정'과 관련이 깊다. 적어도 우리말 사전에 의하면, 공감과 동정은 그 개념에서 사뭇 차이가 있으며, 공감과 같은 의미로 사용될 수 있는 우리말로는 동감이 적절해 보인다.

우리나라 사람은 일상의 삶에서 별다른 혼란 없이 두 용어를 구분하여 사용하고 있다. 일반적으로 우리말에서 동정은 완화돼야 할 어떤 것으로서 다른 사람의 고통에 대한 고양된 자각과 관련된다. 다시 말해, 동정은 다른 사람의 안녕에 관한 관심이다. 그것은 어느 누군가를 불쌍히 여기는 감정이며, 또한 다른 사람에 대한 비통의 감정 혹은 비통을 느끼는 것과 관련이 있다. 결국 타인의 느낌을 있는 그대로 체험하는 것이 공감이라면, 그 타인을 위하여 무엇인가 도우려는 느낌이 동정이다. 비록 동정이 공감과 마찬가지로 인지적 관점 채택과 같은 과정들로부터 나온다고 여길 수도 있지만, 대체로 동정은 공감화의 결과로 나타난다.

그런데 영어 사전을 찾아보면 매우 혼란스러워진다. 네이버Naver 영어 사전에서는 sympathy가 동정, 연민, 동조, 지지, 동의, 공감으로 풀이되어 있고, empathy는 감정이입, 공감으로 풀이되어 있다. 다음Daum 영어 사전에는 sympathy를 공감, 동정, 연민, 위로, 애도 등으로 풀이하고 있고, empathy를 공감, 감정 이입, 동정심, 연민으로 풀이하고 있다. 우리는 두 용어에 대한 사전풀이로써는 별다른 의미 차이를 발견하기 어렵다. 같이 혼용해도 별문제가 없어 보인다. 실제로도 많은 문헌에서 공감과 동정이 같은 개념으로 사용됐고 지금도 여전히 그렇다.

그러나 두 용어와 관련한 학문적 흐름을 추적해보면 왜 두 용어가 서양권에서 그렇게 혼용됐는가를 추론할 수 있다. 그리고 그런 혼란은 우리가 접하는 우리말 번역서에 그대로 반영되어 이어져 오고 있다.

empathy란 영어 용어는 미학에 그 근원을 두고 있는 독일어 einfühlung의 번역어이다. 그런데 einfühlung이라는 용어는 1873년에 독일 철학자 비셔R. Vischer가 미학 심리학과 형태지각을 논의하는 과정에서 예술 작품에 '자신을 투영하여 느끼는feel oneself into' 능력을 의미하는 뜻으로서 최초로 사용된 것으로 알려져 있다.[5] 그의 미학적 인식

심리학 관점은 미의 대상에 자아를 투사하는 것과 관련이 있었다.[6] 영국의 비평가이자 소설가인 리V. Lee는 einfühlung이 '함께 느낀다', '감정을 개입시키다'를 나타내는 뜻으로 보고, 이를 영어의 'feeling into'로 번역하였다. 독일어 einfühlen이 ein안에과 fühlen느낀다의 합자合字로 '들어가서 느낀다'라는 의미에 근거한 것이다. 즉, 체험자가 상상하는 대상에 자신을 투영하여 상상하는 것을 이른 말이다. 이는 우리말 '감정이입'에 꼭 들어맞는 것으로, 감정이 우리가 지각하는 형태 속으로 들어가 흡수될 때에 비로소 일어난다는 것을 함의하고 있다.

이러한 감정이입의 개념은 동시적 경험을 연구하던 독일 심리학자이자 철학자였던 립스T. Lipps와 프란틀A. Prandtl의 주요 관심 대상이 되었다. 이들은 동시적 경험에 대해 주체가 자기 자신을 자극 형상 속으로 투영하는 것으로 결론지었다. 특히 립스는 미의 대상의 출현이 미적 만족의 대상을 제공하긴 하지만, 그 출현이 미적 만족 그 자체는 아닌 것으로 보았다. 오히려 미적으로 만족하고자 노력하는 자아일 것으로 여겼다. 따라서 미적 만족은 비록 대상을 통해 발생하지만, 대상 그 안에 존재하는 것이 아니라 자아 안에 존재하는 것으로 인식한다.[7] 립스는 이를 일종의 유추작용으로 생각하였다.

미국의 심리학자 티체너E. B. Titchener는 립스의 이러한 감정이입 개념을 영어의 empathy로 번역하여 사용하였다. 그는 다른 사람의 정신적 과정이나 의식에 접근할 수 있는 것은 이성적인 유추를 통해서가 아니라 '마음의 근육 안에서in the mind's muscle'라고 부르는 일종의 감각 운동적인 내적 모방을 통해서 가능하다고 보았다.[8] 이에 따라 고대 그리스어와 라틴어뿐만 아니라 현대 언어에도 능통하였던 그는 감정이입을 고대 그리스어 empatheia를 매개로 하여 'empathy'로 영역한 것이다. 이는 글자 그대로 '안en'과 '고통 혹은 열정pathos'을 의미한다. 여기에서 pathos란 아리스토텔레스가 청중에 대한 설득의 수단으로 제시하였던 정서적 공감과 같은 의미이다. 우리는 이처럼 empathy란 영어 용어가 애초 등장 과정에서는 감정이입의 뜻으로 주로 사용되었음을 확인할 수 있다.

그러나 이성 중심의 합리주의 횡포에 맞서 감정의 자주성과 독립성을 주장하였던 독일 철학자 셸러M. Scheler는 감정이입에 대해 립스와 다른 생각을 가졌다. 그는 감정이입이란 유추와 같은 간접적인 것이 아니라 어떤 사람의 얼굴빛에서 그 사람의 따뜻함이나 심술궂음을 직접 느끼는 것과 같이 더욱 직접적인 것이라 주장하고, 이를 sympathy로 이해하였다.9 접두사 'sym-'은 우리말로 '함께with together' 혹은 '같은same'의 뜻을 지닌 것으로, '함께 작용하다', '함께 시간을 맞춰 동시에 움직이다'라는 의미를 담고 있다. 따라서 그의 감정 이론에서 sympathy는 동시에 함께 일어나는 감정을 뜻한다. 동일 감정은 자아와 타자가 같이 함께 느끼는 감정이다. 그리고 감정이입은 그러한 sympathy를 일으키는 하나의 법칙적 요소에 속한다.10

이는 그 이전에 인간의 도덕 감정을 이성보다 중요시했던 흄D. Hume이나 스미스A. Smith의 관점과도 궤를 같이한다. 흄에 따르면, sympathy란 우리가 서로 감정을 교류할 수 있게 해주고 서로를 이해할 수 있게 하는, 그리하여 우리 자신의 편협하고 개인적인 관점을 극복할 수 있게 하는 자연적 성향이다. sympathy 자체가 동정심과 같은 하나의 특정한 느낌은 아니라고 하였다. 만일 친구가 실연의 슬픔을 느낀다면 그리고 내가 그의 슬픔에 대해 동정심이라는 특정한 느낌이 든다면, 그때 그것은 sympathy가 아니다. 즉, sympathy라는 것은 타인으로부터 전이된 어떤 특정한 감정이 아니라는 것이다. 친구는 고통을 느끼고, 나는 동정심을 느낄 뿐인 것이다. 흄은 sympathy를 나에게 그의 고통을 느끼게 해주는 심리적 기제로 인식하였다.[11] 스미스 또한 그와 유사하게 우리가 자신의 편협한 개인적인 관점을 극복하고 다른 사람과 감정을 교류할 뿐만 아니라 서로를 이해할 수 있는 것은 우리에게 자연적 성향인 sympathy의 능력이 있기 때문으로 보았다.[12] 즉, 이들은 sympathy를 특정한 감정의 하나로 보기보다는 우리가 다른 사람의 감정을 느끼게 하는 심리적 성향으로 인식한 것이다.

그런데 흄, 스미스, 셸러가 말하는 이러한 견해는 이후 서양의 많은 문헌에서 sympathy와 empathy가 혼용되어 사용되는 계기가 된 것으로 보인다. 나아가 이것은 서양에서 들어온 책들이 우리말로 번역되는 과정에서 공감과 동정이 혼용되었던 원인으로 판단된다. 위 세 사람이 공통으로 말하는 sympathy는 앞에서 언급한 우리말 '공감' 혹은 '동감'의 의미와 더욱 가깝다. 오늘날 우리가 일상적으로 사용하는 우리말 '동정'과는 분명히 거리가 있다. 그 사람들이 특정한 감정의 하나로 보기보다는 다른 사람의 감정을 느끼게 하는 심리적 성향으로 인식한 sympathy가 'sym'과 'pathos'로 구성되었다는 점에서 어떻든 감정을 내포한 용어이므로 '함께', '동시에' 느낀다는 뜻을 담은 우리말 '공감'으로 번역되었던 것으로 판단된다. 여러 번역서에서 sympathy가 우리말 '공감'으로 번역되었고, 지금도 그들이 저술한 책을 번역할 때는 sympathy라는 단어가 그 책이 저술되던 당시에는 앞 단락에서 설명했던 의미로 사용되었기 때문에 우리말 '공감'으로 번역되고 있으며, 그것은 번역자의 처지에서 볼 때 자연스러운 일이기도 하다.

하지만 최근에는 두 용어를 구분하여 사용하는 경향이 뚜렷하다. 특히 도덕심리학이나 발달심리학 분야에서 남을 돕는 이타 행동과 관련하여 empathy의 역할을 규명하면서 이를 sympathy와 구분해야 할 필요성이 대두되었기 때문이다.[13] 다른 사람의 감정이나 정서를 이해하는 것과 그 이해를 바탕으로 모종의 도움 행위를 하는 것은 다를 수 있다는 점에서 이해 양식으로서의 '공감'과 행동 양식으로서의 '동정'을 구분하게 된 것이다.

이에 따라 empathy는 다른 사람의 특수한 정서적 상태를 이해하고 함께 그와 공유하는 것을 뜻하지만, sympathy는 주로 타인의 안녕에 관한 관심을 나타낼 때 사용된다. 전자는 우리말 '공감'을 뜻하고, 후자는 우리말 '동정'을 의미한다. 동정에 관한 이러한 정의는 다른 사람의 감정에 대한 고양된 민감성과 함께 그것이 무엇이든 그에 필요한 어떤 완화하는 행위들을 취하고자 하는 충동을 함의하고 있다.[14] 호프만M. L. Hoffman은 이와 관련하여 공감적 고통이 부분적으로 동정적 고통이나 연민의 감정으로 전환될 수 있다고 봄으로써, 공감을 보다 포괄적인 개념으로 인식하였다.[15]

공감의 구성 요소, 생물학적 토대, 발달 기제

지금까지 공감의 구성적 요소에 관한 논의는 철학이나 심리학 영역에서 주로 두 가지 요소를 중심으로 이루어져 왔다.[16] 공감에는 적어도 인지적 요소와 정서적 요소라는 두 가지 분명히 구별되는 요소가 통합되어 있다는 데에 대체로 의견의 일치를 보인다. 그러나 학자들에 따라 그 두 요소 외에도 연민적 요소, 표현적 요소,[17] 의사소통적 요소,[18] 참여적 요소[19] 등을 그의 구성 요소로 들기도 한다. 일반적으로 이러한 접근은 공감을 기능의 차원에서 이해하는 경우이다.

그런데 공감을 구조 혹은 결과적 차원에서 접근하기도 한다. 그러한 접근에서는 공감이 발생하였을 경우 어떤 특정한 요소들이 이와 관련되어 작동하는지에 초점을 둔다. 거꾸로 말하면, 어떤 요소들이 결핍되면 공감이 일어나지 않거나 심각하게 왜곡될 수 있다는 것을 가정한다. 예컨대 조현병 환자가 정서적 과정과 관점 채택의 몇 가지 영역에서 결손을 보이는 경우가 그런 사례에 속한다고 할 수 있다.[20] 최근에 이르러서는 공감에 관한 논의가 그의 생물학적 토대를 확인하고자 하는 방향으로 움직이는 경향을 보인다. 그 가운데에서도 특히 공감의 생리 기능(자율신경 체계 활동, 호르몬과 신경 기질들)에 초점을 모으고 있다.[21]

■ 공감의 구성 요소　　　　　　　　　　　■■

　　공감은 다른 사람의 정서적 상태나 조건에 관한 염려 혹은 이해로부터 나오는, 또한 다른 사람이 주어진 상황에 대해 느끼고 있는 혹은 느낄 것으로 예상하는 바와 유사한 정서적 반응이다. 예를 들어 어떤 슬픈 사람을 바라보고 그 결과로써 자신이 슬픔을 느낄 때 그 사람은 공감을 경험하고 있다. 이런 관점에서 보면, 공감은 최소한 개인이 그 정서 혹은 정서를 유도하는 맥락에 있어 자신이 아닌 다른 사람과 관련되어 있다는 것을 어떤 수준에서든 지각하는 그러한 자기와 타인을 구별하는 능력을 지니고 있어야 한다. 다시 말해, 자신이 느끼는 감정이 다른 사람으로부터 비롯한다는 인식을 확인할 수 있어야 한다. 따라서 인지와 정서는 공감을 구성하는 주요 요소에 해당한다.

　　먼저 공감의 인지적 요소를 검토한다. 공감은 다른 사람의 감정을 이해하는 것과 더불어 그의 심리 즉, 그의 생각, 의도, 감정 등에 관해 이해하는 것을 포함한다. 어떤 경우든 그러한 이해를 가능하게 하는 과정은 인지적이다. 한 가지 흥미로운 점은 우리말 한자어 공감이라는 말의 '감感' 자에는 '느끼다'라는 뜻과 함께 '함께 생각하다', '지각하다'의 의미가 들어 있다는 것이다. 만약 다른 사람의 감정을 이해함으로써 우리에게서 정서가 일어난다면, 그것은 분명히 인지의 부수 현상이다.[22] 사실 수많은 복잡한 인지 과정이 공감의 발생에 이바지하는 것으로 평가되고 있다. 물론 개인의 나이나 다른 특성 및 상황적 요소들에 따라 인지 과정의 복잡성은 얼마든지 달라질 수 있으나, 기본적으로 공감에는 인지적 측면이 내재하여 있다.

공감의 이러한 인지적 요소에 대한 강조는 일찍이 미드G. H. Mead와 피아제J. Piaget가 주도하였다. 이들은 다른 사람의 정서적 상태를 구별하고 또한 그의 관점과 역할을 가정할 수 있는 기본적인 인지적 능력이 갖추어진 이후에 공감이 발달할 수 있다고 하였다. 호프만은 이를 훨씬 더 정교화하여 우리가 공감에 이르기 위해서는 앞에서 지적한 자아와 타자의 구별을 함축하는 인지적 과정화와 더불어 상징적 연상의 기능이 요구된다고 하였다. 다시 말하면, 공감을 일으키기 위해서는 상징적으로 다른 사람의 감정을 나타내는 단서들과 관찰자 자신의 과거 고통을 상호 연상할 수 있는 인지적 능력을 갖추고 있어야 한다. 그리고 당연히 여기에는 보다 복잡한 정보 처리 혹은 추론 능력이 개입되기 마련이다.[23]

한편, 공감을 정서적인 현상으로 파악한 경우는 주로 프로이트S. Freud와 같은 임상심리학자로부터 비롯하였다. 이들에 따르면, '동일시identification'는 다른 사람과의 공감적 관계의 이면에 작용하는 기제에 해당한다. 사람은 동일시를 자아 정체성을 형성하기 위하여 사용하기도 하고 여러 가지 불안에 대처하기 위한 방어기제로 사용하기도 하는데 이들은 그 과정에서 공감 능력을 획득할 수 있다고 하였다. 이는 공감의 원초적인 형태가 모자母子 관계에서 시작된다는 것을 시사한다. 어머니의 심리적인 상태는 탯줄을 통해 유아에게 전달되어 유아의 심리적 상태를 형성하게 되고, 그 결과로 형성된 유아의 심리상태는 어머니의 그것과 일치하는 공감 현상을 불러일으키게 된다. 이러한 현상은 거의 반사적으로 다른 사람의 몸짓이나 표정을 따라 하고 그와 유사한 행동을 모방하는 정서감염으로 나타난다.[24]

공감을 정서 지향적인 현상으로 해석하는 견해에도 서로 구별되는 다른 시각들이 존재한다. 우선 공감을 '타인의 정서적 상태와 일치하는 대리 정서 반응'이라고 보고, 공감하는 자와 공감 대상자 간의 느낌 일치를 강조하는 견해가 있다. 그리고 공감을 '타자의 처지에 관한 관심 또는 타자의 복지를 향상하려는 정서적 반응의 체험'으로 보고, 공감하는 사람이 공감 대상자에 대해 느끼는 긍정적인 정서를 강조하는 견해가 있다. 이와 함께 공감을 '정서적 일치와 동정적 반응의 결합'으로 보는 견해도 있다. 어떤 관점이든 공감이 정서적 측면을 주요 요소로 하고 있는 것은 분명하다.

경험적 자료들은 일반적으로 공감에 대한 능력이 이른 시기(2살경)부터 청소년기에 이르는 과정에서 나이에 따라 지속적으로 발달한다는 견해를 지지한다. 이러한 발달 경향은 아마도 타인의 감정과 사고에 관한 아동의 이해가 나이와 더불어 진보하기 때문일 것으로 추측된다. 관련 연구자들에 의하면, 그러한 진보는 부분적으로 이 기간의 관점 채택 능력의 발달에 토대를 두고 있으며, 아동이 정서를 유발하는 개인 상호 간 경험과 그러한 경험에 대한 반응을 사회화하고자 하는 성인의 시도에 끊임없이 노출되기 때문에 이루어질 수 있다.[25]

■ 공감의 생물학적 토대

최근에는 공감의 생물학적 토대에 대한 신경과학적 설명이 많이 제시되고 있다. 이에 논자는 여기에서 이를 집약하여 논의한다. 공감의 신경학적 기반을 예증하고자 하는 노력은 지난 20여 년 동안 축적되어 온 뇌 영상 기술의 발달로 최근에 상당한 진보를 이룰 수 있게 되었다. 이에 따라 공감에 관한 신경과학적 관점이 공감에 관한 논의에서 두드러지게 되었다.[26] 그리고 이러한 접근은 학제적 수준(생물학적, 인지적, 사회적 등)의 연구가 다른 사람의 생각과 느낌이 어떻게 자기 생각, 감정, 행동에 영향을 미칠 수 있는지에 관해 보다 포괄적인 이해로 이끌 것이라는 생각을 전제하고 있다.[27]

공감의 생리적 기능에 관한 연구는 대체로 자율신경체계 활동, 호르몬, 신경 기질 등을 중심으로 이루어진다. 최근의 연구에서는 천성적으로 더 이타적인 사람은 뇌의 후상측두피질이 다른 사람보다 더 활성화되어 있음을 증명해냈다.[28] 그리고 대뇌 손상을 입은 여러 성인 환자를 대상으로 하였던 연구에서는 배외측 전전두피질dorsolateral prefrontal cortex; dlPFC이 공감의 인지적 측면과 더 연관되며, 복내측 전전두피질 ventromedial prefrontal cortex; vmPFC은 타인에 대한 동정과 보살핌, 타인의 감정 상태에 대한 민감성뿐만 아니라 감정 규제와 충동 통제에도 상당한 관련이 있어 공감의 정서적 측면과 더 연관된다는 사실을 밝혀내었다. 예컨대 vmPFC 손상 환자는 감정적인 규제 완화와 실제 능력의 기능 장애 사이에 상관관계가 있음을 보여준다. 심리학에서 자주 인용되는 피니

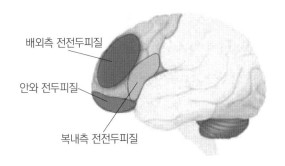

그림 7-1_ 배외측 전전두피질과 복내측 전전두피질의 위치

어스 게이지Phineas Gage의 사례가 그 대표적인 경우이다.

공감에 관한 신경과학적 접근에서 흥미로운 점은 거울 신경mirror neurons의 기능에 관한 설명이다. 거울 신경은 최초로 원숭이의 전두엽 체계에서 확인된 것으로, 다른 사람이 목표 지향적 행동을 하는 것을 바라보고 스스로 그런 행동을 할 때 활성화된다. 이는 거울 신경이 타자들에 관한 이해와 모방에 연루되어있을 뿐만 아니라, 더 나아가 인간의 공감적 반응에 대한 유전적 실마리가 되고 있음을 시사한다. 이에 관한 연구들은 인간에게서 유사 전전두피질 회로analogous prefrontal cortex circuitry에 있는 거울 신경의 활동을 확인하고 있다.[29]

호르몬 기능과 공감 능력 간의 관계는 주로 자녀에 대한 부모의 배려와 동료 혹은 다른 친족 간의 상호작용 영역을 중심으로 관심이 집중되고 있다. 그러나 호르몬 기능과 공감과의 관련성에 관한 연구는 아직 초기 단계에 있다. 더욱이 이에 관한 여러 연구 간에 서로 일치하지 않는 결과가 많이 나오고 있어 어떤 결론을 분명하게 표명하는 데에는 어려움이 있다.

자율신경 기능 또한 공감에 주요한 이바지를 하는 것으로 밝혀지고 있다. 비록 뇌 영역들의 활성화가 공감과 동정의 인지적 및 정의적 측면에 공헌하고, 또한 순환하는 호르몬이 뇌로부터 신호를 전달하지만 실제로 이타적인 혹은 친사회적인 행동에 개입하는 것은 자율신경계ANS: automatic nervous system와 신체 기능의 도움이 필요하다는 것이다. 타인들에 관한 관심과 심장박동수, 혈압, 피부 전기전도성, 호흡작용과 같은 자율신경 간의 관계에 대한 연구가 활발히 진행되고 있다.[30] 예를 들어 심장박동수는 흔히 친사회적 반응의 측정과 부정적으로 상호 관련되거나, 아니면 고통의 징후들과 긍정적으로 상호 관련되는 것으로 나타나고 있다.

낮은 수준의 공감은 정신병성 경향의 발달에 공헌하는 것으로 나타나고 있다. 정신병질자나 정신병적 특질을 소유한 사람은 정신병과 무관한 사람과 비교하여 정서를 유도하는 자극(흔히 격렬하지 않게 감정을 불러일으키는 슬라이드)에 대해 그리고 다른 사람의 고통의 단서에 대해 더 낮은 생리적 반응을 보인다. 따라서 온화하게 공감을 유도하는 자극에 잘 반응하지 않는 아동은 외현적 문제 행동을 지닐 수 있다. 실제로 한 연구 결과는 온화한 안면 표정을 묘사한 슬라이드를 볼 때 높은 생리적 반응을 보였던 소년들(소녀들은 아님)은 낮은 반응을 보인 동료들보다 외현적 문제 행동을 거의 보이지 않는다는 것을 발견했다. 따라서 공감의 결핍은 공감의 과도한 각성overarousal, 즉 개인적 고통과 더불어 사회 정서적 발달의 문제를 유발할 수 있다.[31] 공감이 너무 부족하거나 과도한 것은 모두 개인의 도덕성 발달에 유해할 수 있다는 것이다.

공감의 생물학적 토대를 확인하고자 하는 경험적 노력은 아직 초기 단계에 있다. 그러나 연구의 범위와 결과들의 함축은 매우 인상적이다. 최근의 여러 연구 덕분에 타인에 관한 관심과 생물 심리학적 과정 간의 관계에 관한 유전적, 신경해부학적, 신경생리학적, 신경 내분비학적, 자율 신경적, 기질적 측면들이 확인되고 있다.[32] 그동안 관심의 대상에서 벗어나 있었던 공감의 생리 기능에 관한 연구의 진전은 앞으로 공감의 생물학적 토대에 대한 논의를 더욱 풍부하게 해줄 것으로 기대되고 있다.

■ 공감의 발달 기제

공감 능력의 발달 기제와 관련하여, 프로이트나 피아제는 공감 능력이 반성적 자각과 타인의 내적 상태에 대한 민감성에 필요한 대뇌피질 구조가 성숙하면서 점차 나타나는 것으로 이해하였다. 그러나 최근의 관련 연구들은 어린 아동이 주로 자기중심적이고 다른 사람의 필요에 대해 무관심하다는 통념에 의문을 제기한다. 보다 최근의 이론적 및 경험적 연구는 훨씬 더 이른 시기에 도덕적 내면화가 이루어진다고 제안한다. 한 연구 결과에 따르면, 물론 개인적인 차이가 있긴 하지만, 아이들은 빠르면 2세부터[33] 다른 사람의 신체적 및 심리적 상태를 간단한 방법으로 해석할 수 있는 인지 능력, 다른 사람의 상태를 감정적으로 경험할 수 있는 정서적 능력, 다른 사람의 불편함을 완화하려는 시도의 가능성을 허용하는 행동 레퍼토리 등 대인 관계와 관련된 광범위한 사회적 역량을 보인다.[34]

이와 관련한 공감 능력의 발달 기제에 관해서는 호프만의 연구가 많은 사람으로부터 광범위한 동의를 얻고 있다. 그는 공감적 정서 각성의 양식과 타인에 관한 인지적 감각의 발달 간의 연합을 토대로 공감적 정서와 반응의 발달을 제시하였다.[35] 최근에 데이비스M. H. Davis는 공감 관련 구성 요소들을 중심으로 이의 진행 과정을 조직화한 바 있다.[36] 여기에서는 호프만과 데이비스의 이론을 참고하여 공감 능력의 발달 기제를 그림과 같이 도식화하였다.

선행 요인	내면의 과정	개인 내부의 결과	대인 간의 결과
개인 •생물학적 상태 •퍼스낼리티 •학습 내력 **상황** •상황의 강도 •관찰자와 대상자의 유사성	**비인지적(자동적 /자발적) 각성** •원초적 순환반응 •동작 흉내 **단순한 수준의 인지적 각성** •고전적 조건화 •직접적 연상 **고차적 수준의 인지적 각성** •언어를 통한 연상 •자신을 다른 사람의 위치에 놓기	**인지적 결과** •대인 간 정확도 •귀인적 판단 •인지적 표상 **정서적 결과** •병렬적 정서 •반응적 정서 -공감적 관심 -개인적 고통 **생리적 결과** •자율신경 활성화 •신경 기질 반응 •호르몬 분비	**사회적 행동** •이타적 행동 -돕기 •반사회적 행동 -공격

그림 7-2_ 공감능력의 발달기제

선행 요인은 이미 존재하고 있는 관찰자, 대상 혹은 상황의 특징을 말하는 것이다. 내면의 과정은 겉으로 나타나거나 눈에 보이지 않는 관찰자의 내부에서 공감적 결과들이 산출되는 특수한 기제를 일컫는다. 내면의 과정에서 비인지적 각성noncognitive arousal에는 신생아들이 옆의 아이가 울면 따라 우는 것과 같은 '원초적 순환 반응'과 대상을 무의식적으로 따라 하는 '동작 흉내' 등이 있다. 인지적 각성cognitive arousal으로는 고전적 조건화와 직접적 연상의 단순한 수준의 각성과 언어를 매개로 하는 연상과 타인의 입장에 서보는 고차적 수준의 각성이 있다. 어떤 수준의 각성 과정을 거치는가에 따라 공감 능력의 발달도 영향을 받는다. 수준이 높을수록 공감 능력의 발달 또한 촉진된다.

개인 내부의 결과는 반드시 대상을 향하여 외현적 행동으로 드러날 필요는 없는 것으로, 관찰자에게서 산출되는 인지적, 정서적, 생리적 반응들과 관련된다. 인지적 결과에는 다른 사람의 생각, 감정, 특징을 성공적으로 판단하는 대인 간 정확도, 관찰자에 의해 대상의 행동에 부여하는 귀인적 판단 그리고 인식자가 대상에 관해 형성하는 인지적 표상 등이 있다. 정서적 결과로는 관찰자가 대상의 감정을 그대로 재생산하는 전형적인 반응을 의미하는 병렬적 결과와 단순한 재생산과는 다른 어떤 상태에 대한 공감적 반응을 의미하는 반응적 결과가 나타날 수 있다. 생리적 결과는 공감이 일어날 때 나타나는 자율신경, 호르몬, 신경 기질 등의 반응과 관련된다. 그리고 대인간의 결과는 관찰자가 직접 대상을 향하는 행동 반응을 말하는 것으로, 다른 사람을 도와주는 이타적 행동을 보이거나 공격적인 반사회적 행동을 보일 수 있다. 결론적으로, 공감의 발달 기제는 공감의 정서가 개인의 대인관계를 친사회적으로 발달시키거나 반사회적으로 발달시키는 데 중요한 관건으로 작용함을 보여준다.

도덕성 발달에서의 공감 정서의 역할

인간의 도덕적 행동은 이성의 산물인가 아니면 직관의 결과인가에 대한 최근의 학문적 논쟁은 뇌 연구에서 비롯된 바가 크다. 실천 철학자인 싱어P. Singer와 신경 윤리학자인 레비N. Levy는 인간의 도덕적 행동이 이성과 직관 중에 어떤 요소에 근거하여 일어나느냐와 관련하여 논쟁을 벌였다. 여기에서 정서는 신경과학적으로 직관과 깊은 관련이 있다. 이들의 논쟁을 통해 우리는 도덕성의 발달과 관련하여 정서의 역할을 가늠해 볼 수 있는 어떤 단서를 발견할 수 있을 것이다.

싱어에 따르면 직관이란 뇌의 구조를 반영하는 것인데, 그 뇌의 구조는 비도덕적인 선택압 아래서 형성되었기 때문에 우리는 직관을 무시하고 대신 정서에 영향을 덜 받는 다른 기준, 곧 이성을 따라야 한다고 주장한다. 그 이유로 우리가 진화 역사에서 획득한 인지 기제는 도덕적 진리를 발견하도록 설계된 것이 아니라 우리의 포괄 적응도inclusive fitness를 높이도록 설계되었기 때문이라고 말한다. 진화는 적어도 도덕적 진리는 안중에 없고, 최악의 경우에는 철저한 이기성에 따른다는 것이다. 따라서 싱어는 진화된 직관이 도덕적 진리에 대한 훌륭한 안내자일 거라고 기대할 수는 없다고 단정하여 말한다. 직관적 반응은 비도덕적인 선택압 아래서 진화한 역사적 산물이기 때문에, 우리는 그것을 도덕적 진리에 대한 믿을 만한 안내자로 볼 수 없다는 견해이다.

그러나 신경 윤리학자인 레비는 인간의 도덕성이 도덕적 존재자의 체계적인 직관적 반응으로 구성된다고 주장한다. 그는 현대 신경과학의 연구로 복부 전전두피질이 손상된 환자vmPFC 환자들은 정상적인 지능을 유지하지만 윤리적인 추론에는 아주 형편이 없다는 것이 밝혀졌다고 말하며, 정서적 반응의 결여는 그런 환자들이 일상생활에서 잘못된 선택을 하게 되는 원인이라고 지적한다. 결국, 이러한 신경과학적 증거는 정서가 도덕 판단을 방해하는 것이 아니라 오히려 도덕적 결정 능력을 강화하는 데 도움이 된다는 것을 입증해주는 것이라고 말한다.[37] 그러면서 감정이 합리성에 걸림돌이 된다고 여기는 것은 전통적인 견해일 뿐이라고 주장한다.

이와 더불어 사회심리학자인 그린J. Greene과 하이트J. Haidt는 여기에서 더 나아가 도덕 판단이 이성적 추론의 산물이 아니라 직관의 산물이라고 주장한다. 다시 말해, 특정 상황은 우리에게 정서적 반응을 불러일으키고 이 정서적 반응은 (도덕적 직관 자체이거나) 도덕적 직관을 발생시키는데, 우리는 그 도덕적 직관을 도덕 판단으로 표현한다는 것이다. 즉, 이들은 직관을 도덕 판단의 원천으로 인식한다. 우리는 우리 자신에게 도덕 판단의 근거가 있다고 생각하지만, 사실 그 근거는 감정적 반응에 대한 사후합리화라는 입장을 견지한다. 도덕 판단은 감정의 산물이기 때문에 합리적인 과정의 산물도 아니고 합리적인 영향을 받을 수 있는 것도 아니라고 본다.[38] 다마지오A. R. Damasio 또한 우리가 감정적 반응 때문에 판단을 잘못 내리는 것이 아니라 오히려 감정적 반응 덕분에 타산적인 의사결정 능력이 향상된다고 말한다.[39] 이와 더불어 최근의 하버드 도덕 감각 검사moral sense test에 관한 연구는 감정이 도덕 판단에 중추적인 역할을 한다는 것을 보여주고 있다.[40]

일부 연구자들은 최근에 위와는 다른 접근 방식을 취한 연구 결과를 근거로 도덕성 발달에서 정서의 역할과 관련한 실증적 자료를 보고한 바 있다.[41] 그들은 도덕적 논쟁거리와 관련하여 부모가 자녀에게 보이는 토론 형식을 인지적으로 자극하는 유형(다시 말해보기, 정보를 공유하기, 비평하기 등), 인지적으로 간섭하는 유형(마음을 혼란하게 하기, 왜곡하기 등), 정서적으로 지지하는 유형(칭찬하기, 유머로 친근감 표현하기 등), 정서적으로 간섭하는 유형(방해하기, 훼방 놓기) 등 네 가지로 구분한 후 실험자를 네 집단으로 구분하여 도덕적 논쟁거리를 토론하도록 하였다. 그런 이후에 그 토론에 참여했던 아동들의 도덕성 발달을 분석하였다. 결론적으로 가장 큰 도덕성 발달을 보인 경우는 부모가 정서적으로 지지적인 분위기를 조성하였던 유형의 토론에 참여한 아동들이었다. 이는 도덕성 발달이 부분적으로 부모의 정서적인 지지 작용으로 가능하다는 것을 보여주고 있다. 우리가 충분히 예상할 수 있듯이, 도덕적 정서는 사람이 자신의 마음속에 있는 도덕적 표준에 따라 행위를 하거나 혹은 그렇지 않게 되는 데 있어서 중요한 역할을 하는 것으로 인식되고 있다.[42]

이제 구체적으로 도덕적 정서가 도덕성 발달에서 어떤 기능을 발휘할 수 있는지를 논의한다. 물론 모든 정서가 도덕적 정서에 속하는 것은 아니다. 하이트는 도덕적 정서를 전체로서 사회의 이익이나 복지 혹은 최소한 판단자나 행위자 개인보다는 여러 사람의 이익이나 복지와 관련된 것으로 정의하였다.[43] 따라서 도덕적 정서는 형식적 조건, 즉 보편화 가능한 도덕 규칙의 준수 혹은 위반에 반응하는 것이거나 혹은 타인의 안녕에 이바지하거나 침해하는 행동의 동기에 반응하는 것으로 제한될 수 있다.

논자는 여기에서 이러한 조건을 충족하는 대표적인 도덕적 정서로 공감과 동정을 들고 도덕성의 발달적 측면과 관련하여 논의한다. 공감과 동정의 정서는 고통 받는 타인에 관한 관심을 유발하고, 고통 받는 타인을 돕고자 하는 행동을 자극하며, 타인에게 해가 되는 공격성과 다른 행동들을 억제하기 쉽다는 점에서 도덕적 정서의 중심에 위치한다.[44] 그러면 공감은 현대를 사는 우리의 도덕성 발달에서 어떤 역할을 하는가?

첫째, 공감의 정서는 우리 인간의 생존 가치를 고양한다. 도덕이 우리 인간의 실존적 문제와 깊은 연관이 있다는 것도, 공감이 그러한 실존 문제에서 핵심 역할을 한다는 것도 같은 연유에서 나온다. 공감은 인간의 생존과 발달에 있어서 물과 공기처럼 기초적인 요소에 해당한다.[45] 이것은 공감이 어떤 역할을 하는가의 물음에 대한 기능적 측면에서의 답변이다. 공감은 기본적인 수준에서 볼 때 대리로 경험한 감정의 측면에서, 위험이나 기타 신호적 단서들의 탐지 측면에서, 집단 구성원 간의 긍정적 및 부정적 상태의 의사소통 측면에서 우리의 생존 가치를 고양한다. 그것은 기능적으로 한 인간으로서의 자기 자신의 삶이나 다른 사람들의 삶에

있어서 이익이다.[46]

비교 심리학자와 동물 행동학자들은 공감이 인간의 생존 가치를 고양한다는 증거를 다른 동물들을 통해 간접적으로 입증하고 있다. 유기체는 새 생명으로 탄생할 때 주변 환경의 위험에 쉽게 노출되기 마련이다. 이런 이유로 생존의 기회를 증가시키는 다양한 신호, 표현, 의사소통 양식, 행동들이 미성숙 유기체들에 절대적으로 요구된다.[47] 우리가 다른 동물들에게서도 쉽게 발견할 수 있는 공감의 양식은 모방이다. 사실 인간과 동물은 특수한 형식의 상호작용과 관련된 많은 표현 형식을 공유한다. 예를 들어 인사, 구애, 짝짓기, 복종, 경보, 고통, 먹이 섭취 등과 관련한 표현 형식은 인간과 다른 동물이 매우 유사하다. 이런 모든 표현이 내포하고 있는 공통점은 표현을 전달하고 받는 개체에게서 비슷한 감정과 행동을 낳을 가능성이 크다는 것이다.[48]

이와 관련하여 공감은 특히 우리 인간이 개인 상호 간의 유대를 형성하는 데 공헌함으로써 집단과 그 구성원의 삶을 유지할 수 있도록 해준다. 우리의 뇌 속에 공감 발생의 생물학적 원천인 거울 뉴런mirror Neuron이 있어 상대가 특정 행동을 하면 마치 자신이 그 행동을 하는 것처럼 뇌가 반응한다. 그래서 공감은 기본적으로 타인에 대한 모방 혹은 흉내와 관련이 깊다. 그래서 공감은 무의식 속에서도 우리의 삶과 사회적 관계를 형성하고 지배하는 원칙으로 작용하고 있다.

인간은 공감의 정서를 지니고 있어 생존에 필수적인 가치인 사회적 참조, 상호주관성, 공동 관심 등의 능력을 발휘할 수 있다. 이런 능력들은 상황적 단서를 통해 타인의 정서적 경험을 해석하고 지각하여 자신의 사회적 반응을 결정할 수 있도록 해준다. 아울러 공감을 통해 개인적으로 다른 사람의 감정, 정서에 관심을 보이고 이해하면서 경험을 공유할 수 있다. 또한, 공감을 통해 공동 관심사를 확인하면서 고립감을 극복할 수 있다. 인간의 삶에서 집단 구성원 사이의 유대는 필수적이다. 왜냐하면 그것은 구성원과 집단의 생존 기회를 증가시키기 때문이다. 우리는 미국의 미래학자 리프킨J. Rifkin이 '호모 엠파티쿠스Homo Empathicus 공감하는 인간'라는 새로운 학명의 인간관을 정립하고 적자생존 시대의 경쟁적 문명의 한계를 극복하는 대안으로서 공감을 제시한 것에 주목할 필요가 있다.[49]

둘째, 공감은 인간의 도덕적 정서발달의 시원으로서 다른 도덕적 정서의 발달을 촉진하는 데 공헌한다. 정서는 뇌 상태에 의해 통제를 받는 심리적 현상으로, 맥락과 그 사람의 서사, 생물학적 기질에 의해 산출되는 성질을 지닌다. 사람들은 이를 바탕으로 어떤 대상이나 사물에 대해 호불호好不好의 정서적 반응을 유발하게 된다. 우리가 여러 가능성 가운데에서 어떤 선택을 할 때는 그것이 좋은지 혹은 싫은지에 따라 판단하는 경향이 있다. 이때 어떤 것에 대한 호불호의 기준은 공감과 깊은 연관이 있다. 물론 우리는 공감을 하는 부분이 있으나 그것이 싫을 때가 있고, 그 반대도 가능하다. 하지만 대체로 우리는 공감하는 부분이 많은 것을 선택하게 된다. 따라서 공감은 우리의 선택과 판단에 도움을 주며, 사람 간의 유대 관계나 세대의 번식과 양육에서 중요한 역할을 한다.[50]

많은 철학자는 인간이 아무리 이기적인 존재라 하더라도 그 천성에는 분명히 이와 상반되는 몇 가지가 존재한다고 하였다. 그리고 이 천성으로 인하여 인간은 타인의 운명에 관심을 두게 된다고 하였다. 그 천성의 발현을 위해서는 정서가 불가피하다. 이것은 곧 인간이 본성적으로 도덕적 정서와 불가분리의 관계에 있음을 함축한다. 우리는 타인이 부도덕한 행위를 했을 때 적절히 분노할 줄 알고, 자신이 잘못했을 때 죄책감과 수치심을 느낄 수 있다. 공감은 바로 이러한 도덕적 정서의 토대를 이룬다.[51] 상대방의 생각과 감정을 포함한 내적인 상태를 지각하지 못한다면, 즉, 공감의 발달 기제에서 언급하였듯이, 개인의 내부에서 단순한 수준이든 고차적 수준이든 인지적 각성이 유발되지 않는다면 우리는 분노하거나 죄책감을 느낄 이유가 없을 것이기 때문이다.

최근 심리학자들은 이런 맥락에서 인간의 도덕성에 관한 개념과 발달 과정을 새롭게 조명하고 있다. 일례로 골만D. Goleman은 인간의 도덕성 요소 가운데 감성에 주목하여 정서 지능을 제안하고, 공감 능력을 이의 중요한 하위 요소로 꼽았다.[52] 더 나아가 일련의 학자들은 옳고 그름을 판단하고 확고한 윤리적 신념에 따라 행동하는 능력으로서 도덕 지능moral intelligence; MQ을 언급하고, 공감 능력을 그의 첫 번째 필수 덕목으로 내세우고 있다.[53] 미국의 교육심리학자 보바M. Borba도 도덕 지능을 갖추기 위한 7가지 핵심 덕목을 제시하였는데 공감 능력을 첫 번째로 들고 있다.[54] 이처럼 공감이 도덕적인 사람이 갖추어야 할 주요한 정서적 특질로 주목받고 있는 것은 분명해 보인다.[55]

많은 학자는 공감이 도덕적 동기의 일차적인 실마리로서 기능을 발휘한다는 점에 동의한다. 네이글T. Nagel, 맥도웰J. McDowell과 같은 현대 윤리적 합리주의자는 도덕적 행위가 감정에 의해 동기화되어서는 안 된다고 주장하지만, 이와는 달리 공감에 바탕을 둔 배려 윤리를 강조하는 도덕 철학자 슬로트M. Slote는 도덕적 동기가 공감적 반응으로부터 출발해야 한다고 주장한다.[56] 논자의 관점에서는 이들의 주장이 모두 일면의 타당성을 지니고 있다고 보기 때문에, 우리가 공감 능력을 배양하는 것은 우리의 도덕성을 확충하는 데 분명히 이바지한다고 생각한다. 우리는 폭넓은 정서를 경험하고, 고통을 당하는 사람의 입장에 서 보며, 자기 필요에 완전히 빠지지 않고 타인의 어려움에 대해 마음을 열고 애정을 표시하는 기회를 자주 얻어야 한다. 이타적이며 공감적 감정을 표현하는 모범적인 사람들을 자주 접하는 것 역시 우리가 공감 능력을 발달시킬 수 있는 좋은 방법이다.[57]

셋째, 공감의 정서는 친사회적 행동을 매개해준다. 인간은 이기적 동물이기도 하지만 타인이 존재함으로써 그리고 타인과 공존함으로써 우리의 도덕성은 진화하여 발달해 왔다. 심리학자와 철학자들이 공감에 관하여 관심을 기울이는 하나의 중요한 이유는 공감이 친사회적 행동을 매개한다는 가정 때문이다. 철학자들이 친사회적 행동과 그 유발 기제에 대한 논리적 분석과 정의에 관심을 가졌다면, 일반적으로 심리학자들은 경험적 분석과 실증적 증거 수집에 관심을 두어왔다. 그들의 공통적 논의는 공감이 이타적 행동을 포함한 도덕적 행동을 중개한다는 것이다. 그것은 공감이 동정으로 나아갈 수 있기 때문이다. 동정은 다른 사람의 고통이나 필요를 줄이고자 하는 바람과 관련되며 또한 그럼으로써 이타적 행동을 동기화시키기 쉽다.[58] 따라서 공감은 이타적인 동기를 촉발하는 주요 정서 기제로 여겨진다.

인간의 이타적 행위에 대한 원인적 배경에 관해서는 상반된 견해가 있다. 이 가운데 사회생물학에서는 인간의 사회적 행동이 자기 이기적인 본성에서 비롯된다는 점이 강조된다.[59] 사회생물학자들은 다윈에 의해 오래전에 언급되었던 진화 문제, 곧 위험으로부터 집단 속의 다른 사람을 방어하는 것과 같은 이타적 행동들은 만약 그러한 행위들이 그 행위자의 적합성에 해롭다면 자연도태로 진화되었으리라는 것과 관련하여 한 가지 대답을 제공한다. 친족을 돕는 행위는 자기 자신의 유전적 적합성을 고양하는 간접적 방식이라는 것이다. 그래서 사람은 희생에 대한 보상이 즉각적으로 일어나지 않음에도 타인에게 이타적 행동을 한다.

이들의 관점에서 보면, 공감은 오랜 세월 진화되어온 결과적 산물이다. 다양한 동물 종에서 발견되는 이타주의의 존재는 비록 그러한 행동이 집단의 어떤 구성원의 개인적 적합성을 감소시킨다 하더라도, 전체로서 평균적인 유전적 적합성을 증가시키기 때문에 진화됐다. 이후 이러한 개념은 배려하기와 공유하기에 이바지하는 공감, 동정 그리고 다른 정서들의 기원에 대한 모델을 제공해주고 있다. 비록 그들의 설명이 인간의 이기적 동기를 바탕으로 이루어지고 있다 하더라도, 우리는 사람이 타인에 대해 파괴적 행동보다는 이타적 행위를 선택하는 것에 대해 도덕적 비난을 가할 수는 없을 것이다.

끝으로, 공감은 도덕성이 작동하는 기제를 뒷받침하는 토대가 된다. 공감이 인간 본성의 강력한 원리 중의 하나라는 점은 분명하다.[60] 더 나아가 도덕성이라는 심리적 능력이 근본적으로 다른 사람에 대한 자신의 책무와 관련된다는 점에서, 공감은 동정과 함께 도덕성을 뒷받침하는 주요 정서 중의 하나에 속한다.[61] 공감과 동정은 다른 사람의 필요에 적극적으로 주의를 기울이고 고통, 곤란을 겪고 있는 타인에 관한 관심을 일으키며, 타인의 필요와 타인에 대한 자신의 행동이 미치는 영향에 관한 사고방식을 재조직한다. 따라서 공감과 동정은 타인의 감정과 필요를 향한 정향에 공헌하는 것으로 여겨지는데, 그런 경향은 도덕적 추론에 통합되고 사회적 행동에 반영된다.[62]

철학자들은 우리에게 도덕 원리에 따라 도덕 추론을 하라고 주문한다. 만약 각각의 상황에 대하여 논리적으로 타당한 도덕 판단을 도출할 수 있는 보편적 도덕 원리가 존재한다면, 도덕적 문제를 해결하는 데 훨씬 더 쉬워질 것이다. 모든 도덕 원리를 보편적인 것으로 인정하기는 어렵지만 사회의 자원이 모든 이에게 평등하게 적용 가능한 표준에 따라 할당되어야 한다는 정의의 원리와, 도덕적 행위란 그것에 의해 영향을 받을 것으로 생각되는 모든 사람을 고려해야 한다는 배려의 원리에 대해서 대체로 동의한다. 공감은 이들 도덕 원리 모두에 그 토대를 제공한다.[63]

우리가 도덕 판단에서 어떤 원리를 선택하여 적용할 경우나 두 가지 원리가 갈등할 때 한 쪽을 먼저 선택해야 할 경우, 거기에는 공감이 어떤 형태로든 관여하게 된다. 특히 공감과 배려 원리는 직접 연결된다. 즉, 공감적 정서와 배려는 똑같은 방향, 곧 타인의 복지를 고려하는 방향으로 작동한다. 그래서 사람은 어느 누군가가 고통을 받는 것을 목격하면 행동을 수반하는 공감적 도덕 추론을 하게 된다. 정의 원리 또한 비록 그 연계 강도가 배려 만큼 그렇게 명백하거나 직접적이지는 않다고 하더라도 공감과 연결된다. 공감은 정의를 이해하는 자료이자 이를 구현하고자 하는

동기로서 공헌한다.[64]

실제적인 측면의 경우에도 위 두 가지의 도덕 원리는 별도로 작용하지 않는다. 도덕성이라는 것이 관련된 타인에게 해를 끼치는 것을 금하는 규범의 핵심에서 작용하기 때문에,[65] 어떤 하나의 도덕 원리에 따라 도덕 판단을 하더라도 다른 하나의 도덕 원리 또한 어떤 형태로든 관여하게 된다. 예컨대 우리가 분배 정의의 문제에서 자원은 사람의 필요에 따라 할당되어야 한다는 필요need, 모든 사람은 한 사람으로 간주하여야 하며 누구도 한 사람 이상으로 간주하여서는 안 된다는 균등equality, 그들이 얼마나 생산하는가에 따라 혹은 그들이 얼마나 큰 노력을 기울이는가에 따라 보상을 받아야 한다는 형평equity의 요소 가운데 어떤 하나를 선택해야 하는 경우, 어떤 선택을 하든 그것은 부분적으로 배려 쟁점으로 전환하게 되며 그 기저에는 공감이 자리한다.

맺음글

　지금까지 이성 중심의 도덕심리학자는 감정 혹은 정서를 사고와 행위를 연결해주는 가교 혹은 고리로 여겨왔다. 그러나 정서가 그 양자를 단순히 연결하는 매개 역할에 그치지 않는다는 주장이 다양한 연구 결과에 힘입어 강력한 설득력을 얻고 있다. 정서는 행동에 대한 동기를 부여할뿐더러 도덕적 판단에도 영향을 미친다는 것이다. 또한 정서는 개인이 얼마나 합리적으로 행동할 것인가, 또 현재 행동의 결과를 얼마나 잘 예측할 수 있는가에도 영향을 미친다. 관찰자로서 혹은 과거에 도덕적 행동을 경험했던 자신의 정서 상태는 그와 유사한 도덕적 상황에서 어떻게 행동할 것인가의 도덕적 판단에 분명히 영향을 미칠 수 있다.

　도덕적 정서는 도덕적 규칙 혹은 원리의 준수나 파괴 그리고 타인의 안녕과 복지에 관한 관심의 반응과 관련된다는 점에서 다른 정서와 구별된다. 우리는 단순히 지적인 기능의 습득을 넘어서는, 정신mind의 습관만이 아닌 가슴heart의 습관을 익힐 필요가 있다. 선을 사랑하는 것은 이성과 더불어 정서의 양심, 내면의 목소리를 발달시키는 것을 의미한다. 그래서 도덕적 정서는 도덕적 인간의 삶에서 불가분리의 요소에 해당한다. 그리고 그 중심부에 공감의 정서가 자리한다.

공감은 다른 사람의 역할을 이해하고 또한 가정하는 능력과 관련된다. 더불어 공감은 지각된 다른 사람의 정서를 공유하는 것과 관련이 있다. 우리말 '공감'은 타인의 느낌을 있는 그대로 체험하는 것이다. 반면에 '동정'은 완화돼야 할 어떤 것으로서 다른 사람의 고통에 대한 고양된 자각과 관련된다. 동정은 다른 사람의 안녕에 관한 관심이고 어느 누군가를 불쌍히 여기는 감정이며, 다른 사람에 대한 비통의 감정 혹은 비통을 느끼는 것과 관련이 있다. 오늘날 영미권에서도 empathy와 sympathy는 구분되어 사용되는 경향이 있다. empathy는 다른 사람의 특수한 정서적 상태를 이해하고 함께 그와 공유하는 것을 말하고, sympathy는 타인의 안녕에 관한 관심과 관련된다. 전자는 우리말 공감, 후자는 우리말 동정과 관련이 깊다.

공감의 구성 요소에 관한 논의는 지금까지 인지적 차원과 정서적 차원을 중심으로 이루어져 왔다. 공감에는 적어도 그 두 가지 구별되는 요소가 통합되어 있다는 것은 분명해 보인다. 최근에는 신경과학의 발달 덕분에 공감의 생물학적 토대에 대한 관심이 급증하고 있다. 공감의 생리 기능은 지금까지 별다른 주목을 받지 못하였으나 지난 20여 년 동안 축적되어 온 뇌 영상 기술의 진보로 정서적 과정에 관한 신경 생리학적 이해와 공감에 관한 신경과학적 관점이 두드러지면서 주목을 받게 되었다. 그렇지만 공감의 생물학적 토대를 확인하고자 하는 경험적 노력은 아직은 초기 단계에 있다.

공감은 우리의 도덕성 발달에 있어서 몇 가지 중요한 역할을 함축하고 있다. 첫째, 공감은 인간의 생존 가치를 고양한다. 공감은 인간의 생존과 발달에 있어서 물과 산소처럼 기초적인 요소에 해당한다. 공감 능력이 있기 때문에 사회적 동물인 우리는 다른 사람과 어울릴 수 있다. 둘째, 공감은 인간의 도덕성 가운데 정서적 측면의 시원에 해당하는 것으로 관련된 다른 도덕적 정서의 발달을 촉진하는 데 공헌한다. 최근에 관심의 초점이 되는 도덕 지능이나 정서 지능에서 공감이 그의 핵심 요소로 주목받는 것도 그런 연유에서이다. 셋째, 공감은 친사회적 행동을 매개한다. 공감은 이타적인 동기를 촉발하는 주요 정서 기제로 여겨진다. 끝으로, 공감은 우리의 도덕성이 작동하는 기제를 뒷받침하는 토대를 제공한다. 타인에 대한 공감이 결핍된 상태에서는 인간의 존엄성에 대한 도덕적 인식이 올바로 작동할 리가 없다. 그래서 우리는 도덕성 발달을 위해 공감의 정서에 관심을 기울일 충분한 이유를 갖는다.

참고문헌

금교영(1999), 막스 셸러의 윤리학적 공감론, 『철학논총』 16권, 새한철학회.

민중서림 편집국 편(2000), 『엣센스 국어사전』, 서울: 민중서림.

박성희(1996), 『공감, 공감적 이해』, 서울: 원미사.

박성희(1996), 공감의 구성요소와 친사회적 행동의 관계 연구, 『교육학 연구』, 제34권 제5호, 한국교육학회.

박성희(2004), 『공감학 -어제와 오늘』, 서울: 학지사.

서양근대철학회 엮음(2010), 『서양근대윤리학』, 파주: 창비.

이명호(2017), 공감의 구조 변동, 관계 지향적 삶의 실천으로, 『사회사상과 문화』, 20권, 4호, 동양사회사상학회.

이진희(2008), 공감과 그 도덕 교육적 함의에 관한 연구, 『도덕윤리과교육』, 제26호, 한국도덕윤리과교육학회.

한글학회(1972), 『새한글사전』, 파주: 홍자출판사.

Batson, C. D.(1998), Altruism and prosocial behavior, In D. T. Gilbert, S. T. Fiske, & G. Lindzey(Eds.), *The handbook of social psychology*, Vol. 2, New York: McGraw-Hill Companies.

Batson, C. D.(2009), These Things Called Empathy: Eight Related but Distinct Phenomena, In J. Decety, W. Ickes(eds.), *The Social Neuroscience of Empathy*, Cambridge: MIT Press.

Borba, M. 저, 현혜진 옮김(2004), 『도덕지능』, 서울: 한언.

Damasio, A. R.(1994), *Descartes' Error: Emotion, Reason and the Human Brain*, New York: G. P. Putnam's Sons, Picador.

Damon, W.(1988), *The Moral Child: Nurturing Children's Natural Moral Growth*, New York, N.Y.: The Free Press, A Division of Macmillan, Inc.

Davis, M. H.(2006), Empathy, In J. E. Stets, J. H. Turner(Eds.), *Handbook of the Sociology of Emotions*, New York: Springer.

Decety, J., Ickes, W.(eds.)(2009), *The Social Neuroscience of Empathy*,

Cambridge: MIT Press.

Derntl, B., Finkelmeyer, A., Toygar, T. K., Hülsmann, A., Schneider, F., Falkenberg, D. I., Habel, U.(2009), Generalized deficit in all core components of empathy in schizophrenia, *Schizophrenia Research*, Vol. 108.

Eisenberg, N,, Spinrad, T. L., Sadovsky, A. (2006), Empathy-related responding in children, In M. Killen, J. G. Smetana(eds.), *Handbook of Moral Development*, Hillsdale, NJ: Erlbaum.

Eisenberg, N. & Strayer, J.(1987), *Empathy and its development*, Cambridge: Cambridge University Press.

Goleman, D.(1995), *Emotional Intelligence: Why It Can Matter More Than IQ*, New York: Bantam Books.

Greene, J. & Haidt, J.(2002), How (and where) Does Moral Judgment Work?, *Trends in Cognitive Sciences*, 6(12).

Gribble, J., & Oliver, G.(1973), Empathy and education, *Studies in Philosophy of Education*, Vol. 8.

Haidt, J.(2003), Elevation and the positive psychology of morality, In C. L. M. Keyes & J. Haidt(Eds.), *Flourishing: Positive Psychology and the Life Well-Lived*, Washington, DC: American Psychological Association.

Hoffman, M. L.(1984), Empathy, Its Limitations, and Its Role in a Comprehensive Moral Theory, In W. Kurtines, and J. Gewirtz(ed.), *MORALITY, MORAL BEHAVIOR, AND MORAL DEVELOPMENT*, New York: John Wiley.

Hoffman, M. L.(2000), *Empathy and Moral Development: Implications for Caring and Justice*, Cambridge: Cambridge University Press.

Hoffman, M. L.(2001), A Review of Empathy and Moral Development: Implications for Caring and justice, *Social Justice Research*, Vol. 14, No. 1.

Hume, D. 저, 이준호 옮김(2008), 『도덕에 관하여』, 파주: 서광사.

Hunter, J. D.(2000), T*he Death of Character: Moral Education in an Age without Good or Evil*, NY: Basic Books.

Jardine, J. A. & Szanto, T.(2017), Empathy in the Phenomenological Tradition, In H. L. Maibom(Ed.), *The Routledge Handbook of Philosophy of Empathy*, New York: Routledge.

Johnson, M. 저, 노양진 옮김(2008), 『도덕적 상상력』, 파주: 서광사.

Kagan, J.(2007), *What is emotion? history, measures, and meanings*, New Haven, Connecticut: Yale University Press.

Killen, M., & Smetana, J.(eds.), 김태훈 옮김(2010), 『도덕성 발달 핸드북 2 』, 고양: 인간사랑.

Levy, N. 저, 신경인문학 연구회 옮김(2011), 『신경윤리학이란 무엇인가: 뇌과학, 인간 윤리의 무게를 재다』, 서울: 바다출판사.

Maibom, H. L.(2009). Feeling for Others: Empathy, Sympathy, and Morality, *Inquiry*, 52 (5).

Maibom, H. L.(2014), Feeling for others: Empathy and sympathy as sources of moral motivation, philpapers, Center for Digital Philosophy, University of Ontario. http://philpapers.org/rec/MAIFFO.(검색: 2022. 08. 30)

Oakley, B. 저, 이종삼 옮김(2008), 『나쁜 유전자』, 파주: 살림.

Rifkin, J. 저, 이경남 옮김(2010), 『공감의 시대』, 서울: (주)민음사.

Salovey, P. & Pizarro, D. A.(2002), The value of emotional intelligence, In R. J. Sternberg, J. Lautrey, & T. I. Lubart(Eds.), *Models of intelligence: International perspectives*. Washington, DC: American Psychological Association.

Scheler, M. 저, 이을상·금교영 옮김(1998), 『윤리학에 있어서 형식주의와 실질적 가치 윤리학』, 파주: 서광사.

Simmons, A.(2014), In Defense of the Moral Significance of Empathy, *Ethical Theory and Moral Practice*, February, Vol. 17, Issue 1.

Slote, M.(2007), *The Ethics of Care and Empathy*, London: Routledge.

Smith, A. 저, 박세일·민경국 공역(2012), 『도덕감정론』, 서울: 비봉출판사.

Tangney, J. P., Stuewig, J., Mashek, D. J.(2007), Moral Emotions and Moral Behavior, *Annual Review of Psychol*, 58.

Unell, B. C. & Wyckoff, J. L.(1995), *20 Teachable Virtues -Practical Ways to Pass on Lessons of Virtue and Character to Your Children*, NY: The Berkley Publishing Group.

Wispe, L.(1986), The distinction between sympathy and empathy: To call forth a concept, a word is needed, *Journal of Personality and Social Psychology*, 50.

Zahn-Waxler, C. & Hastings, P. D.(2000), Development of Empathy: Adaptive and Maladaptive Patterns, In van Haaften, W., Wren, T., Tellings, A.(Eds.), *Moral Sensibilities and Education I - preschool child*, London: Concorde Publishing House.

Zahn-Waxler, C. & Radke-Yarrow, M.(1990), The origins of empathic concern, *Motivation and Emotion*, Vol. 14.

http://moral.wjh.harvard.edu(검색: 2022. 08. 30)

Endnote

1 C. D. Batson(2009), These Things Called Empathy: Eight Related but Distinct Phenomena, In J. Decety, W. Ickes(eds.), *The Social Neuroscience of Empathy*, Cambridge: MIT Press, pp. 4-8.

2 민중서림 편집국 편(2000), 『엣센스 국어사전』, 서울: 민중서림, p. 295.

3 한글학회(1972), 『새한글사전』, 파주: 홍자출판사, pp. 98, 275.

4 민중서림 편집국 편(2000), 앞의 책, p. 623.

5 J. A. Jardine & T. Szanto(2017), Empathy in the Phenomenological Tradition, In H. L. Maibom(Ed.), *The Routledge Handbook of Philosophy of Empathy*, New York: Routledge, p. 86.

6 N. Eisenberg & J. Strayer(1987), *Empathy and its development*, Cambridge: Cambridge University Press, p. 18.

7 위의 책, p. 19.

8 N. Eisenberg & J. Strayer(1987), 앞의 책, p. 20.

9 M. Scheler 저, 이을상·금교영 옮김(1998), 『윤리학에 있어서 형식주의와 실질적 가치 윤리학』, 파주: 서광사, pp. 726-727.

10 금교영(1999), 막스 셸러의 윤리학적 공감론, 『철학논총』 16권, 새한철학회, p. 8.

11 서양근대철학회 엮음(2010), 『서양근대윤리학』, 파주: 창비, pp. 216-217.

12 A. Smith 저, 박세일·민경국 공역(2012), 『도덕감정론』, 서울: 비봉출판사, pp. 619, 628-630.

13 박성희(2004), 『공감학 -어제와 오늘』, 서울: 학지사, pp. 41-42.

14 L. Wispe(1986), The distinction between sympathy and empathy: To call forth a concept, a word is needed, *Journal of Personality and Social Psychology*, 50, pp. 314-321.

15 M. L. Hoffman(2000), *Empathy and Moral Development: Implications for Caring and Justice*, Cambridge: Cambridge University Press, p. 97.

16 J. Gribble & G. Oliver(1973), Empathy and education, *Studies in Philosophy of Education*, Vol. 8, pp. 3-29.

17 박성희(1996), 공감의 구성요소와 친사회적 행동의 관계 연구, 『교육학 연구』, 제34권 제5호, 한국교육학회, p. 143.

18 박성희(2004), 앞의 책, p. 30.

19 이명호(2017), 공감의 구조 변동, 관계 지향적 삶의 실천으로, 『사회사상과 문화』, 20권, 4호, 동양사회사상학회, pp. 65-90.

20 B. Derntl, A. Finkelmeyer, T. K. Toygar, A. Hülsmann, F. Schneider, D. I. Falkenberg, U. Habel(2009), Generalized deficit in all core components of empathy in schizophrenia, *Schizophrenia Research*, Vol. 108, p. 197.

21 C. Zahn-Waxler & P. D. Hastings(2000), Development of Empathy: Adaptive and Maladaptive Patterns, In van Haaften, W., Wren, T., Tellings, A.(Eds.), *Moral Sensibilities and Education I - preschool child*, London: Concorde Publishing House, p. 38.

22 N. Eisenberg & J. Strayer(1987), 앞의 책, p. 219.

23 위의 책, p. 10.

24 박성희(1996), 앞의 논문, 77.

25 M. Killen, & J. Smetana(eds.), 김태훈 옮김(2010), 『도덕성 발달 핸드북 2』, 파주: 인간사랑, p. 418.

26 J. Rifkin 저, 이경남 옮김(2010), 『공감의 시대』, 서울: (주)민음사, p. 22.

27 J. Decety, W. Ickes(eds.)(2009), *The Social Neuroscience of Empathy*, Cambridge: MIT Press, p. 167.

28 B. Oakley 저, 이종삼 옮김(2008), 『나쁜 유전자』, 파주: 살림. p. 131.

29 M. Killen, & J. Smetana(eds.), 김태훈 옮김(2010), 앞의 책, p. 358.

30 위의 책, p. 370.

31 위의 책, p. 436.

32 위의 책, p. 388.

33 C. Zahn-Waxler & P. D. Hastings(2000), 앞의 책, p. 39.

34 C. Zahn-Waxler & M. Radke-Yarrow(1990), The origins of empathic concern, Motivation and Emotion, Vol. 14, pp. 107-130.

35 N. Eisenberg & J. Strayer(1987), 앞의 책, p. 50.

36 M. H. Davis(2006), Empathy, In J. E. Stets, J. H. Turner(Eds.), *Handbook of the Sociology of Emotions*, New York: Springer, p. 444.

37 N. Levy 저, 신경인문학 연구회 옮김(2011), 『신경윤리학이란 무엇인가: 뇌과학, 인간 윤리의 무게를 재다』, 서울: 바다출판사, p. 441.

38 J. Greene. & J. Haidt(2002), How (and where) Does Moral Judgment Work?, *Trends in Cognitive Sciences*, 6(12), pp. 517-523.

39 A. R. Damasio(1994), *Descartes' Error: Emotion, Reason and the Human Brain*, New York: G. P. Putnam's Sons, Picador, pp. x-xi

40 http://moral.wjh.harvard.edu; http://moralsensetest.com/(검색: 2022. 08. 30)

41 L. J. Walker, & J. H. Taylor(1991), Family Interactions and the Development of Moral Reasoning, *Child Development*, Vol. 62, Issue 2, pp. 264-283.

42 J. P. Tangney, J. Stuewig, D. J. Mashek(2007), Moral Emotions and Moral Behavior, *Annual Review of Psychology*, 58, p. 346.

43 J. Haidt(2003), Elevation and the positive psychology of morality, In C. L. M. Keyes & J. Haidt(Eds.), *Flourishing: Positive Psychology and the Life Well-Lived*, Washington, DC: American Psychological Association, p. 276.

44 J. P. Tangney, J. Stuewig, D. J. Mashek(2007), Moral Emotions and Moral Behavior, *Annual Review of Psychology*, 58, p. 360; Eisenberg, N,, Spinrad, T. L., Sadovsky, A. (2006), Empathy-related responding in children, In M. Killen, J. G. Smetana(eds.), H*andbook of Moral Development*, Hillsdale, NJ: Erlbaum, pp. 517-549.

45 C. Zahn-Waxler, & P. D. Hastings(2000), 앞의 책, p. 38.

46 N. Eisenberg & J. Strayer(1987), 앞의 책, p. 218.

47 위의 책, p. 43.

48 위의 책, p. 42.

49 J. Rifkin 저, 이경남 옮김(2010), 앞의 책, .

50 J. Kagan(2007), *What is emotion? history, measures, and meanings*, New Haven, Connecticut: Yale University Press, pp. 25-26.

51 이진희(2008), 공감과 그 도덕 교육적 함의에 관한 연구, 『도덕윤리과교육』, 제26호, 한국도덕윤리과교육학회, pp. 92-94.

52 D. Goleman(1995), *Emotional Intelligence: Why It Can Matter More Than IQ*, New York: Bantam Books, pp. 33-44.

53 P. Salovey, & D. A. Pizarro(2002), The value of emotional intelligence, In R. J. Sternberg, J. Lautrey, & T. I. Lubart(Eds.), *Models of intelligence: International perspectives*, Washington, DC: American Psychological Association, pp. 263-278.

54 M. Borba 저, 현혜진 옮김(2004), 『도덕 지능』, 서울: 한언.

55 A. Simmons(2014), In Defense of the Moral Significance of Empathy, Ethical *Theory and Moral Practice, February*, Vol. 17, Issue 1, pp. 97-111.

56 M. Slote(2007), *The Ethics of Care and Empathy*, London: Routledge, p. 126.

57 B. C. Unell, & J. L. Wyckoff(1995), *20 Teachable Virtues -Practical Ways to Pass on Lessons of Virtue and Character to Your Children*, NY: The Berkley

Publishing Group, p. 2.

58   C. D. Batson(1998), Altruism and prosocial behavior, In D. T. Gilbett, S. T. Fiske, & G. Lindzey(Eds.), *The handbook of social psychology*, Vol. 2, New York: McGraw-Hill Companies, pp. 282-316.

59   C. Zahn-Waxler. & P. D. Hastings(2000), 앞의 책, p. 40.

60   Hume, D. 저, 이준호 옮김(2008), 『도덕에 관하여』, 파주: 서광사, pp. 179-180.

61   W. Damon(1988), T*he Moral Child: Nurturing Children's Natural Moral Growth*, New York, N.Y.: The Free Press, A Division of Macmillan, Inc., p. 14.

62   M. Killen, & J. Smetana(eds.), 김태훈 옮김(2010), 앞의 책, p. 410.

63   N. Eisenberg & J. Strayer(1987), 앞의 책, p. 48.

64   J. D. Hunter(2000), T*he Death of Character: Moral Education in an Age without Good or Evil*, NY: Basic Books, p. 215.

65   Maibom, H. L.(2009). Feeling for Others: Empathy, Sympathy, and Morality, *Inquiry*, 52 (5), pp. 483-499.

—

죄책감과 수치심은
도덕성 발달을 저해하는가?

- - - - -

MORALITY

머리글

마크 트웨인Mark Twain은 "인간은 부끄러움을 아는 유일한 동물"이라고 하였다. 부끄러운 것을 부끄러워할 줄 아는 것이야말로 건강하고 도덕적인 인간이 지녀야 할 감정인데 그렇지 못한 인간을 꼬집은 말이다. 우리가 일상에서 느끼게 되는 이러한 부끄러운 감정은 지극히 개인적인 차원에서 일어날 수도 있고, 사회 공동체의 일원으로서 느끼게 되는 예도 있다. 전자든 후자든 개인이 느끼는 부끄러움은 모두 대다수의 공동체 구성원이 바람직한 것으로 여기는 행동을 하지 않았을 때 자신의 내면에서 발생하는 감정과 관련된다.

'부끄러움'에 대해 단순한 감정 차원을 넘어 인간의 본성적 차원에서 파악해 온 것은 동양의 오래된 전통이다. 맹자가 인간의 본성에서 의義의 단서를 '부끄러움'에서 찾으며, 부끄러움이야말로 사람다움을 구성하는 매우 중요한 요소恥之於人 大矣라고 지적한 것은 그 대표적인 예라고 할 수 있다. 맹자가 말한 수오지심羞惡之心이란 사람이 자신의 행동을 성찰하는 과정에서 느끼게 되는 수치심이나 죄책감과 연결되는 정서이다. 맹자의 언명은 곧 사람이라면 올바른 기준에 어긋남이 없도록 자기반성에 충실해야 한다는 것을 함의하고 있다. 그러므로 부끄러움은 인간의 사회적 본성을 회복하여 사람이 사람답게 살 수 있도록 해주는 정서로서, 죄책감과 수치심은 그의 대표적인 것에 해당한다고 할 수 있다.

죄책감이나 수치심과 같은 부끄러움의 정서는 우리가 도덕적 문제에 면밀한 주의를 기울이도록 동기를 유발하기도 하고, 도덕적 행동을 위한 추진력을 제공하기도 한다. 물론 그러한 도덕적 정서들이 곧바로 우리의 도덕성을 확립해주는 것은 아니다. 하지만 우리가 지속해서 도덕적 행위를 실천하고, 아울러 과거에 경험했던 일을 반성하는 경향성에 죄책감이나 수치심의 정서가 많은 영향을 미친다는 점에서, 이들 정서는 우리의 도덕성 발달에서 매우 긴요한 역할을 한다. 이는 주변에서 그런 정서를 도무지 갖고 있지 않은 것 같은 말이나 행동을 하는 사람을 경험해보면 쉽게 수긍할 수 있다.

그러나 죄책감과 수치심을 포함한 도덕적 정서에 관한 학문적 연구는 시대의 조류에 따라 부침을 거듭해왔다. 예컨대 플라톤에게 있어서 이성은 완전한 인간의 요소였다. 이러한 사유 방식의 기저에는 소크라테스의 '덕은 선의 지식이다'라는 명제가 존재한다. 덕은 순전히 지적인 노력으로 얻어질 수 있으며 이러한 지식을 얻는 자만이 도덕적인 존재가 될 수 있다는 주장은 정서를 통제하고, 정복하고, 길들여야 하는 부가적인 특질로 인식하는 계기가 되었다. 이런 전통을 이어받은 인지 발달론자 피아제 J. Piaget는 감정을 최선의 도덕적 자아에 부정적 원인을 제공하는 하나의 비합리적 힘으로 간주하였다.

다행히 20세기 초반에 이르러 철학과 심리학의 영역에서 수치심이나 죄책감의 도덕적 정서에 관한 연구가 새로운 관심의 대상으로 떠올랐다. 이 같은 추세는 프로이트S. Freud의 정신분석학 출현과 더불어 확실해졌다. 하지만 이후 1920년대에 왓슨J. B. Watson에 의해 주도되었던 행동주의 심리학이나 1960년대의 인본주의 심리학은 프로이트의 무의식 이론에서 탈피하여 인간의 의식적인 노력의 가능성과 잠재력의 개발에 관심을 집중하였다. 이런 학문적 추세는 20세기 말까지 도덕적 정서에 관한 연구의 필요성을 경시하게 만드는 요인으로 작용하였다. 그러나 다행히도 근래에 진화 생물학과 신경과학이 발달하면서 정서는 새롭게 주목받는 학문적 탐구의 주제로 떠올랐다.

이 장에서는 다양한 도덕적 정서 가운데 우리의 도덕성 발달에 긴요한 정서라 할 수 있는 죄책감과 수치심을 중심으로 논의한다. 다른 도덕적 정서도 마찬가지지만, 특히 죄책감과 수치심의 도덕적 정서는 긍정적인 면과 부정적인 면을 동시에 갖고 있다. 이에 따라 도덕성 형성에 긍정적으로 작용할 때에는 인간 속에 있는 경고 체계 가운데 가장 가치 있는 부분으로서 빛을 발휘할 수 있지만, 부정적으로 작용하는 경우에는 바람직한 생활의 원동력이 되지 못하고 자신을 아주 잔인하고 파괴적인 폭군이 되게 할 수도 있다. 이에 논자는 우선 먼저 죄책감과 수치심이 개념상 어떤 차이가 있는지 검토하고, 그의 발달 과정에 대해 선행 연구 자료들을 근거로 고찰한다. 마지막으로 죄책감과 수치심의 도덕적 정서가 우리의 도덕성 발달에 어떤 긍정적 및 부정적 영향을 미치는지를 논의하고, 우리가 어떤 측면에 유의해야 할 것인지를 밝힌다.

죄책감과 수치심의 개념적 차이

인간의 정서를 구분하는 방식은 다양하다. 여기서는 그 가운데 인간이 추구하는 삶의 측면을 중심으로 유형화하는 범주적 방식을 따른다. 이런 관점에서는 아래 표와 같이 인간의 감정을 생존 및 발달 관련 감정, 성취 관련 감정, 도덕 관련 감정, 성격 관련 감정, 사회문화 관련 감정으로 구분한다.[1] 이 장에서 논의하는 죄책감과 수치심은 불안, 동정심과 더불어 도덕 관련 감정에 속한다.

표 8-1_ 삶의 범주에 따른 감정의 분류

범주	감정
생존 및 발달 관련 감정	기쁨, 분노, 불쾌함, 슬픔, 놀라움, 두려움, 호기심, 성적 욕망 및 사랑
성취 관련 감정	자부심, 자신감, 희열, 질투, 성취감
도덕 관련 감정	죄책감, 수치심, 불안, 동정심
성격 관련 감정	조급성, 우울, 쾌활, 무력감, 잔인성
사회문화 관련 감정	권력 욕망, 물질적 욕망, 우정, 가족애

위의 범주에서 도덕 관련 감정에 속하는 정서를 주된 연구 대상으로 삼았던 학자 가운데 한 사람은 미국의 도덕심리학자인 하이트J. Haidt이다. 그는 도덕적 정서를 타인 비난군群(비난, 분노, 혐오), 자의식군(수치심, 당황, 죄의식), 타인 연민군(연민), 타인 칭찬군(감사, 존경) 등 4가지 군집으로 분류하였다.2 하이트에 따르면 죄책감과 수치심은 자의식군에 속하는 것으로, 자아에 대한 기대와 더불어 그에 필연적으로 수반되는 반응들과 관련되며, 자기반성과 자기평가로부터 발생한다.3 여기서 중요한 것은 자아가 자신의 의식적 정서의 대상이라는 것이다. 자의식군의 정서는 자아가 자아를 반성함으로써 행동에 대한 처벌이나 강화를 제공한다. 결과적으로, 수치심이나 죄책감은 자신이 한 행동이 사회적으로나 도덕적으로 수용 가능한지에 관한 직접적이고 분명한 피드백을 제공하는 도덕적 척도로서 기능한다.

그런데 도덕적 정서 가운데 그동안 학문적 연구의 주된 대상이 되었던 감정은 죄책감, 수치심, 공감 혹은 동정심, 분노 정도였다. 하지만 이러한 경향은 1980년대에 들어서면서 달라지기 시작하였다. 도덕성 연구의 중심추가 도덕적 추론에서 정서로 옮겨가면서 도덕적 정서의 연구 대상 또한 그 지평이 확대되기 시작한 것이다. 이런 경향성은 학계에서 발표된 관련 논문 편수의 변화에서 뚜렷이 나타난다. 도덕적 정서에 관한 관심은 1980년대와 1990년대를 기점으로 많이 증가하였다. 전통적인 주제였던 공감empathy이나 죄책감guilt과 관련하여서는 큰 변화를 보이지 않았으나, 혐오나 분노와 함께 수치심에 관한 연구는 많이 늘었다.4 수치심도 공감이나 죄책감과 같은 학문적 관심 대상의 반열에 진입한 것이다.

■ 수치심과 죄책감의 차이점

　수치심과 죄책감은 많은 공통점이 있다. 이 감정들은 공통으로 자기 성찰과 자기평가를 암시하며, 부정적인 자기평가와 자신의 인식된 실패나 잘못 때문에 유발되는 고통의 감정을 내포한다. 수치심과 죄책감은 모두 자아의 내부에서 스스로 자신의 생각이나 행동을 평가한 결과가 원인으로 작용하며 공적으로 또는 사적으로 경험할 수 있다. 두 감정이 같은 종류의 잘못으로 유발될 수도 있다. 또한, 두 감정 모두 자기방어적이거나 보상적인 행동 경향을 유발할 수 있고, 적응적이거나 부적응적인 영향을 미칠 수 있다. 이 두 감정은 서로 강력한 상관관계가 있으며 종종 공존하기도 한다.[5]

　그러나 대부분 연구자는 이 두 감정이 서로 구분될 수 있으며, 그들의 차이가 중요하다고 주장한다. 윤리학자나 심리학자들은 수치심의 개념을 흔히 죄책감과의 비교를 통해 개념적 경계를 설정하고 각기 고유의 특성을 설명하고자 한다. 이 두 가지 개념은 최근에 이르러 보다 구체적으로 구분되고 있는데, 예컨대 버먼트L. R. Beaumont는 죄책감과 수치심이 다음과 같은 경로를 통해 차이를 드러내게 된다고 하였다.[6]

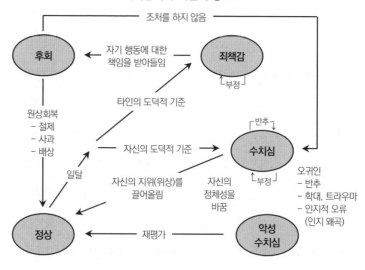

그림 8-1_ 죄책감과 수치심의 경로

　위의 경로를 짧게 설명하면 다음과 같다. '정상'OK은 시작 혹은 중립 상태
이다. 죄책감이나 수치심과는 무관한 상태를 의미한다. '일탈'transgression
은 죄책감이나 수치심으로 나아갈 수 있는 어떤 사안이 발생한 것인데, 어떤
일탈인가에 따라 그 향방이 결정된다.

　자기 자신의 행동 기준을 충족시키지 못하거나 자신의 위상 추락에
따른 불만의 경우에는 수치심으로 나아간다. 반면에 다른 사람과 관련된
도덕적 기준에서 벗어나면 죄책감으로 나아간다. 다시 말해, 죄책감과 수
치심의 차이는 일탈의 대상이 누구인가에 따라 나타나게 된다. 수치심은
'나는 최선을 다하지 않았다'라고 말한다. 죄책감은 '나는 다른 사람에게
해를 끼쳤고, 자비를 베풀지 않았으며, 황금률을 무시했다'라고 말한다.

그래서 수치심은 개인적인 것이지만 죄책감은 공적인 성격을 지닌다. 수치심은 '나는 나쁘다'라는 자괴감이 들게 하고, 죄책감은 '내가 나쁜 짓을 했다'라는 자책의 감정을 갖게 한다. 수치심은 '인간'에 반영되는 반면, 죄책감은 '인간 행위'에 반영된다. 수치심은 내부 제재를 초래하고 기분이 좋지 않다. 반면 죄책감은 외부 제재를 초래하고, 본인이 처벌을 받을 수 있다.

'책임 수용accept responsibility'은 죄책감으로부터 빠져나올 수 있는 유일한 통로이다. 죄책감으로부터 탈피하는 방법은 자신이 한 행동을 후회하고 그 잘못을 인정하는 것이며, 자신이 무엇을 잘못했는지, 왜 그것이 도덕적 표준을 위반하는 것인지를 인식하고 그로부터 자신의 책임을 인정하는 것이다. '후회remorse'는 자신으로부터 비롯된 해악에 대하여 진심으로 뉘우치고 자신의 책임을 통감하는 것이다. 후회는 원상회복을 통해 해소될 수 있다. 그에 관한 구체적인 방법으로는 자신의 행동으로 피해를 본 사람들에게 이후 말이나 행동을 삼가거나 그들에게 양해를 구하며, 그 피해만큼 직접 보상을 해주는 것이다. 그러나 후회를 하더라도 상대에게 사과나 보상에 해당하는 어떤 조처를 하지 않을 경우, 그때 후회는 자신에 대한 수치심으로 전환된다.

수치심에서 벗어나는 길은 자신의 추락한 위상을 회복하는 것이다. 그러나 수치심을 잘못 해석하게 되면, 곧 오귀인misattribution으로 인해 자칫 '악성 수치심toxic shame'에 빠질 수 있다. 심리학에서 오귀인이란 어떤 현상의 원인을 잘못 추론하는 것을 말한다. 악성 수치심에 빠진 사람은 자신이 한 행동에 대해 '내가 왜 그랬을까?'라며 수없이 곱씹는다. 그것은 급기야 트라우마로 작용하며 자신을 학대할 수 있다. 그리고 현실을 제대로 지각하지 못하거나 이를 왜곡해서 받아들이는 인지적 오류를 저지를 수 있다. 악성 수치심에서 벗어나는 길은 기존에 갖고 있던 자신의 정체성을 새로운 자아로 바꾸는 것이다. 수치심은 정체성을 변환시키는 반면, 죄책감의 경험은 정체성을 뒤흔든다.[7]

죄책감과 수치심에 공통으로 나타나는 현상은 자신의 행위를 '부정 denial'하는 것이다. 부정은 정신분석학에서 자주 언급되는 자아 방어기제self defense mechanism의 일종으로, 고통스러운 환경이나 위협적 정보를 거부함으로써 자신의 불안으로부터 도피하려는 수단이다. 그 결과는 '내가 한 행동은 그들의 도덕적 기준을 일탈했을 리 없어!', '나는 크게 잘못한 게 없어!'와 같이 현실의 고통을 인정하는 것을 회피하고자 하는 시도로 나타난다. 중요한 것은 이러한 '부정'이 일어난 현상을 되돌릴 수 없다는 점이다. 그 불안은 개인의 무의식에 잠재해 있으면서 언제든지 의식의 세계로 올라올 수 있다. 따라서 문제를 근원적으로 해결하기 위해서는 현실적으로 이러한 불안을 해소할 수 있는 방안을 찾아야 할 것이다.

한편, 우리는 죄책감과 수치심의 개념적 차이의 근원을 프로이트의 이론에서 찾아볼 수 있다. 그에 따르면 수치심은 이상적으로 생각하는 자아의 관점으로부터 생기고, 죄책감은 양심으로부터 생긴다. 즉, 수치심은 범죄 행위에 상관없이 이상적으로 생각하는 모습(이상적 자아)에 맞추어 살지 못할 때 생기지만, 죄책감은 도덕적인 원리나 양심에 어긋나게 행동했을 때 느껴진다. 이를 그림으로 나타내면 다음과 같다.

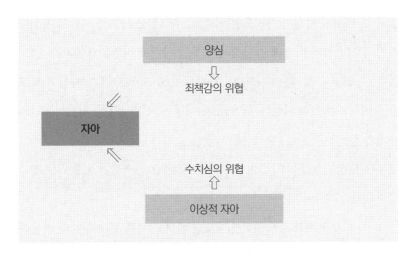

그림 8-2_ 죄책감과 수치심의 근원

오늘날에도 수치심과 죄책감의 차이에 대한 해석은 일반적으로 프로이트적 시각에서 크게 벗어나지 않고 있다. 다시 말해, 우리는 자신이 '하는 일'에 대해 죄책감을 느끼지만, 자신의 '모습'에 대해 수치심을 느낀다.[8] 예컨대 만약 어떤 사람이 자신의 부모에게 거짓말을 했다면, 그 사람은 부모가 그 사실을 모르고 있다 하더라도 죄책감을 느낄 것이다. 그러나 만약 부모가 자신에 대해 가진 기대에 어긋난 행동을 하였거나 그에 대해 부모의 나무람이 있었다면, 그 사람은 자신의 모습에 대해 부끄러운 감정을 느낄 것이다. 그때 느끼는 감정을 수치심이라 한다. 그래서 죄책감에는 용서가 필요하나, 수치심에는 포용이나 자기 인정이 필요하다.[9]

수치심의 정서는 몇 가지 특징을 보인다. 첫째는 수치심을 일으키는 상황으로, 이는 다른 사람의 눈으로 자신을 바라보는 상황이다. 그때 그 사람은 자기 자신이 원치 않는 사람, 자신이 되고 싶지 않은 사람이 되어 있다. 둘째는 수치심이 가져오는 변화로, 수치심을 느끼는 사람은 자신이 이전의 이미지에 비교해 바람직하지 못한 상태로 타인의 시선에 노출되었다고 느낀다. 셋째는 수치심의 기능으로, 수치심은 자기 자신이 되고 싶은 이상ideal을 지지한다. 끝으로, 수치심이 어떤 행동을 지시하는가의 문제와 관련된 것으로, 수치심은 자신을 숨도록 만든다. 대인관계 영역으로부터 도망침으로써 자신이 다른 사람 앞에 고통스럽게 노출되는 것을 방지하기 위해서이다.[10]

수치심과 죄책감은 사회적 상호작용에서 한계를 설정하는 데 영향을 미친다. 수치심은 사람들이 침범하지 말아야 할 경계를 설정하고, 죄책감은 사람들이 위반하지 말아야 할 한계를 설정한다. 그래서 수치심이라는 감정은 개인적인 것과 친밀감의 경계를 수호하면서 자신의 전인격을 보호한다. 그러나 그러한 경계가 무너질 때 개인의 전인격이 문제시되며, 그것은 곧 개인의 명예와 연관된다.[11] 이와 관련하여 미국의 심리학자로 비언어 의사소통 전문가인 에크먼P. Ekman은 죄책감에는 관객이 필요하지 않다고 하였다. 즉, 남들이 알 필요가 없다는 것이다. 왜냐하면 죄를 범한 사람이 곧 자신의 심판자이기 때문이다. 하지만 수치심의 경우에는 그렇지 않다고 하였다. 수치심이 주는 굴욕은 다른 사람의 비난이나 조소가 필요하다고 하였다.[12] 에크먼의 이러한 명료한 지적은 우리가 이하의 논의에서 두 감정의 차이를 이해하는 데 참고할 만하다.

죄책감과 수치심의 발달

일반적으로 정신 분석이론에서는 수치심을 경험하는 능력의 발달이 죄책감을 경험하는 능력의 발달보다 앞선다고 본다. 즉, 수치심은 죄책감이 발달하는 것보다 정신 발달에 있어서 보다 앞서고 또한 더욱 원시적인 단계와 일치한다는 것이다. 여러 학자의 견해를 종합하면, 수치심은 죄책감보다 선행하여 발달하고, 미분화된 자기 경험과 전반적인 인지 양식과 관련되며, 대인관계에서 부정적 행동방식을 동기화시키는 한편, 다양한 정신 병리와 관련이 있다. 이와 달리 여러 연구 결과는 죄책감이 수치심보다 발달론적으로 좀 더 진보적이고 분화된 자기 경험과 관련된다고 한다. 또한 구체적인 인지 양식과 관련되고 대인관계에서 순기능적인 측면이 있으며, 일반적인 상식과 달리 정신 병리와 크게 관련이 없다고 보고하고 있다.

발달심리학자였던 에릭슨E. H. Erikson은 인간의 성숙에 따른 심리 사회적 발달 단계를 제시하였다. 그의 이론에서 각 단계는 생리적 성숙과 개인에게 부과된 사회적 요구로부터 유발된 위기를 수반한다. 개인이 각 단계에서 위기를 성공적으로 극복할 때는 그 결과로 삶에 필요한 능력이 발달하게 되지만, 그렇지 못할 때는 부정적인 감정이 동반된다. 수치심은 그가 제시한 발달 단계에서 유아기(18개월~3세)에 발달한다.

이 시기의 유아는 여러 가지의 상반되는 충동 사이에서 스스로 선택을 하고자 하며, 이러한 과정을 통해 자신의 의지를 드러내게 된다. 자율성의 싹이 트는 것이다. 부모는 유아의 그런 행동을 통제하거나 규제하게 되는데, 그것은 유아에게 사회적 요구가 되어 심리적 위기에 봉착하게 된다. 유아는 자기조절을 해야 할 뿐만 아니라 주변 사람들(주로 부모)로부터 자신의 조절력을 인정받고자 하는 부담을 느낀다. 유아 자신이 타인의 눈에 좋게 보이지 않는다고 생각할 때 수치심이 유발된다. 이 시기의 유아는 자신과 행동을 구분하여 인식할 수 있는 인지 능력이 아직 발달하지 않았기 때문에 자신의 행동에 대한 제재가 곧 자신을 향하는 것으로 받아들이게 되므로 그런 감정이 발달한다.

반면에 죄의식은 유아기 다음 단계인 유치원 시기(4~5세)에 나타난다. 이 시기의 아동은 신체적으로나 정신적으로 더욱 성숙하고 균형 있는 모습을 보이게 된다. 또한, 새로운 인지 기술을 사용하여 자신의 주변 세상을 다루고자 한다. 보호자의 보살핌을 뿌리치고 혼자서 뭔가 해보려는 의욕을 보인다. 아이는 매우 공격적인 방법을 사용할 수 있는데, 그때 부모로부터 과도한 제지나 처벌을 받게 되면 죄책감을 경험하게 된다.[13]

이런 견해는 미국의 심리학자였던 로저스C. Rogers에 의해서도 제시된 바 있다. 자아self는 유동적이고 변화하는 형태, 즉 하나의 과정이지만 어떤 특정한 순간에는 하나의 특수한 실체이기도 하다.[14] 특히 로저스가 자아를 있는 그대로의 자아인 현실적 자아와 자신이 되고자 하는 바의 자아인 이상적 자아로 구분한 점은 수치심을 이해하는 또 하나의 중요한 단서를 제공해 준다. 현실적 자아란 개인이 현재 자신을 지각하고 있는 자아의 모습을 의미한다. 이상적 자아란 개인 자신이 최선을 다하면 할 수 있고, 또한 되고 싶은 자신의 이상적 모습을 의미한다. 그것은 근본적으로 프로이트 이론의 초자아와 같다.[15]

로저스에 따르면, 수치심은 이러한 이상적 자아와 관련된다. 사람들은 대개 자신의 내부에 자신이 다른 사람에게 어떻게 보였으면 하는 의식적인 상을 가지고 있다. 이러한 자아 이상의 완벽함에 대한 요구가 클수록 반대로 열등감과 수치심을 느끼게 될 개연성이 커진다. 자신이 보이고 싶은 이미지와 실제로 자신이 처해있는 모습 간에 긴장이 발생할 수 있는데, 자기에 대한 기대가 높을수록 또 완벽함에 대한 요구가 클수록 그 틈은 벌어지기 쉽고, 아울러 자기 비난에 대한 요구는 더 거세질 수 있다. 자기에 대한 이상적 기대ideal self와 실제로 느끼는 현실적 자기 지각real self 간의 틈에서 수치심이 유발된다.

피어스G. Piers와 싱어M. B. Singer도 수치심이 죄책감보다 더 이른 발달 단계와 관련된다고 하였다.[16] 그들에 따르면 수치심은 자아 이상으로부터, 죄책감은 초자아로부터 유래한다. 수치심은 자신이 자아 이상의 기대에 부응하는 데 실패했을 때 발생하는 감정으로, 규범을 위반하여 일어나는 감정이라기보다는 자기 자신의 부족함으로 인하여 발생하는 경험이다. 이에 비교하여 죄책감은 초자아가 규정한 규범을 자아가 위반했을 때 발생하는 감정으로, 지켜야 할 것을 지키지 않았을 때, 다시 말해 '해서는 안 되는' 일을 했을 때 발생하는 정서이다. 그래서 수치심이 발달 초기와 관련된다면 죄책감은 오이디푸스 단계의 산물로 더욱 성숙한 초자아의 출현 및 내재화 과정과 관련된다. 그들은 모든 사람이 수치심과 죄책감을 다 느낄 수 있지만, 그중에서도 수치심을 잘 느끼는 경향성이 높은 사람은 죄책감 경향성이 높은 사람에 비해 좀 더 원초적인 병리를 가질 수 있다고 하였다.

근래에 이르러 많은 정신 분석가는 수치심과 죄책감을 심리성적 발달의 세 단계, 곧 구강기, 항문기, 유아성기기 모두와 상관된다는 것을 밝히고 있다. 미국의 정신과 의사 제임스 길리건J. Gilligan은 이들의 견해를 통합하는 하나의 방법으로 세 심리성적 단계의 각각을 두 국면으로 구분하여 접근하는 방안을 제안하였다. 발달을 수치심과 관련된 이른 국면과 죄책감과 관련된 나중의 국면으로 이해하는 것이다. 그의 견해에 따르면, 우리는 수치심이 세 단계 각각의 첫 국면, 예컨대 구강기에서는 빨기 충동, 항문기에서는 성애 충동, 유아성기기에서는 요도 충동의 욕구를 억누르는 방어 동기로 발생한다고 가정할 수 있다. 이와 같은 논리에 따라 죄책감은 세 단계 각각의 두 번째 국면, 예컨대 구강기에서는 깨물기 충동, 항문기에서는 가학적 충동, 유아성기기에서는 경쟁적 충동과 연관된 적극적이자 공격적인 충동의 욕구를 억누르는 방어 동기로 일어난다고 가정하는 것이다.[17]

■ 죄책감 윤리와 수치심 윤리

수치심과 죄책감은 애초에 인류학자에 의해 문화적 차원에서 그 차이가 규명되어 왔다. 미국의 인류학자 베네딕트R. Benedict가 미국인과 일본인의 심리적 구성에서의 차이를 설명하였던 『국화와 칼』은 이의 고전에 속한다. 이후 인류학자들은 도덕적 제재와 권위의 원천이 다른 사람에게, 즉 그들의 조롱(조소), 비판, 혹은 경멸에 들어있다고 인식되는 사회를 언급하고자 할 때 '수치심 문화'라는 용어를 사용하였다. 그리고 내면화된 양심, 그의 결과로서 생기는 죄에 관한 확신, 도덕성의 절대적인 표준에 의존하는 경우를 언급하고자 할 때 '죄책감 문화'라는 용어를 사용하는 경향이 있었다. 이는 여러 학자가 모든 원시 문화와 전형적인 동양 문화의 경우 주요 도덕적 제재는 죄책감이 아니라 수치심이라고 생각하는 반면에, 내면화된 죄책감은 주로 유대교와 기독교 전통에서 발달하는 것으로 인식하는 데 많은 영향을 미쳤다.[18] 하지만 이러한 견해는 많은 사람으로부터 서구 문화의 우월성을 드러내는, 자민족 중심의 극단적 배타주의에서 나오는 경멸적인 시각이라는 비판이 제기되었다.[19]

앞에서 언급한 미국의 정신의학자 길리건은 수치심과 죄책감을 도덕성 영역으로 확대하여 윤리적 관점에서 해석하고 있다. 그의 기본적인 시각에는 위와 같은 서구의 지적 전통 분위기가 이어져오고 있는 것으로 보인다.[20] 그는 수치심과 죄책감의 두 도덕적 감정이 자신과 타인에 대해 '사랑, 쾌락, 삶'과 '증오, 고통, 죽음'에 각각 어떤 정서적 반응을 보이는가를 기준으로 수치심 윤리와 죄책감 윤리를 규정하였다. 그에 의하면, 수치심 윤리와 죄책감 윤리는 자기 자신과 다른 사람에 대한 사랑과 증오와 관련하여 정반대의 도덕적 평가를 한다. 수치심 윤리가 긍정적인 가치를 부여하는 것에 죄책감 윤리는 부정적인 가치를, 그리고 죄책감 윤리가 긍정적인 가치를 부요하는 것에 수치심 윤리는 부정적인 가치를 부여한다. 예컨대 수치심 윤리가 자기 자신에 관한 사랑(긍지, 이기주의, 나르시시즘)에 대해 가치를 부여하지만 죄책감 윤리는 이에 가치를 부여하지 않는다. 죄책감 윤리는 타인에 대한 사랑(이타주의, 동정, 연민)에 관해 가치를 부여하지만 수치심 윤리는 이에 가치를 부여하지 않는다. 수치심 윤리는 다른 사람에 대한 증오와 공격(사디즘, 살인, 전쟁)에 가치를 부여하나 죄책감 윤리는 그에 가치를 부여하지 않는다. 죄책감 윤리는 자기 자신에 대한 증오와 공격(참회, 마조히즘-피학대 음란증, 자살, 순교)에 가치를 부여하나 수치심 윤리는 그에 가치를 부여하지 않는다.[21] 길리건이 제시한 수치심 윤리와 죄책감 윤리의 특성을 비교하여 표로 요약하면 다음과 같다.

표 8-2_ 수치심 윤리와 죄책감 윤리의 특성 비교

	수치심 윤리	죄책감 윤리
사랑, 쾌락, 삶		
자기에 대해	(+)이기주의-긍지, 나르시시즘, 자기 강화(남을 꺼리지 않는), 쾌락주의, 자신(자립)	(−)겸손-자기비하, 사심 없음(무욕), 금욕주의
타인에 대해	(−)경멸(모욕)-타인들에 대한 애정의 부족, 거부, 폐기, 소홀(타인들에 관한), 타인들의 쾌락에 대한 무관심	(+)이타주의-양육, 박애, 자비, 책임감과 의무감(타인에 대한), 훌륭한 사마리아인이 되어야 할 필요
증오, 고통, 죽음		
자기에 대해	(−)벌의 회피-자기방어, 결벽감	(+)벌의 소망-죄책감의 감정: 참회, 자살을 통한 자기 벌: 타인들로부터의 벌, 마조히즘, 순교를 통한 자기희생
타인에 대해	(+)타인에 대한 적의, 사디즘 살인, 전쟁	(−)비폭력, 유연함, 평화주의(무저항주의)

길리건은 앞에서 언급한 심리학자들처럼 인간의 도덕성 발달 단계에 근거해볼 때 수치심이 죄책감보다 저차원에서 발달하는 도덕적 감정임을 주장한다. 그는 그러한 기본적인 관점을 바탕으로 수치심 윤리와 죄책감 윤리의 전형을 콜버그L. Kohlberg의 도덕적 추론 발달 단계와 관련지어 제시하였다. 그는 콜버그가 제시한 도덕성 발달 단계에서 1단계는 수치심 윤리의 모든 특징을 대부분 예시하는 것으로 기술하였다. 그에 따르면, 수치심 윤리의 전형은 1단계에 해당하는 사람들이 형성하고 있는 윤리로, 그들은 타인에 대한 분노를 극대화하는 반면에 자기 자신에 대한

화는 최소화하며, 타인에 대한 사랑은 최소화하는 반면에 자기 자신에 대한 애정은 극대화하는 특징을 보인다. 그리고 죄책감 윤리의 전형은 6단계에 해당하는 자들의 윤리로, 그들은 자기에 대한 분노는 극대화하는 반면에 타인에 대한 분노는 최소화하며, 타인에 대한 사랑은 극대화하고 자기 자신에 대한 사랑은 최소화하는 특징을 보인다.[22]

미국의 인류학자 베네딕트가 동서양의 문화적 차이를 수치심 문화와 죄책감 문화로 규정한 이후에 자민족 우월주의의 극단적 배타주의라는 비판을 받았듯이, 길리건의 수치심 윤리와 죄책감 윤리의 대비는 상대적으로 수치심 정서를 지나치게 폄훼하는 측면이 있다. 사실 수치심과 죄책감을 도덕성과 연관하여 접근하는 철학자나 도덕심리학자들은 대체적으로 죄책감에 더 높은 도덕적 지위를 부여하는 경향이 있다. 하지만 테로니F. Teroni와 브룬O. Bruun 같은 철학자는 특정 기준(친사회적 행동, 책임, 사회적 평판)에 의존하여 평가한 결과를 가지고 하는 그런 주장은 오히려 우리의 도덕적 삶에서 수치심이 발휘하는 중요한 역할을 모호하게 만든다고 비판한다. 이들은 철학 및 심리학 문헌에서 죄책감과 수치심을 비교하는 데 사용되는 주요 기준들(책임의식, 사회적 관계성 등)을 검토한 후, 죄책감을 수치심과 비교하여 더 '도덕적'이라고 간주할 근거가 없다고 주장하였다.[23] 논자 역시 우리가 균형적 시각에서 두 감정을 바라볼 필요가 있다는 관점을 견지한다.

길리건은 또한 수치심과 죄책감의 윤리를 양쪽 극단의 가치로 이루어지는 각각의 가치체계 스펙트럼을 형성하는 것으로 가정하였다. 프로이트가 그랬듯이, 길리건도 수치심과 죄책감을 행동을 이끄는 동기의 핵심으로 간주한다. 왜냐하면 사랑과 미움이 사람의 행동을 이끄는 주요 동기로 작용하는데, 수치심과 죄책감이 곧 사랑과 미움으로 연결되기 때문이다. 예를 들어 자긍심pride은 자기 사랑self-love이고 수치심은 자기 사랑의 부재이다. 결백innocence은 자기 증오self-hate의 부재이고, 죄책감은 자기 증오이다. 수치심 윤리의 경우 최고의 선은 자긍심이며 가장 나쁜 악은 굴욕이다. 죄책감 윤리의 경우 가장 나쁜 악은 자긍심(교만)이며[24] 최고의 선은 겸손humility 혹은 자기 비하self-humiliation이다. 수치심은 타인에 대한 사랑을 억제하고 죄책감은 자기애를 억제한다.[25] 이 두 감정 간의 관계에서 한편으로는 의식적인 것이 다른 한편으로는 무의식적이다. 죄책감 윤리의 의식적인 겸손 뒤는 무의식적인 자긍심이며, 수치심 윤리의 의식적인 자긍심 뒤는 무의식적인 굴욕이다.

논자는 길리건의 이러한 견해에 대해 니체의 도덕관을 들어 좀 더 부연 설명한다. 니체F. W. Nietzsche는 도덕의 다양성과 상대성의 관점에서 "절대 도덕은 존재하지 않는다"[26]고 말한다. 절대 도덕은 플라톤의 발명에 근거를 두는 것으로, 순수 정신과 선 자체는 그야말로 발명된 가상에 불과한 것이라 하였다.[27] 그리고 도덕의 유형을 '좋음과 나쁨의 가치평가 방식'을 가진 주인 도덕과 '선과 악의 가치평가방식'을 갖는 노예 도덕이라는 대립적 방식으로 구분한 후 인간의 유형 또한 이에 따라 고귀한 사람, 강한 사람, 드높은 사람, 높은 뜻을 지닌 사람과 저급한 사람, 저급한 뜻을 지닌 사람, 비속한 사람, 천민적인 사람으로 구분하였다.

니체의 도덕관에서 중요한 것은 그가 노예 도덕에 대해 주인 도덕의 가치를 전도시킴으로써 탄생한 것으로 보았다는 것이다. 니체는 노예 도덕인 기독교 도덕이 로마의 지배에 대한 피지배자의 원한으로부터 유래한 것으로 보았다. 노예 유형의 대표자인 유대인은 비참한 자만이 선한 자이고, 가난하고 무력한 자만이 경건한 자이자 선한 자이며 신의 축복을 받는 자라고 주장했다.[28] 니체는 유대인이 궁극적으로 자신의 적과 정복자의 가치를 철저하게 전도시킴으로써, 즉 가장 정신적인 복수를 하는 방식으로 보복하였다고 보았다.[29] 그래서 니체는 기독교에서 말하는 '사랑' 개념의 순수성과 진실성에 대해 의혹의 눈길을 거두지 않았다. 그는 기독교의 '사랑' 속에서 고귀한 자들에 대한 증오와 원한의 감정을 보고 있었다.[30] 기독교 도덕의 본질인 '사랑'은 약자의 자기 보존을 유리하게 하는 데 있는 것으로 평가 절하한 것이다. 그래서 그는 기독교의 도덕을 약자들의 이기주의를 은폐하고 있는 도덕으로 간주하였다.

논자는 길리건이 제시하고 있는 수치심 윤리와 죄책감 윤리의 상대적 설명 방식에서 위와 같은 니체의 도덕관을 떠올리게 된다. 수치심 윤리와 죄책감 윤리가 흡사 노예 도덕과 주인 도덕의 경우처럼 상호 간에 가치전도적인 특성이 있는 것으로 읽히기 때문이다. 그런데 모든 사람이 특정 종교적 사유 방식에 따라 삶을 살아가는 것은 아니다. 개인은 나름의 다양한 사유 방식에 따라 살아간다. 절대 도덕이란 존재하지 않는다는 니체의 말에 동의한다면 더더욱 그렇다. 어떠한 종교적 사유 방식을 경험해 보지 않은 사람도 수치심이나 죄책감의 정서를 느낀다. 그것은 모든 종족을 불문하고 인류 공통적인 정서이다.[31] 논자는 특정 종교적 배경을 가진 사람들이 수치심과 죄책감을 그렇게 해석한 것에 지나지 않는 것이라고 생각한다. 사람이 느끼는 죄책감이나 수치심의 정서가 반드시 세상에 태어난 이후 종교적 사회화의 결과로 형성되고 발달했다고 보기 어렵다. 따라서 논자는 죄책감 윤리와 수치심 윤리를 니체나 길리건의 견해처럼 가치전도적인 대립적 방식에서 이해할 필요는 없다고 생각한다. 그런 점에서 앞에서 논의했던 수치심과 죄책감의 개념이나 발달 과정에 관한 내용은 그 타당성이 유지될 수 있을 것이다.

도덕성의 발달과 관련한
죄책감과 수치심의 명암(明暗)

많은 사람은 도덕성이 인지적 능력만으로 작동하는 것이 아니라는 데 동의한다. 그리고 사고와 행동을 연결해주는 정서의 도움이 필수적이라는 데에도 크게 이의를 제기하지 않는다. 더 나아가 다마지오A. R. Damasio에 따르면, 정서는 우리가 도덕적 상황에서 논리적인 결정을 할 때 그에 적합한 지식 구조를 제공해준다. 그것은 직감의 형태로 존재하는데, 우리가 다양한 여러 대안으로부터 어떤 선택을 해야 할 때 직감의 덕택으로 일단 가능한 선택 분야가 좁혀진다. 그럼으로써 우리는 더 높은 수준의 인지적 과정을 효과적으로 사용할 수 있게 된다.[32] 즉, 정서가 인간의 인지적 작용을 극대화한다는 것이다.

하지만 도덕적 정서가 늘 그렇게 도덕성 발달에 순기능만을 발휘하는 것은 아니다. 정신과 의사인 제임스 길리건J. Gilligan은 우리에게 수치심과 죄책감의 도덕적 정서가 신경증과 사이코패스의 원인이 될 수 있음을 환기한다. 심지어 길리건은 우리에게 '도덕성'이라는 단어를 들으면 '신경증'을 생각하라고까지 언급하였다. 그러면서 정신 및 정서적 건강은 자신과 타인을 모두 사랑하는 능력으로 구성된다는 점에서 도덕성을 초월할 것을 권고하였다.[33] 아마도 죄책감과 수치심이라는 도덕적 정서가 자칫 우리의 도덕성 발달에 저해 요인으로 작용할 수 있음을 경고한 것으로 여겨진다.

■ 죄책감의 명암

죄책감은 양심을 위반하였을 때 발생하는 대표적인 도덕적 정서 중의 하나이다. 양심 혹은 양심의 가책은 무의식에 잠복해 있는 본능적이고 원초적인 유혹에 대한 반작용이다. 그리하여 유혹에 대한 갈등이 크면 클수록 죄책감 역시 더욱 발달한다. 죄책감은 양심의 불안이다.[34] 이것은 도덕적 일탈과 관련된 일련의 경험에 속하는 한 부분으로 여기에는 불안, 압박, 위반, 과실, 고소, 비난, 항변, 수치심, 회한, 후회, 회개, 변명, 처벌, 복수, 용서, 보상, 화해 등의 개념 등이 포함된다.

그 가운데에서도 불안과 억압은 죄책감의 중심을 이룬다. 죄책감은 내면화된 대상에 대한 불안, 즉 내부의 대상으로부터 받게 되는 어떤 처벌을 두려워하는 데에서 발생한다. 여기에서 말하는 불안이란 독일어로 angst, 영어로 anxiety이다. 둘 다 '협소, 좁음, 옹색, 좁은 장소, 좁은 길, 골짜기 길'이라는 뜻의 라틴어 angústĭæ에서 나왔으며, 그것이 지칭하는 것은 '늑대에 대한 공포', '천둥에 대한 공포' 등과 같이 불안의 대상이 분명한 공포phobia와는 다르다. 공포는 구체적인 대상과 관련지어 쓰이는 말이다. 그에 반해 신경증적 불안angst은 모호한 형태로 나타나고 대상이 없다는 특징이 있다.35 일반적으로 불안은 위험에 대한 반응으로 욕구가 잘 해결되지 않거나 갈등사태가 지속할 때 발생한다. 다시 말하면, 불안은 장차 일어날 것 같은 위험이나 고통에 대한 막연한 예감 그리고 그에 수반하는 생리적 반응을 총칭하는 것으로서 '공포'와는 구별되는 개념이다.36

죄책감을 이루는 또 하나의 개념으로 억압repression이 있다. 억압은 정신분석에서 말하는 자아의 방어기제 가운데 가장 기본적인 것으로, 자아를 위협하는 소망이나 충동을 의식으로부터 무의식에 두는 것(그 목적을 달성 가능한 상황이 될 때까지 일시적으로만 잊는 것)이며, 따라서 그것은 의식되지 않은 채 보관되어 유지되는 상태에 있다. 이것은 우리가 일상생활을 하면서 의식에 계속 담고 있기 고통스럽거나 유익하지 않은 관념과 충동들을 의식의 영역 밖으로 밀어내는 작용을 말하는 것이다. 예컨대 사회적으로 용납될 수 없다고 생각되는 욕구나 충동, 사고 등을 자신의 무의식 속으로 숨겨버리는 경우가 그런 사례에 속한다. 하지만 이는 나중에 신경증적 행동이나 정신장애의 근본 원인이 될 수 있다. 왜냐하면 그것들은 우리 인간의 정신계界에서 사라지지 않고 그대로 남아있기 때문이다.

위와 같은 특성이 있는 죄책감은 우리의 도덕성 발달에 긍정적인 영향을 미칠 수 있다. 죄책감은 일종의 정신적인 고통에 해당한다. 적절한 고통은 개인의 도덕성 발달에 긍정적 효과를 불러온다. 적절한 정신적 고통이 있을 때 우리는 긴장하면서 발전할 수 있기 때문이다. 도덕적 일탈에 따른 정서적 반응으로서 발생하는 죄책감은 그런 점에서 인간 속에 있는 경고 체계 가운데 가장 가치 있는 것이라 할 수 있다. 죄책감은 자신의 행위가 왜 잘못이었는가를 깨우치게 될 때 발생한다는 점에서, 타인에게 피해가 입혀졌다는 인식과 더불어 피해자의 고통에 대해 공감적으로 반응하는 원인으로 작용한다.[37]

죄책감이 우리 자신의 도덕성에 미치는 긍정적인 기능에 대해 프로이트는 그 핵심을 잘 짚어내었다. 그는 죄책감 감정의 강화를 문명화의 발달에서 가장 중요한 문제로 언급하였는데, 우리가 문명화의 진보를 위해 지급하는 대가는 죄책감이라는 감정의 고양을 통한 행복의 손실이라고 하였다. 우리 인간이 문명적으로 존재해야 한다면 불가피하게 죄책감이 발달해야만 하는 것으로 이해한 것이다. 왜냐하면 그는 문명에 대한 가장 큰 장애가 '인간 존재의 서로를 향한 공격적 성향'이라고 생각하였기 때문이다.[38] 이러한 문제를 해결해 줄 수 있는 유일한 방법을 무의식적인 죄책감 정서에서 찾았다. 더 정확히 말하면, 프로이트는 사람들이 죄책감에서 오는 고통을 느끼지 않기 위해 '해서는 안 되는 일'을 하고자 하는 행동을 억제함으로써 인류의 문명이 발달할 수 있다는 자신의 신념을 천명한 것이다. 그래서 그는 죄책감 감정을 윤리의 근거로 보았다.

반면에 죄책감은 때에 따라서 우리 자신에게 아주 잔인하고 파괴적인 폭군이 될 수 있다. 이런 죄책감은 어떤 특정한 죄의 행위나 태도와는 아무 상관이 없으며, 몇 가지 측면에서 바람직한 생활의 원동력이 되지도 못한다. 우선 죄책감은 우리에게 방어적 반응을 일으키게 한다. 죄책감은 불안을 피하려고 사용하는 하나의 심리적 기제에 해당하기 때문에 행동에 대한 자신의 책임을 회피하고자 다른 사람에게 화를 내거나 혹은 자신의 행위를 합리화시키고자 한다. 그리고 자신의 책임을 부인하거나 심지어는 지나칠 정도로 사과하기도 한다. 죄책감이 인지 왜곡을 불러일으키는 원인으로 작용하는 것이다.

죄책감은 또한 자책의 반응을 불러일으킨다. 그리하여 자신의 행동을 반성하고 자신을 질책한다. 물론 그것이 적절한 수준에서 이루어질 경우에는 개인의 도덕성 발달에 긍정적 효과를 낼 수 있다. 하지만 그것이 지나치면 자신을 가치 없는 존재로 여기는 등 부정적 감정을 품게 만든다. 그럼으로써 스스로 제시하는 용서를 받아들이지 못하고 표출되지 못하는 분노가 내부에서 자주 발생하게 된다. 이와 함께 죄책감은 사회적 반응으로 연결되기도 한다. 죄책감에 시달리고 있는 사람은 자기 비난으로 인해 외로움에 빠지거나, 다른 사람들과의 관계에 소극적이 되기 쉽다. 그럼으로써 개인 내면적으로는 긴장감이 쌓이게 되어 정신적 압박감에 시달리게 되고, 사회적으로는 점차 소외되어 위축되게 된다. 길리건이 우리에게 도덕성이라는 말을 들으면 신경증을 떠올리라고 했던 것은 이런 경우들을 염두에 둔 것으로 보인다.

■ 수치심의 명암

수치심은 인간의 도덕적 삶에 있어서 죄책감과 마찬가지로 어떤 측면에서는 매우 긍정적인 기능을 발휘하는 필요요소이다. 수치심은 우리가 도덕적 위반 행위를 제지하고 도덕적 행위를 촉진하도록 하는 역할을 분명히 하기 때문이다. 수치심이 다른 사람과의 관계에서 자신을 인식하고 내부적인 귀인을 하는 특성으로 자기인식 정서로 불리는 것도 그런 연유에서이다. 다시 말해, 수치심의 정서는 부도덕한 행동의 원인을 자신의 내부로 귀인歸因, attribution 하는 특성이 있어 도덕성 발달에 긍정적 영향을 미칠 수 있다. 수치심의 정서는 자신의 위반 행위나 실패, 잘못을 인식할 때 유발되기 때문에 그런 경험을 통해 우리는 이후에 자신의 행동을 제어할 힘을 얻게 되고 도덕적 행위를 향상할 수 있다. 수치심으로 말미암아 우리는 자신의 한계를 알고, 자신도 실수할 수 있으며, 도움이 필요한 존재라는 사실을 인식할 수 있게 된다.[39] 수치심이 우리에게 자아 성찰을 할 수 있는 계기를 마련해준다는 것만으로도 긍정적 기능을 발휘한다고 볼 수 있다.

또한 적절한 수치심, 곧 건전한 수치심은 대인관계에서 책임감을 느끼게 하고, 자기수정을 통해 독립적으로 행동할 수 있도록 작용한다. 테로니와 브룬이 지적했던 바와 같이, 죄책감의 정서만이 개인의 도덕적 행동에 대한 책임의식을 분발시키는 것은 아니다. 인간에게는 수치심이라는 정서가 있어서 다른 사람에 대해 겸손한 마음을 간직하고 자기반성을 할 수 있으며, 함부로 갈등을 일으키지 않는다. 수치심을 지니고 있어서 우리는 역으로 다른 사람에게 상처를 주지 않으려 한다. 아울러 적절한 수치심은 주변의 권위 인물들의 기대에 따라 행동하도록 해줌으로써 이상적 자아의 모습을 실현해갈 수 있는 동력을 제공해 준다. 따라서 건전한 수치심을 발달시킬 수 있다면 그것 또한 도덕성 발달에 긍정적일 수 있다.

하지만 수치심 역시 우리 자신의 도덕성 발달에 부정적 영향을 미칠 수 있다. 에릭슨E. Erikson은 수치심이 우리가 극복해야 할 불신, 회의, 죄책감, 열등감, 역할 혼동, 고립, 독창성 고갈 등을 일으킬 수 있는 주요인이기 때문에 개별적인 정체성 위기를 관통하는 특징이라고 하였다.[40] 수치심은 자신의 전존재全存在가 평가 절하되는 상황과 관련된다. 곧, 자존감self-esteem이 손상될 때 일어난다. 그래서 수치심은 개인의 명예와 연결된다. 수치심은 한 인간으로서 자기 자신에 관하여 느끼는 고통스러운 감정으로, 그 초점은 자기를 부정적으로 평가하는 데 있다. 수치심이 유발될 때 자신이 비난하는 자기와 비난당하는 자기로 분할되므로 자기 전체의 전인격성이 파편화될 수 있다.

사람들은 대체로 수치심을 느낄 때, 버먼트L. R. Beaumont가 말했듯이, '내가 그럴 리가 없다'라며 부정denial하거나 '어떻게 내가 그럴 수 있지?'라고 자기 파괴적인 비난의 독백을 하는 경우가 많다. 자기가 광범위하게 평가 절하된 결과로 수치심을 느끼는 사람은 자신을 한심하고 어리석고 유치하고 초라한 자로 비하하기 쉽다. 그래서 수치심은 사람들의 시선을 피하게 한다.[41] 열등감을 느끼는 사람은 또한 자신보다 우월해 보이는 사람에게 원한을 품기 쉽고, 남을 칭찬하기보다는 쉽게 남을 시샘하게 되며, 다른 사람에게 불쾌감을 주기 때문에 갈수록 외톨이가 되기 쉽다.

파울러J. W. Fowler는 수치심을 다섯 가지 유형으로 구분하고 있다.[42] 건전한 수치심, 완벽주의적 수치심, 귀속적 수치심, 악성(중독성) 수치심 그리고 무수치심이 그것이다. 무수치심은 말 그대로 수치심을 느껴야 하는 상황에서 그에 대한 반응을 전혀 보이지 않는 경우를 일컫는다. 우리가 흔히 '뻔뻔스럽다'라고 말하는 경우가 이에 해당한다. 건전한 수치심은 자신이 의존하며 가치 있다고 생각하는 집단과의 관계를 지속해 나가는 과정에서 형성되는 감정이다. 이러한 수치심은 개인적 차원에서 자기 자신을 변화시키고 수정하도록 동기를 부여함으로써 스스로 가치 있는 인간이 되도록 돕는다. 건전한 정서로서의 수치심은 건전하고 올바른 양심을 형성하는 데 도움을 줄 뿐만 아니라 각 개인의 잠재능력과 그 한계를 재확인하는 데도 도움을 준다. 그러나 완벽주의적 수치심이나 귀속적 수치심은 왜곡된 자아의식을 형성하게 할 위험이 있다는 점에서 관심을 기울여야 할 대상이다. 특히 악성 수치심은 자신에게 부끄럽다고 생각되는 것을 방어하고자 그것을 숨기는 과정에서 생기는 이중 인격적인 모습과 관련된다. 이러한 악성 수치심에 자주 노출되는 사람은 대체로 자아성찰의 능력을 상실하게 되는 경우가 많다. 자신과의 적대적인 관계를 형성해 가는 성격장애의 행동을 표출하게 되기 때문이다. 따라서 우리는 도덕성 발달에 악영향을 미치는 무수치심, 완벽주의적 수치심, 귀속적 수치심과 함께 특히 악성 수치심에 주목할 필요가 있다.

수치심의 또 다른 부정적인 영향은 우리가 수치심을 방어하기 위하여 우울, 분노, 노여움, 경멸 등을 대체하여 사용한다는 것이다. 우울은 근심스럽거나 답답하여 활기가 없으며, 반성과 공상이 따르는 가벼운 슬픔으로 흔히 자기를 전체적으로 비난한다는 점에서 수치심을 대신한다. 분노의 대상은 자기 자신일 수도 있고 다른 사람일 수도 있다. 우리는 분노나 노여움을 자주 경험할수록 자신의 결점보다는 자기 외적 요인에 초점을 두게 되어 결국 자기 발전은 그만큼 더디게 된다. 그리고 수치심을 방어하기 위해 경멸이 사용될 때는 자기 자신이 경멸스럽고 비웃을만한 대상이 아니라 다른 사람이 그렇다고 느끼게 한다. 남에게 탓을 돌리는 일종의 투사에 해당하는 현상이 일어난다. 수치심을 인위적으로 단시간 내에 처리하는 하나의 수단이 경멸이기 때문이다.

수치심을 잠시 다른 감정으로 대치하는 것은 일시적으로는 심리적 안정 등에 도움을 줄 수 있으나 궁극적으로는 도덕성 발달에 부정적인 영향을 미친다. 우울, 분노, 노여움, 경멸 등과 같은 방어 기제는 어디까지나 일시적으로 자신의 부정적인 정서를 차단하는 수단이자 방편일 뿐이다. 수치심 정서를 다른 정서로 대치하는 것은 일종의 자기기만인데, 그것은 고통과 불편을 잠시 감소시킬 수는 있겠지만 상태 자체를 바꿀 수는 없다. 비록 우리가 그것을 주목하지는 못하지만, 여전히 그 감정은 존재하면서 우리 자신에게 영향을 끼친다. 다시 말하면, 수치심 정서를 유발하는 원인적 요인이 그대로 존재하게 되어 결국 자신의 잘못을 교정할 기회를 상실하게 된다. 그의 근원적 해결은 그만큼 멀어지게 되고 그럼으로써 도덕성의 발달 또한 전체적으로 지체되게 된다.

맺음글

그동안 이성과 추론 중심의 인지적 전통이 도덕성 발달 이론의 주류를 이루면서 '정서'는 인간의 도덕적 기능에서 최선의 도덕적 자아를 방해하는 하나의 비합리적 힘으로 이해됐다. 감정은 상황과 관련된 다른 요소들을 배제한 채 단지 하나의 측면에 집중하도록 원인을 제공함으로써 조작적 사고를 방해하거나 간섭하는 것으로 여겨졌다. 그래서 정서는 '인지'에 비해 학자들의 관심에서 많이 비켜서 있었다. 그러나 도덕성은 인지적 능력만으로 작동하지는 않는다. 많은 사람은 도덕적 정서가 도덕적 행동을 추동하는 힘을 제공해줄 뿐 아니라 인지 기능을 촉진한다는 데 동의한다. 우리 또한 일상의 삶에서 충분히 그것을 경험할 수 있다.

지금까지의 논의를 종합해보면 수치심은 죄책감보다 선행하여 발달하며, 미분화된 자기 경험 및 전반적인 인지 양식과 관련되고, 대인관계에서 부정적 행동 방식을 동기화하는 한편, 다양한 정신 병리와 관련이 있다. 반면에 죄책감은 수치심보다 발달론적으로 좀 더 진보적이고, 분화된 자기 경험과 연결되며, 구체적인 인지 양식과 관련되고, 대인관계에서 순기능적인 측면이 있으며, 정신 병리와 크게 관련이 없다는 연구 결과들이 보고되고 있다. 그러나 수치심이나 죄책감은 그 자체로 미덕도 악덕도 아니다. 우리가 어떤 감정을 지니고 있다고 하여 곧바로 선악 시비의 대상이 되는 것은 아니기 때문이다. 우리가 이러한 정서를 어떻게 조절하느냐가 중요한 관건이라 할 수 있다.

도덕성은 분명히 사고와 행동을 연결해주는 역동적인 정서와 관련된다. 도덕적 정서 가운데에서도 유독 죄책감과 수치심은, 예컨대 공감과 달리, 긍정적인 면과 부정적인 면을 모두 내포하고 있는 독특한 특징을 보인다. 죄책감과 수치심은 인지적 기능을 도덕적 실천으로 옮기는데 긴요한 요소로 작용한다. 아울러 죄책감은 수치심과 더불어 우리 인간이 도덕적 행위를 지속해서 실천할 수 있도록 해주는 에너지의 원천이기도 하다. 죄책감과 수치심에는 우리가 악행을 부끄러워하고 미워하는 마음으로 도덕적인 삶을 살게 하는 긍정적인 잠재력이 내포되어 있다.

하지만 두 정서는 자칫 건전한 도덕성을 형성하는데 도리어 심각한 장애로 작용할 수도 있다는 점에서 주목해야 할 성향이다. 죄책감은 '내가 한 일'에 대해 그리고 수치심은 '내가 어떠한 사람이냐'에 대해 느끼는 감정이라는 점에서 오히려 수치심을 극복하는 데 더 어려움이 있을 수 있다. 다시 말하면, 수치심은 죄책감과 달리 수정 가능한 행동보다는 상처받은 자아에 초점이 있어서 교정이 더욱 어려울 수 있다. 특히 악성 수치심 같은 경우는 개인이 자신에게 가하는 가장 큰 폭력이라는 점에서 도덕성 발달에 자칫 치명적인 영향을 미칠 수 있기 때문에 유의해야 할 것이다. 따라서 자아에 대해 편협한 집착을 하지 않도록 주의할 필요가 있다. 그럼으로써 우리는 자신을 옥죄어 가두는 죄책감이나 수치심이라는 감정의 울타리에 매몰되지 않는 건강한 도덕성을 발달시켜나갈 수 있다.

최근까지도 도덕심리학계에서는 매우 제한된 도덕적 정서에 국한하여 연구를 해왔다. 그런 가운데 도덕심리학자들은 점차 도덕적 정서에 관한 일반적인 생각의 지평을 넓혀줄 수 있는 연구들을 진행하고 있어 이에 관한 전망을 밝게 해주고 있다. 지금까지 주로 수치심이나 죄책감과 같은 '자의식 정서'나 '긍정적인 타인 정향 정서'로 많은 사람의 관심을 받아왔던 공감과 동정에 국한하지 않고, 타인의 칭찬할 만한 행위를 관찰할 때 경험되는 그리고 관찰자가 칭찬할 만한 행위 그 자체를 스스로 하도록 동기를 부여하는 정서들에 관심을 기울이고 있다. 관련 학자들은 오랫동안 학문적 관심의 소외 지대에 있었던 존경, 감사 등에도 시선을 돌리고 있다. 이런 경향은 앞으로 우리가 도덕성을 발달시키는 데 있어 더욱 풍부한 정서적 자원을 활용할 수 있는 길을 열어준다는 점에서 그 의미가 매우 크다고 할 수 있다.

참고문헌

김태훈(2018), 『인성과 교육』, 파주: 양서원.

변학수(2004), 『프로이트 프리즘: 문학 그리고 영화』, 서울: 책세상.

이상엽(2006), 니체의 도덕비판, 『한국철학논집』, 제19집, 한국철학사연구회.

이훈구(2010), 『감정 심리학』, 서울: 이너북스.

Bradshaw, J. 저, 김홍찬 옮김(2002), 『수치심의 치유』, 서울: 한국기독교상담연구원.

Creighton, M. R.(1990), Revisiting Shame and Guilt Cultures: A Forty-Year Pilgrimage, *Ethos*, Vol. 18, No. 3.

Damasio, A.(1994), *Descartes' error: Emotion, reason, and the human brain*, New York: Avon.

Damon, W. 저, 김태훈·박찬석·서강식·이범웅 옮김(2008), 『새로운 시대의 인격 교육』, 파주: 인간사랑.

Damon, W.(1988), *The Moral Child*, New York: Free Press.

Darwin, C. 저, 김성한 옮김(2020), 『인간과 동물의 감정 표현』, 서울: (주)사이언스북스.

Ekman, P.(1992), *Telling Lies: Clues to Deceit in the Marketplace, Politics, and Marriage*, New York: Norton.

Erikson, E. H., Erikson, J. M.(1997), The Life Cycle Completed (Extended Version), New York: W. W. Norton & Company, Inc.

Fowler, J. W.(2001), *Faithful Change: The Personal and Public Challenges of Postmodern Life*, La Vergne, Tennessee: Lightning Source.

Freud, S. 저, 이윤기 옮김(1997), 『종교의 기원』, 파주: 열린책들.

Freud, S. 저, 황보석 옮김(1997), 『억압, 증후 그리고 불안』, 파주: 열린책들.

Gilligan, J.(1976), Beyond Morality: Psychoanalytic Reflections on Shame, Guilt, and Love, In T. Lickona(Ed.), *Moral Development and Behavior: Theory, Research, and Social Issues*, New York: Holt, Rinehart and Winston.

Gilligan, J.(2020), Shame vs. Guilt, and the Problem of Morality, http://wmaapp.org/program/shame-vs-guilt-and-the-problem-of-mo rality-2/

Haidt, J.(2003), The moral emotions, In R. J. Davidson, K. R. Scherer, & H. H. Goldsmith(Eds.), *Handbook of affective sciences*, Oxford: Oxford University Press.

Hjelle, L. A., Ziegler, D. J.(1992), *Personality Theories: Basic Assumptions, Research, and Applications*, New York: McGraw-Hill International Book Company.

Hoffman, M. L.(1976), Empathy, role taking, guilt, and development of altruistic motives, In T. Lickona(ed.), *Moral Development and Behavior: Theory, Research, and Social Issues*, New York: Holt, Rinehart and Winston.

Horner, D. A.(2003), Pattison, Shame: Theory, Theology, *Faith and Philosophy: Journal of the Society of Christian Philosophers*, Vol. 20, Issue 1.

Lickona, T.(Ed.)(1976), *Moral Development and Behavior: Theory, Research, and Social Issues*, New York: Holt, Rinehart and Winston.

Lindsay-Hartz, J.(1984), Contrasting experiences of shame and guilt, *American Behavioral Scientist*, 27(6).

Micelin, M. & Castelfranchia, C.(2018), Reconsidering the Differences Between Shame and Guilt, *Europe's journal of Psychology*, 14(3).

Nietzsche, F. W. 저, 박찬국 옮김(2022), 『도덕의 계보』, 파주: 아카넷.

Pattison, S.(2000), *Shame: Theory, Therapy, Theology*, Cambridge: Cambridge University Press.

Piers, G. & Singer, M. B.(1971), Shame, In H. Morris(Ed.), Guilt and Shame, Belmont: Wadsworth Publishing Company.

Rogers, C. R.(1959), A Theory of therapy, personality, and interpersonal relationships, as developed in the client-centered framework, In S. Koch(Ed.), *Psychology: A Study of a Science*, Vol. 3, New York:

McGraw-Hill.

Smedes, L. B.(1993), *Shame and Grace: Healing the Shame We Don't Deserve*, New York: HarperCollins.

Tangney, J. P., Stuewig, J., Mashek, D. J.(2007), Moral Emotions and Moral Behavior, *Annual Review of Psychology*, Vol. 58.

Teroni, F., Bruun, O.(2011), Shame, Guilt and Morality, *Journal of Moral Philosophy*, Vol. 8.

Wells, D. F. 저, 윤석인 옮김(2007), 『윤리실종』, 서울: 부흥과 개혁사.

Endnote

1 이훈구(2010), 『감정 심리학』, 서울: 이너북스, p. 6.

2 J. Haidt(2003), The moral emotions, In R. J. Davidson, K. R. Scherer, & H. H. Goldsmith(Eds.), *Handbook of affective sciences*, Oxford: Oxford University Press. pp. 852–870 참조.

3 J. P. Tangney, J. Stuewig, D. J. Mashek(2007), Moral Emotions and Moral Behavior, *Annual Review of Psychology*, Vol. 58, p. 347.

4 숫자는 주제어 혹은 제목에 들어있는 단어를 포함한 논문을 대상으로 한 편수이다.

정서　　　　　년도	1975~79	1985~89	1995~99
emotion or emotions	211	933	1300
moral or morality	505	739	698
moral reasoning	54	110	81

정서　　　　　년도	1975~79	1985~89	1995~99
혐오(disgust)	0	10	36
수치심(shame)	18	70	173
분노(anger)	105	309	525
경멸(contempt)	1	9	4
당황(embarrassment)	10	31	22
공감(empathy) 혹은 동정(sympathy)	195	285	303
죄의식(guilt)	158	240	199
계	487	954	1262

J. Haidt (2003), The moral emotions, In R. J. Davidson, K. R. Scherer, & H. H. Goldsmith (Eds.), *Handbook of affective sciences*, Oxford: Oxford University Press, p. 853.

5 M. Micelin & C. Castelfranchia(2018), Reconsidering the Differences Between Shame and Guilt, *Europe's journal of Psychology*, 14(3), pp. 710–733.

6 http://www. emotionalcompetency.com/shame.htm(검색: 2022. 03. 30)

7   J. Lindsay-Hartz(1984), Contrasting experiences of shame and guilt, *American Behavioral Scientist*, 27(6), p. 689.

8   L. B. Smedes(1993), *Shame and Grace: Healing the Shame We Don't Deserve*, New York: Harper Collins, pp. 9-10.

9   D. F. Wells 저, 윤석인 옮김(2007), 『윤리실종』, 서울: 부흥과 개혁사, p. 208.

10   J. Lindsay-Hartz(1984), Contrasting experiences of shame and guilt, *American Behavioral Scientist*, 27(6), pp. 689-704.

11   W. Damon 저, 김태훈·박찬석·서강식·이범웅 옮김(2008), 『새로운 시대의 인격교육』, 파주: 인간 사랑, p. 52.

12   P. Ekman(1992), *Telling Lies: Clues to Deceit in the Marketplace, Politics, and Marriage*, New York: Norton, p. 65.

13   E. H. Erikson, J. M. Erikson(1997), *The Life Cycle Completed (Extended Version)*, New York: W. W. Norton & Company, Inc., pp. 35-38.

14   C. R. Rogers(1959), A Theory of therapy, personality, and interpersonal relationships, as developed in the client-centered framework, In S. Koch(Ed.), *Psychology: A Study of a Science, Vol. 3,* New York: McGraw-Hill, p. 200.

15   L. A. Hjelle, D. J. Ziegler(1992), *Personality Theories: Basic Assumptions, Research, and Applications*, New York: McGraw-Hill International Book Company, p. 408.

16   G. Piers, & M. B. Singer(1971), Shame, In H. Morris(Ed.), *Guilt and Shame*, Belmont: Wadsworth Publishing Company, p. 36.

17   J. Gilligan(1976), Beyond Morality: Psychoanalytic Reflections on Shame, Guilt and Love, In T. Lickona(ed.), *Moral Development and Behavior: Theory Research and Social Issues*, N.Y.: Holt, Rinehart and Winston, p. 149.

18   수치심의 정서가 문학, 사회학, 철학에서부터 심리학에 이르기까지 매우 다양한 관점에서 연구의 대상으로 떠올랐지만, 신학에서는 아직 수치심에 대해 큰 관심을 기울이지 않고 있는 것도 이런 전통과 무관하지 않다. D. A. Horner(2003), Pattison, Shame: Theory, Theology, *Faith and Philosophy: Journal of the Society of Christian Philosophers*, Vol. 20, Issue 1, p. 118.

19   M. R. Creighton(1990), Revisiting Shame and Guilt Cultures: A Forty-Year Pilgrimage, *Ethos*, Vol. 18, No. 3, pp. 279-307.

20   프로이트(S. Freud)는 인간의 모든 성장과 행동을 활성화하는 데 필요한 에너지는 무의식에 들어 있는 본능으로부터 나온다고 하며 그 에너지를 삶의 본능(Eros)과 죽음의 본능(Thanatos)이라는 하나의 쌍으로 이해하였다. 전자는 사랑, 창조, 자기희생, 이타주의의

건설적인 행위로 그 자체를 표현한다. 반면에 후자는 파괴적인 행위, 증오, 공격으로 나타난다고 하였다[김태훈(2018), 『인성과 교육』, 파주: 양서원, p. 19]. 길리건의 설명도 기본적으로 이에 근거하는 것으로 추론된다. '사랑, 쾌락, 삶'은 프로이트가 말했던 삶의 본능에 해당하고, '증오, 고통, 죽음'은 죽음의 본능과 연결된다고 볼 수 있다.

21   J. Gilligan(1976), 앞의 책, p. 153.

22   위의 책, pp. 149-154.

23   F. Teroni, O. Bruun(2011), Shame, Guilt and Morality, *Journal of Moral Philosophy*, Vol. 8, pp. 223-245.

24   예컨대, 기독교의 죄책감 윤리에서 7가지 대죄인 교만, 질투, 분노, 나태, 탐욕, 폭식, 색욕 중 가장 치명적인 것이 첫 번째에 나오는 교만이다.

25   J. Gilligan(2020), Shame vs. Guilt, and the Problem of Morality http://wmaapp.org/program/shame-vs-guilt-and-the-problem-of-morality-2/(검색: 2023. 02. 28)

26   F. W. Nietzsche 저, 박찬국 옮김(2011), 『아침놀』, 서울: 책세상, p. 161.

27   이상엽(2006), 니체의 도덕비판, 『한국철학논집』, 제19집, 한국철학사연구회, p. 83.

28   F. W. Nietzsche 저, 박찬국 옮김(2022), 『도덕의 계보』, 파주: 아카넷, p. 50.

29   위의 책, p. 49.

30   이상엽(2006), 앞의 논문, p. 92.

31   C. Darwin 저, 김성한 옮김(2020), 『인간과 동물의 감정 표현』, 서울: (주)사이언스북스, pp. 356, 357, 430, 443.

32   A. Damasio(1994), *Descartes' error: Emotion, reason, and the human brain*, New York: Avon, p. 173.

33   J. Gilligan(2020), Shame vs. Guilt, and the Problem of Morality, http://wmaapp.org/program/shame-vs-guilt-and-the-problem-of-morality-2/

34   S. Freud 저, 이윤기 옮김(1997), 『종교의 기원』, 파주: 열린책들, pp. 121-123.

35   변학수(2004), 『프로이트 프리즘: 문학 그리고 영화』, 서울: 책세상, p. 270.

36   S. Freud 저, 황보석 옮김(1997), 『억압, 증후 그리고 불안』, 파주: 열린책들, p. 272.

37   W. Damon(1988), T*he Moral Child*, New York: The Free Press, p. 21.

38   M. L. Hoffman(1976), Empathy, role taking, guilt, and development of altruistic motives, In T. Lickona(ed.), *Moral Development and Behavior: Theory, Research, and Social Issues*, New York: Holt, Rinehart and Winston, p. 142.

39   J. Bradshaw 저, 김홍찬 옮김(2002), 『수치심의 치유』, 서울: 한국기독교상담연구원, pp. 233-234.

40   D. F. Wells 저, 윤석인 옮김(2007), 『윤리실종』, 서울: 부흥과 개혁사, p. 211.

41 S. Pattison(2000), *Shame: Theory, Therapy, Theology*, Cambridge: Cambridge University Press, p. 1.

42 J. W. Fowler(2001), *Faithful Change: The Personal and Public Challenges of Postmodern Life*, La Vergne, Tennessee: Lightning Source, pp. 113-131.

—

도덕성은 언어의 감옥에 갇혀 있는가?

M
O
R
A
L
I
T
Y

머리글

선사 시대의 그림은 문자가 없던 시대에 살았던 사람들의 생각이나 정서를 시공을 초월하여 우리에게 전해주고 있다. 정신적 사고 기능과 간단한 장례의식을 수행하던 호모 사피엔스 고대 인류는 4만 년 전쯤부터 바위나 동굴의 벽면에 자신들의 삶과 생각을 표현하기 시작하였다. 동굴 벽화는 문자 이전 시대의 공동체 구성원 간에 어떤 공유된 사유가 존재했음을 의미하는 것으로, 많은 사람은 이러한 그림들이 형상 문자화되어 오늘날 인류가 쓰는 문자로 발전되어 온 것으로 본다. 그러나 사실 우리는 언어가 어떻게 생겨났고 사고와 어떤 상관성 아래에서 발달하였는지는 아직 분명하게 알지 못한다. 다만, 그와 관련한 추측이 있을 뿐이다.

인간은 다른 동물들과 마찬가지로 어떤 형식으로든 자신의 내면적 의지나 충동을 다른 사람에게 표현하고자 하는 본능적 성향이 있다. 아마도 초기에는 인류도 대부분의 비인간 영장류와 마찬가지로 얼굴의 표정이나 몸짓, 자세 등을 이용하여 자신이 나타내거나 전달하고자 하는 내용을 표현하였을 것이다. 특히 인간이 집단 공동체를 형성하기 시작하면서부터 그런 본능적 표현 욕구는 더욱 강해졌을 것으로 여겨진다. 개인이 공동체 내에서 다른 구성원과 함께 살아가기 위해서는 상호 간에 자신의 욕구를 전달할 필요성이 더욱 절실해졌을 것이기 때문이다.

그런데 인간은 수면이나 배고픔 같은 육체적 욕구는 혼자 해결하기 쉬우나, 다른 사람과 소통을 바라는 정신적 욕구는 그 매개체가 없으면 상대에게 자신의 의사를 정확히 전달하기 어렵다. 그런 점에서 육체적 욕구보다는 정신적 욕구가 언어를 창조하게 하였을 것이라는 추론은 설득력이 있어 보인다. 그리고 정신적 욕구가 인간 의식의 발로라는 점에서 도덕성은 그 중심적인 하나의 요소에 해당한다. 도덕의 문제는 예나 지금이나 인간의 삶과 불가분리의 관계에 있는 실존적 성격의 것이기 때문이다. 그런 맥락에서 도덕성과 언어 간에는 필연적인 상관성이 존재한다. 하지만 도덕성과 언어가 언제, 어떤 과정을 통해 생겨났고, 도덕성의 형성과 발달 과정에서 언어가 어떤 역할을 하는가에 관해 일치하는 견해가 없다.

더군다나 도덕성에 관한 담론은 시대정신에 따라 그 초점이 달랐다. 예컨대 중세 시대에는 종교의 권위가 도덕성과 관련한 담론의 중심을 이루었고, 14세기에 접어들면서 인간의 이성이 그 권위를 이어받았다. 19세기 말에 이르면, 이에 관한 담론의 중심은 과학의 권위를 앞세운 심리학적, 사회학적 설명으로 대체되었다. 그리고 최근에는 소위 신경과학적 설명이 그 자리를 비집고 들어오고 있다. 이런 시대정신의 흐름은 도덕성이나 언어의 개념 그 자체뿐만 아니라 그 둘 간의 상관성 또한 전혀 다른 시각에서 설명하게 만든다. 그래서 언어는 도덕성을 표현하는 하나의 수단인가 아니면 언어로 인해 도덕성은 비로소 존재할 수 있는가의 논란도 어떤 시대정신으로 해석하는가에 많이 의존한다.

이 장에서는 인간의 도덕성과 언어가 그 기원과 발달에 있어서 어떤 연관성이 있는지를 발달심리학, 진화심리학, 신경과학의 관점에서 검토한다. 특히 도덕성의 형성과 발달이 언어의 등장을 전제조건으로 하였는지 혹은 언어의 등장과 무관하게 이전에 발달하기 시작하였는지 인류의 진화 역사를 중심으로 살펴본다. 그리고 논자는 이 과정에서 도덕성(도덕적 사고)과 언어의 지배적 상관성과 관련한 논란을 구명한다. 우리는 이런 논의 과정을 통해 도덕성과 언어의 상호성을 이해함으로써 일상의 도덕적 삶과 언어생활을 이해하고 성찰하는 데 유용한 시사점을 얻을 수 있을 것이다.

도덕성과 언어의 기원 및
발달의 상관성에 관한 관점들

　도덕성과 언어의 기원 및 발달의 상관성을 논의하기에 앞서 도덕적 영역의 성격을 언급할 필요가 있다. 일반적으로, 언어와 관련한 이 분야의 논의는 인간의 사고와 연관을 짓는 경우가 많다. 하지만 인간의 사고는 그 범위가 너무 넓다. 도덕성은 우리가 하는 사고의 바탕이긴 하지만 어디까지나 그의 일부임은 틀림없다. 이 장은 인간의 보편적인 사고 가운데 도덕성, 특히 도덕적 사고에 초점을 두고 언어와의 상관성을 논의하는데 그 목적이 있으므로 여기에서 도덕적 영역이 다른 영역과 비교하여 어떤 특성을 보이는지 먼저 언급한다. 그럼으로써 우리가 도덕성의 의미와 함께 인간의 사고와 언어의 상관성을 도덕적 영역의 차원에서 탐색하려는 시선을 유지하는 데 도움이 될 수 있을 것이다.

■ 도덕적 영역의 특성

사회영역이론social domain theory에 따르면, 도덕적 영역은 나름의 독특한 특성이 있다. 여기에서는 이와 혼동하기 쉬운 인습적 영역과 어떤 점에서 차이가 있는지 간략히 언급한다. 투리엘E. Turiel, 누치L. P. Nucci 등의 사회영역이론가들은 다양한 경험적 연구를 토대로 도덕적 영역과 인습적 영역을 구분하는 기준을 규범 적용의 보편성과 정당화에서 도출하고 있다. 도덕적 영역은 공정, 상호 존중, 타인의 복지에 관한 관심의 원리를 중심으로 구성된다. 이러한 도덕적 원리들은 모든 문화권에 보편적이어서 맥락과 독립적이다. 영역 이론가들은 도덕적 영역을 판단하는 주요 기준으로 허용성(의무), 보편화 가능성, 규칙/권위 의존성을 든다.[1] 도덕규범을 위반하는 것은 허용하기가 매우 어렵고(허용성이 낮다/의무적이다), 시간, 장소, 문화와 같은 사회적 맥락과 관계없이 판단되고(보편화 가능성이 크고), 위반을 규제하는 규칙의 존재 여부, 지도자나 신과 같은 권위자의 승인 여부, 다수에게 받아들여지는 관행 등에 영향을 받지 않는다(규칙/권위 의존성이 낮다).

사회영역이론가들은 도덕적 영역을 특징짓는 또 하나의 기준으로 정당화를 든다. 도덕적 문제와 관련한 판단은 그 행위가 일으킬 해악이나 공정의 측면에서 정당화된다. 도덕규범은 다른 사람들에게 해를 가하는 것을 피하고, 다른 사람의 복리를 증진하고, 공정성을 보장하며, 권리를 보호하는 것과 관련이 있다. 그러므로 어떤 행위가 타인의 복지나 정의, 권리의 침해와 관련이 있다면 우리는 그 행위가 도덕적 영역에 속하는 것으로 인식하고, 도덕적 영역의 기준에 따라 그 정당성을 판단할 수 있다. 도덕적 영역 내의 행위, 예컨대 정당한 이유 없이 누군가를 때리는 행위는 그 행위와 관련한 사회적 규칙이 존재하든 존재하지 않든 간에 그와 무관하게 다른 영역에서는 발생하지 않는 고유한 결과intrinsic effects로서 다른 사람의 권리와 복리를 근원적으로 손상한다는 점에서 나쁜 것으로 가정된다.[2]

반면에, 인습 혹은 관습적 영역은 사회적 삶에서 비롯되는 모든 규칙으로 구성된다. 인습적 규칙들은 사회제도 내에서 개인의 상호작용을 조정하며 사회를 조직화하는 기능을 발휘한다.[3] 사회적 인습은 비록 자의적이긴 하지만, 사회집단이 원활하게 기능하기 위해서는 꼭 필요한 요소이다. 사회적 인습의 문제와 관련한 행위들은 도덕적 영역에서 발생하는 것과 같은 근원적 인권 손상의 결과를 초래하지는 않는다. 예컨대 어떤 사람을 지칭하는 호칭은 사회적으로 동의가 된 것으로, 호칭 그 자체가 근원적으로 개인의 인권을 손상하는 결과를 수반하지는 않는다. 만약 어떤 호칭이 특정인의 인권을 무시하거나 비하하는 결과를 초래한다면, 그것은 단순한 관습의 문제가 아니라 도덕적 차원에서 재론해야 할 성격의 문제라 볼 수 있다. 어떤 행위가 사회 질서 유지나 사회 조직과 규칙, 권위의 역할 및 존중 등을 근거로 정당화가 이루어질 경우 우리는 그 행위를 인습적 영역으로 구분할 수 있다.

이제 우리는 위와 같은 특성을 보이는 인간의 도덕적 사고와 언어 간에는 밀접한 상관성이 존재할 수 있다고 추론할 수 있다. 인간의 정신적 욕구가 언어 창조의 원천이었을 것이라고 했던 루소J. Rousseau의 말이 시사하듯,[4] 우리는 대부분의 근본적인 우리의 사고 영역에 언어적 과정이 널리 퍼져 있음을 경험적으로 알 수 있다. 생각한다는 것은 자신과 대화한다는 것을 의미한다. 우리가 보통 말하는 '생각'이라는 것이 실제로는 언어적, 비언어적 표현과 사고 간의 복합적인 과정으로 이루어지긴 하지만,[5] 언어는 그의 가장 대표적인 수단이라 할 수 있다. 비에르츠비카A. Wierzbicka가 모든 언어에는 '좋다'와 '나쁘다'의 단어가 있는 것으로 미루어 보아 인간 사고의 원시성과 의미의 보편성은 인류가 어떤 정신적 통일성을 지니고 있다는 가정을 옹호한다고 했던 것[6]은 그런 점에서 매우 유의미한 주장으로 판단된다. 인간의 도덕성과 언어는 그러한 원시성과 보편성을 상징하는 대표적인 징거徵據에 해당한다. 우리가 여기에서 도덕성과 언어의 발달론적 상관성을 논의하는 것도 사실은 두 요소가 그런 특성을 공유하고 있다는 점에서 접근이 가능한 일이다.

이 장에서 도덕성과 언어의 상관성을 크게 세 가지 관점에서 검토한다. 이 세 가지 관점은 모두 '과학적' 세계관의 등장과 밀접한 연관이 있다. 첫 번째는 인간의 도덕성이나 언어의 발달을 발달심리학적 차원에서 설명하는 관점이다. 두 번째는 촘스키N. Chomsky를 필두로 이를 진화적 적응이나 돌연변이에 의한 유전적 부동genetic drift의 고착으로 설명하는 견해이다. 그리고 마지막 세 번째 관점은 현대 뇌과학의 연구 결과를 토대로 인간의 도덕성과 언어의 발달론적 상관성을 기존의 설명 방식과는 다른 차원에서 설명한다.

■ 발달심리학적 관점

　도덕성과 언어의 기원 및 발달의 상관성에 관한 하나의 설명은 발달 심리학자들을 중심으로 제안되었다. 왓슨J. B. Watson, 스키너B. F. Skinner, 반두라A. Bandura, 피아제J. Piaget, 비고츠키L. Vygotsky, 콜버그L. Kohlberg 등은 모두 공통으로 도덕성과 언어의 선천성을 인정하지 않고, 인간의 다른 능력이나 환경과의 상호작용을 통해 성장 과정에서 후천적으로 발달한다는 견해를 견지한다.

　왓슨과 스키너 같은 행동주의 이론가는 인간의 심리 현상도 과학적 방식에서 객관적으로 설명될 수 있어야 한다는 신념에 따라 심리학을 과학의 영역에 편입해야 한다고 주장하였다. 그들은 도덕성과 언어의 발달 과정과 그 상관성에 대해서도 같은 맥락에서 이해하였다. 이에 따라 인간의 내적인 사고 과정에는 별 관심을 두지 않고 관찰과 측정을 할 수 있는 행동에 주목하였다. 이들은 인간의 행동에 대해 어떤 특수한 동기를 가정하는 것을 거부하고, 인간의 행동을 인지적 추론의 결과물로서 인식하지도 않는다. 인간의 도덕적 행동은 도덕적 추론의 결과나 어떤 내적인 동기에 의한 것이라기보다는 외적 환경의 변인들에 의해 결정된다고 하였다.

　행동주의를 하나의 학문적 영역으로 편입시켰던 왓슨은 심리학을 객관적이고 실험적인 자연 과학의 한 분파로 여김에 따라 '의식'에 대한 모든 언급을 폐기해야 하며 연구 방법으로서 자신의 심리상태나 정신의 움직임을 내면적으로 관찰하는 '내성'을 포기해야 한다고 주장했다. 그는 그런 맥락에서 언어와 사고를 기본적으로 같은 것으로 인식하였다. 사고는 일반적으로 암묵적 언어 활동과 언어 활동을 대체할 수 있는 다른 모든 활동을 포괄한다는 것이다. 그는 사고를 발성이 수반되지 않은 말소리에 해당한다고 보았다. 개인이 발성하지 않고 자신에게 하는 내적인 말이라는 점에서 사고를 일종의 언어적 과정으로 간주한 것이다.[7] 따라서 겉으로 드러나는 행동이나 말은 곧 그 사람의 사고가 외부로 드러나는 것과 다름없다.

스키너 역시 사는 환경과 강화, 처벌에 따른 우리의 경험이 언어나 도덕성을 비롯한 모든 지식의 발달에서 핵심적인 역할을 한다고 하였다. 그 견해의 핵심은 우리의 행동이 개인 '내'에 있는 동기, 성향 또는 '자아'에 의해서가 아니라 외부 환경에 의해서 조형된다는 믿음에 있다.[8] 사람들의 정신 속에 '생각'이 있다는 것을 거부하지는 않았지만, 그는 관찰 가능한 행동을 기본 단위로 삼고, 그것을 통제하는 조건과 자극 혹은 상황을 기술하는 데 관심을 두었다. 인간의 도덕성이나 언어의 발달에 관한 설명도 이와 같은 후천적 관점의 기본 구도에서 벗어나지 않는다.

반면에, 사회학습이론으로 유명하였던 반두라는 아동이 특정한 강화를 받지 않을 때도 단순히 다른 사람의 행동(말)을 보는 것만으로 새로운 도덕적 행동이나 말을 습득할 수 있다고 하였다. 개인이 모델을 통해 새로운 도덕적 행동을 습득하기 위해서는 모델의 행동을 부호화coding하여 기억 속에 간직할 수 있어야 한다. 즉, 시각적 상image이나 의미 부호semantic code로써 기억 속에 그 사건을 정확하게 기록해야 한다.[9] 언어와 같은 적절한 부호화 체계가 없다면 개인은 그 사건을 정확하게 기록하지 못하게 되고, 그럼으로써 그 모델의 도덕적 행동을 본받기 어렵게 된다. 그런 점에서 반두라의 견해는 도덕성 발달에서 언어의 역할을 이전의 행동주의자들과 비교하여 더욱 확장하였다고 볼 수 있다.

도덕성과 언어의 기원 및 발달의 상관성에 관한 견해는 인지발달이론이 등장하면서 구체화하기 시작하였다. 피아제에 의하면 도덕성과 언어는 둘 다 모두 독립된 인간의 어떤 특별한 능력이 아니라 인간의 일반적인 '인지 능력'이 발달하면서 그에 부수적으로 등장하게 되는 특성들이다. 다시 말해 그는 인지 능력을 인간에게 선천적으로 주어진 것으로 파악하고, 도덕성과 언어는 개인의 생물학적 성장 과정에서 그러한 인지 능력이 발달함에 따라 등장하게 되는 서로 다른 능력으로 인식하였다. 따라서 도덕성과 언어의 발달을 피아제식 관점에서 이해하고자 한다면, 우리는 인간의 일반적인 인지 능력에 관한 발달론적 시각에서 접근해야 한다.

피아제는 인간의 인지 능력이 감각 운동기, 전조작기, 구체적 조작기, 형식적 조작기의 순서로 발달하는 과정에서 그 단계의 특성에 따라 언어와 도덕성이 발달한다는 이론을 체계화하였다. 그의 이론 체계에 따르면, 도덕성은 인간의 인지 능력이 발달함에 따라 타율적 도덕성에서 자율적 도덕성으로 발달한다. 하지만 피아제는 그러한 도덕적 사고 발달에서 언어가 가진 어떤 역할에 관해서는 따로 설명하지 않았다. 그는 언어 발달에 특별히 관심을 기울이지 않았고, 언어를 도덕성을 표현하는 도구로서 인식하는 정도였다. 개인의 도덕성은 그가 사용하는 언어를 통해 반영된다고 생각한 것이다.

그러나 생물학자이기도 했던 그가 인간의 인지 능력의 발달 과정을 생물학적 발달의 원리에 근거한 이론 체계 위에서 설명한 점은 이후 도덕성이나 언어를 연구하는 관련 학자들에게 중요한 시사점을 제공해주었다. 피아제는 스키마schema라는 인지구조의 개념을 통해 행동과 조작을 반복할 수 있고 일반화할 수 있는 인지적 능력을 설명하였다. 그는 인지 발달이 언어 발달에 선행한다는 점에서 언어가 인지 발달에 어떤 영향을 미치는 것으로 보지 않았다. 개인은 환경과의 상호작용을 통해 동화, 조절, 평형화라는 순환체계로 세상에 대한 자신의 이해(인지구조)를 구성해나가는 것으로 인식한 것이다. 이러한 이론 체계는 언어와 도덕성이 구성적으로 발달한다는 구성주의 이론이 구축되는 토대를 제공하였다. 도덕성은 그러한 인지구조의 발달 단계에 따라 그에 적절한 논리적 사고와 추론 능력의 발달을 반영하는 정신 구조에 해당한다.

그런데 피아제와 동시대에 활동하였던 구소련의 인지 발달 심리학자 비고츠키는 도덕성과 언어의 발달과 관련하여 그 상관성을 분명하게 제시하였다. 그는 사고가 언어에 반영된다고 생각한 피아제와 달리 언어를 인지 발달의 가장 정신적 중요한 도구로 지목하였다. 언어 발달이 인지 발달을 촉진하는 강력한 역할을 담당하는 것으로 본 것이다. 그에 의하면 언어와 도덕적 사고는 각기 다른 통로를 통해 발달하며, 이후 일정 기간이 지나면서 서로 연합하고, 이러한 연합은 아동의 발달 과정과 함께 변화한다.

여기서 우리가 관심을 가져야 할 점은 도덕적 사고와 언어가 평행적으로 발달하는 것이 아니라 교차 곡선을 거듭하며 진보한다는 것이다.[10] 특히 이와 관련하여 비고츠키는 아동이 생후 2살 무렵이 되면 그때까지

분리되어 있던 사고와 말의 발달 곡선이 새로운 유형의 지적 행태를 유발한다고 지적하였다. 이것은 피아제가 말하지 않았던 도덕적 사고의 확장 과정을 언어와의 상관성에서 구체적으로 언급하고 있어 의미가 있다. 또한, 비고츠키는 언어적 사고의 단위를 낱말의 의미에서 찾았다.[11] 사고와 말이 언어적 사고verbal thought로 통합되는 것은 낱말의 의미를 통해서 비로소 가능해진다고 인식한 것이다. 이것은 사고와 언어의 기원적 상관성에 관한 의문에 대해 하나의 답이 될 수 있을 것이다.

논자는 이와 관련하여 콜버그의 관점을 참고할 필요가 있다고 본다. 그는 1960년대와 70년대에 발달심리학에서 일어나고 있었던 인지적 혁명에 필적하는 시도를 도덕성 발달 연구 분야에서 주도하였다. 콜버그는 당시에 과학적 연구를 위한 적절한 주제로 간주하지 않았던 '도덕적' 추론에 초점을 맞춤으로써 행동주의와 실증주의의 전통을 파괴하였다.[12] 비록 그는 도덕성과 언어 발달 간의 상관성에 관해서는 특별히 주목하지 않았지만, 그의 이론 체계가 도덕적 추론의 발달 수준이 높아질수록 형식적 혹은 추상적인 도덕적 추론을 할 수 있는 자율적인 이성 능력을 지닌 개인을 상정하고 있다는 점에서, 우리는 그의 도덕성 이론의 바탕에 언어의 기능과 발달이 중첩되어 있음을 읽을 수 있다. 다시 말해, 그의 도덕성 발달 단계 이론이 인간의 언어적 사고 단계의 발달을 전제하고 있다고 해석할 수 있다.

■ 진화심리학적 관점

여기에서는 촘스키, 재큰도프R. Jackendoff, 하우저M. Hauser, 핑커S. Pinker 등의 견해를 뒷받침하고 있는 진화심리학적 관점에서 도덕성과 언어의 기원 및 발달의 상관성을 논의한다.

인지 철학자인 촘스키는 유전적 부동genetic drift, 遺傳的 浮動13에 의한 고착으로 언어의 발달을 설명하는 대표적인 인물이다. 그는 20세기 초반 언어를 인간 외부에 존재하는 구조적 체계에 의해 파악하고자 하면서 언어학에 많은 영향을 미쳤던 행동주의자들의 관점을 넘어서고자 시도하였다. 또한 인지 능력의 발달 차원에서 언어를 설명하고자 했던 피아제와 달리, 언어를 생성시키는 인간의 보편적인 언어 능력이 생득적으로 내재해 있음을 가정한 이론 체계를 정립하였다.

피아제와 촘스키는 본질에서는 서로 다른 이론을 주창했지만, 각각 언어 능력의 생득성과 인지 능력의 생득성을 인정했다는 점에서 두 학자 모두 넓은 의미에서 생득주의자에 속한다고 볼 수 있다. 촘스키와 피아제의 언어 이론에서 근본적인 차이는 언어 능력의 형성에 있어서 환경이 갖는 지위 문제에 있다. 촘스키에 따르면, 언어 능력의 획득에 있어서 환경은 '촉발 역할triggering role'에 한정된다. 그러나 피아제에 있어서 환경은 언어 능력을 구성하게 하는 근본적인 '형성 역할shaping role'을 하는 요인으로 간주된다.14

촘스키는 '한정적인 언어 수단을 어떻게 무한정 쓸 수 있는 것일까'라는 의문에 대한 답을 찾는 과정에서 자신의 언어 이론을 정립하였다. 그에 의하면, 우리가 직접 듣고 말하는 피상적인 언어 형태 저변에는 기저 구조(보편문법)가 있으며, 그것이 모든 인간 언어를 지배한다. 모든 인간은 장애가 없는 한 타고난 보편적인 언어 능력을 갖추고 있으며, 모든 언어가 보편적인 문법으로 설명될 수 있다. 촘스키는 보편문법UG을 언어 능력과 관련된 구성 요소의 초기 상태에 관한 이론으로 규정한 것이다.[15] 이러한 그의 언어철학에는 지구상의 모든 인간은 누구라도 모국어를 배우게 된다는 것과 새로운 발화를 만들어내고 이해하는 능력을 갖추고 있다는 두 가지의 근본적인 원리가 자리하고 있다.

촘스키의 언어관은 이후 인지과학의 새로운 지평을 여는 계기가 되었다. 그는 이 세상에 대한 표상이 진화 과정에서 형성된 생득적 구조 또는 특수한 목적을 위해 유전적으로 정해져 있고 독립적 기능을 수행하는 기본 단위인 단원module에 의해 만들어진다고 보았다. 언어 능력이 다른 인지 기능과 분리되어 독립적인 단원을 형성하고 있다고 가정한 것이다. 그리고 '유전적 자질(보편문법의 주제)', '경험', '언어나 유기체와 독립적인 원칙' 등 세 가지 요소가 상호작용하여 언어를 결정한다고 보았다.[16] 촘스키가 가설을 세웠던 선천적 언어 전문화는 오늘날 신경해부학 연구로 세부 사항들이 확증되고 있는 것으로 평가된다.[17]

하지만 촘스키의 이론은 다음과 같은 두 가지 의문에 대해 해명이 요구되고 있다. 보편문법이 유전성을 띤다는 것과 언어의 기원에 대한 단원론적 설명이 그것이다. 그가 말하는 보편문법에는 언어 능력이 DNA에 존재하는 생물학적 기제라는 주장이 담겨 있다. 관련 학자들은 인간이 '폭스피2FOXP2'라는 유전자가 오랜 진화 과정에서 돌연변이를 일으켜 동물과 비교할 수 없는 언어 구사 능력을 갖추게 되었다고 말한다.[18] 그러나 네안데르탈인이 호모 사피엔스와 언어 유전자로 불리는 FOXP2 유전자를 똑같이 공유하는 것으로 알려지고 있음에도 언어를 사용하지 못했다는 가설이 유지되려면, 해당 유전자의 존재로 설명할 수 없는 다른 유전적 또는 환경적 요인이 있는 것인지를 밝혀야 한다.

그리고 최근에 이르러 인지 언어학자들은 언어가 인지 과정, 뇌 영역 간의 관계, 시청각 등의 지각체계, 심지어는 몸짓이나 동작과도 밀접한 연관을 맺고 있다고 본다. 이에 따라 그들은 언어 능력이 독립적으로 존재하는 단원적 개체가 아니라 수많은 기능과 상호작용하는 복합적인 기능의 체계에 따른 결과라고 주장한다.[19] 또한, 최근에 우리나라의 뇌 인지과학자들은 언어 능력을 결정짓는 유전적 요인이 뇌 신경세포뉴런 뿐만 아니라 뇌를 구성하는 다른 세포에도 있다는 것을 밝혀내었다. 이들은 뇌의 성상세포(별세포)에서 특이적으로 발현되는 '아쿠아포린4Aquaporin4' 라는 유전자가 언어 능력에 관여한다는 사실을 찾아냈다고 하였다. 그들은 그 유전자가 많이 발현된 사람일수록 언어 능력과 관련된 뇌 부위가 발달해 있고 말하기 능력과 기억력, 학습 능력 등이 다른 사람보다 우수하다는 사실을 새롭게 발견하였다고 하였다.[20] 따라서 이러한 반론과 발견에 대해 해명이 필요한 상황이다.

촘스키의 언어 이론은 오늘날 많은 언어학자에 의해 계승 발전되고 있을 뿐만 아니라 도덕 철학자나 진화생물학자들이 연구의 기본 구조를 설계하는 데에도 영향을 미쳤다. 예컨대 언어 철학자인 재큰도프는 촘스키가 제시한 생득적 언어 생성론과 유사한 견해를 밝히고 있다. 그는 생성 언어학 및 관련 분야에서 지난 35년 동안의 연구를 조사하고 언어, 뇌 및 지각이 어떻게 맞물리는지에 대한 새로운 이해를 제공하였다. 그는 보편문법을 언어 학습자의 초기 상태라 부르며, 그것을 가능한 인간 문법의 형태를 미리 지정하는 선천적인 뇌 구조로 해석한다. 인간이 언어를 배울 수 있는 것은 이러한 신경학적 사전 사양 때문이라고 말한다.[21]

또한, 캐나다의 뇌인지 과학자인 핑커는 촘스키의 언어 이론을 발전시킨 것으로 널리 인정받고 있다. 하지만 그는 언어를 인류 역사의 어느 시점에 발명된 문화의 산물이 아니라 다른 신체기관처럼 자연선택의 적응적 산물이라고 주장함으로써 촘스키와는 결이 다른 주장을 내세운다. 촘스키는 언어가 두뇌 진화 과정의 우연한 부산물(유전적 부동)일 따름이며 결코 적응의 산물이 아니라고 생각한다는 점에서 핑커의 이런 주장에 동의하지 않는다.

논자는 여기에서 핑커가 제시한 두 가지 설명에 주목한다. 우리는 이를 통해 인간의 의식(도덕성)과 언어가 어떤 상호작용을 통해 발달하는가를 짐작하는 데 도움을 받을 수 있다. 하나는 언어와 관련하여 그가 진화심리학에서 획득한 지식을 다른 마음의 분야에 적용하고 있는 점이다. 그에 의하면 언어가 복잡한 마음의 소프트웨어가 있어야 하는 믿기 어려운 성과이듯이 지각과 추리, 행동 등 우리가 당연하게 여기는 정신생활의 다른 성취들도 나름대로 기능을 갖춘 마음의 소프트웨어가 필요하다. 이것은 학습이 단일한 만능기계에 의해서가 아니라 각기 나름의 기제 모듈이 해당 영역의 특유한 논리와 법칙에 맞추어져 있음을 시사한다. 이에 따르면, 도덕성과 언어는 각기 다른 단원(모듈)에 따른 설계도를 갖추고 있다.

또 하나는 그가 제시한 '정신어mentalese'의 개념이다. 소크라테스가 말하기를, 생각한다는 것은 다름 아니라 마음mind이 자문하고 자답하고 긍정하고 부정함으로써 자신과 조용히 대화하는 것이라 하였다.[22] 이와 유사하게 핑커에 의하면, 사람의 생각 자체는 특정 모국어가 아니라 생각 나름의 언어로 이뤄진다. 그는 이것이 바로 언어 없이 생각하는 정신어, 다른 말로 '멘털리즈mentalese'라 하였다. 정신어는 사고의 언어language of thought로서 남들에게 사고를 전달할 수 있는 자연어와 구별된다. 그에 따르면 언어는 진화로 인해 우리의 뇌에 연결된 인간의 본능으로, 인간의 언어가 가능하기 위해서는 말 못 하던 우리 조상의 수십억 년의 사고의 진화, 즉 정신어의 진화가 필요했다.[23] 감각적 충동에서 비롯하는 그런 정신어가 점차 의미를 내포한 사고의 작용을 불러일으킨다고 본 것이다.

촘스키가 제시한 언어의 생성적 접근의 기본적인 아이디어는 흥미롭게도 현대의 몇몇 철학자에 의해 도덕성의 영역으로까지 확장되었다. 예컨대, 미국의 도덕 정치철학자인 롤스J. Rawls는 도덕성에 대한 우리의 직관의 기초가 되는 원칙이 무의식적이고 접근할 수 없을 수도 있다는 생각에 관심이 있었다. 이에, 그는 촘스키의 사유 방식을 도덕 철학의 영역으로 확장하여 우리 모두가 배움의 원리로는 충분히 설명될 수 없는 정의감을 가졌다고 가정하였다. 그에 따라 롤스는 도덕적 능력에 대한 올바른 설명은 확실히 일상생활에서 인용되는 규범과 표준을 뛰어넘는 원칙, 이론적 구성을 포함할 것이라고 믿었다.[24] 영국의 동물학자이자 윤리학자인 하인드R. A. Hinde 역시 촘스키가 인간의 본성적 특성을 근거로 모든 문화권의 사람에게 공통적인 보편문법이 존재하고 그로부터 각 문화의 언어 체계가 발전했다고 한 이론에 근거하여, 모든 인간에게는 그 본성에 공통으로 이타심과 이기심이 존재하며, 그것을 모태로 문화권마다 또 같은 문화권 내의 개인마다 나름의 도덕이나 도덕성이 발달하였을 것이라는 추론을 제시하였다.[25]

　최근에는 도덕 철학자인 존 미하일J. Mikhail과 진화생물학자인 마크 하우저M. Hauser와 같은 학자들도 언어학적 지식을 도덕성의 영역에 적용하고 있다. 미하일은 우리의 도덕 판단이 선천적인 기본, 즉 언어학의 보편적 문법과 유사한 원칙과 규칙의 체계를 가질 수 있다고 말한다. 그는 성인뿐만 아니라 아이들 역시 정의의 원칙에 기초하여 정교한 도덕적 판단을 내리는 일종의 직관적인 변호사로서, 그들의 나이에 당연히 알고 있을 것보다 더 많은 것을 알고 있는 것 같다고 말한다. 다만, 미하일이 언어와 도덕성의 유사점과 관련하여 용어 사용에 대해 상당히 신중하고 온건한 어조로 자신의 담론을 제시하는 것과 달리, 하우저는 훨씬 더 강한 어조로 주장한다. 예를 들어 하우저는 언어의 보편적 문법의 존재에 대한 촘스키의 가설을 도덕성의 영역으로 확장하여 모든 인간이 도덕적 능력, 즉 허용, 의무 또는 금지된 것을 지시하는 원칙의 관점에서 각 개인이 무의식적으로 무한한 다양한 행동을 자동으로 평가할 수 있는 능력을 부여받았다고 하였다.[26] 이들은 모두 언어 능력의 선천성으로 미루어 도덕성의 선천성을 추론하는 공통점을 보인다.

■ 신경과학적 관점

최근의 신경과학자들은 마음의 작동 방식에 주목하여 언어와 도덕성의 기원 및 발달의 상관성을 설명하고자 한다. 그들은 인지 신경과학적 접근 방법을 통해 뇌의 신경적 구조와 과정을 밝힘으로써 전통적으로 철학의 영역으로 여겨져 왔던 도덕성의 문제까지도 거론한다. 현대의 많은 과학자는 물질적 기질을 확인함으로써 도덕적 행위의 핵심 요소인 자유의지, 자신의 마음을 아는 능력, 선택, 책임 등을 설명할 수 있다고 주장한다. 이에 따라 현대 신경과학자들은 인간의 행동에 대한 생물학적 환원주의 설명만을 오로지 '과학적'인 것으로 인정하는 경향이 강하다.

신경과학자들이 도덕성과 언어의 발달 과정을 어떻게 인식하고 주장하는지 알아보기 위해서는 그들이 '마음(의식)'을 어떻게 설명하고 있는지 검토할 필요가 있다. 고대로부터 이어져 내려온 마음에 대한 시각은 인간 존재가 마음(또는 영혼)과 물질의 혼합으로 이루어졌다는 데카르트식의 이원론이었다. 그에 의하면, 우리는 명백하게 이성적이고 의식이 있으므로 인간이 물질로만 만들어진 것은 아니다. 하지만 진화생물학과 동물행동학은 인간과 동물이 공통 조상으로부터 진화했다는 수많은 증거를 통해 인류와 동물 사이에 범주적 차이가 있다는 데카르트식의 이원론적 관점을 부정한다. 그러면서 현대 인지과학자들은 두뇌의 손상에서 오는 마음의 오작동과 관련한 자료 등에 주목하여 두뇌의 기능적 신경구조(두뇌에 있는 신경구조의 기능)를 추론하기에 이르렀다.[27]

이에 따라 현재 많은 신경과학 전문가는 "마음이 곧 두뇌다"라고 말한다.[28] 그런데 논자가 보기에, 이 명제에는 도덕성과 언어의 발달이나 상관성과 관련하여 세 가지의 중요한 의미가 함축되어 있다. 우선 그 명제는 도덕성과 언어의 발달론적 기원에 관한 정보를 알려준다. 관련 학자들의 견해에 따르면, 1만 년 전 우리 조상의 뇌에는 태어날 때부터 갖춘 능력이 얼마 되지 않았다. 유전적 진화, 표현형 가소성, 밈meme 진화라는 세 가지 수단은 인간 의식을 설계하는 데 공헌했고, 진화 속도를 높였다. 그리고 우리는 지금 진화의 네 번째 수단으로서 신경 공학 기술을 이용하여 개별적인 신경계를 직접 개조하고 유전공학으로 유전자를 조작하는 '과학 밈'을 경험하고 있다.[29] 중요한 것은 현생 인류의 모체가 된 직립보행 영장류인 '사람과Hominidae'의 놀라운 두뇌 성장이 본질에서 언어가 발달하기 이전에 완성되었으므로, 그것이 언어가 가능하게 만든 마음의 복잡성으로 생긴 결과일 수는 없다는 점이다.[30] 이것은 인간의 도덕성을 포함한 고도의 사유 능력이 언어 이전에 이미 발달해 왔다는 것을 의미한다.

또한, 그 명제는 도덕성과 언어가 발달하는 데 필요한 자원이 무엇인지를 말해준다. 뇌의 작용을 연구의 중심에 놓는 인지과학계는 마음이 상대적으로 독립적인 수많은 체계를 포함하고 있거나 심지어 그것들로 구성되어 있다는 점에 폭넓게 동의한다.[31] 그리고 의식이라는 것이 아무리 정교한 생물학적 기반을 갖는다 하더라도 가장 중요한 특성은 돈처럼 그 문화와 함께 태어나지, 단순히 물리적 구조에 내재하여 내려오지 않는다고 이해한다.[32] 마음은 수많은 기제의 집합으로 이루어져 있으며 그것들은 생각의 원천으로 작용한다. 그리고 이 집합은 뉴런과 신경전달물질로 이루어진 내부 자원으로 한정되지 않는다. 마음(의식)에 영향을 미치는 요소에는 인지를 도와주는 환경 자체, 예컨대 사회의 제도나 구조, 공동체 등도 포함된다.[33]

끝으로, 그 명제는 우리에게 도덕성에 관한 새로운 관점을 제시해준다. 신경과학자들은 우리 인간의 의식이 작동하는 방식을 이전의 철학적 전통과는 전혀 다르게 설명한다. 논제 1에서 언급한 바와 같이, 인간의 의식은 밈에 의해 뇌에서 창조된 '가상 기계virtual machine'로 운용된다.[34] 인간을 포함한 모든 유기체에는 신경계의 기본 설계에 따라 회로가 배선되어 있고 그 회로들은 뇌 전체에 넓게 퍼져 있다.[35] 의식은 전역global 작업공간 그 자체이거나 혹은 이 공간을 촉발하거나 혹은 이 공간의 소산이다. 따라서 행위자는 이런 처리 과정과 기제들의 집합일 뿐, 그 이상도 이하도 아니다.[36] '자아'라는 것도 뇌에 있는 여러 배선의 조합가상 기계에서 나오는 허구로, 지속해서 만들어지는 일시적이고 불안정한 연합의 성과일 뿐이다.

현대 뇌과학자들이 이처럼 마음을 뇌와 동일시한다는 것은 자유의지, 생각, 책임 등 전통적으로 여겨져 왔던 인간의 고유한 사유 활동에 대한 부정을 의미한다. 하지만 그들은 '자아'라는 조절자를 포기하는 것이 행위자, 이성, 윤리를 포기하는 것이 아니라고 응답한다. 뇌에 의해 창조된 가상 기계의 회로를 바꾸는 것은 현재 내가 어떤 행동을 하는가에 달려 있기 때문이라는 것이다. 이는 곧 지금 내가 하는 행동은 뇌의 예측 방식을 바꾸므로 오늘의 경험과 앎이 내일의 나를 만든다는 것이다. 이들의 설명은 다분히 다윈C. Darwin의 구도에서도 해석될 수 있다. 다윈은 사람들이 어떤 동작을 하려는 경향을 자의적이고 반복적으로 수행하게 되면 그런 반응이 강화되고 증진되며, 그 결과가 유전된다고 하였다.[37] 그러므로 내가 잘못한 일은 내 책임에 속한다. 이들은 여기서 한 걸음 더 나아가 인간의 뇌는 사회적으로 의존하는 신경계를 갖고 있기에 나뿐 아니라 타인에 대해서도 책임이 있다고 말한다.[38] 자아의 범위를 이전의 전통적인 관점과 비교하여 오히려 확장하고 있다.

그러나 논자는 '뇌가 마음이다'라는 명제가 위와 같은 정보를 우리에게 새롭게 제공한다는 점에서는 의미가 있으나, 또 다른 시각에서 보면 매우 곤란한 문제 또한 안고 있다고 생각한다. 무엇보다 이들의 설명은 일어나고 있는 현상을 기술하는 데 그치고 있다. 그들은 왜 그런 의식 현상이 발현되는가에 대해서는 답하지 않는다. 데카르트식 극장에서는 그 주체를 자아로 설명하였으나, 그들은 자주 반복적으로 수행함으로써 회로가 형성되고 그것이 유전된다고 말할 뿐이다. '누가' 혹은 '무엇이' 자주 반복적으로 수행하도록 하는가? 그들이 제시하는 설명의 근거가 현대 뇌과학의 결과에서 나온 것이라고 하더라도 그것은 어디까지나 기술 description에 그치고 있다.

그런 점에서 신경과학자들이 첨단 과학기술의 응용으로 획득한 연구 자료에 토대하여 기존의 전통적인 관점들을 비과학적 이론으로 치부하는 점에 대해 냉정히 성찰해 보아야 할 필요가 있다. 우리는 왜 도덕적 상황에서 이러저러한 방식으로 행동하는가? 우리가 그렇게 반복하여 행동한 결과로 회로가 그렇게 배선되어 유전되었기 때문인가? 그러면 애초에 우리는 왜 그렇게 행동하였는가? 비슷한 환경에서 성장한 사람들은 모두 비슷한 회로가 형성되었는가? 인간은 외부 환경에 의해 주조되는 존재인가? 개인의 의지는 어떻게 설명될 수 있는가? 무엇보다 중요한 것으로, 그 의지의 원천 능력은 어디에서 나오는가? 단지 물질에 불과한 것이 정말로 어떻게 생각을 할 수 있는지는 여전히 어려운 문제로 남아있다. 근원적으로는 물질이 어떻게 의식을 가질 수 있는지를 설명할 수 있어야 할 것이다.

도덕성과 언어의 발달론적 상관성

도덕성과 언어의 발달론적 상관성과 관련하여 꾸준히 제기되고 있는 논란은 과연 사고가 언어에 종속되는가, 아니면 우리의 생각은 두뇌의 모종의 소리 없는 매체, 즉 생각의 언어 혹은 정신어로 이루어지고, 우리가 그 생각을 청자에게 전달할 필요가 있을 때 단어의 외피를 걸치는 것인가의 문제와 직접적인 관련이 있다. 이에 대해서는 대체로 세 가지 견해가 있다. 첫 번째는 언어와 사고는 불가분리의 관계에 있어서 그 영향력을 평가할 수 없다는 견해가 있고, 두 번째는 언어가 사고를 결정한다는 언어 결정론의 견해가 있으며, 세 번째로 언어와 사고는 서로 영향을 미친다는 상호결정론의 견해가 있다.

우리가 말하는 언어가 현실에 대한 우리의 태도를 완전히 결정하는지 아니면 우리가 단지 그것의 고유한 세계관에 의해 영향을 받는지는 여전히 열띤 토론의 주제로 남아있다.[39] 여러 언어학자는 언어가 사고를 결정한다는 언어 결정론의 견해를 강력히 제시한다. 물론 많은 언어학자는 극단적인 언어 결정론에 대해 부정적인 시각을 보이기도 하지만, 기본적으로 언어 편에서 인간의 사유를 설명하는 경우가 많다. 하지만 논자는 앞 장에서 고찰해 보았던 논의를 근거로 도덕성과 언어가 각기 다른 원천에서 형성되고 발달한다는 견해를 견지한다. 이에, 논자는 언어와 사고의 불가분리 관점을 간략히 언급하고, 언어 결정론자들의 견해를 비판적 관점에서 검토한 후 상호결정론의 관점을 중심으로 논의한다.

■ 불가분리의 관점 ▬

독일 철학자 훔볼트W. V. Humboldt 1767~1835와 하이데거M. Heidegger 1889~1976, 폴란드 철학자 샤프A. Schaff 1913~2006와 같은 철학자들이 이러한 언어와 사고의 불가분리 관점을 피력하였다. 이들은 사유와 언어를 독립적인 것으로 인식하지 않고 언어는 영혼에 내재해 있다는 태도를 보인다. 그들에 의하면 우리는 언어 없이 사유할 수 없고, 사유하지 않으면 언어도 존재하지 않는다.

훔볼트는 언어의 기원과 관련하여 아무것도 없는 상태에서 언어가 나오는 것이 아니라 인간이 '선험적'으로 아는 상황에서 생겨난다고 가정한다. 언어의 원형이 인간 이성 안에 이미 존재하지 않았다면 그 언어는 발생하지 않았을 것이라고 말한다. 다시 말해 언어는 영혼에 내재해 있다는 것이다.[40] 그에게 있어서 언어란 단순히 인간 상호 의사소통의 수단만이 아니라 그 이상의 것, 즉 이전에 인식된 바 없는 진리를 발견하기 위한 수단이며, 결코 '대상' 그것을 단순히 표현하는 것이 아니라 정신이 언어적 생산(창조) 활동에 따라 자발적으로 대상에 대해 형성한 개념을 표현하는 것이다. 이는 곧 언어란 작용하는 힘으로서 무의식적인 존재를 의식적인 존재로 바꾸는 일종의 '정신적 형성력'이 됨을 뜻한다.[41] 결국 그는 언어를 인간과 사물이 각기 그 자신으로 존재할 수 있게 되는 하나의 근원으로 본다.[42]

하이데거는 훔볼트의 언어와 사고의 관계에 관한 견해를 보다 통합적으로 수용하여 언어를 인간의 존재 그 자체로 보았다. 그에게 있어서 언어는 인간에 의해 수행된 내적 정신의 활동이나 이러한 정신 활동을 주도하는 세계관의 표현으로서 자체를 나타내는 것이 아니라, 오히려 언어가 자체를 드러내는 것으로 인식하였다. 즉, 언어는 정신의 활동이나 사유를 형성하는 기관이 아니라 언제나 '존재의 언어'이다. 이는 마치 구름이 하늘의 구름인 것처럼 언어는 언제나 존재의 언어[43]라는 것이다.

또한, 샤프는 인식과 의사소통 과정에서 사고와 언어의 사용은 통합된 불가분리한 두 개의 구성 요소라 하였다. 이 두 요소의 결합은 매우 유기적이고, 그들의 상호의존은 대단히 밀접해서 두 요소 중 어느 요소도 '순수한' 상태로서 독자적으로 나타날 수 없다는 것이다. 따라서 사고와 언어의 기능은 구별적인 성격을 지니지 못하며, 그 기능들은 분리해서 생각될 수 없고, 두 요소는 그런 만큼 덜 대립적이다. 따라서 우리는 사고와 언어 사용을 단일한 과정의 두 측면으로 파악해야 마땅하다고 하였다.[44]

■ 언어 결정론의 관점

오늘날 인지과학의 화두는 인간의 다양한 정신적 활동을 가능하게 하는 공통적인 인지적 기제는 무엇인가라는 물음이다. 그중 강력한 하나의 가설은 언어, 예술, 의례 등의 모든 상징적인 사유를 가능하게 했던 뿌리가 '인간이 관념을 만들어내는 하나의 완벽한 기계'이기 때문이라는 것이다. 그런데 일부 언어학자들은 이 가설에 동의하지 않는다. 인간의 사유가 가능한 것은 언어 덕분이라고 본다.[45] 언어가 생각을 좌우하는 것이라는 관점을 가진 사람들은 언어를 생각의 감옥으로 인식하는 경향이 강하다. 언어 인류학의 창시자격인 사피어E. Sapir와 워프B. Whorf가 그의 대표적인 사람들이다.

이 관점은 한 사람이 세상을 이해하는 방법과 행동이 그 사람이 쓰는 언어의 문법적 체계와 관련이 있으며, 이에 따라 다른 언어를 사용하는 사람은 그 나름의 고유한 세계관이 있음을 의미한다. 이는 언어의 구조가 화자의 세계관이나 인지에 영향을 미치므로 사람들의 인식이 그들이 사용하는 언어에 따라 상대화된다는 언어 상대성의 가설로 이어진다는 점에서 여전히 열띤 논쟁의 주제로 남아 있다.[46]

언어는 사고의 체계를 구축한다는 점에서 다른 언어를 사용하는 사람은 다른 세계를 사고하는 경향이 있다. '초점 어휘'는 이를 설명하는 하나의 유용한 도구가 될 수 있다. 초점 어휘는 특정한 문화의 중요한 측면을 표현하는 일군의 단어이다. 예를 들어 여러 극지방 언어에는 눈과 관련된 초점 어휘가 풍부하다. 아프가니스탄 산악 지역에 사는 사람들은 다양한 종류의 바위에 관해 수많은 용어를 사용한다.[47] 따라서 그 언어의 사용자는 그에 해당하는 단어가 적은 언어의 사용자보다 더 많은 방식으로 그것에 대해 생각할 것이다. 그런 맥락에서 볼 때, 언어는 세계에 관한 우리의 의식과 행위에 분명히 영향을 미친다.

이러한 관점을 가진 자들은 현실 세계가 실제로는 상당한 정도로 그 집단의 언어습관 기반 위에서 형성된다고 말한다. 자신이 속한 공동체의 언어습관이 해석에 대한 어떤 선택의 경향을 주기 때문에, 우리는 현재처럼 주로 보고 듣고 아니면 경험을 한다는 것이다.[48] 예컨대 언어는 이기적인 유전자의 한계를 실제로 넘어설 수 있을 정도로 인간의 이타주의와 도덕성을 촉진하는 데 도움을 줄 수 있다. 만약 언어가 도덕적 행동과 사고에 영향을 미칠 수 있다면, 우리는 또한 언어적 차이가 문화 전반에 걸친 도덕적 사고의 차이에 미묘하게 영향을 미친다고 추론할 수 있다. 다시 말해, 언어가 일반적으로 도덕적이고 이타적인 행동과 사고에 영향을 줄 수 있다면, 언어 간의 차이가 이타적인 행동이나 그 언어를 사용하는 사람들의 생각에 다르게 영향을 미칠 수 있다.[49] 그런 맥락에서 보면 언어 결정론은 일정 부분 타당성을 지닌다.

그런데 대부분 인류학자는 사피어-워프의 가설이 가치가 있다고 생각하면서도 그의 극단적인 형태는 거부한다. 극단적 언어 결정론은 특정한 개인이 사용하는 일차적 언어의 틀과 정의가 너무나 강력해서 다른 언어를 완전하게 학습하는 것이 불가능하고 따라서 다른 문화를 완전하게 이해하는 것도 불가능하다는 것을 암시하기 때문이다. 실제로 많은 언어학자는 언어적 결정론에 대해 회의적인 반응을 보인다. 이 가설이 제기한 문제는 언어학 분야와 관련이 있을 뿐만 아니라 심리학, 민족학, 인류학, 사회학, 철학 및 자연 과학과도 관련이 있다. 우리가 말하는 언어에 의해서만 현실이 인식되고 구조화된다면 객관적인 세계의 존재는 의심스러워지고, 우리가 얻을 수 있는 지식은 주관적일 수밖에 없기 때문이다.

그러나 근래에 인지과학이 발달하면서 인간의 사유를 가능하게 한 원초적인 정신적 스키마가 있다는 데 많은 학자가 동의하고 있다. 언어보다 사유를 가능하게 하는 더욱 근원적인 기제가 있다는 것이다.[50] 스티븐 핑커는 사고가 언어와 똑같다는 생각은 인습에서 비롯한 터무니없는 하나의 예라고 하면서, 그러한 견해는 잘못된 것이라고 규정한다. 그리고 그 이유에 대해 언어가 화자의 사고방식을 극적으로 형성한다는 과학적 증거가 없다는 것을 들었다.[51] 그는 직립보행이 문화적 발명품이 아니듯 언어 또한 문화의 발명품이 아니며, 상징 사용의 일반 능력을 보여주는 징표도 아니라고 말한다. 그러면서 핑커는 언어를 본능으로 간주한다. 그리고 도덕성은 도덕성대로 그의 고유한 기제를 선천적으로 지니고 있다고 말한다.

우리는 언어 결정론에 대해 다양한 반론을 제기할 수 있다. 일례로 서양 사람은 동양의 한자권에서 사용되고 있는 '기氣'나 '도道'의 개념을 잘 이해하지 못한다. 반면에, 동양 사람은 서양 사람이 일찍이 사용해왔던 다양한 용어의 개념을 비교적 잘 이해하고 있다. 오늘날 우리나라 사람의 귀에도 익숙한 '정의justice'나 '배려caring'라는 용어는 애초에 서양에서 발달한 것이다. 그 이면에는 식민주의나 세계화의 영향이 작용하였다고 볼 수 있다. 서양인도 어떤 방식으로든 동양 문화의 사유 방식에 익숙해지면 특정한 어떤 동양적 개념들을 이해하고 그런 용어를 자주 사용하게 될 것이다. 따라서 서로 다른 언어를 사용하는 사람도 특정 언어를 사용하는 문화를 경험하며 다른 언어권의 사람과 생각을 공유하는 폭이나 깊이가 확장되면 될수록 그 문화에서 통용되고 있는 언어의 개념에 대한 이해도가 높아지고 사용의 빈도 또한 잦아질 것이다.

■ 상호결정론의 관점

논자는 언어와 사고가 서로 영향을 미친다는, 곧 도덕성은 언어에 영향을 미치고 언어 또한 도덕성에 영향을 미친다는 상호결정론의 입장을 옹호한다. 우리는 문화 혹은 시대적 상황이 인간의 사고를 지배하고 그에 따라 그동안 통용되어오던 단어의 의미도 변하거나 사라진다는 것을 부정하기 어렵다. 특정한 단어들의 경우 그 의미는 고정적이지 않고 시대의 변화에 따라 달라지기도 한다. 그 단어에 따라 사고를 하였다고 가정한다면, 왜 특정 단어의 의미가 변하겠는가? 이는 역으로 시대적 상황에 따라 단어의 의미가 변화할 수 있음을 암시한다고 볼 수 있다. 어떤 단어들은 마치 멸종 위기에 처한 종처럼 일상생활에서 차츰 사라지기도 한다. 동성동본, 향수병, 미덕, 악덕, 처녀성, 의무, 충성, 간통, 배신, 겸손, 순결, 영혼, 지혜와 같은 단어들이 그러하다.

우리는 도덕성과 언어가 서로 영향을 미친다는 주장을 문화적 측면에서 그 근거를 찾을 수 있다. 네덜란드의 심리학자였던 홉스테드G. Hofstede는 문화권이 다른 사회 혹은 같은 문화권 내에서 그 구성원이 보이는 다양한 가치관, 사회적 지각, 정서, 동기 등의 차이를 이해하기 위한 하나의 틀로 개인주의individualism-집단주의collectivism 이론을 제안하였다.[52] 최근에 다문화 심리학의 선구자로 주목을 받았던 트리안디스H. C. Triandis는 홉스테드의 기본 틀에 대인관계에서 위계질서를 강조하는가 아니면 평등성을 강조하는가에 따라 수평적, 수직적 차원을 추가하여 가치 성향을 네 가지 차원으로 정교화하였다.[53]

우리는 위의 가치 성향 분류 방식에 따른 집단주의 문화와 관련한 용어들이 우리 사회에서 많이 발달해왔다는 것을 여러 자료를 통해 확인할 수 있다. 그런데 그러한 용어들이 먼저 등장하여 우리나라 사람에게 집단주의적 사고를 발달시켰다고 보는 것은 무리라고 생각한다. 오히려 그 반대가 더 설득력이 있다. 농경 중심의 생활을 오래 해왔던 우리나라에서는 자연스럽게 그런 문화에 적절한 어휘들을 만들고 사용해왔을 것이다. 우리 사회가 개방되고 다양한 외부 문화가 유입되면서 한국인의 가치 의식도 많은 변화를 겪었으며, 그와 동반하여 새로운 언어들이 사용되기 시작하였다. 집단주의 문화가 중심을 이루고 있던 우리나라에서도 수평적 개인주의, 수직적 개인주의, 수평적 집단주의, 수직적 집단주의의 네 가지 문화유형이 발견된 것으로 보고되고 있는 것은 그런 결과일 수 있다.[54]

논자는 이와 관련하여 하나의 구체적인 자료를 제시한다. 역대 우리나라 초등학교 도덕과 교육과정(초중등 교과목의 교육과정에서 교육내용이 덕목으로 제시된 유일한 교과)의 내용 체계에 제시되었던 가치어(덕목)들을 구분해보면 아래의 표와 같다. 우리는 이 표를 통해 오늘날 우리 사회에 여전히 집단주의 문화가 폭넓게 발달해 있으나 개인주의 문화도 발달해 있음을 확인할 수 있다.

표 9-1_ 우리나라 역대 초등학교 도덕과 교육과정 내용 체계상의 가치어(덕목) 분류

개인주의(독립적 자아)	집단주의(상호의존적 자아)
자기 뜻, 소질, 자기 의견, 자유, 권리, 정직, 건강, 자주, 성실, 생명(존중), 자율, 신념, 근면, 자긍심, 약속, 창의, 반성, 공정(성), 준법, 정의(감), 규칙(준수), 법(정신, 준수), 용기, 인권존중, 인내, 최선, 자기계발, 합리적 문제 해결, 정의로운 사회, 공정한 절차, 시민사회, 민주적 대화, 시민 역할	감사, 친절, 협력, 공중도덕, 우리(가족, 나라), 공공시설, 다른 사람(권익, 돕기, 의견 존중, 이익 존중), 타인권익존중, 배려, 인류(애)(공영), 자연애(보전, 사랑), 존중, 사랑, 우정, 신뢰(의), 인사, 용서, 동정(심), 절제, 공감, 우애, 우정, 참여, 양보, 자비, 책임, 의무, 민족, 체제, 공중도덕, 공동생활, 공동이익, 민족(문화, 문화 우수성), 어른, 어른(가르침, 공경), 조상, 예절, 민족(애), 효도, 봉사, 전통, 이웃 간 도리, 갈등 해결, 공경, 경애, 애교 애향, 질서, 공동체 의식, 편견극복, 사익과 공익의 조화, 친절, 관용, 나라 사랑, 공익 추구, 화목, 자기 역할

이와 함께, 우리나라 제6차 교육과정 시기 이후 초등학교 도덕과 교육과정 내용 체계에서 사라진 가치어(덕목)는 다음과 같다.

표 9-2_ 우리나라 초등학교 도덕과 교육과정 내용 체계에서 사라진 가치어(덕목)

6·25남침, 간첩, 개인보다 국가 이익 우선, 결속, 경계, 경계심, 고난, 고장, 공덕, 공산군, 공산당, 공산주의, 공훈, 구출, 국가원수, 국군, 권리보다 의무, 규율, 낭비, 높은 꿈, 남의 뜻 이해, 동무, 독재정치, 동정(심), 땀, 명랑, 무력도발, 무력통일, 무장공부, 미풍양속, 반공 활동, 민주 우방, 보답, 보람, 복장 단정, 분, 분개심, 북한 동포, 분쇄, 분수, 불쌍한 사람, 비참한 생활, 상이용사, 선현, 선현 흠모, 시각 지키기, 신의, 실질, 아량, 안보, 애교·애향, 억압, 여가선용, 고장, 우리 동포, 우리 체제, 위문, 위협, 은공, 웃어른, 우월성, 자주성, 잔인성, 자유우방, 저축, 전몰군경, 전쟁준비, 청렴, 초지 관찰, 친척 간 화목, 침략성, 폐, 품위, 풍속, 학교자랑, 형제 우애

위의 어휘들을 살펴보면, 주로 남북 분단 상황과 관련된 냉전 시대에 자주 사용되었던 어휘들이 많이 사라진 것을 확인할 수 있다. 그리고 '효도'가 여전히 강조되고 있긴 하지만, '조상', '국가원수', '선현', '웃어른'과 같은 전통적인 권위 인물과 관련한 어휘가 사라졌다. 이는 우리 사회 구성원의 권위에 대한 의식이 시대의 흐름에 따라 변화하고 있음을 시사한다.[55] 우리 사회에서 발생하고 있는 이러한 용어(가치어) 사용의 빈도 변화는 사람들의 가치 의식에 변화가 일어나고 있음을 방증한다. 우리 사회에서는 이전에 터부시되거나 외면되어왔던 용어들이 새롭게 등장하거나 만들어지고 있고, 과거에 존중되거나 통용되었던 용어들이 점차 사라지는 일이 반복되고 있다. 이는 어느 사회에서나 일어나고 있는 일반적인 현상이다.

논자는 이와 관련하여 우리 사회에서 자주 발생하고 있는 존비속 살인 사건과 사회의 양분화 현상에 주목한다. 부모·자식 등 존비속을 향한 범죄는 천륜을 저버리는 행위라는 인식이 강한 우리나라 사람에게 큰 충격으로 다가온다. 왜 우리 부모들은 다른 나라와 비교하여 자식을 자신의 소유물로 인식하는 경향이 더 클까? 이와 관련한 우리 사회의 또 다른 문제는 지나친 진영논리로 사회가 양분되는 현상이다. 이 역시 전자의 연장선에서 이해할 수 있다. 어떤 요인이 우리나라 사람에게 이런 의식을 갖는 데 도움을 주는가? 논자는 우리가 사용하는 언어에서 그 원인의 일단을 찾아볼 수 있다고 생각한다.

이 경우도 사람들의 의식이 먼저였고 이후 이를 반영한 단어가 만들어졌으며, 시간이 흐르면서 상호 간에 영향을 미쳤을 것으로 추측된다.

여기에서 주목하는 용어는 우리말 한자어 '관계關係'이다. 우리말 한자어 '관계關係'의 '關관' 자字는 門문 문 자와 絲실 사 자, 丱쌍상투 관 자가 결합한 모습이다. 丱은 문을 잠그는 빗장을 표현한 것이다. 그래서 關 자의 본래 의미는 '닫는다'나 '가두다'와 함께 '빗장'의 뜻도 포함하고 있다. '係계' 자는 人사람 인 자와 系이을 계 자가 결합한 모습으로, 실로 '매다'나 '잇는다'와 함께 '혈통'이라는 뜻을 가진 글자이다. 係 자는 혈통이 같은 사람들을 실로 맨다는 것으로, 사람과 사람 사이의 관계를 '잇는다'라는 뜻을 나타낸다. 고대 사회 민족의 생활 방식과 '관계'라는 단어는 잘 어울린다. 동서남북에 문이 설치된 성곽을 떠올려보면 쉽게 이해할 수 있다. 성문은 열리고 닫히는 기능이 있으나, 원래 문은 열리는 기능보다는 닫히는 기능에 방점이 있다. 늘 열려 있어야 할 곳이라면 굳이 문을 설치할 필요가 없을 것이다. 성문 안쪽에 있는 사람들과 바깥쪽에 있는 사람들이 문을 경계로 구분된다. 서로 나뉜 이들은 서로를 경계하고 차별한다.

물론 사람을 동료와 이방인으로 구분하는 이런 성향은 우리나라에만 있는 것이 아니라 수십만 년에 걸친 인간의 진화 과정에서 진화해 온 인간의 본성일 가능성이 크다.[56] 하지만 우리 사회에서 특히 그런 경향이 강해 보인다. 자신이 속한 집단의 이념은 무조건 옳고, 다른 집단의 이념은 무조건 배척하는 진영논리나, 집 울타리를 경계로 하여 그 안에 있는 가족을 일체로 보고 부모가 자식을 소유물로 인식함으로써 유독 직계존비속 살인 사건이 자주 발생하는 것도 이런 의식과 무관하다고 말하기 어렵다.

우리말 관계와 같은 뜻을 가진 영어 relation은 'relate'와 '-tion'이

합하여 이루어졌다. 'relate'는 '뒤로re=back, or again'와 '나르다lat=carry'라는 개념에서 만들어진 단어이다. 받은 뭔가를 되(다시) 나른다는 의미다. 따라서 이 단어는 일방이 아닌 쌍방의 개념이다. 영어권 문화에서 상호주의가 일찍 발생한 것도 이와 무관하다고 말하기 어렵다. 이런 유형의 단어는 그 언어를 사용하는 사람들의 사고 행태가 언어에 반영되었다고 볼 수 있다. 접두사나 접미사는 해당 언어가 등장한 이후 발달한 것으로 볼 수 있기 때문이다. relation에 내포된 의미는 부모와 자식 간에도 적용된다. 영어에는 우리말 한자어 '효孝'에 해당하는 단어 자체가 없다. 이에 해당하는 단어로 'filial piety'가 있으나, 여기서 말하는 '자식'은 생물학적 개념이 아니라 종교적 차원의 개념이다. 신에 대한 경건함에서 유래한 것이다. 그런데 이것은 매우 역설적이다. 인간과 신의 관계는 동등한 상호적 개념이 적용될 수 없기 때문이다. 그래서 서양 사람은 일상생활에서 이 단어를 거의 사용하지 않는다. 생물학적 부모와의 관계는 relation이라는 동등한 상호성을 기본으로 하는 의식이 강하다.

비트겐슈타인L. Wittgenstein은 '내 언어의 한계는 내 세계의 한계를 의미한다'[57]라는 명료한 명제로 언어 결정론에 묵직한 힘을 보태었다. 그의 말대로, 언어는 분명히 도덕적 사고에 영향을 미친다. 그러나 언어가 곧 우리의 사고를 결정한다고 말할 수는 없다. 언어의 감옥이라는 말은 인간을 매우 수동적인 존재로 옭아매 버린다. 우리는 언어의 감옥에만 갇혀 사는 존재자가 아니다. 우리는 언어 없이도 사유할 수 있다. 사유의 세계는 무한한 창조의 영역이다. 우리라는 존재는 언제나 극복의 대상이다.

논자는 인간이 언어 없이도 사유할 수 있다는 논거로 앞 장에서 언급하였던 인지과학자 핑커의 주장 외에도 프로이트S. Freud의 무의식, 헐버트R. T. Hurlburt의 자연 그대로의 내적 경험 그리고 동양의 불교 선종禪宗의 참선과 노자老子의 진리관을 들 수 있다. 예컨대, 프로이트는 우리의 의식적 인식 바로 아래에 매우 강력한 생각의 흐름이 존재한다는 패러다임에 기반을 두고 정신분석이론을 정립하였다. 우리의 의식은 빙산의 일각에 불과하다는 그의 말은 감정, 기억, 트라우마, 즐겁고 불쾌한 사건, 욕망, 환상 등이 잠재 의식적 생각의 흐름 속에서 일어난다는 것을 의미한다. 또한, 미국의 임상심리학자인 헐버트는 말이나 이미지 없이 생각하는 것이 가능하다고 믿는다. 그는 우리가 내면의 말, 내면의 느낌, 미각이나 후각과 같은 감각적 인식 그리고 '비상식적 사고'를 경험한다고 말한다. 그는 그것을 '자연 그대로의 내적 경험pristine inner experience'이라 부른다.[58]

불교의 선종에서는 '불립문자不立文字', '직지인심直指人心', '견성성불見性成佛'이라 하여 언어문자의 형식에 집착하지 않고 마음에서 마음으로 법을 전하며以心傳心 깨달음에 이르는 수행법을 강조한다. 문자는 깨달음의 방편 수단일 뿐, 진리의 깨달음은 문자를 떠나 곧바로 인간의 마음을 꿰뚫어서 본성을 보아야 한다는 것이다. 참선參禪을 통한 내적 관찰과 자기 성찰로 진리를 얻을 수 있음을 설파하고 있다. 선종의 이런 입장은 노자老子의 진리관에서도 발견된다. 노자는 『도덕경』 첫 장에서 말로 표상表象해 낼 수 있는 도道는 항구 불변한 본연의 도가 아니라고 하였다.[59] 도가 말해질 수 있으면 진정한 도가 아니라는 것이다道可道非常道. 이는 곧 진리는 말로 표현될 수 없음을 뜻한다.

우리의 도덕적 사고는 분명히 언어와 어느 정도 상호작용을 한다. 하지만 더 큰 영향력을 행사하는 것은 언어 쪽보다는 사고 쪽이다. 그리고 굳이 그 순서를 따진다면, 언어로부터 인류 공통의 사유가 시작한다고 보기보다는 공통의 사유에서 공동체 나름의 언어(단어)가 생겨났다고 보는 쪽이 더 설득력 있다. 만약 언어가 사고를 결정한다면, 예컨대 인간의 존엄, 생명, 자유, 평등, 인권존중 등은 어떻게 인류의 보편적 가치로 자리 잡게 되었는지를 설명하는 데 한계가 있을 것이다. 이와 더불어 우리가 미처 생각하지 못하였거나 사고하기를 꺼렸던 일들이 사회의 개방으로 세계 곳곳의 정보가 관련 언어와 함께 시시각각으로 사회에 유입됨으로써 우리의 사고 영역을 확장할 수도 있을 것이다.

맺음글

이 장에서는 인간의 도덕성과 언어의 발달론적 상관성을 탐색하였다. 두 요소 간의 상관성은 여러 측면에서 조명해볼 수 있겠으나, 여기에서는 도덕성과 언어가 인간의 같은 본성적 기단에서 형성되고 발달하는 것인지, 언어의 등장은 도덕성 발달에서 필수적인 전제인지 그리고 도덕성은 그 형성 및 발달 과정에서 언어와 어떤 상관성을 지니고 있는지에 초점을 두고 발달심리학적, 진화심리학적, 신경과학적 관점에서 고찰하였다. 개인은 자신이 지닌 도덕성의 발달 수준에 적절한 언어를 사용한다는 점에서, 도덕성과 언어라는 두 요소는 매우 유기적이고 밀접한 관련성을 지니고 있음이 분명하다.

우리 인간은 복잡한 마음의 설계를 갖추고 있다. 도덕적 사고, 감성, 언어적 지각과 추리 등 우리가 당연하게 여기는 정신생활의 다른 성취들도 나름대로 훌륭한 기능을 갖춘 마음의 소프트웨어가 필요하다. 도덕성과 언어는 앞의 세 가지 관점에서 검토한 결과에 따르면, 그 기원에 있어서는 각기 다른 인간의 능력이다. 언어와 관련한 보편 설계도가 존재하듯이 인간의 마음에는 도덕성과 관련한 보편 설계도가 존재한다. 사람이 융통성을 발휘할 수 있는 것은 마음에 각기 다른 다양한 단원module이 담겨 있고, 각각의 단원은 나름의 방식으로 학습할 수 있는 장비를 갖추고 있기 때문이다. 그래서 도덕성과 언어는 애초에 각기 다른 통로를 통해 발달한다. 굳이 기원의 순서를 말하자면 사고가 언어를 앞선다. 하지만 이후 환경의 영향을 받으며 서로 연합하고, 이러한 연합은 개인의 성장 과정과 더불어 교차 곡선을 거듭하며 진보한다.

언어가 도덕성(도덕적 사고)을 지배한다는 것은 일면의 타당성이 없는 것은 아니나 전체적으로 볼 때 설득력이 약하다. 개인의 도덕성이 심화하고 범위가 확장하는 데 언어가 많은 이바지를 하는 것은 분명하지만, 그렇다고 언어가 곧 도덕적 사고를 지배한다고 말할 수는 없다. 사람의 도덕적 사고가 공유의 범위를 확장함에 따라 새로운 단어들이 생성되는가 하면, 시대의 변화에 따른 구성원의 집단의식 영향으로 기존의 단어들이 차츰 사라져가는 것 또한 분명한 사실이다. 결론적으로, 도덕성과 언어의 발달론적 상관성과 관련하여 두 능력의 고유한 기원과 발달의 지향성을 인정하는 것이 무난해 보인다. 도덕성이 언어의 감옥에 갇혀 있다고 인식하는 것은 편협한 사유에서 나온 결과이다.

참고문헌

『道德經』

김성도(2017), 『언어인간학』, 파주: (주)북이십일.

김대훈(2018), 『인성과 교육』, 파주: 양서원.

김태훈(2022), 초등 도덕과 교육과정 내용체계의 어휘분포 변화에 따른 도덕과교육 접근방안 연구: 사회인지영역이론의 관점을 중심으로, 『초등도덕교육』, 제79집, 한국초등도덕교육학회.

문장수(2013), 언어 능력, 생득적인 것인가 구성적인 것인가?, 『철학연구』, 126권, 대한철학회.

배상식(2006), M. 하이데거와 W. v. 훔볼트의 언어개념 비교연구(1) -언어와 사유의 상관성을 중심으로, 『철학연구』, 제98집, 대한철학회.

이병혁(1998), 『한국사회와 언어사회학』, 서울: (주)나남출판.

조숙환(2014), 『촘스키 & 스키너: 마음의 재구성』, 파주: 김영사.

최규일(1988), 한국어 {뜻}의 의미 기능, 『제주대학교 논문집(인문·사회편)』, 제26집, 제주대학교.

老子 저, 장기근 옮김(2020), 『老子新釋』, 서울: 명문당.

Al-Sheikh Hussein, B.(2012), The Sapir-Whorf Hypothesis Today, *Theory and Practice in Language Studies*, Vol. 2, No. 3.

Baars, B. J.(1997), *In the Theater of Consciousness*, New York, NY: Oxford University Press.

Bandura, A.(1977), *Social Learning Theory*, Englewood Clifts, NJ: Prentice Hall.

Barrett, L. F. 저, 변지영 옮김(2021), 『이토록 뜻밖의 뇌과학』, 서울: (주)도서출판 길벗.

Boroditsky, L.(2006), Linguistic Relativity, *Encyclopedia of Cognitive Science*, Vol. 2, London, New York and Tokyo: Nature Publishing Group.

Bühler, K.(1928), *Abriss der geistigen Entwicklung der Kinds*, Leipzig: Qulle & Meyer.

Cáceda, R., James, G. A., Ely, T. D,. Snarey, J., Kilts, C. D.(2011), Mode of Effective Connectivity within a Putative Neural Network Differentiates Moral Cognitions Related to Care and Justice Ethics, *PLoS ONE*, 6(2): e14730.

Chomsky, N.(1995), *The Minimalist Program*, Cambridge, Massachusetts: MIT Press.

Chomsky, N.(2005), Three Factors in Language Design, Linguistic Inquiry, 36 (1).

Darwin, C. 저, 김성한 옮김(2020), 『인간과 동물의 감정 표현』, 서울: (주)사이언스북스.

Dennett, D. C. 저, 유지화 옮김(2019), 『의식의 수수께끼를 풀다』, 고양: (주)옥당북스.

Hauser, M.(2006), *Moral minds: How nature designed our universal sense of right and wrong*, New York: Harper Collins.

Hinde, R. A. 저, 김태훈 옮김(2022), 『선이 좋은 이유: 도덕성의 근원』, 서울: 글로벌콘텐츠.

Hofstede, G.(1980), Culture and Organizations, *International Studies of Management & Organization*, Vol. 10, Issue 4.

Hurlburt, R. T.(2011), *Investigating Pristine Inner Experience: Moments of Truth*, Cambridge, New York: Cambridge University Press.

Jackendoff, R., Jackendoff, R. S.(2002), *Foundations of Language: Brain, Meaning, Grammar, Evolution*, Oxford University Press.

Killen, M. and Smetana, J. G.(eds.), 김태훈 옮김(2010), 『도덕성 발달 핸드북 1』, 고양: 인간사랑.

Kurtines, W. M., & Gewirtz, J. L.(eds.), 문용린 옮김(2012), 『도덕성의 발달과 심리』, 서울: 학지사.

Levy, N. 저(2007), 신경인문학 연구회 옮김(2011), 『신경윤리학이란 무엇인가: 뇌과학, 인간 윤리의 무게를 재다』, 서울: 바다출판사.

Lickona, T.(1991), *Educating for character: How our schools can teach respect and responsibility*, NY: Bantam.

Miller, B. 저, 홍석준·박준규·박충환·이창호 옮김(2013), 『글로벌시대의 문화인류학』, 서울: (주)시그마프레스.

Pinker, S.(1994), *The Language instinct*, New York: William Morrow and Company.

Platon 저, 천병희 옮김(2016), 『플라톤의 다섯 대화편: 테아이테토스/필레보스/티마이오스/크리티아스/파르메니데스』, 파주: 도서출판 숲.

Poulshock, J. W.(2006), Language and Morality: Evolution, Altruism, and Linguistic Moral Mechanisms, the degree of Doctor of Philosophy of University of Edinburgh.

Rawls, J.(1971), *A Theory of Justice*, Cambridge: Harvard University Press.

Rousseau, J. J. 저, 주경복·고봉만 옮김(2019), 『언어 기원에 관한 시론』, 서울: 책세상.

Sapir, E.(1929), The Status of Linguistics as Science, *Language*, 5.

Sartre, J. P. 저, 정소성 옮김, 『존재와 무 I』, 서울: 동서문화사.

Schaff, A.(1964), *Language and cognition*, In R. S. Cohen(ed.)(1973), *Adam Schaff: Language and Cognition*, New York: McGraw-Hill Book Company.

Szas, T. S.(2002), *The Meaning of Mind: Language, Morality, and Neuroscience*, Syracuse, New York State: Syracuse University Press.

Triandis, H. C., & Gelfand, M. J.(1998), Converging measurement of horizontal and vertical individualism and collectivism, *Journal of Personality and Social Psychology*, 74(1).

Turiel, E.(2008), Thought about actions in social domains: Morality, social conventions, and social interactions, *Cognitive Development*, 23(1).

Vygotsky, L. S.(1984), *Thought and Language*, Massachusetts: The M.I.T. Press.

Watson, J. B.(1920), Is Thinking merely the Action of Language Mechanisms?, *British Journal of Psychology*, Vol. 11(2).

Wierzbicka, A.(2004), *Semantics : Primes and Universals: Primes and Universals*, Oxford: Oxford University Press.

Wilson, E. O. 저, 이한음 옮김(2000), 『인간 본성에 대하여』, 서울: (주)사이언스북스.

Wittgenstein, L. 저, 김양순 옮김(2008), 『논리철학 논고/철학탐구/반철학적 단장』, 서울: 동서문화사.

https://www.dongascience.com/news.php?idx=18742(검색: 2023. 03. 30)

Endnote

1　E. Turiel(2008), Thought about actions in social domains: Morality, social conventions, and social interactions, Cognitive Development, 23(1), pp. 136-154.

2　M. Killen and J. G. Smetana(eds.), 김태훈 옮김(2010),『도덕성 발달 핸드북 1』, 고양: 인간사랑, p. 261.

3　W. M. Kurtines & J. L. Gewirtz(eds.), 문용린 옮김(2012),『도덕성의 발달과 심리』, 서울: 학지사, p. 568.

4　Rousseau, J. J. 저, 주경복·고봉만 옮김(2019),『언어 기원에 관한 시론』, 서울: 책세상, p. 26.

5　L. Boroditsky(2006), Linguistic Relativity, *Encyclopedia of Cognitive Science*, Vol. 2, London, New York and Tokyo: Nature Publishing Group, p. 920.

6　A. Wierzbicka(2004), *Semantics : Primes and Universals: Primes and Universals*, Oxford: Oxford University Press, pp. 36-72.

7　J. B. Watson(1920), Is Thinking merely the Action of Language Mechanisms?, *British Journal of Psychology*, Vol. 11(2), p. 104.

8　김태훈(2018),『인성과 교육』, 파주: 양서원, p. 93.

9　A. Bandura(1977), *Social Learning Theory*, Englewood Clifts, NJ: Prentice Hall, pp. 22-29.

10　K. Bühler(1928), *Abriss der geistigen Entwicklung der Kinds*, Leipzig: Qulle & Meyer, p. 48; 이병혁(1998),『한국사회와 언어사회학』, 서울: (주)나남출판, p. 179 재인용.

11　L. S. Vygotsky(1984), *Thought and Language*, Massachusetts: The M.I.T. Press, p. 5.

12　T. Lickona(1991), *Educating for character: How our schools can teach respect and responsibility*, NY: Bantam, p. 8.

13　개체군 내 한 세대에서 다음 세대로 유전자가 유전될 빈도의 변화가 무작위로 일어나는 현상을 의미한다.

14　문장수(2013), 언어 능력, 생득적인 것인가 구성적인 것인가?,『철학연구』, 126권, 대한철학회, p. 79.

15　N. Chomsky(1995), *The Minimalist Program*, Cambridge, Massachusetts: MIT Press, p. 167.

16   N. Chomsky(2005), Three Factors in Language Design, *Linguistic Inquiry*, 36 (1), p. 1.

17   D. C. Dennett 저, 유지화 옮김(2019), 『의식의 수수께끼를 풀다』, 고양: (주)옥당북스, p. 251.

18   조숙환(2014), 『촘스키 & 스키너: 마음의 재구성』, 파주: 김영사, p. 110.

19   N. Levy 저, 신경인문학 연구회 옮김(2011), 『신경윤리학이란 무엇인가 : 뇌과학, 인간 윤리의 무게를 재다』, 서울: 바다출판사, p. 50.

20   https://www.dongascience.com/news.php?idx=18742

21   R. Jackendoff, R. S. Jackendoff(2002), *Foundations of Language: Brain, Meaning, Grammar, Evolution*, New York: Oxford University Press, p. 74.

22   Platon 저, 천병희 옮김(2016), 『플라톤의 다섯 대화편: 테아이테토스/필레보스/티마이오스/크리티아스/파르메니데스』, 파주: 도서출판 숲, p. 123.

23   S. Pinker(2007), *The language instinct: how the mind creates language*, New York: Harper Perennial Modern Classics, pp. 4-5.

24   J. Rawls(1971), *A Theory of Justice*, Cambridge: Harvard University Press, pp. 46-47.

25   R. A. Hinde 저, 김태훈 옮김(2022), 『선이 좋은 이유: 도덕성의 근원』, 서울: 글로벌콘텐츠, p. 92.

26   M. Hauser(2006), *Moral minds: How nature designed our universal sense of right and wrong*, New York: Harper Collins, p. 36.

27   R. Cáceda, G. A. James, T. D. Ely, J. Snarey, C. D. Kilts(2011), Mode of Effective Connectivity within a Putative Neural Network Differentiates Moral Cognitions Related to Care and Justice Ethics, *PLoS ONE*, 6(2): e14730.

28   T. S. Szasz(2002), *The Meaning of Mind: Language, Morality, and Neuroscience, Syracuse*, New York State: Syracuse University Press, p. 75.

29   D. C. Dennett 저, 유지화 옮김(2019), 앞의 책, p. 272.

30   위의 책, p. 251.

31   N. Levy 저, 신경인문학 연구회 옮김(2011), 앞의 책, p. 50.

32   D. C. Dennett 저, 유지화 옮김(2019), 앞의 책, p. 45.

33   N. Levy 저, 신경인문학 연구회 옮김(2011), 앞의 책, p. 51.

34   D. C. Dennett 저, 유지화 옮김(2019), 앞의 책, p. 273.

35   B. J. Baars(1997), In the Theater of Consciousness, New York, NY: Oxford University Press, p. ix.

36   N. Levy 저, 신경인문학 연구회 옮김(2011), 앞의 책, p. 48.

37 C. Darwin 저, 김성한 옮김(2020), 『인간과 동물의 감정 표현』, 서울: (주)사이언스북스, p. 472.

38 L. F. Barrett 저, 변지영 옮김(2021), 『이토록 뜻밖의 뇌과학』, 서울: (주)도서출판 길벗, p. 127.

39 B. Al-Sheikh Hussein(2012), The Sapir-Whorf Hypothesis Today, *Theory and Practice in Language Studies*, Vol. 2, No. 3, p. 642.

40 배상식(2006), M. 하이데기와 W. v. 훔볼트의 언어개념 비교연구(1) -언어와 사유의 상관성을 중심으로-, 철학연구, 제98집, 대한철학회, pp. 150-151.

41 최규일(1988), 한국어 {뜻}의 의미 기능, 『제주대학교 논문집(인문·사회편)』, 제26집, 제주대학교, p. 61.

42 배상식(2006), 앞의 논문, pp. 167-168.

43 M. Heidegger(1977), *Sein und Zeit*, Bd. 2, Frankfurt a. M.: Vittorio Klostermann, S. 221; 배상식(2006), 앞의 논문, p. 162에서 재인용.

44 A. Schaff(1964), *Language and cognition*, In R. S. Cohen(ed.)(1973), *Adam Schaff: Language and Cognition*, New York: McGraw-Hill Book Company, p. Ⅶ.

45 김성도(2017), 『언어인간학』, 파주: (주)북이십일, p. 95.

46 B. Al-Sheikh Hussein(2012), 앞의 논문, p. 642.

47 B. Miller 저, 홍석준·박준규·박충환·이창호 옮김(2013), 『글로벌시대의 문화인류학』, 서울: (주)시그마프레스, p. 210.

48 E. Sapir(1929), The Status of Linguistics as Science, *Language*, 5, p. 207.

49 J. W. Poulshock(2006), Language and Morality: Evolution, Altruism, and Linguistic Moral Mechanisms, the degree of Doctor of Philosophy of University of Edinburgh, p. 163.

50 김성도(2017), 앞의 책, p. 99.

51 S. Pinker(1994), *The Language instinct*, New York: William Morrow and Company, p. 57.

52 G. Hofstede(1980), Culture and Organizations, *International Studies of Management & Organization*, Vol. 10, Issue 4, pp. 15-41.

53 H. C. Triandis & M. J. Gelfand(1998), Converging measurement of horizontal and vertical individualism and collectivism, J*ournal of Personality and Social Psychology*, 74(1), pp. 118-128.

54 위의 논문, pp. 118-128.

55 김태훈(2022), 초등 도덕과 교육과정 내용체계의 어휘분포 변화에 따른 도덕과교육 접근방안 연구: 사회인지영역이론의 관점을 중심으로, 『초등도덕교육』, 제79집, 한국초등도덕

교육학회, p. 241.

56 E. O. Wilson 저, 이한음 옮김(2000), 『인간 본성에 대하여』, 서울: (주)사이언스북스, p. 170.

57 L. Wittgenstein 저, 김양순 옮김(2008), 『논리철학 논고/철학탐구/반철학적 단장』, 서울: 동서문화사, p. 114.

58 R. T. Hurlburt(2011), *Investigating Pristine Inner Experience: Moments of Truth*, Cambridge, New York: Cambridge University Press, pp. 49-51.

59 老子 저, 장기근 옮김(2020), 『老子新釋』, 서울: 명문당, 1장.

—

나의 도덕성은
어떻게 발달하는가?

- - - - -

M
O
R
A
L
I
T
Y

머리글

　도덕적 또는 윤리적 가치처럼 사람들을 하나로 모으거나 구분 짓는 것도 드물다. 우리는 서로 간 공유된 가치와 믿음을 바탕으로 누군가를 가깝거나 멀게 느끼는 경향이 있어서 그렇다. 자신이 지향하는 도덕적 가치들을 중심으로 구성되는 개인의 도덕성은 일상의 삶에서 자기 자신이 누구인지에 대한 핵심의 일부이자 자신의 행동에 대한 나침반 역할을 한다. 개인이 어떤 도덕성을 지니고 있느냐에 따라 그 사람의 도덕적 삶의 방향이나 성격은 달라질 수 있다. 그래서 우리는 대개 자신과 유사한 도덕성을 보이는 사람에게 그렇지 않은 사람과 비교하여 인간적 친밀감을 더 느끼기 쉽다.

　그런데 우리가 지닌 도덕성은 도덕적 상황에 직면한 개인의 경험과 행동이 반복되면서 전 생애에 걸쳐 조금씩 변화를 거듭한다. 물론 도덕성이 어떤 경로를 통해 어떻게 발달하는가에 관해서는 학자에 따라 견해차가 있다. 하지만 분명한 점은, 사람은 누구나 각자 나름의 도덕성을 지니고 있어 어떤 문제에 대해 '옳다', '그르다', '좋다', '나쁘다', '선하다', '악하다' 등의 판단을 하고 그에 따라 비판이나 논쟁을 한다는 것이다. 아울러 크든 작든 사회 공동체가 유지되고 발전할 수 있다는 것은 공동체 구성원에게 어느 정도 인정되고 수용되는 어떤 공유된 행동 방식이 존재한다는 것을 입증한다고 볼 수 있다. 만약에 그렇지 않다면 개인이나 사회는 정체성 혼란과 무질서가 난무할 것이기 때문이다.

따라서 우리가 어떤 성격의 도덕성을 지니고 있는가는 단순히 개인적인 차원의 인간관계 문제에 그치는 것이 아니라 공동체의 유지 발전이라는 사회적 차원과도 밀접한 연관이 있다. 우리의 도덕성이 개인적으로나 사회적으로 특히 의미를 지니게 되는 경우는 우리가 도덕적 상황에 직면할 때 어떤 기준이나 근거로 그 사안을 평가하는가와 관련이 있다. 그런 근거가 자신의 도덕적 삶을 지탱해준다고 확신하는 차원에서 나온 것인지, 아니면 자신의 신념과는 무관하게 다수의 사람에 의해 인정되고 요청되는 관습적 차원에 따른 것인지는 한 개인의 도덕성 발달과 더불어 공동체의 발전에도 지대한 영향을 미친다.

주체적 개인으로서 그리고 공동체의 구성원으로서 삶을 살아가기 위해서는 누구나 도덕적 상황에서 문제를 인식하고 판단하며 행동해야 한다. 도덕적 문제에 대해 다른 사람과 논의 과정을 거친다는 것은 다름 아닌 판단의 근거와 관련하여 언어를 통한 정당화를 추구한다는 것을 의미한다. 우리가 도덕적 상황에서 어떤 판단을 할 때 그 결정에는 어떤 형태로든 나름의 근거가 있어야 한다. 그래야만 직면한 도덕적 문제를 해결할 수 있고 또한 자신이 지향하는 삶을 살 수 있기 때문이다. 우리가 각자 생각하는 도덕 판단의 근거에 대한 정당화가 본래 이루어질 수 없는 것이라면, 사람들 사이의 도덕적 논의는 무의미해질 것이다. 그런 논의는 서로 자신의 감정이나 주장을 단순히 토로하는 것 이상이 되기 어려울 것이기 때문이다.

앞의 논제에서 논의했던 바와 같이, 언어는 도덕성을 구성하고 촉진하는 데 있어 결정적인 역할을 한다. 특정한 문제 상황에 직면하여 사람들이 내세운 도덕 판단의 근거가 정당한가를 따지려면, 우리는 반드시 그 문제를 언어라는 도구를 통해 '도덕적' 차원에서 문제를 논의해야 한다. 언어가 있기 때문에 우리는 자신의 도덕적 견해를 밝히거나 상대방과 공유의 폭을 넓혀나갈 수 있으며, 그럼으로써 서로 간에 도덕성의 구성적 발달을 도울 수 있다. 그리고 그러한 논의 과정에서 자신이 지향하는 삶의 가치를 진정으로 존중하고 있는지, 그것이 다른 사람에게는 어떤 긍정적 혹은 부정적 결과를 낳게 하는지 등을 성찰해 보아야 할 것이다. 그런 경험들이 축적되어 우리의 도덕성은 점차 발달할 수 있게 된다.

이 장은 이 책의 결론에 해당하는 것으로, 개인이 자신의 도덕성을 구성적으로 발달시킬 수 있는 하나의 방안을 제시하는 데 주된 목적이 있다. 먼저 도덕적 인식의 심리적 본령이라 할 수 있는 도덕성이 언제 어떻게 형성되고 발달하는지에 관한 선행 연구들을 고찰한 후, 우리가 도덕적 상황에서 판단을 내리고 그에 대한 정당화를 시도하는 문제와 관련하여 일상언어학자들이 제시하는 견해를 검토한다. 이어서 한 개인으로서 그리고 공동체의 일원으로서 삶을 살아가야 하는 우리는 도덕성을 어떻게 정립해 나가야 할 것인가의 방법론적 문제를 논의한다. 보편자로서의 도덕성은 개별자의 경우 '나'의 도덕성을 의미한다. 여기에서 논의하는 '나의 도덕성'의 구성적 방안은 도덕적 존재자로서 삶을 주체적으로 살아가고자 하는 이들에게 나름의 시사를 제공해 줄 수 있을 것으로 기대한다.

도덕성의 구성적 발달을 위한 예비적 논의

■ 도덕성 발달의 관점들

　도덕성에 관한 정의와 개념화는 인간을 어떤 관점에서 이해하는가의 문제와 연결된다. 일반적으로 인간을 바라보는 기본적인 철학적 가정은 결정주의와 자유주의를 양극단으로 하는 하나의 띠를 형성한다. 개인이 지닌 인간의 개념에 대한 생각은 이 스펙트럼의 어딘가의 지점에 있을 것이다. 그리고 개인의 그러한 인간관은 그 사람이 도덕성을 어떻게 이해하는가와 직접적인 상관성을 갖는다. 전자의 결정주의 관점은 도덕성을 사회의 규범을 내면화하여 일상의 삶에서 그에 따라 행동하고자 하는 성향으로 이해한다. 개인이 사회적 환경에 의해 형성된다는 생각은 문화가 행동을 통제하는 일련의 기제라는 견해와 결합하여왔다. 프로이트S. Freud, 스키너B. F. Skinner 등이 밝힌 도덕성의 개념에 관한 이러한 관점은 개인의 외부에 도덕성을 배치하는 이른바 사회화 이론에 근거하고 있다.[1] 여기에는 사회적 규범 안에 두 성향의 최적한 조화가 이미 전제되어 있다는 신념이 깔려 있다. 따라서 이러한 관점은 개인의 도덕성 발달을 공동체의 규범과 비형식적 관습을 준수하는 사회화 과정으로 인식한다. 이에 따라 주체적으로 자신의 도덕적 삶을 설계하고자 하는 사람들에게는 이런 관점이 제약적 요소로 작용할 수 있다.

후자의 구성주의 관점은 도덕성을 개인의 외부에서 주어지는 것이 아니라 개인 내부의 구성적 산물로 이해한다. 이 관점에서는 개인을 단순히 환경에 의해 형성되는 것으로 인식하지 않는다. 개인은 환경과의 상호작용 속에서 끊임없는 추론과 해석을 통해 적극적으로 자기 자신의 사회적 세계를 구성한다.[2] 피아제J. Piaget, 콜버그L. Kohlberg, 투리엘E. Turiel 등은 비록 다소간의 개인차가 있긴 하지만 이러한 구성주의적 접근 방식을 옹호한다. 이들은 개인이 사회적 경험을 해석하고 평가하는 가운데 다른 사람에 대한 공정하고 평등한 대우와 관련하여 일반화 가능한 의무를 구성한다고 말한다. 따라서 이런 관점은 개인이 주체적으로 자신의 도덕적 삶의 방향을 설정하며 살아가고자 하는 사람에게 우호적 요소로 작용할 수 있다.

이 두 관점과 관련한 기본적인 철학적 가정을 정리하면 다음 쪽의 〈표 10-1〉과 같다.

프로이트가 제시했던 이론 체계는 인간의 인성, 행동, 동기를 포괄적으로 설명하고자 한 최초의 시도였다.[3] 그는 19세기 당시의 생리학이나 물리학의 자연법칙 이론을 심리학적인 개념으로 응용하여 인간을 하나의 폐쇄된 에너지 체계로 인식하였다. 개인이 정신 활동을 하는데 필요한 에너지의 양은 제한되어 있으며, 인간의 정신 활동의 목표는 불유쾌한 에너지가 계속 쌓여서 생긴 긴장을 감소시키는 것이라고 하였다.

표 10-1_ 인간에 관한 두 관점의 기본적인 철학적 가정[4]

강력히 동의	동의	두 관점의 통합 혹은 중립적 입장	동의	강력히 동의
1	2	3	4	5
결정주의			자유주의	
사람의 행동은 기본적으로 자신이 통제하기 어려운 내적 혹은 외적 힘으로 결정된다.			사람은 기본적으로 자신의 행동을 통제하고 행동을 추동한 동기를 이해한다.	
환경			유전	
환경의 요소들은 개인의 행동에 가장 큰 영향을 미친다.			내재한 그리고 타고난 특성들은 개인의 행동에 가장 큰 영향을 미친다.	
보편성			고유성	
사람은 기본적으로 본성에서 매우 유사하다.			각 개인은 고유한 존재이며 다른 사람들과 비교될 수 없다.	
대응성			주도성	
인간은 일차적으로 외부 세계의 자극에 대응하여 행동한다.			인간은 일차적으로 자신의 주도하에 행위 한다.	
비관주의			낙관주의	
개인의 인성과 행동은 본질에서 고정적이며 변화하지 않는다.			인성과 행동에서의 중요한 변화는 생애의 전 과정을 통하여 일어날 수 있다.	

자연법칙의 원리에 따르는 프로이트의 이론 체계 내에서는 인간의 고유한 특성으로 여겨지던 자유의지, 선택, 책임감, 결단, 자발성, 자기 결

정과 같은 개념이 적용되기 어렵다. 이는 그가 미국 클라크 대학Clark University에서 우리는 원초적인 동물적 속성을 무시할 정도로 우리 자신을 과대평가해서는 안 된다고 역설했던 말에 잘 반영되어 있다.[5]

그의 이론 구조에서 도덕성은 어려서 부모와 오이디푸스Oedipus/엘렉트라Electra 갈등을 겪으며 사회의 가치들을 내면화함으로써 사회적 규범에 순응하여 행동하고자 하는 인간의 성향을 일컫는다. 그에게 도덕성은 사회의 규칙이나 전통에 대한 순종의식과 다름없다. 그는 사회라는 것을 그 구성원에게 억압적이며 또한 고통스러운 체념을 요구하는 구속 체계로 인식하였다. 사회적 삶은 기본적으로 공동체의 규범을 내면화하여 무의식의 세계에 자리한 원자아Id의 충동, 특히 공격성이나 성적 충동을 억제하는 고통의 과정이다. 도덕적으로 성숙해진다는 것은 그런 과정을 통해 본능적 충동을 억제하는 능력을 확장해간다는 것을 의미한다. 그래서 도덕성은 우리의 타고난 성적 및 공격적인 경향성을 통제하는 고도의 압축적인 힘으로 여겨진다.[6]

행동주의는 정신분석학이 무의식을 주된 마음작동의 요체로 해석한다는 점에서 비과학적이라고 비판하며 등장한 학습 이론이다. 행동주의자들은 심리학의 과학화를 강조하면서 관찰된 행동을 기본 단위로 삼고, 그것을 통제하는 조건과 자극 혹은 상황을 기술하는 데 초점을 두었다. 왓슨J. B. Watson과 스키너B. F. Skinner는 이의 대표적인 사람들로서, 인간 행동에 대한 진정한 과학이 가능할 뿐만 아니라 바람직하다는 전제를 내세웠다.[7] 그들의 행동주의적 견해의 핵심은 우리의 행동이 개인 '내'에 있는 동기, 성향 또는 '자아'에 의해서가 아니라 '외부 환경'에 의해서 조형

된다는 믿음에 있다. 그래서 이들은 인간의 내적인 사고 과정에는 별 관심을 두지 않았으며 인간의 행동에 대해 어떤 특수한 동기를 가정하는 것을 거부하였다.

행동주의자들은 인간의 도덕성 또한 비선천적인 특성으로 상정하며 오랜 조건화 과정의 복합적 결과이자 그의 정점으로 인식하였다.[8] 이에 따라 도덕성을 보상과 벌의 수단(도구)에 의해 학습된 내적 통제력으로 규정한다. 도덕성에 관한 설명에서는 신념이나 의향과 같은 정신적 현상 그리고 선택, 책임, 정의 등과 같은 개념을 언급해서는 안 된다.[9] 도덕성의 원천을 인간의 정신이나 영혼과는 무관하게 철저히 개인의 외부에서 찾아야 하기 때문이다. 이것은 한 사람의 행동은 종種들의 진화 역사를 따라 추적 가능한 유전적 특질에 의해 그리고 한 개인이 노출되어 온 환경적 경우에 의해 결정된다고 했던 스키너의 말에서 잘 나타난다.[10] 이러한 경향은 심리학도 과학적 방식으로 설명할 수 있어야 한다는 신념에서 나온 것이다.

반면에 피아제, 콜버그, 투리엘, 누치 등의 인지발달론자들은 도덕성의 원천을 기본적으로 개인 내부에서 찾았다. 이들의 견해는 이 장의 논제인 도덕성 발달을 위한 구성적 방안에 대해 기본적인 시사점을 제공해 주고 있다.

피아제는 도덕성과 관련하여 구성주의적 관점의 한 지평을 개척한 발생학적 인식론자였다. 그는 사람들이 자신의 경험과 생각의 상호작용을 통하여 어떻게 개념을 형성하는가에 초점을 두고 자신의 이론체계를 확립하였다. 그는 유기체의 생물학적 발달 원리를 응용하여 개인이 환경으로부터 오는 정보와 자기 생각이 상호작용하여 개념의 도식schema을 산출하는 기제mechanism를 제시하고, 이를 통해 개인의 사고 구조가 발달하는 과정을 설명하였다.[11] 개인은 동화assimilation, 조절accommodation, 평형화equilibrium의 순환 과정을 통해 자신의 경험으로부터 사고(인지) 구조를 구성한다는 것을 형식화한 것이다.

이에 따라 피아제는 도덕성을 단순히 특정한 문화의 규범과 가치의 직접적인 내면화로 보는 관점에 동의하지 않았다. 그는 도덕성의 발달을 위와 같은 유기체의 생물학적 적응 과정의 기제를 통해 개인의 내부에서 발달하는 것으로 설명하였다. 도덕성을 개인의 전체적인 지적 및 인지적 발달에 따른 부산물로서의 추론 능력과 같은 것으로 인식하였던 피아제는 그것을 옳고 그름에 관한 판단, 곧 어떤 규칙을 근거로 행동을 결정할 것인지를 판단하는 능력으로 정의하였다. 그는 인간, 특히 아동의 지적 발달에 관한 광범위한 연구를 통해 일반적인 인지발달의 단계와 특정한 사고 과정을 요구하는 다양한 개별적 단계라는 두 가지 부류의 정신적 진보가 있음을 발견하였다. 도덕적 판단의 발달은 개인의 사고(인지) 구조의 발달을 의미하는 것으로, 이는 후자의 부류에 속한다.

콜버그는 인간의 인지발달에 관한 피아제의 이론을 도덕적 영역으로 확장하여 자신의 이론 체계를 정립하였다. 그는 인지cognition를 도덕적 행동을 유발하는 동기의 원천이자 동력으로 강조하였다. 그가 제시한 도덕적 추론의 단계 이론에는 우리가 주목할 만한 가정이 함의되어 있다. 그것은 개인을 자유롭고, 자율적이며, 개인적으로나 사회적으로 자기 주관에 의해 나름의 합리적이고 사리에 맞는 도덕적 판단을 내리는 존재로 상정하고 있다는 것이다. 도덕성의 구성적 발달을 위한 논의도 기본적으로는 이러한 가정 위에서 출발한다.

그는 사람이 도덕적 행동을 하는 근원적인 동기가 내부적으로 부과된 원리와 이상에서 비롯하는 것으로 보았다. 개인의 도덕적 행동은 다른 요소에 의해서도 영향을 받긴 하지만, 결정적으로는 도덕적 판단의 성숙에서 나온다는 것이다. 콜버그는 도덕성의 발달을 개인이 도덕적 원리를 이해하고 또한 그것에 동의하기 때문에 받아들이는, 혹은 그가 스스로 성취하게 된 도덕적 원리에 따라 행동할 수 있는 상태로 나아가는 적극적, 역동적, 구성적 과정으로 간주한다. 이를 인지구조의 발달론적 측면에서 보면, 개인은 피아제가 이론화하였던 도식 산출의 기제에 따라 인지적 재구조화와 재질서화를 이루며 도덕적으로 성숙해간다. 그리고 각 발달 단계는 그 이전 단계보다 더 복잡한 인지적 이해가 가능함으로써 도덕적으로 더 바람직하다.

그러나 콜버그의 위와 같은 관점은 후기 인지발달론자들인 투리엘, 누치 등과 같은 사회영역social domain 이론가들에 의해 두 가지 측면에서 근본적인 수정이 이루어졌다. 첫째, 이들은 개인이 성장 과정에서 획득하는 사회적 지식을 도덕적 지식(개인이 다른 사람을 어떻게 대우해야 하는가에 관한 원리), 사회 인습적 지식(사회집단과 제도의 원활한 기능을 위해 설계된 규제) 그리고 개인적/심리적 지식(자기 자신, 다른 사람, 자율성과 개성에 대한 신념에 관한 이해) 등 세 가지 영역으로 범주화하고, 세 영역의 지식은 아동기와 청소년기를 지나면서 통시적으로 발달하는 것이 아니라 공시적으로 발달한다고 하였다. 둘째, 그들은 정서를 단순한 이성의 부산물로 취급하지 않고 도덕 판단을 위한 하나의 동기적인 혹은 강력한 힘을 제공하는 것으로서 여기며, 행동은 개인이 상황을 해석할 때 그에 수반되는 것으로 간주한다. 그럼으로써 이들은 도덕성이 개인의 주체적인 노력에 따라 구성적으로 발달하며 그 과정에서 정서가 긍정적인 역할을 한다는 견해를 분명히 밝혔다.

■ 도덕 판단의 정당화 문제

윤리학의 중요한 목표 중의 하나는 도덕 판단을 지지할 수 있는 합리적인 근거가 마련될 수 있는가를 탐색하는 것이며, 마련될 수 있다면 그 근거가 무엇인지를 구체적으로 밝히는 것이다. 그러나 윤리적 회의주의자들은 어느 사람도 어떤 것이 '옳다' 혹은 '그르다', '좋다' 혹은 '나쁘다'라고 말할 수 있는 어떠한 객관적 정당성을 갖지 못한다고 주장한다. 왜냐하면 도덕 판단을 정당화한다는 의미는 그것이 곧 사실판단이 정당화되는 것과 유사한 객관적 방식으로 정당화될 수 있는가를 묻는 것인데, 도덕 판단은 사실 판단과 본질에서 다르다고 보기 때문이다.

그런데 메타 윤리학자들 가운데 툴민S. E. Toulmin, 헤어R. M. Hare, 오스틴J. L. Austin과 같은 일상언어철학자들은 이러한 도덕 판단의 정당화 문제를 전통적인 방식과는 다른 차원에서 접근하였다. 이들은 윤리나 도덕 그 자체에 대한 철학적 사유에서 벗어나 '언어' 분석을 통해 그 통찰의 실마리를 찾고자 하였다. 이들은 인간 행동의 당위에 대한 규범이나 기준을 찾는 데 일차적인 관심을 두는 것이 아니라 윤리 언어에 대한 논리적인 분석과 관찰을 통해 윤리적 현상을 명백히 밝히는 데 초점을 두었다. 이에, 논자는 여기에서 이들의 철학적 이론 체계 그 자체보다는 윤리적 현상의 특징이 무엇인가를 확인하는 데 관심을 기울인다.

일상언어철학자는 에이어A. J. Ayer와 같은 정의주의자emotivists와 달리 도덕 판단을 단지 감정이나 태도의 표명이나 유발로 보지 않았다. 이들은 도덕 판단을 평가, 권유, 규정 등과 같은 것으로 인식하였다. 같은 맥락에서 이들은 도덕 판단을 그 본질상 합리적인 행위로 인정한다. 또한, 서술적이고 사실적인 진술에서뿐만 아니라 가치 진술에서도 도덕적 정당화가 가능하다고 말한다. 그의 원천은 이들이 자아의 근거를 삶의 세계와 무관하게 이해할 수는 없다고 보는데 있다. 이들에 의하면, 나라는 존재는 전적으로 나 혼자만의 인식으로 형성된 것은 아니다. 나는 타자와의 관계 속에서 전개되는 삶의 세계를 통해 구성되는 존재이다. 이에, 일상언어철학자들은 칸트가 말하는 바와 같은 선험적 인식을 거부하고 우리의 일상적 언어 행위를 중심으로 인간의 실재를 파악하고자 하였다. 툴민과 헤어는 이를 철학적 관점에서 접근하였고, 오스틴은 이를 언어학 영역에 적용하여 우리에게 도덕 언어에 대한 새로운 시사점을 제공해 주는데 기여하였다.

툴민은 과학에서의 추론의 목적이나 기능이 현상을 예언하는 데 도움을 주는 것과 같이, 윤리적 행위에 관한 추론의 참된 기능은 공동사회 내에서 구성원의 욕망을 조화시키는 데 있는 것이라고 주장하였다. 그는 윤리학을 공동사회 구성원의 욕망과 행위가 조화되는 과정의 부분으로서 특징지을 수 있다고 믿었다.[12] 그는 어떤 행위의 이유가 공동체의 조화를 증진하고 고통을 회피하는 것과 관련된다면, 그 이유를 윤리적인 것으로 여겼다. 고통이나 쾌락을 고려하는 것은 윤리의 가장 중요한 측면인 '의무'를 무시하는 것이라는 반론에 대해, 툴민은 그 의무라는 것도 사회생활의 구조나 공동체의 관습과 절대 무관하지 않다고 하였다. 이는 그가 윤리를 삶의 실존적인 문제를 풀어가는 유력한 관건으로 이해한 것이라 볼 수 있다. 그리고 이와 더불어 도덕 판단의 참된 기능은 욕망을 조화시키는 데 있는 것이라는 툴민의 견해는 이후 논자가 이 장에서 제시하는 도덕성의 구성적 발달을 위한 방안에서 중요한 토대가 되고 있다.

툴민은 직관주의나 정의주의emotivism를 주장하는 자들에게 자신의 견해를 뒷받침하는 근거를 설명하고자 우리가 중요한 도덕적 결정을 내려야 할 때 실제로 하는 바를 주목해보라고 주문한다. 여기서 '실제로 하는 바'란 옳거나 그르다고 판단하는 기준을 무엇으로 설정하고 있는지 그리고 그 논의에서 사용되는 단어들을 살펴보라는 것이다. 툴민에 따르면, 우리는 어떤 도덕적 결정을 심사숙고하여 내릴 때 행위에 본래 속해 있는 선이나 옳음의 어떤 특성을 찾는 것이 아니라 타당한 이유가 무엇인지를 찾는다.[13] 심지어 어떠어떠한 것을 선이라고 하거나 이러저러한 것을 행해야 한다고 할 때, 우리는 어떤 나름의 이유를 댄다.[14] 그 이유를 정당한 것으로 만드는 것은 논의에 참여하는 사람들이 '수용할 가치'가 있는가에 달려 있다. 물론 그 이유, 곧 판단의 기준은 상황에 따라 변할 수 있다.[15] 그의 관점을 요약하면, 윤리적 논의는 공동체의 생활과 관련해서만 의미가 있다. 왜냐하면 더 이상의 정당화를 요구하는 것은 실존적 삶의 문제로서의 도덕적 논의를 초월하는 것으로 보기 때문이다.

헤어는 우리가 사용하는 일상의 도덕 언어에 대해 툴민이 제기하지 않았던 중요한 두 가지 문제에 대해 언급함으로써 일상언어철학의 본질을 더욱 분명하고 확고하게 보여주었다. 그것은 도덕 판단이 규정적 prescriptive 성격을 지니며, 도덕 판단 또한 다른 기술적 판단이나 사실적 판단과 마찬가지로 보편화할 수 있다는 것이다. 헤어는 도덕 언어가 각기 다른 문법적 형식을 갖는다 하더라도 그것들은 모두 규정적이라고 말한다. 여기서 말하는 규정적이라는 것은 행동을 명령하고 요구하는 논리적 특징을 의미한다. 도덕 언어의 주요한 기능은 행동을 좌우하고 유도하는 것이라 하였다. 다시 말해, 도덕 언어로 이루어진 도덕 판단은 행위를 안내한다는 점에서 규정적 의미를 지니며, 논리적으로 그 본질은 명령적 성격을 지닌다.[16] 도덕 언어는 이미 그 안에 실천적 성격을 포함하고 있다는 것이다.

따라서 우리가 도덕적 논의에서 그 판단에 동의한다는 것은 그 판단이 함의하고 있는 명령에 동의하는 것과 마찬가지다. 그러므로 도덕 판단을 한다는 것은 곧 그 판단이 행동으로 옮겨져야 함이 논리적으로 요구된다. 이는 도덕 원리와 개별 준칙 모두에 적용된다. 도덕 언어의 기능을 규정만으로 제한하는 것은 매우 좁은 견해라는 워녹 G. J. Warnock의 비판[17]에 대해 헤어는 충고하고, 탄식하고, 비난하고, 권장하는 등의 여러 가지 기능을 포함하는 도덕 언어가 모두 넓은 의미의 규정성을 포함하는 것이라고 응답했다.[18]

헤어의 견해 가운데 여기에서 특히 주목할 것은 도덕 판단 또한 기술적 판단이나 사실적 판단과 마찬가지로 보편화가 가능하다고 한 주장이다.[19] 도덕 판단이 가능하다는 논리는 그것이 서술적 판단이 가지는 논리와 적어도 유사함을 보여주어야 한다. 헤어는 존재와 당위의 문제와 관련하여 비사실적인 도덕적 문장도 연역을 통해 결론에 도달하는 것이 타당하다고 말한다. 다만, 툴민이 주장하는 논리적 추론의 규칙 그 자체, 즉 욕망을 조화시키는 측면에서 이유를 말한다는 사실은 우리가 그런 이유를 좋은 이유라고 전제적으로 규정해야지, 규칙 자체로부터 논리적으로 수반되지는 않는 것으로 본다. 그러므로 욕망을 조화시키는 것에 관한 사실로부터 도덕적 명령을 추론하려는 툴민의 견해가 실제로는 묵시적인 규정적 전제에 의존하고 있다고 말한다.

이와 관련하여 헤어는 도덕적 추론이 그 상황의 '사실'을 설명한 어떤 전제를 포함하고 있다고 말한다.[20] 예컨대 'Y를 하는 것은 좋은 일이다'고 도덕 판단을 내리면서, 적합한 관점에서 'Y와 유사하거나 같은 Y'를 좋은 일이 아니라고 한다면 자기모순을 범하는 것이기 때문이다. 또 다른 예를 들어보면, "우리는 거짓말해서는 안 된다. 내가 아프다고 엄마에게 말하는 것은 거짓말이다. 그러므로 나는 내가 아프다고 엄마에게 말해서는 안 된다"는 논리적으로 타당하다는 것이다. 규정적인 대전제("우리는 거짓말해서는 안 된다")와 규정적 결론("나는 내가 아프다고 엄마에게 말해서는 안 된다")에 덧붙여 여기에 사실적인 소전제("내가 아프다고 엄마에게 말하는 것은 거짓말이다")가 존재한다는 것이다. 그래서 헤어는 도덕적 추론에는 그 상황의 '사실'을 설명한 어떤 전제가 포함되어 있다고 말한다. 이는 곧 우리가 어떤 일을 하고자 할 때, 그에 관한 최소한의 관련 사실을 알지 못한다면 무엇을 해야 할지를 결정할 수가 없다는 논리이다. 다시 말해, 우리가 어떤 결정에 도달하려면 마음속에 그 경우에 관한 최소한 한 가지 이상의 '사실적 명제'를 알고 있어야 한다는 것이다.[21] 그래서 헤어에게 있어서 윤리학은 합리적으로 그리고 인지적으로 탐구될 수 있는 타당한 학문이 된다.[22]

한편, 일상언어철학은 언어학에도 새로운 전기를 마련하는 실마리가 되었다. 영국의 언어 철학자였던 오스틴은 '언어란 무엇인가'보다는 '언어는 무엇을 하는가'에 초점을 둔 언어학의 한 흐름인 화행론을 정립하였다. 미국의 실용주의 철학자 듀이J. Dewey가 가치의 문제를 일상생활의 구체적인 사건들 속에 정치시키고자 하였던 것처럼, 오스틴의 의미론은 말의 의미를 단순하게 언어적인 것으로 보거나 심리적인 것으로 보지 않는데 그 특징이 있다.[23] 오스틴은 일상언어철학에서 도덕 판단을 평가, 권유, 규정 등과 같은 것으로 보는 인식을 공유하고 우리가 도덕적 논의 외에도 일상적으로 사용하는 언어와 관련하여 더욱 구체적이고 실제적인 차원에서 언어의 성격을 열거하였다.

오스틴은 문장이 발화의 한 부류를 형성하는 것으로 인식하고, 이를 단정문constatives과 수행문performative sentence으로 구분하였다. 그리고 전자가 말하는 것이라고 한다면, 후자인 수행문은 말하는 것이 바로 어떠한 행위를 하는 것, 곧 '화행話行, speech act'이라고 주장한다. 수행문은 명령문과 거의 같은 계통의 방식에서 어떤 행동을 수행하는 것이라는 사실을 지적하는 것으로,[24] 이것은 헤어가 말한 규정성과 같은 선상의 맥락에 있다. 헤어가 도덕 언어를 이용하여 말하는 가운데 우리가 무엇을 행하고 있는가 하는 문제에 관심을 기울였던 바와 같이, 오스틴은 말의 의미가 단순히 발언 자체에 있는 것도 아니고, 그 발언이 심리적으로 가져오는 어떤 효과에 있는 것도 아니며, 그 발언 가운데 수행되는 어떤 행위에 말의 의미가 있다고 하였다. 우리가 어떤 것을 말함으로써 듣는 이나 말하는 이의 감정, 생각 또는 행동에 어떤 결과적 영향을 미칠 수 있다는 것이다.[25]

전통적으로 철학에서 언어는 세계를 설명하거나 기술하는 것이고, 우리는 그에 대한 참·거짓을 판단할 수 있다고 여겨졌다. 하지만 오스틴은 그런 가정이 잘못됐다고 말하면서 진/위와 가치/사실의 이분법적 사고에 대한 맹목적 숭배를 허물어야 한다고 하였다. 오스틴은 언어를 더욱 넓은 배경에서 파악하는 처지인 바, 언어의 진술적 기능과 이를 수행하고 있는 형식으로서의 진술을 전체적인 언어 현상의 일부로 본다. 따라서 그는 언어가 지닌 다양한 기능과 특성을 언어 사용자인 인간의 삶의 조건과의 관계 속에서 해명하고자 하였다. 그러므로 진/위의 진리치를 갖지 않는 언어들이라 하여 모두 무의미한 것은 아니다. 따라서 그는 종래의 서술문 중심의 낡은 경향의 오류를 '서술의 오류descriptive fallacy'라고 했다.[26]

오스틴은 의미적 차원에서 발화, 곧 화행의 유형을 구분하였다. 예컨대 심판이 판정할 때 전형적으로 나타나는 판정형, 권리나 영향력을 행사하는 행사형, 약속하거나 일을 떠맡을 때 나타나는 언약형, 태도 혹은 사회적 행동과 관계가 있는 표명형, 화자의 주장이나 의견을 표현하는 서술형 등 다섯 가지로 구분하였다.[27] 하지만 그가 제시한 화행의 유형 분류에는 이를 세분화하는 분명한 기준이 제시되지 않았고, 분류한 유형 간의 개념이 포괄적인 관계로 중첩성을 띠게 되어 하나의 수행 동사가 여러 화행 유형에 속한다는 문제점을 안고 있다.

그런데도 오스틴의 발화 유형에는 도덕 언어가 들어갈 수 있는 여지가 많다. 가령 지시형에는 권리, 조건, 도덕 규칙의 개념이 포함될 수 있고, 언약형에는 약속의 개념, 책무, 신의 등의 윤리 개념이 포함될 수 있다. 표명형에는 감사, 평가, 비난, 동정, 행복, 한탄 등의 도덕 언어들이 포함될 수 있다. 마지막으로 서술형에는 도덕적 추론에서 나오는 이유, 합리성, 도덕 용어의 의미 등이 포함될 수 있을 것이다.[28] 오스틴의 화행론은 오히려 이런 도덕 언어에 의해 더욱 설득력을 얻을 수 있는 여지가 더 있어 보인다. 도덕이나 윤리는 인간의 실존적 문제와 깊은 연관이 있는 것으로, 구체적인 행동(실천)으로 이어지지 않으면 도덕어의 가치는 그만큼 반감되기 때문이다.

그러나 헤어와 오스틴의 규정론과 화행론은 논자가 지닌 기본적인 관점과는 다소 거리가 있다. 언어의 논리적 분석을 철학의 방법으로 활용한 그들의 철학적 및 언어학적 관점의 주장들은 도덕적 담론을 실용적으로 만든다는 점에서 분명히 유의미하다. 그리고 논자 또한 그와 관련하여 일정 부분 동의한다. 하지만 그들의 주장 역시 여타 다른 견해들과 마찬가지로, 도덕적 행동을 담보하는 데에는 분명한 한계를 지닌다. 예컨대 우리가 칸트의 정언명법을 온전히 인정한다 하더라도 도덕적 상황에서 그 원리대로 행동하는 것은 또 다른 문제라는 것을 경험적으로 잘 알고 있다. 일상언어철학자들의 영향을 받아 도덕적 판단을 규정적으로 보고 그로부터 행위의 실천을 기대했던 영국의 도덕 교육학자 윌슨J. Wilson의 도덕 교육론이 현실 세계에 뿌리를 내리지 못하고 사변적 논의에 그치고 말앉던 바와 같이,[29] 그리고 동양철학에서 왕양명이 강조했던 지행합일론이 실제적 측면에서 사람들로부터 강력한 설득력을 얻지 못했던 것처럼, 도덕 언어가 보편화할 수 있고 규정적이며 행동을 안내하는 것이라는 그들의 견해 역시 실제 행동을 담보하지는 못한다. 이후에도 수많은 철학자가 도덕적 행동을 유력하게 예측할 수 있는 이론을 정초하고자 노력을 기울이고 있는 이유도 여기에 있다. 논자가 볼 때 실천은 그와는 또 다른 별개의 문제이다.

도덕성의 구성적 발달 방안

우리는 자기 자신의 도덕성을 어떻게 발달시킬 수 있는가? 자기 자신의 '외부out there'에서 그에 관한 진리를 찾아야 하는가, 아니면 '내부in here'로부터 의미를 구성해나가야 하는가? 혹은 서로 모순되지 않고 여러 가지 점에서 상호 보완적인 두 접근의 변증법적인 결합을 추구해야 하는가?[30] 어떤 관점을 채택하든 논란은 불가피할 것이다. 하지만 논자는 개인이 자신의 도덕성을 주체적으로 구성해나가야 한다는 구성주의적 관점을 견지한다. 인간의 삶은, 프랑스의 실존주의 철학자 사르트르J. P. Sartre의 말처럼, 탄생과 죽음 사이의 선택이기 때문이다.

도덕성에 관한 논의는 각기 다른 상황에서 우리에게 구체적으로 옳은 행위를 말해주는 데 있는 것이 아니며, 또 그럴 수도 없다. 그것은 인간의 도덕적 이해의 본성에 대한 통찰을 제공해 줄 수 있어야 하고, 그렇게 함으로써 우리 자신의 도덕적 이해를 확장하는 데 도움이 되어야 한다. 미국의 철학자였던 듀이J. Dewey는 '진리truth'를 정적이며 최종적인, 완전하고 영원한 것으로 인식하는 전통적인 철학적 관념을 비판하고 가치의 문제를 일상생활의 구체적인 사건들 속에 정치시켰다.[31] 역시 미국의 철학자인 존슨M. Johnson은 객관주의와 대비되는 비객관주의적 또는 체험주의적이라 부르는 관점에서 인격체를 과정적 자아self-in-process로 간주한다.[32] 그리고 그러한 자아는 지속해서 그 정체성을 탐색하며, 또 동시에 스스로 무엇이 될 것인지에 대한 상상적 이상에 들어맞게 자신을 형성하려고 한다고 하였다.

논자는 위에 언급한 자들의 견해에 동의하는 바, 여기에서는 앞의 '도덕성의 구성적 발달을 위한 예비적 논의'에서 언급된 내용에 근거하여 개인이 자신의 도덕성을 구성적으로 발달시키고자 할 때 방법론적으로 어떤 요소들을 고려해야 할 것인지에 초점을 두고 논의한다. 도덕성의 발달과 관련해서는 앞장에서 고찰해 보았듯이, 탄탄한 이론적 바탕 위에서 구성주의적 접근을 주장했던 학자들이 많이 있다. 이에, 논자는 앞장에서 검토한 내용을 빌려 '일상 현상의 도덕화와 도덕어의 선용', '도덕 판단 근거의 보편화 가능성 탐색', '언어의 기능을 활용한 도덕적 사고의 습관화'를 도덕성의 구성적 발달을 위한 실제적 방안으로 제시한다. 도덕성의 구성적 발달은 이 가운데 어떤 하나라도 빠지게 되면 우리가 지각하지 못하는 가운데 도덕성을 구성하는 도덕적 사고나 정서 발달에 지장을 초래할 것으로 예상한다.

■ 일상 현상의 도덕화와 도덕어의 선용 ■

우리는 외적 혹은 내적인 언어와 제스터로 자신을 표현하면서 거의 한순간도 쉬지 않고 다른 사람에게, 또 우리 자신에게 자신을 나타내는 데 여념이 없다. 이 경우에 우리는 대체로 자신의 광범위한 서사적 맥락을 자기 정체성의 소재로 구성함으로써 자신을 이해하고 정당화하고자 하는 경향이 있다. 그래서 사람은 흔히 자신의 사회적, 문화적 환경 안에서 도덕적으로 수용 가능한 설명을 구성하려 든다. 인간의 삶은 하나의 서사적 기획이라는 점에서, 도덕적 추론은 어쩌면 우리의 서사적 이해 안에 조건화되어 있는지도 모른다.

인간은 기본적으로 해석적 동물이다.[33] 자신의 서사를 구성한다는 것은 곧 현상을 자신의 관점에서 해석한다는 것을 의미한다. 이에, 도덕성의 구성적 발달을 위한 방안에서 '도덕화'는 필수적/필연적인 과정일 수 있다. 예를 들어 우리는 버스나 도서관 등 공공장소에서의 휴대전화 사용, 동물에 대한 인간적이거나 비인간적인 대우, 가난한 나라에 대한 부유한 나라의 책임, 성 평등이나 성 소수자와 관련한 논쟁, 매년 전 세계적으로 불필요한 용품 구매에 낭비되는 돈의 양, 세계 인구 10명 중 1명이 영양 결핍 상태에서 한 해에 쓰레기로 폐기되고 있는 음식물의 양, 부모와 자녀 간의 상호적 권리와 의무 등의 현상적 문제를 도덕화할 수 있다.

일상의 다양한 현상 가운데 어떤 문제들을 도덕적 시각에서 바라보고 평가하기 위해서는 도덕어의 사용이 불가피하다. 현상에 대한 도덕화는 언어를 통해 가능해진다. 우리는 이제 언어를 사용하지 않고는 도덕에 대한 지식을 얻기 어렵다. 윤리 언어 혹은 도덕 언어(줄여서 윤리어/도덕어)란 윤리적인 문제를 담은 발언에서 도덕적 승인과 불승인을 표현하는 데 쓰이는 주요 용어를 일컫는다. '좋음', '나쁨', '옳음', '그름', '해야 함', '의무', '배려', '양보' 등은 대표적인 도덕어에 속한다. 만약 도덕어를 사용하지 않는다면, 우리는 도덕의 세계와 점차 멀어지는 삶을 살게 될 것이다. 우리는 도덕적 차원에서 무엇이 허용되고 무엇이 금지되는지 알아야 한다. 그런 점에서 도덕어는 도덕적 논의와 더불어 도덕적 삶의 전반에 걸쳐 관련된다.

그런데 도덕적 실재론자들의 주장과는 달리 우리가 사용하는 용어가 모두 애초부터 도덕적 의미를 내포하고 있는 것은 아니다. 다시 말해, 도덕적 판단에 사용되는 모든 언어가 본질적 또는 일차적으로 도덕적 특성을 담고 있는 것은 아니다. 이를테면 '살인', '약속' 등은 그 본래 의미에 있어서 '사실'에 관한 언어이다. 그런데 그런 언어들이 도덕어로 인식되는 것은 그것들이 사용되는 현상이 도덕적 관념으로부터 투사된 도덕적 가치에 의해서 도덕화되었기 때문이다. '사실'에 관한 언어에 부가된 도덕적 가치는 그 특성에 있어서 이차적 또는 부가적 속성이며, 이 속성은 도덕적 실재론자들이 주장하는 것처럼 이들 언어가 '관찰 가능한' 도덕적 속성을 본래 가지는 것은 아니다.[34] 도덕의 의미나 가치도 원래 있는 것이 아니다. 그것은 우리의 삶의 과정에서 사람들에 의해 해석되고 자리매김 되는 것이다.

어떤 측면에서 보면, 우리는 언어화된 세계를 객관적 현상의 세계, 자연 그대로의 세계와 혼동하여 살고 있다. 그래서 우리는 그 둘의 세계를 인지적으로 구분할 필요가 있다. 언어에 의해 구성된 개념을 통해 객관적 현상의 세계를 보기 때문에 우리가 보고 느끼는 세계는 있는 그대로의 객관적 세계라기보다는 언어에 의해 채색된 주관적 세계라 할 수 있다. 니체F. W. Nietzsche가 도덕적 현상이라는 것은 없고 단지 현상에 대한 도덕적 해석만 있을 뿐이라고 했던 것처럼[35] 선이나 악은 하나의 객관적 현상이 아니라 어떤 현상에 대한 도덕적 가치평가를 가리키는 개념에 지나지 않는다. 그런데도 우리는 '선'과 '악'을 마치 하나의 객관적 현상으로 오해하고 있다.

그런데 인간에게 사고 능력이 주어진 이상 그것은 오해라기보다 불가피한 필연이다. 분명한 것은 우리의 삶이라는 것이 대부분 자신의 해석 속에서 이루어진다는 점이다. 따라서 우리가 자신의 도덕성을 발달시키고자 한다면, 우선 자기 삶의 주변에서 일어나는 현상들을 '도덕적' 시각에서 바라보고 해석하고자 하는 일에 관심을 가져야 한다. 즉, 일상 현상을 도덕화하는 경험을 자주 가질 필요가 있다. 그러한 일련의 과정을 경험한다는 것은 우리가 도덕어를 자주 사용한다는 것을 뜻하기도 한다. 도덕화는 도덕어를 통해 이루어질 수 있기 때문이다. 그리고 이것은 결과적으로 우리의 도덕적 사고에 영향을 미치게 될 것이다. 비고츠키L. Vygotsky는 낱말의 의미word meaning를 통해서 사고와 말이 언어적 사고로 통합될 수 있다고 하였다.[36] 우리는 도덕어를 선용함으로써 자신의 사고를 도덕적 차원에서 정교화하고 그 범위 또한 확장할 수 있게 된다.

일상언어철학자들은 도덕 판단에 사용되는 언어를 단지 감정이나 태도의 표명이나 유발로 보지 않고, 평가, 권유, 규정 등과 같은 것으로 여겼다. '언어란 무엇인가'보다는 '언어는 무엇을 하는가'에 초점을 두는 화행론을 주창하였던 오스틴은 말의 의미를 단순하게 언어적인 것으로 보거나 심리적인 것으로 보지 않았다. 그는 말의 의미가 단순히 발언 자체에 있는 것도 아니고, 그 발언이 심리적으로 가져오는 어떤 효과에 있는 것도 아니며, 그 발언 가운데 수행되는 어떤 행위에 말의 의미가 있다고 하였다.[37] 헤어도 도덕 판단이 규정적 성격을 지닌다고 하였다. 즉, 그 안에는 행동을 요구하는 의미가 담겨있다는 것이다. 그런 점에서 우리가 도덕어를 사용하여 판단한다는 것은 이를 행동으로 옮기고자 하는 성향을 북돋우는 데도 이바지한다.

사회 규범을 활용한 여러 심리실험 결과를 통해서도 이를 확인할 수 있다. 사회적 규범은 전형적으로 '남을 속이지 말라', '이유 없이 다른 사람에게 손해를 끼치지 말라', '다른 사람의 인권을 존중하라'와 같이 도덕어로 구성된다. 인간은 진화를 통해 도덕화의 과정을 밟아왔다. 그래서 세 살 아이들은 자신이 관련된 상황이 아니라 하더라도 타인에게 사회적 규범을 강요하며, '그래야 한다' 또는 '그러지 말아야 한다' 같은 규범적 언어를 사용한다. 미취학 아동조차도 다른 사람에게 사회적 규범을 적극적으로 권유하는 규범 언어를 사용한다.[38] 행동을 요구하는 것이다. 우리는 어려서부터 이처럼 도덕화 할 수 있는 능력을 진화적으로 발달시켜왔다.

물론 앞에서도 언급했듯이 도덕 판단이 규정적이라는 헤어의 견해나 오스틴의 화행론을 온전하게 그대로 수용하기에는 무리가 따른다. 우리는 사람들이 자신의 언표대로 행동하지 않는 경우를 주변에서 쉽게 목격하거나 스스로 경험하고 있다. 하지만 도덕적인 삶을 사는 사람은 분명히 그렇지 않은 사람과 비교해 도덕 언어를 더 많이 사용할 것이다. 그리고 그런 사람은 행동으로 보일 개연성이 그만큼 높다. 사고가 언어를 창조하기도 하지만 언어 또한 인간의 사고에 강력한 영향을 미친다는 점을 고려해보면, 일상의 현상을 도덕화하며 도덕어를 자주 사용하는 사람은 그만큼 자신의 도덕성을 구성적으로 발달시키는 데 유용한 좋은 하나의 요건을 갖추고 있다고 할 수 있다.

투리엘E. Turiel과 누치L. P. Nucci와 같은 사회영역이론가는 사람들이 인습의 영역에서 사용하는 용어와 도덕의 영역에서 사용하는 용어가 서로 다르다는 것을 보여주고 있다. 도덕적 문제를 이야기할 때 흔히 권리, 복지, 존중, 정의, 배려, 공정, 정직, 책임 등의 용어를 자주 사용하는 반면에, 인습적 영역과 관련해서는 전통, 질서, 인사, 예의, 호칭 등의 용어를 자주 사용한다는 것이다. 영역 이론에서 도덕적 개념은 의무적이고, 보편적으로 적용할 수 있고, 비개인적이며, 규범적으로 구속력이 있는 것으로 가정된다.[39] 이들의 견해를 존중한다면, 우리는 평소에 도덕적 영역과 관련이 깊은 언어(도덕어)를 사용하는 습관을 지닐 필요가 있다. 다른 사람의 권리와 복지를 존중하고 침해하지 않고자 하는 마음가짐을 가지며 그에 적절한 언어를 사용하고자 노력하는 것이다. 그런 과정을 통해 우리는 도덕성을 점차 발달시켜 나갈 수 있을 것이다.

■ 도덕 판단 근거의 보편화 가능성 탐색

도덕적 사고는 적어도 한 가지 측면에서 과학적 사고와 다르다. 과학적 지식은 주로 과학자에게 관심의 대상이 되지만, 도덕적 지식은 도덕 철학자의 전유물이 아니다. 도덕 전문가가 아닌 다수의 사려 깊은 사람도 많은 관심을 갖는 영역이다. 그래서 도덕적 논쟁은 도덕 전문가 이외의 무리에서도 자주 일어난다. 신문과 TV, 소설, 연극, 영화 등 거의 모든 영역에서 다루어지고 거의 예외 없이 모든 사람은 도덕적 논쟁과 관련하여 자기나름의 판단을 한다. 또 그 판단을 보증된 믿음으로써 소유하게 된다.

하지만 사람들은 자신이 하는 모든 도덕적 판단에 대한 정당화를 누구나 인정하는 근거에 따라 설명하기 쉽지 않다. 대부분의 보통 사람은 인구에 회자하는 윤리학자들의 도덕 이론을 항시 마음에 새기고 생활하지는 않는다. 그렇다고 철학적으로 완벽하고 논리적으로 모순이 없는 도덕적 판단의 근거를 정립하고 있는 경우도 드물다. 그런데도 도덕적 상황에 직면하게 되면 예외 없이 도덕 판단을 하고 자신의 판단 근거에 대해 이러저러한 정당화를 내세운다. 그때 그 사람들이 제시하는 판단의 근거는 대체로 그들이 성장해온 유전적, 환경적, 문화적 배경에 따라 다를 개연성이 높다. 따라서 도덕적 논쟁을 줄이거나 해결하기 위해서는 어떤 도덕적 상황에 직면하여 도덕 판단을 할 때 그 판단의 근거가 보편화할 수 있는지를 끊임없이 자신에게 물어볼 필요가 있다.

그러면 어떤 도덕 판단의 근거(이유)들이 보편화 가능한가? 논자는 이를 인간의 본성적 측면과 윤리적 추론의 기능적 측면에서 논의한다. 우선, 인간의 본성적 측면과 관련하여서는 네덜란드의 철학자 스피노자B. Spinoza와 영국의 동물학자이자 윤리학자였던 하인드R. A. Hinde의 견해를 참고하였다. 스피노자에 의하면, 모든 인간은 본성의 한 부분으로서 자신의 존재를 계속 지속시키려는 충동conatus을 소유하고 있다. 자기보존의 추구는 본성적이고 절대적으로 필연적이다. 따라서 자기 존재를 배제하는 관념은 우리의 정신 안에 있을 수 없다.[40] 하인드도 이타성과 이기심을 인간의 본성으로 보고 이에 근거하여 도덕적 인간의 바탕을 이루는 '자기체계self-system'를 제시하였다.[41] 자기체계는 자기 자신과 주변의 세계를 바라보고, 이해하고, 평가하여 자신에게 설명하는 일종의 자기 내면의 해석자이다. 개인이 내린 도덕 판단은 그 사람의 자기체계 내에 통합된 것으로서의 전체적인 세계관과 밀접하게 연관되어 있다.

인간의 본성이 어떤 특성들로 구성되었느냐에 대해서는 여러 견해가 있을 수 있겠으나, 대체로 관련 학자들은 이기심과 이타심을 그의 핵심 요소로 든다. 진화심리학자와 신경과학자들은 인간이 본래 이기적이라는 주장과 함께 이기심을 초월하도록 작동하는 친사회적 성향도 가지고 있다는 증거를 제시한다.[42] 예컨대 하만K. Hamann은 48명의 생후 2.5세 및 3.5세 아이들을 대상으로 협력 활동을 하는 동료가 모두 보상을 받을 때까지 계속 협력하는지를 평가하여 공동 목표에 대한 유아의 헌신을 조사했다. 연구 결과, 만 3년이 지난 아이들은 공동 목표를 가지고 유혹이 있는 상황에서도 공동 활동에 전념하였다.[43] 이와 유사한 또 다른 연구 결과에 따르면, 아이들과 침팬지를 대상으로 짝과 협력해서 먹이를 끌어오거나 혼자서 같은 양의 먹이를 끌어오는 선택권을 줄 때, 아이들은 협력하기를 훨씬 선호했다. 반면, 침팬지는 협력 여부와는 상관없이 먹이의 양이 많은 쪽을 선택했다.[44] 미국의 신경과학자인 리버먼M. D. Lieberman 은 위의 연구 결과들을 꿰뚫듯이 이타적 행위가 인류의 생존에 유리했기 때문에 우리의 뇌가 다른 이를 돌보도록 진화했다고 말한다.[45]

논자는 두 번째, 즉 윤리적 추론의 기능적 측면과 관련하여서는 일상 언어철학자들의 견해를 참고하였다. 그것은 우리가 사용하는 용어, 특히 도덕 언어의 중요성을 인식하고 도덕 판단의 이유나 근거로 내세우는 원리가 보편화의 조건을 충족시켜야 한다는 점이다. 그들이 보인 견해는 도덕적 담론을 사변적 세계에 머무르게 하지 않고 실용적으로 만든다는 점에서 강점을 내포하고 있다.

여기서 이와 관련하여 주의할 점은 툴민이 욕망을 조화시키는 것을 곧 선하다거나 옳다고 주장하지는 않는다는 것이다. 그는 단지 의무, 선, 옳음에 관한 윤리적 담론이 구성원의 욕망을 조화시키는 기능이 있다는 것을 말하고 있을 뿐이다. 그리고 만약 욕망을 조화시키는 것이 진정으로 윤리적 추론의 기능이라면, 수용할 만한 윤리적 추론은 욕망을 조화시키는 기능을 수행하는 것이라는 점이 논리적으로 뒤따라 나온다. 따라서 우리는 자연주의나 직관주의로 전락하지 않고 언어 사용의 관습을 관찰함으로써 수용의 가치가 있는 윤리적 이유를 발견할 수 있을 것이다.

논자는 위의 견해들을 참고하여 인간의 본성에 근거하는 최소한의 보편화 가능한 도덕 판단의 근거나 이유를 제시한다. 개인은 경험이나 학습을 통해 습득하는 도덕적 기준을 도덕 판단을 하는 데 사용하고 있고 또한 사용해야만 한다. 그런데 실제로 종종 그러는 것처럼, 도덕 기준들이 개인의 실생활에서 별 도움이 되지 않는 경우도 많다. 이때 개인은 자신에게 내재한 이타성과 이기성 간의 최적한 균형을 찾아 도덕적 상황에서 어떻게 행동해야 하는지를 판단하는 데 적용할 수 있을 것이다. 그럴 경우 도덕성은 이기심을 지닌 개인이 협력의 이점을 거둘 수 있도록 하는 일련의 심리적 적응의 문제가 되며,[46] 그때 그것은 다른 사람에게 정당한 이유 없이 피해를 주지 않는 최소 도덕의 수준을 요구한다. 그 이상은 '도덕적 이상'에 속하는 것으로 볼 수 있다. 이것은 밀J. S. Mill이 말하는 '해악의 원리'와도 연결된다.[47] 물론 어떤 도덕적 상황에서는 불가피하게 다른 사람에게 손해를 끼칠 수 있을 것이다. 그 경우에는 그 사람이 입을 수 있는 피해를 최소화하는 지점을 찾아야 할 것이다.

'다른 사람에게 정당한 이유 없이 피해를 주지 말라'는 우리가 일상의 도덕 판단에서 정당한 이유 혹은 근거로 제시할 수 있는 보편화 가능성을 갖춘 최소의 도덕 원칙이라 할 수 있다. 윤리적 행위에 관한 추론의 참된 기능은 공동사회 내에서 욕망을 조화시키는 데 있으며 어떤 행위의 이유가 공동체의 조화를 증진하고 고통을 회피하는 것과 관련된다면 그 이유는 윤리적이라고 툴민이 말했던 바와 같이, 이것은 우리가 사용하는 평소의 용어로, 다른 사람들과 공동체에서 더불어 살아가는 데 필요한 최소한의 도덕적 준거이다. 이러한 최소 도덕 원칙은 선험적인 직관이나 초월적 존재로부터의 명령 등을 전제하지 않아도 되고, 단순한 감정이나 정서를 표현하는 것에 그치는 것도 아니다. 그리고 무사無私와 보편타당성을 도덕적 행위의 기준으로 삼는 것은 서재書齋의 도덕론이라고 일갈했던 니체의 비판[48]에서도 벗어나 있다.

개인이 자신의 이상적 인간상을 실현하고자 자유를 행사한다는 것은 타인이 그 개인에게 그렇게 하도록 자유를 허락한다는 것을 가정한다. 따라서 개인적 자유에 대한 요구는 당연히 공유된 도덕적 책무를 발생시킨다. 도덕적 행위의 기준이 되는 실천적 합리성은 타인의 이해 관심을 자기의 것과 같이 고려하는 태도에서 나온다.[49] 우리 존재의 중심에 있는 자기는 무엇보다도 우리의 신념을 타인의 신념과 일치시키고 집단의 이익을 위해 충동을 억제함으로써 타인과의 조화를 꾀하도록 작용한다.[50] 우리가 인식하는 대부분의 비도덕적 행동은 이러한 조화가 무너진 상태에서 발생한다. 대체로 이기심이 이타심의 영역을 침해하거나 무시하고 그의 적절한 범위나 강도를 넘어서서 기능할 때 발생한다. 하인드의 말을 빌린다면, 그런 사람은 아직 세상을 읽고 해석하는 적절한 자기체계self-system를 발달시키지 못한 상태에 있다.

미국의 도덕철학자 거트B. Gert에 의하면, 도덕성은 합리적으로 판단할 수 있는 모든 사람이 그것이 무엇인지 알고, 그것을 자신의 행위를 위한 지침으로 사용하는 것이 합리적이라는 두 가지의 특성을 포함해야 한다.[51] 이러한 특성을 충족하는 도덕성은 그렇게 해야만 하는 최선의 이유가 있는 행위를 하려는 노력이며, 동시에 그것은 자기의 행동으로 영향을 입게 될 각 개인의 이익에 대하여 동등한 가치를 부여한다. 논자는 위와 같은 두 가지 특성을 충족시킬 수 있는 도덕성이란 이타심과 이기심의 조화가 관련된 사람(들)의 복리를 최대로 증진하는 데 있는 것이 아니라, 관련된 사람(들)에게 정당한 이유 없이 피해를 주지 않는 지점을 경계로 행동하고자 하는 성향을 일컫는 것이라고 규정한다. 다른 사람에게 피해를 주지 않는, 이타심과 이기심의 최적의 조화를 추구하는 도덕성은 불변적인 기준이지만, 그것이 구체화하여 드러날 때는 그 적절한 지점이 주어진 도덕적 상황이나 대상에 따라 다를 수 있을 것이다. 상황이나 대상에 따른 경계지점을 찾을 수 있는 능력은 하루아침에 형성되지 않는다. 일상의 삶에서 우리가 그런 조화의 지점을 찾는 사고를 자주 경험할 때 발달할 수 있는 성질의 것이다.

■ 언어의 기능을 활용한 도덕적 사고의 습관화 ▬

여기에서 우리가 주목할 만한 가치가 있는 연구 결과가 두 가지 있다. 최근에 여러 사람이 인용하는 '트롤리 딜레마Trolley dilemma' 연구에 따르면, 도덕 철학을 접해 본 적이 있는 사람은 그렇지 않은 사람보다 더 높은 비율로 자신의 추론을 정당화할 수 있었다.[52] 또한 현대 과학자들의 설명에 의하면, 의식적인 숙고는 결정과 관련되어 보이는 여러 고려 사항을 우리 마음으로 인도함으로써 의사결정 기제들이 서로 접촉하게 되고, 이에 따라 더 많은 정보가 교류하게 된다. 따라서 우리가 숙고할수록 우리 행위에 대해 더 나은 정보를 알게 되고, 더 잘 이해하게 된다. 더 나아가 우리의 가장 깊은 곳에 있는 가치들도 그만큼 더 많이 반영된다.[53] 이러한 연구 결과들은 우리가 추론을 통해 자기 자신의 도덕성의 질을 향상할 수 있음을 보여준다. 우리가 자신의 도덕성을 발달시키고자 할 경우 한 가지 유력한 방안은 일상의 삶에서 일어나는 다양한 도덕적 문제에 대해 추론해보는 경험을 자주 갖는 것이다.

도덕 판단은 사고를 통해 이루어지며 그 사고는 소크라테스의 말대로 자신과의 내적인 대화이다.[54] 문자가 발명된 이후 인간의 대화는 주로 언어를 통해 이루어진다. 사고는 언어를 창조하기도 하지만, 언어 또한 사고를 확장하는 데 이바지한다. 구체적으로 말한다면 언어는 다양한 형식적 기능을 통해 사람들의 생각을 논리적으로 정연하게 해주거나 심화시킨다. 우리가 도덕적 상황에서 어떤 행동을 할 것인가를 추론한다는 것은 곧 언어의 도구가 갖는 다양한 기능을 활용하여 사고한다는 것을 의미한다. 그러므로 우리가 자신의 도덕성을 계발하고자 한다면 도덕적 추론을 확장하고 심화시켜주는 언어의 형식적 기능을 자주 활용할 필요가 있다. 언어가 도덕성 발달을 촉진하는데 이바지할 수 있는 형식적 기능에는 여러 가지가 있으나 명명화, 범주화, 재귀, 전위는 그의 대표적인 것에 속한다.

언어의 명명화naming 기능은 다른 말로 '이름 짓기'라 할 수 있는데 어떠한 대상의 존재를 확인하고 그 존재를 이 세계의 다른 것들과 구별 짓는 고유성을 확립하는 과정이다. 이는 언어의 존재론적 기능을 포괄하는 것으로서 가장 기본적인 것에 해당한다. 명명화가 이루어지지 않으면 그 존재는 우리 인간의 사고 속에 구체적으로 자리하지 못한다. 대상의 존재를 형성하는 데 있어서 기호는 단어이다. 그것은 처음에는 존재를 형성하는 데 수단의 역할을 하지만, 나중에는 그의 상징이 된다.

가시적인 물리적 대상이나 인식론적 대상인 추상적인 것들은 명명화를 통해 비로소 이 세상에 고유한 존재로 위상을 갖게 된다. 생물학적 눈으로 확인할 수 있는 물리적인 사물은 명명화를 통해 다른 것들과 구별되는 개별적인 낱낱이 되며 고유성을 확보하게 된다. 이 세상의 모든 물리적 대상은 이름 짓기를 통해 그 존재가 구체적으로 드러나게 된다. 이름이 없으면 사물이나 대상도 존재하지 않는다. 명명화를 통한 대상의 고유화는 도덕성과 같은 추상적인 것에 대해서도 마찬가지로 적용된다. 이 경우 물질과 같이 대상을 특정할 수 있는 것뿐만이 아니라 사랑, 행복, 선, 악, 옳고 그름, 의무, 정의와 같은 추상적인 것들도 존재하게 된다. 명명화를 통해 주관적인 것들이 비로소 객관의 세계에 편입하게 되기 때문에 그것이 가능해진다.

고차적인 추상적 사고에 해당하는 도덕성은 언어를 통해 확장되고 심화될 수 있다. 여기서 언어는 넓은 의미의 의사소통 수단을 뜻하는 것이 아니라 추상적 사고를 폭넓게 전개할 수 있는 기호로서의 언어를 뜻한다. 규범을 지키려면 혹은 누군가 규범을 어겼다고 판단하려면 규범이 무엇인지를 알아야 한다. '살인하지 말라'라는 규범을 인식하려면 '살인'과 '금지'라는 단어의 추상적 개념을 어떤 식으로든 알고 있어야 한다. 도덕 언어는 우리의 도덕적 범주들의 기초가 되는 이름과 설명을 제공하기 때문에 도덕의 범주적 인식을 중재할 수 있다. 어떤 원숭이는 포식자가 하늘을 날 수 있는지 없는지에 따라 다른 경고 신호를 낸다. 침팬지는 여러 가지 다른 의미를 나타내는 몸짓들로 의사소통을 한다. 그런 면에서 동물의 언어도 추상적이다. 하지만 이런 것들로는 도덕적 규범을 전달하기에는 역부족이다. 규범 지키기는 개인 내에서 추상적인 정보 처리가 필요하다. 그리고 그것은 도덕어로 인해 가능해진다.

언어의 범주화categorization 기능은 도덕성의 구성적 발달에 지대한 영향을 미치는 도구이다. 범주화 기능은 때때로 분류와 동의어로 간주되기도 하는데, 인간은 이를 통해 주변에 존재하는 사물이나 아이디어를 구성하고 세상에 대한 이해를 단순화할 수 있다.[55] 다시 말해, 인간에게 있어서 구체적인 대상과 추상적인 관념은 모두 범주화를 통해 인식되고 차별화되며 개념을 구성하게 된다. 도덕어에 따른 범주화 기능에 익숙한 사람은 그만큼 도덕적 사고를 명료화하고 논리화하는 데 유리하다.

　도덕적 사고에서 범주화 기능은 몇 가지 중요한 역할을 한다. 도덕적 사고는 어떤 측면에서 보면 범주화를 하는 과정이라 할 수 있다. 도덕적 논의라는 것도 구체적으로 살펴보면 특정한 도덕적 상황이나 사람, 사건과 관련하여 시시비비是是非非를 가리는 활동이라는 점에서 넓은 의미의 범주화 작업에 해당한다. 우리가 사용하는 도덕어는 이러한 도덕적 범주에 대한 인식에 영향을 미치고 정보를 제공하거나 심지어 생성하는 데 도움을 준다.[56] 왜냐하면 도덕 언어는 우리에게 도덕적 범주들의 기초가 되는 이름과 설명을 제공하기 때문이다. 그런 맥락에서 범주화 기능은 도덕적 개념의 형성에 큰 영향을 미치며, 우리가 사상을 손쉽게 변별하고 이해하고 기억하는 데 많은 도움을 준다. 또한 도덕적 선과 악을 분류해주며, 우리의 정체성을 형성하는 데도 이바지함으로써 도덕성의 구성적 발달을 촉진한다. 우리는 도덕어의 범주화 기능을 통해 도덕적 상황에서 어떤 행동이 옳은지, 나쁜지, 거짓인지, 위선인지, 선한지를 구분한다. 그런 구분이 가능해야 우리는 자신의 도덕성을 구성해나갈 수 있다.

　도덕어의 재귀再歸, recursion 기능도 도덕성을 구성적으로 발달시키는 과정에서 우리의 도덕적 사고를 심화시키는 데 도움이 된다. 재귀는 유한한 요소 집합에서 무한한 범위의 표현을 생성하는 능력을 제공하는 기제로, 일부 언어학자들은 재귀를 인간의 언어와 다른 동물의 의사소통 체계를 구별하는 유일한 특징이라고 말한다. 예를 들어 코발리스M. C. Corballis 같은 인지심리학자는 자기 생각을 다른 생각 속에 집어넣는 이러한 재귀 능력을 동물의 왕국에서 인간을 구별하는 유일한 특징이라고 하였다.[57]

우리는 도덕어의 재귀 기능을 통해 무한한 수의 상황이나 관계에 대한 도덕적 감각과 윤리적 이상을 표현할 수 있다.[58] 다시 말해, 그것은 우리가 무한한 수의 행동을 도덕화하는 데 도움을 주고, 또한 어떤 한 가지 행위에 대해서도 무한히 도덕화할 수 있게 해준다. 재귀는 우리 자신의 마음과 다른 사람의 마음을 연계하여 상상할 수 있게 하고 또한 정신적인 '시간 여행'을 할 수 있는 능력을 제공한다는 점에서 단순한 반복 repetition과는 다르다. 우리는 이를 통해 다른 사람들과 생각을 공유하고 자신의 마음을 반추해보며, 도덕적으로 미흡한 점을 창조적으로 재구성할 수 있다. 공감적 추론 능력도 언어의 이런 재귀적 기능에 많은 도움을 받는다고 볼 수 있다. 우리가 재귀 기능을 통해 다른 사람의 마음속으로 들어갈 수 있고, 자신의 내면의 마음을 전달할 수 있으며, 내면에서 타자와 대화할 수 있기 때문이다. 자아 성찰은 이의 대표적인 방식으로 '나는 그의 마음을 이해한다', '나는 그가 나의 마음을 이해한다고 생각한다' 등의 사고를 유발한다.

재귀 기능은 또한 인간의 마음에 천부적으로 들어있기 마련인 연민을 일깨워준다. 그것을 움직이게 하는 도구가 없다면 영원히 발휘되지 않고 남아 있을 것이다. 우리가 고통을 느끼는 원천은 우리 안에 있는 것이 아니라 고통을 느끼는 당사자 안에 있다.[59] 연민의 정을 우러나도록 하려면, 우리는 자신을 밖으로 끌어내고서, 고통을 겪고 있는 존재와 일체감을 가질 때 비로소 가능하다. 우리는 그가 고통스러워하고 있다고 생각하는 한에서만 고통을 느낀다. 도덕어의 재귀 기능은 자신의 마음에서 타자의 마음을 이해하고자 하는 연민을 불러옴으로써 그와 일체가 될 수 있다.

언어의 전위轉位, displacement 기능 역시 도덕성을 구성적으로 발달시키는 데 있어서 유용한 도구로 작용한다. 여기서 말하는 전위는 과거 또는 미래 시간을 나타내는 시제의 경우와 같이, 화자의 즉각적인 상황에서 제거된 문맥을 참조하기 위해 도덕 언어를 사용할 수 있는 능력이다. 우리의 경험세계, 곧 시간상으로는 과거나 미래, 공간적으로는 눈에 보이지 않거나 가보지 않은 곳에 관한 이해와 지식을 다양한 형식으로 제공해 줌으로써 궁극적으로는 우리의 도덕적 사고 범위를 확장해준다.

특히 도덕성의 발달 측면에서 볼 때, 도덕어의 전위 기능은 과거와 미래에 대한 도덕화 외에도 가상적이고 비현실적인 일을 도덕화 할 수 있다는 점에서 매우 유용하다. 예를 들어, 미래에 닥칠 수 있는 윤리적 문제를 상정하고 실제로 어려운 윤리적 문제가 발생하기 전에 신중하게 처리하는 방법을 논의할 수 있다. 또한, 허구적이거나 미래적인 윤리적 딜레마에 대해서도 생각할 수 있다. 언어의 전위 기능을 통해 우리는 환상이나 소설에서처럼 전혀 존재하지 않는 인물과 사건에 대해서도 사고할 수 있다. 아울러 현재의 공간에 존재하지 않는, 현재가 아닌 시간에 일어났던, 앞으로 일어날 수 있는 일에 대해서도 논의할 수 있다. 예컨대 작년에 일어났던 도덕적 사건을 되돌려 성찰해 본다거나, 꿈에서 겪은 도덕적 상황을 마치 현실 속에서 겪는 것처럼 이야기할 수 있다.

맺음글

    도덕성의 문제는 개인의 삶의 문제와 직결된다는 점에서 실존적 성격을 지닌다. 도덕성에 내재하는 그러한 특성 탓으로, 거기에는 인간의 삶과 연관성이 깊은 도덕철학(윤리학), 심리학, 사회학, 인류학, 교육학, 정치학 등의 관점이 복잡하게 얽혀있다. 그래서 우리가 어떤 하나의 관점에서 이를 해석하고자 할 때 편협한 결론에 이르기 쉽다. 그렇다고 어떤 학제적 접근을 위한 기본적인 절차나 원칙이 있는 것도 아니다. 우리가 도덕성의 문제에 접근하기 까다로운 것도 이와 관련이 있을 것이다. 우리는 그런 문제를 극복해나가야 하는 존재이다.

    우리는 이제 도덕이 제거된 세계에서의 삶을 상상할 수가 없다. 도덕은 개인이 다른 사람이나 사회를 위해 자신을 희생하는 것이 아니라 그 속에서 자신이 어떻게 존재하고 살아야 하는가의 문제와 관련이 있다. 그것은 우리가 일종의 사회 계약으로서 도덕규범이 등장하게 된 배경을 상기해보면 알 수 있다. 그동안 이기성은 인간의 본성을 구성하는 주된 내용으로 인정되었으나 이타성은 다소 논란의 여지가 있었다. 하지만 진화 생물학에서 포괄적응도의 개념이 제시되고 현대 신경 과학의 연구 결과 들로 이타성은 이기성과 더불어 인간 본성의 한 축으로 확고하게 인정되고 있다. 이에 따라 사람들에게 본래의 이기성을 온전히 무시하고 이타성 만을 요구하는 것은 인간이기를 부정하는 것이며, 이는 그 반대도 마찬가 지다. 따라서 도덕성은 함께 살아야 한다는 목적성을 바탕으로 이타성과 이기성을 잘 조절하는 문제의 차원에서 정의될 필요가 있다. 그리고 도덕 판단은 그에 기초하여 전개되는 사고의 과정에 해당한다고 할 수 있다.

논자는 위와 같은 인간의 본성에 근거하여 최소한의 보편화 가능한 도덕 판단의 근거나 이유를 제시하였다. 우리는 도덕적 상황에서 어떻게 행동해야 하는지를 판단할 때 대체로 자신에 내재한 이타성과 이기성 간 의 최적한 균형을 찾아 그에 적용하고자 한다. 그때 도덕성은 이기심을 지닌 개인이 협력의 이점을 거둘 수 있도록 하는 일련의 심리적 적응의 문제가 되며, 그것은 다른 사람에게 정당한 이유 없이 피해를 주지 않는 최소 도덕의 수준을 요구한다. '다른 사람에게 정당한 이유 없이 피해를 주지 말라'는 일상의 도덕 판단에서 정당한 이유 혹은 근거로 제시할 수 있는 보편화 가능한 최소의 도덕 원칙이라 할 수 있다.

우리는 한 개인의 도덕적 존재자로서 자신의 많은 부분을 즐겁게 투 자할 수 있는 나름의 삶의 형태를 추구할 권리가 있다. 사람은 누구나 자 신의 가치관에 따라 삶을 살아가기 마련이다. 도덕적 존재자로서 자신이 지향하는 가치를 존중하는 사람이라면 일상의 경험을 통해 자신의 도덕 성의 실체를 발견하고, 자기체계self-system 내에 도덕성이 중심을 차지하는 삶의 형태를 구성하는 데 관심을 기울일 필요가 있다. 이에, 논자는 우리가 자기 자신의 도덕성을 발달시킬 수 있는 구성적 방안으로 일상의 현상적 문제들을 도덕어를 사용하여 도덕화하는 경험을 쌓고, 자신의 도덕 판단을 정당화하는 근거나 이유가 보편성을 띠고 있는지를 성찰하며, 도덕어가 지닌 다양한 기능을 활용하여 자신의 도덕적 사고를 확장하고 심화할 것을 제안하였다. 그러한 일련의 과정을 경험하면서 우리는 자기 삶의 방향과 목적, 방식을 스스로 결정하고 그에 책임을 지는 능동적 삶을 살 수 있는 능력을 갖춰나갈 수 있을 것으로 기대한다.

참고문헌

강재륜(1996), 『윤리와 언어분석』, 서울: 철학과현실사.

이병혁(1998), 『한국사회와 언어사회학』, 서울: (주)나남출판.

이종일(1985), 도덕언어의 의미분석: R. M. Hare 중심, 『철학논총』, 새한철학회.

조무남(1989), 도덕적 논의에 사용되는 언어의 논리적 특성, 『교육학연구』, 27권 2호(통권 59호), 한국교육학회.

이택호(1980), 언어행위와 의미, 『철학논구』, Vol. 8, 서울대학교 철학과.

한기철(2003), Jürgen Habermas의 보편주의적 도덕성 개념, 『아시아교육연구』, Vol. 4, No. 3, 서울대학교 교육연구소.

Austin, J. L.(1965), *How To Do Things with Words*, Cambridge, Mass: Harvard University Press.

Austin, J. L. 저, 김영진 옮김(1992), 『말과 행위: 오스틴의 언어철학, 의미론, 화용론』, 서울: 서광사.

Bullinger, A. F., Melis, A. P., Tomasello, M.(2011), Chimpanzees, Pan troglodytes, prefer individual over collaborative strategies towards goals, *Animal Behaviour*, Vol. 82, Issue 5.

Corballis, M. C.(2011), T*he recursive mind: The origins of human language, thought, and civilization*, Princeton, NJ.: Princeton University Press.

Engler, B.(2008), *Personality Theories: An Introduction*, Belmont, California: Wadsworth Publishing, p. 12.

Eysenck, H. J.(1977), *Crime and Personality*, Granada Publishing.

Freud, S. 저, 임진수 역주(2002), 『꿈과 정신분석』, 계명대학교 출판부.

Gert, B.(1998), *Morality: Its Nature and Justification*, New York: Oxford University Press.

Greene, J.(2013), *Moral tribes: Emotion, reason, and the gap between us and them*, London: Penguin Press.

Hamann, K., Warneken, F., Tomasello, M.(2012), Children's Developing

Commitments to Joint Goals, *Child Development*, Vol. 83, Number 1.

Hare, R. M.(1952), *The Language of Morals*, Oxford, England: Oxford Clarendon Press.

Hare, R. M.(1963), *Freedom and Reason*, London: Oxford University Press.

Hare, R. M.(1968), Reviewed Work: Contemporary Moral Philosophy by G. J. Warnock, *Mind, New Series*, Vol. 77, No. 307.

Hinde, R. A. 저, 김태훈 옮김(2022), 『선이 좋은 이유: 도덕성의 근원』, 서울: 글로벌콘텐츠.

Johnson, M. 저, 노양진 옮김(2009), 『도덕적 상상력: 체험주의 윤리학의 새로운 도전』, 파주: 서광사.

Lapsley, D. K., Power, F. C. 저, 정창우 옮김(2008), 『도덕심리학과 도덕교육』, 고양: 인간사랑.

Levy, N. 저, 신경인문학 연구회 옮김(2011), 『신경윤리학이란 무엇인가: 뇌과학, 인간 윤리의 무게를 재다』, 서울: 바다출판사.

Lieberman, M. D. 저, 최호영 옮김(2015), 『사회적 뇌: 인류 성공의 비밀』, 서울: 시공사.

McGarty, C.(2015). Social Categorization, *International Encyclopedia of the Social & Behavioral Sciences*.
https://doi.org/10.1093/acrefore/9780190236557.013.308(검색: 2023. 01. 25)

Mill, J. S. 저, 서병훈 옮김(2018), 『자유론』, 서울: 책세상.

Mischel, W., Shoda, Y., Smith, R. E. 저, 손정락 옮김(2007), 『성격 심리학』, (주)시그마프레스.

Nietzsche, F. W. 저, 강수남 옮김(1996), 『권력에의 의지』, 서울: 청하.

Nucci, L. P.(2008), Social Cognitive Domain Theory and Moral Education, In L. P. Nucci & D. Narvaez(Ed.), *Handbook of Moral and Character Education*, New York and London: Routledge.

Nucci, L. P.(2001), *Education in the Moral Domain*, New York: Cambridge University Press.

Platon 저, 천병희 옮김(2016), 『플라톤의 다섯 대화편: 테아이테토스/필레보스/티마이오스/크리티아스/파르메니데스』, 파주: 도서출판 숲.

Poulshock, J. W.(2006), Language and Morality: Evolution, Altruism, and Linguistic Moral Mechanisms, the degree of Doctor of Philosophy of University of Edinburgh.

Rekers, Y., Haun, D. B . M., Tomasello, M.(2011), Children, but Not Chimpanzees, Prefer to Collaborate, *Current Biology*, Volume 21, Issue 20.

Rousseau, J. J. 저, 주경복·고봉만 옮김(2019), 『언어 기원에 관한 시론』, 서울: 책세상.

Russel, B.(2004), *History of Western Philosophy*, New York: Routledge.

Sapp, G. L.(Ed.)(1986), *Handbook of Moral Development: Models, Processes, Techniques, and Research*, Birmingham, AL: Religious Education Press.

Schmidt, M. F. H., Rakoczy, H., Tomasello, M.(2012), Young children enforce social norms, *Current Directions in Psychological Science*, 21(4).

Skinner, B. F.(1971), *Beyond freedom and dignity*, New York: Knopf.

Smetana, J. G., Killen, M.(eds.), 김태훈 옮김(2010), 『도덕성 발달 핸드북 2』, 파주: 인간 사랑.

Spiecker, B., & Straughan, R.(Eds.)(1988), *Philosophical Issues in Moral Education and Development*, Philadelphia: Open University Press.

Spinoza, B. 저, 강영계 옮김(1990), 『에티카』, 서울: 서광사.

Toulmin, S. E.(1970), *An Examination of the Place of Reason in Ethics*, Cambridge: Cambridge University Press.

Turiel, E.(1983), *The Development of Social Knowledge: Morality and Convention*, Cambridge University Press.

Vygotsky, L. S.(1984), *Thought and Language*, Massachusetts: The M.I.T. Press.

Warnock, G. J.(1967), *Contemporary Moral Philosophy*, London: Macmillan.

Wilsonn, J., Williams, N., & Sugarman, B.(1967), *Introduction to Moral Education*, Baltimore, Md.: Penguin Books.

https://en.wikipedia.org/wiki/Constructivism_(philosophy_of_education) (검색: 2023. 01. 25)

Endnote

1   L. P. Nucci(2008), Social Cognitive Domain Theory and Moral Education, In L. P. Nucci & D. Narvaez(Ed.), *Handbook of Moral and Character Education*, New York and London: Routledge, p. 291.

2   E. Turiel(1983), *The Development of Social Knowledge: Morality and Convention*, New York: Cambridge University Press, p. 6.

3   G. L. Sapp(Ed.)(1986), *Handbook of Moral Development: Models, Processes, Techniques, and Research*, Birmingham, AL: Religious Education Press, p. 63.

4   B. Engler(2008), *Personality Theories: An Introduction*, Belmont, California: Wadsworth Publishing, p. 12.

5   S. Freud 저, 임진수 역주(2002), 『꿈과 정신분석』, 계명대학교 출판부, p. 224.

6   G. L. Sapp(Ed.)(1986), 앞의 책, p. 64.

7   W. Mischel, Y. Shoda, R. E. Smith 저, 손정락 옮김(2007), 『성격 심리학』, (주)시그마프레스, p. 349.

8   H. J. Eysenck(1977), *Crime and Personality*, Granada Publishing, p. 120.

9   B. Spiecker & R. Straughan(Eds.)(1988), *Philosophical Issues in Moral Education and Development*, Philadelphia: Open University Press, p. 9.

10 B. F. Skinner(1971), *Beyond freedom and dignity*, New York: Knopf, p. 96.

11 https://en.wikipedia.org/wiki/Constructivism_(philosophy_of_education)(검색; 2023. 01. 25)

12 S. E. Toulmin(1970), *An Examination of the Place of Reason in Ethics*, Cambridge: Cambridge University Press, p. 136.

13 위의 책, p. 28.

14 위의 책, p. 60.

15 위의 책, p. 132.

16 R. M. Hare(1952), *The Language of Morals*, Oxford, England: Oxford Clarendon Press, p. 1.

17 G. J. Warnock(1967), *Contemporary Moral Philosophy*, London: Macmillan, p. 35.

18 R. M. Hare(1968), Reviewed Work: Contemporary Moral Philosophy by G. J. Warnock, *Mind, New Series*, Vol. 77, No. 307, pp. 436-440.

19 R. M. Hare(1963), *Freedom and Reason*, London: Oxford University Press, p. 10.

20 R. M. Hare(1952), 앞의 책, p. 56.

21 위의 책, p. 56.

22 이종일(1985), 도덕언어의 의미분석: R. M. Hare 중심, 『철학논총』, 새한철학회, p. 107.

23 강재륜(1996), 『윤리와 언어분석』, 서울: 철학과현실사, p. 147.

24 J. L. Austin 저, 김영진 옮김(1992), 『말과 행위: 오스틴의 언어철학, 의미론, 화용론』, 서울: 서광사, p. 27.

25 J. L. Austin(1965), *How To Do Things with Words*, Cambridge, Mass: Harvard University Press, p. 101.

26 이택호(1980), 언어행위와 의미, 『철학논구』, Vol. 8, 서울대학교 철학과, p. 51.

27 J. L. Austin 저, 김영진 옮김(1992), 말과 행위: 오스틴의 언어철학, 의미론, 화용론, 서울: 서광사, pp. 184-185; 강재륜(1996), 『윤리와 언어분석』, 서울: 철학과현실사, p. 143.

28 강재륜(1996), 『윤리와 언어분석』, 서울: 철학과현실사, p. 146.

29 J. Wilsonn, N. Williams, and B. Sugarman(1967), *Introduction to Moral Education*, Baltimore, Md.: Penguin Books, p. 77.

30 D. K. Lapsley, F. C. Power 저, 정창우 옮김(2008), 『도덕심리학과 도덕교육』, 고양: 인간사랑, p. 429.

31 B. Russel(2004), *History of Western Philosophy*, New York: Routledge, p. 731.

32 M. Johnson 저, 노양진 옮김(2008), 『도덕적 상상력 -체험주의 윤리학의 새로운 도전』, 파주: 서광사, p. 306.

33 위의 책, p. 314.

34 조무남(1989), 도덕적 논의에 사용되는 언어의 논리적 특성, 『교육학연구』, 27권 2호(통권 59호), 한국교육학회, pp. 115-131.

35 F. W. Nietzsche 저, 강수남 옮김(1996), 『권력에의 의지』, 서울: 청하, p. 176.

36 L. S. Vygotsky(1984), *Thought and Language*, Massachusetts: The M.I.T. Press, p. 5.

37 강재륜(1996), 『윤리와 언어분석』, 서울: 철학과 현실사, p. 147.

38 M. F. H. Schmidt, H. Rakoczy, M. Tomasello(2012), Young children enforce social norms, *Current Directions in Psychological Science*, 21(4), pp. 232-236.

39 L. P. Nucci(2001), *Education in the Moral Domain*, New York: Cambridge University Press, p. 261.

40 B. Spinoza 저, 강영계 옮김(1990), 『에티카』, 서울: 서광사, p. 160.

41 R. A. Hinde 저, 김태훈 옮김(2022), 『선이 좋은 이유: 도덕성의 근원』, 서울: 글로벌콘텐츠, p. 78.

42 J. G. Smetana, M. Killen(eds.), 김태훈 옮김(2010), 『도덕성 발달 핸드북 2』, 파주: 인

간 사랑, pp. 387-393.

43 K. Hamann, F. Warneken, M. Tomasello(2012), Children's Developing Commitments to Joint Goals, *Child Development*, Vol. 83, Number 1, pp. 137-145.

44 A. F. Bullinger, A. P. Melis, M. Tomasello(2011), Chimpanzees, Pan troglodytes, prefer individual over collaborative strategies towards goals, *Animal Behaviour*, Vol. 82, Issue 5, pp. 1135-1141; Y. Rekers, D. B . M. Haun, M. Tomasello(2011), Children, but Not Chimpanzees, Prefer to Collaborate, *Current Biology*, Volume 21, Issue 20, pp. 1756-1758.

45 M. D. Lieberman 저, 최호영 옮김(2015), 『사회적 뇌: 인류 성공의 비밀』, 서울: 시공사, p. 361.

46 J. Greene(2013), *Moral tribes: Emotion, reason, and the gap between us and them*, London: Penguin Press, p. 23.

47 J. S. Mill 저, 서병훈 옮김(2018), 『자유론』, 서울: 책세상, p. 36.

48 F. W. Nietzsche 저, 강수남 옮김(1996), 『권력에의 의지』, 서울: 청하, p. 179.

49 한기철(2003), Jürgen Habermas의 보편주의적 도덕성 개념, 『아시아교육연구』, Vol. 4, No. 3, 서울대학교 교육연구소, p. 1.

50 M. D. Lieberman 저, 최호영 옮김(2015), 앞의 책, p. 361.

51 B. Gert(1998), *Morality: Its Nature and Justification*, New York: Oxford University Press, p. 9.

52 N. Levy 저, 신경인문학 연구회 옮김(2011), 『신경윤리학이란 무엇인가: 뇌과학, 인간 윤리의 무게를 재다』, 서울: 바다출판사, p. 467.

53 위의 책, p. 362.

54 Platon 저, 천병희 옮김(2016), 『플라톤의 다섯 대화편: 테아이테토스/필레보스/티마이오스/크리티아스/파르메니데스』, 파주: 도서출판 숲, p. 123.

55 C. McGarty(2015). Social Categorization, *International Encyclopedia of the Social & Behavioral Sciences*, pp. 186-191.
    https://doi.org/10.1093/acrefore/9780190236557.013.308(검색: 2023. 01. 25)

56 J. W. Poulshock(2006), Language and Morality: Evolution, Altruism, and Linguistic Moral Mechanisms, the degree of Doctor of Philosophy of University of Edinburgh, pp. 149-153.

57 M. C. Corballis(2011), *The recursive mind: The origins of human language, thought, and civilization*, Princeton, NJ.: Princeton University Press, p. 181.

58 J. W. Poulshock(2006), 앞의 논문, pp. 138-140.

59 J. J. Rousseau 저, 주경복·고봉만 옮김(2019), 『언어 기원에 관한 시론』, 서울: 책세상, pp. 67-68.

찾아보기

- 인명 색인
- 내용 색인

찾아보기

■ 인명 색인

■ 내용 색인